GABRIEL MURO

El don de la ubicuidad

RAMÓN CARRILLO Y LA CIBERNOLOGÍA PERONISTA

Muro, Gabriel

El don de la ubicuidad / Ramón Carrillo y la cibernología peronista - 1a ed . - Ciudad Autónoma de Buenos Aires : Miño y Dávila, 2021.

336 p. ; 22,5 x 14,5 cm.

ISBN 978-84-18095-60-3

1. Historia del arte I. Ramón Carrillo. II. Peronismo. III. Título.

Thema: ABA [Teoría del arte]; GPFC [Cibernética y teoría de sistemas]; JKS [Bienestar social y servicios sociales]

BISAC: ART037000 [Arte & Política]; COM017000 [Cybernética]; HIS033000 [Latinoamérica / Sudamérica]

WGS: 550 [Humanidades, arte, música / Historia]; 690 [Ciencias Naturales, Medicina, Computación, Tecnología / Medicina]; 733 [Ciencias Sociale, Derecho, Economía / Teorías Políticas e historia de las ideas]

Edición actual: Primera. Marzo de 2021
© 2020, Miño y Dávila srl / Miño y Dávila editores sl
ISBN: 978-84-18095-60-3
Depósito legal: M-30546-2020
Lugar de edición: Buenos Aires, Argentina
Composición: Eduardo Rosende

En Buenos Aires: Miño y Dávila srl
Tacuarí 540
(C1071AAL)
tel-fax: (54 11) 4331-1565
Buenos Aires, Argentina
e-mail producción: produccion@minoydavila.com
e-mail administración: info@minoydavila.com
web: www.minoydavila.com

Índice

PRÓLOGO

por Horacio González

Un cajón con documentos durmiendo su sueño de papel en un archivo oficial disimula su importancia bajo la indiferencia de la humedad y los años. Los documentos que allí se contienen no han sido catalogados y es dudoso que alguna vez se lo haga. Bajo el rótulo despreocupado de "Papeles del doctor Ramón Carillo", el autor de este libro, Gabriel Muro, descubre escritos fundamentales a los que interpreta con una mirada de largo alcance. Al punto que se le revelan, ante sus ojos, nuevas formas de interpretar la modalidad gubernativa del peronismo. Pero para que el archivo de los papeles teóricos de Carrillo nos lleve hacia una revisión de la historia del peronismo a través del modo en que planificó la vida social, Gabriel Muro parte de Rembrandt. Es decir, parte de un famoso cuadro de Rembrandt, la *Lección de anatomía del doctor Tulp*, que poco a poco lo va a llevar a Carillo, pero a un Carillo que también es motivo de una escena pictórica donde, como el doctor Tulp, está rodeado de sus discípulos frente a un enfermo. En ambos casos, en la lejana Holanda de siglo XVII y en la Argentina de los años cuarenta, la ciencia médica está frente a frente con los cuerpos, uno exánime, el de un ladrón holandés que será ajusticiado. Los discípulos de Carillo, despojados de los claroscuros rembrandtianos e iluminados por los poderosos focos de la ciencia, tienen en la camilla a un enfermo psiquiátrico.

Muro analiza en ambos casos el papel que juegan las manos de los médicos. Son las manos con las que deben operar, hacer incisiones, dar vuelta la página de libros de anatomía o escritos teóricos. Estas observaciones están sembradas a lo largo de toda la investigación de Muro, pues se trata del llamado paradigma indiciario, que en su momento popularizó Carlo Ginzburg. No obstante, Muro no ha escrito un libro que desciende de citas eminentes, sino que arrastra para sí estas perspectivas de reflexión a partir de sus propios intereses, los de elaborar un escrito que busque qué efectos se producen en la historia, con la extraña coalición entre textos e imágenes. Del mismo modo, el peso de las imágenes que acaban formando figuras que se atraen mutuamente hacia el mismo molde onírico –una toma célebre del fotoperiodismo mundial con un cuadro de Mantegna–, pero no cierran la historia en una coincidencia icónica. Si no, la historia se tornaría solamente historia del arte. No obstante, hay fuertes imágenes-concepto que poseen en sí mismas la cualidad de dejar en claro la posibilidad de una correspondencia inmediata. El concepto de panóptico puede ser elegido para mostrar el modo en que se puede imponer, desde una decisión arquitectónica, un modo de acción y control social. En este caso, la historia se convertiría en una historia de las formas de vigilar poblaciones. El libro de Gabriel Muro puede ser considerado un libro de historia argentina, o bien de historia intelectual argentina, pero seccionado y dislocado en su flujo continuo por la intervención de conceptos que desacoplan la historicidad empírica. La cibernología de Carrillo, el panóptico de Rivadavia, la biopolítica de la planificación hospitalaria durante el peronismo, revelan el modo en que se descompone un sentido histórico basado en la formación del pueblo y sus diversos caminos de integración con el Estado-Nación.

Aquí vemos un énfasis en la historia conceptual que arroja un desafiante resultado, proveniente del estudio de las formas panópticas que adquiere el gobierno de Rivadavia y las formas biopolíticas que adquiere el gobierno de Perón. Una vez puesto este enunciado que causa sorpresa, renuencia o disgusto –pues es obvio que la ideología de la nación es contrapuesta en ambos casos–, aparece la invitación a explorar el campo estilístico del gobierno de las instituciones científicas y de planificación que tuvo el país. Rivadavia entabla relación, desde 1815, con Bentham, cuyo panóptico gubernativo hace de toda decisión un acto de utilidad, esto es, sin residuos que creen vínculos ajenos a la razón, excedentes emotivos o mitológicos que desvíen. Destutt de Tracy, otro contertulio de Rivadavia en Europa, llamó *Ideología* a lo que efectivamente podría considerarse una concepción fisiológica de la sociedad. Cada parte o sector del cuerpo orgánico cumple su función complementaria, y la agricultura es la genérica dadora de vida generadora de propiedad privada inviolable e innecesariedad reguladora del Estado. La sociedad se autorregula y de su autorregulación procede la ideología, reemplazante de los dioses. El considerado primer filósofo argentino, Lafinur, que marcha con las huestes de Belgrano, era también lector de Destutt. Rivadavia era realmente un "ideologue", el tipo de persona despreciado por Napoleón, que dejó su hosca sentencia en contra de ellos. Es notorio el fracaso de Rivadavia en su afán de aplicar fórmulas apriorísticas como las de Bentham. Fue el único gobernante que se empeñó con decisión casi suicida en aplicar un modelo deductivo científico a toda una sociedad. Esto evitado por sus antecesores: Moreno fue cauteloso, Monteagudo también y ambos estaban informados de la misma filosofía que Rivadavia quería aplicar como un compromiso con sus amigos de las academias europeas, y posteriormente Echeverría, ya envuelto en la oleada romántica, también tomó la cautela de que su lectura de Pierre Leroux, el socialista republicano, no se aparte de lo que reclamaban "las entrañas de la nación".

La lectura de Gabriel Muro de estos movimientos de los reducidos sectores intelectuales de la época, y en el caso de Rivadavia, gobernante y a la vez introductor exaltado de las novedades del iluminismo francés y el panoptismo benthamiano, es el de tratar un posible lazo, de naturaleza histórica, de la relación entre concepciones estatales de control, donde medicina y guerra, panóptico y decisión estatal sobre los cuerpos fueran figuras alegóricas de un modo casi compatible de gobernar. Muro recuerda que Foucault llamó a Bentham un "Fourier policial", y esta opinión sugiere una apreciación posible sobre Fourier. Este también tuvo sus discípulos en Sudamérica y Sarmiento los detectó rápidamente para reprobarlos o burlarse de ellos. Lo cierto es que el modo en que Fourier introduce la cuestión de las pasiones en el falansterio supone cierto control sobre la intimidad, pero al salvarse el coqueteo y la seducción, no se puede poner al furierismo en la fila de los utopismos represivos.

Este libro, al moverse conceptualmente –la viga central es el Bentham de Rivadavia y la Biopolítica de Carrillo–, desea reponer la aventura de una reconstrucción de la historia de los conocimientos cuando un género "científico", de entre todos ellos, se erige como comando y control. La medicina lo fue para Carillo. Pero Muro no introduce a Carillo sin los temas históricos que corresponden. No concede nada al relato histórico, pero debe elegir una posibilidad para hacerlo, evitando difuminarlo totalmente. Así, el pasaje por la teoría de la guerra le permite incorporar otro elemento de control de poblaciones, territorio y economías de subsistencia. A las utopías de administración habitacional y alimentaria siempre las espera la guerra. Al panóptico general lo espera la guerra generalizada. El positivismo argentino ensayó también, en los tiempos del general Roca, su cuadro integrador de las ciencias sobre la base de una medicina cuyo concepto esencial era el de simulación. El Estado podía considerarse agradecido: con la pesquisa de la idea de simulación, se investigaba no solo ciudadanos sino al ciudadano fraudulento, el que quería burlar sus obligaciones con el estado, la principal de ella el servicio militar, "simulando locura". Esta es una expresión contradictoria, pero la ciencia de aquel momento las hizo complementarias. Ya simular era estar de alguna manera loco, pero la locura también era una manifestación artística.

Medicina y arte, sin embargo, reclaman un asunto más profundo, el de la paleontología, la ciencia de los huesos milenarios que, examinados con el auxilio de las matemáticas, permitían construir las tipologías caracterológicas de la población –que Muro examina con detenimiento–, en las que hipotéticamente se debe basar el buen gobierno. Medir cráneos para calcular la potencialidad criminal era tan importante como reconocer en la locura un peligro y a la vez un despuntar de genialidad. Macedonio Fernández se quejará en la *Revista de Criminología* de que no se trate el tema del genio, pero no es así. Tanto Ramos Mejía como Ingenieros y el psiquiatra Francisco de Veyga –el tercer mosquetero– tienen bien en cuenta la genialidad como una de las variantes de la simulación de la locura y del subsuelo donde se hallan los elementos irresueltos del arte. Incluso, la variedad de Estado Médico que se constituye por supuesto contiene la tendencia a la clasificación de las vidas como formado de "censopsiquiátrico del estado", pero la mezcla con elementos ocultistas, herméticos y semiológicos, tratados de una manera improvisada pero vivaz. Todo esto hacía de ese núcleo paleontológico mítico un escenario poético donde se admiraba lo excéntrico y la dimensión estético-política de la locura. No solo Ramos Mejía declara a casi todos los próceres poseedores de alguna "neurosis", sino que el propio hijo del autor del himno nacional, Vicente Fidel López, prologa *La neurosis de los hombres célebres*, donde su propio padre es juzgado como un poseso. Mitre declara monomaniático a Bolívar y Ramos Mejía dice que no alcanza la ciencia histórica para estudiar a Rosas, sino que se precisa un "Shakespeare americano". A la vez, este autor ve a las multitudes argentinas, influido por Le Bon, como un fenómeno apreciable, pues en los excesos que ella arrastra no solo están los brujos y nigromantes del Alto Perú –tan iniciadores de la Independencia como los próceres porteños lectores de Rousseau– sino los inmigrantes que hacen ruido al tomar la sopa, pero son candidatos a forjar una nueva argentinidad.

Es cierto que Ingenieros trata en términos raciológicos esta identidad que se halla en juego, y la futura raza argentina nacería del servicio militar obligatorio, del baño cotidiano y de la vacuna, pero no solo todos estos despliegues apuntaban a una pedagogía sanitaria estatal, sino que pasaban a la literatura de la época con la parodia psiquiátrico-conspirativa de *Los 7 Locos* de Arlt y con la ciencia de gobierno que Lugones le oponía a los médicos, la metempsicosis, las almas épicas que trasmigraban hasta forjar el mito gaucho. Pero ya el propio Mansilla había aceptado realizar el examen neuropsiquiátrico de su tío Rosas. Desde luego, tiene razón Muro al enfocar con particular agudeza los resultados de la célebre expedición de Bialet Massé por el norte y el oeste del país, para relevar "las condiciones laborales de la clase obrera argentina". Bialet estaba vinculado al ministro Joaquín V. González y a la ley del trabajo, y un poco más lejanamente a la perspectiva económico organicista de Ernesto Quesada, pero rechazaba el racismo de Carlo Octavio Bunge, que lo llevó lo más lejos posible, al punto de festejar la viruela como disolutoria de los vínculos prexistentes en las comunidades indígenas. Bialet, en cambio, vio en el obrero criollo no la pereza que le atribuía Bunge sino una capacidad laboral expuesta con destreza en ingenios de azúcar y cosechas de algodón, que lo convertían en la base laboral del desarrollo económico nacional, a poco que leyes sociales lo protegieran adecuadamente y permitieran atisbos de un enfoque social de la cuestión laboral nacional. El ministro González coincidía con ello, de modo que en el roquismo se albergaban distintas corrientes: el positivismo médico, con su "estado mayor psicopatológico", el racismo darwinista, el positivismo socialista, el sociologismo de Quesada, y el lugonismo, que sustituye el sociologismo y la psiquiatría por la epopeya mito-poética que sería el respaldo milenarista de la nación argentina.

Muro siembra el libro de audaces comparaciones que no aparecen como tales a simple vista. Así, a la observación de Marx que se lee en el *Capital* respecto a que en las tierras de Sudamérica se despelleja el ganado en procura de su cuero para la industria desdeñando la carne (esta anotación la realiza Marx para señalar que lo mismo hace el capitalismo con el obrero) Muro la compara con el paisaje de vacas degolladas y tripas malolientes del *Matadero* de Echeverría. Podríamos agregar una de las razones, apenas una, que en *Allá lejos y hace tiempo* escribe Hudson sobre los malos olores que destilan los saladeros cercanos a Buenos Aires, para los que (irónicamente) solicita técnicos ingleses para tratar el problema. Pero en la investigación de Muro, los pequeños detalles son tan significativos como los grandes panoramas históricos. En estos pueden tener vigencia los complejos cuadros económico-sociales pero siempre son atraídos por la cuestión central del gobierno biológico o biocrático, aun cuando lo que se mencione es el conocido trabajo del socialista Alfredo Palacios sobre *La fatiga*, en donde se reclaman, tal como lo dicta el credo socialista, mejoras y reconocimientos del esfuerzo laboral para que la legislación compense lo penoso del mundo laboral, contribuyendo así, al perfeccionarlo, al mejoramiento de las condiciones en que se desenvuelve el mundo laboral, que sería lo mismo que fortalecer cuestiones vinculadas al bio-gobierno.

¿Se podrían establecer "periodizaciones" de la historia nacional según el modo en que se asumió el Estado como órgano de administración biopolítica? Esta última expresión no nació con la conocida obra de Michel Foucault leída desde los años ochenta en nuestros ambientes universitarios y culturales. Gabriel Muro, apoyándose en Roberto Esposito, recuerda la larga historia de este concepto en los usos médicos desde hace por los menos tres siglos. Desde luego, el período rivadaviano registró la fuerte influencia de Bentham –amigo personal de Rivadavia, incluso hay una correspondencia epistolar entre ambos–, donde el utilitarismo de la ilustración se ejerció en consonancia con el ideal panóptico en la sociedad. No solo en las futuras e imaginadas prisiones que se construirán. Muro apunta que finalmente, luego del estruendoso fracaso rivadaviano, la primera penitenciaría de ese estilo que se construye es la de la calle Las Heras, demolida en los años sesenta.

En las ocho décadas de su existencia fue protagonista de sucesos dramáticos en la historia del país, entre otros, el fusilamiento de Di Giovanni y del General Valle. Luego, con lo que se consideró la vigencia del positivismo, el grupo médico de avanzada, sostenido por la anuencia lejana de Lombroso, trazó líneas maestras para el Estado en términos de normalización de la identidad ciudadana, excluyendo para tal reconocimiento a delincuentes, locos, anarquistas, simuladores, todos ellos objeto del veredicto expulsivo médico-estatal. Un problema de este grupo médico es el deseo de escritura, y por lo tanto un ensayo para influir también sobre el ejercicio literario, como en el caso de Sicardi, que escribe sobre las anormalidades psíquicas en el *Libro extraño*. El positivismo ampara estas experiencias, pero esto no agota la significación entera de este período histórico del país.

Y luego, asistimos a lo que es el núcleo más sugestivo del libro de Gabriel Muro, que es la presencia de Ramón Carrillo en el sistema sanitario del peronismo. En los papeles que Muro encontró en el Archivo Histórico Nacional hay artículos de Carrillo hasta ahora desconocidos donde el médico santiagueño expone sus tesis sobre cibernología y el panóptico. Se trata de crear una ciencia general, un árbol de ramificaciones múltiples que abarca todas las áreas del conocimiento, cuyo centro imaginario era el Hospital. En la *Teoría del Hospital* de Carrillo, famoso libro, se incluye un estudio sobre la arquitectura hospitalaria como arte paralelo al de la medicina, superador de la sociología y la estadística, sostenida en la administración de la salud del sujeto laboral. En esa época son conocidos los trabajos sobre cibernética de Wiener, de los que Carillo es contemporáneo y, a la vez, expositor cabal y creador de hipótesis que extienden ese campo de conocimientos al arte del gobierno. Anexándose la cinematografía a los hospitales, de alguna manera la teoría del gobierno incluye las artes y culmina con un Ministerio de la Felicidad.

Gabriel Muro no es complaciente con estas tesis, a las que estudia con un esmero extraordinario, convirtiendo su trabajo en un aporte fundamental para conocer con más amplitud los avatares de una larga relación entre Estado y visiones sobre la vida y la población. Lo que dicho de otra manara sería "la Nación incalculable". La relación entre la teoría de la guerra psicológica y la conducción política, entre ésta y la medicina sanitaria, entre ésta y la cuestión del estudio de los animales (el hermano de Perón es director del Jardín Zoológico y el propio Perón tiene un pequeño zoológico en su quinta de San Vicente), entre la fábrica y la ciudad infantil (donde se prepara al niño ciudadano para operar en un banco de proporciones reducidas), entre la movilización social como categoría teórica y el trabajo como expansión vital y a la vez como categoría interna del saber del sanitarista.

En su momento, Martínez Estrada había considerado al peronismo como un diálogo entre dos instituciones, el Frigorífico y el Cuartel, aunque no exploró más que alegóricamente ambas instituciones. El peronismo, por supuesto, adquirió las características de un movimiento social reivindicativo, con una dimensión tumultuosa que luego –en el exilio– Perón saludó como el nivel de desorden necesario que justifica la tesis de un orden que no es la pareja obligada del fárrago entorpecedor que lo precede o lo supera. El desorden en esta tesis no es visto como patología, deseo de control sanitario o regimentación de los cuerpos. Sin duda, Perón no se privó de metáforas médicas, como los famosos "anticuerpos", prueba de su concepción organicista de lo social, lo que si queremos verlo asociativamente, su ascendencia familiar cuenta con el antecedente de su abuelo médico, Tomás Perón, estudioso de cuestiones como la corteza de los árboles, aunque es un médico higienista, uno de los fundadores del departamento de Higiene y, además, diputado mitrista.

Por supuesto que la clave planificadora asiste al peronismo. El Plan es el pensamiento aglutinante de la posguerra, pero el tema planificador viene de los años treinta. Y, si se quiere, ninguna forma con aspecto de plan dejó de presidir cualquier acción humana. Pero el peronismo se halla en el enclave histórico donde el mundo se despliega bajo planes gubernamentales ostentosos, el Gosplan soviético, el corporativismo privado que se construye en paralelo con el estado nazi, y contemporáneamente el New Deal, en ecos de diversos tipos de racionalizaciones de la decisión política que el peronismo reutilizaba, con modificaciones evidentes, y recibían un nombre familiar y popular: Planes Quinquenales. Figuerola, uno de sus mentores, que pertenecía al giro planificador que se había dado en todo el mundo hacia los años treinta –como señala Muro, que había sido influido o formado parte del partido de Primo de Rivera en España– es tan importante como Carrillo en la idea de una ciencia planificadora sobre una sociedad cuyas necesidades son calculadas o prefijadas, promovidas. Cuando va a la prisión de Las Heras a la caída del peronismo, escribe una importante memoria con el uso del concepto de Panóptico, para criticar a la vez su prisión y el modo de organización carcelaria. Pero a su mirada planificadora no se le había escapado el gran invento de Bentham.

El peronismo sigue siendo, con sus múltiples rostros, un desafío para el pensamiento político argentino. Gabriel Muro eligió el camino de las imágenes médicas, la serie que lleva desde la *Lección de anatomía* hasta el papel central de Carrillo en la organización del Estado basado en rendimientos corporales y formas de felicidad colectiva. Estas ecuaciones quedan en el dominio de una nueva y osada ciencia. Lo que en Foucault son estilos reprobables de administración de la vida, de un conocimiento social basado en la vigilancia y el castigo, en el peronismo fueron utensilios de largo alcance que se pensaron para "la felicidad del pueblo y la grandeza de la Nación". Carrillo, que también tiene su "Rembrandt" –el pintor Roberto Fantuzzi–, pensó esos conceptos que no pudieron realizarse plenamente por una razón que Muro explica muy bien. La Fundación Eva Perón comenzó a cubrir en gran parte las tareas del Ministerio de Salud, y lo hacía no desde el punto de vista de una ciencia del gobierno de la salud poblacional, sino desde el punto de vista de un trato con los necesitados y carecientes, no mediado por teorías médicas, sino por un cántico de amor realizado en forma directa, al mismo tiempo evangélico y terrenal.

Carrillo era una mente científica e inquieta, a cada paso debe aclarar que sus tesis no tienen contacto con la medicalización nazi que culmina con las conocidas hipótesis de pureza racial, que Carrillo repudia. Su fórmula es la organización social, la mirada medida por la razón panóptica y la ciencia de gobierno equiparada a la promoción del trabajador feliz. El gran pintor Daniel Santoro hace de esa felicidad un sueño y al pintarlo con sugestivas alegorías, logra una de las mayores apologías del peronismo como gran promotor de una libertad que aflora de una sociedad onírica, donde un goce de ninfas y faunos es amenazado por proyectos exentos de sacralidad, que atacan las formas ungidas de la redención de los dúctiles espectros del peronismo encantado. Esta eminente expresión artística es respondida –no recusatoriamente–, por el libro de Gabriel Muro, en el que el peronismo amasa una felicidad, pero bajo las vestimentas del control, por lo que se transmuta en heredero de una administración feliz de la existencia con danza popular y grandes actos de masas, "pero si se controla es mejor". Y para eso hay ciencias, protocolos, reglamentos. El "don de ubicuidad" del que Perón hace gala, sin duda se asemeja al panóptico, pero si él mira a todos, se deja también mirar por todos en cruces de miradas que hacen del lugar del peronismo una cifra indiscernible en el espacio y en el tiempo.

Este libro sale a luz cuando muchos de estos dilemas están a la orden del día, pues no se puede ocultar el debate sobre el papel del Estado en el control de las pandemias. Más bien se lo reclama con nociones de excepcionalidad. La infectología se convirtió por un momento en una ciencia de Estado y ésta se reviste de la legitimidad de que es la única potencia actuante en forma sistemática contra un virus de suma destructividad. En el horizonte que compone este debate hay un Estado más su ciencia de control, necesaria para generar hipótesis válidas de protección de la salud ante una amenaza cuya duración y proporción no es determinable de antemano, más una ciencia de los grandes laboratorios, que retoman la idea siempre en las penumbras de un Estado Mayor Médico ya a escala de la humanidad. Este libro no propone invectivas contra las ciencias sanitarias ni contra el peronismo, sino que desplaza la atención hacia la historia de un concepto, el de cómo en diversos momentos de la vida en común, el gobernante no evita arroparse en las túnicas de la ciencia y ésta no rechaza constituirse en una norma teórica responsable directa del gobierno de los actos humanos.

Cuadros políticos

La Reforma trajo malas noticias para los hacedores de imágenes neerlandeses. Quedaba prohibido representar escenas religiosas, principal fuente de ingresos para los artistas del Renacimiento. Esta *crisis estética* abrió nuevas perspectivas para los pintores, que debieron ingeniárselas para encontrar nuevos temas, pero también nuevos destinatarios, puesto que ahora quedaban libres de los mecenas eclesiásticos y nobiliarios. Retratos, naturalezas muertas, paisajes marinos, ilustraciones de proverbios, escenas de la vida popular, fueron algunas de las especialidades pictóricas que se ofrecían a la venta en el nuevo mercado del arte. Con el pujante crecimiento de la burguesía holandesa nacía también una nuevo tipo de público que demandaba cuadros para decorar sus viviendas. Los artistas ya no trabajaban solo por encargo. Por primera vez, debían vender sus obras una vez terminadas, corriendo el riesgo de no realizar ninguna venta y abismarse hacia la ruina. La liberación del pintor con respecto al mecenas se pagó cara. Ahora, el artista se enfrentaba a un señor más tiránico aun: el público comprador, ante el que debía especializarse.[1]

Este tipo de obras comenzaron a ser conocidas como *obras de género*. Cada artista llegó a especializarse en un solo tema y lo pintaba sistemáticamente. El oficio se volvía cada vez más monótono, pero también una oportunidad para la especialización magistral. La palabra *género*, que en arte comenzaba a denominar formas convencionales de clasificación estética, derivaba de la palabra francesa *genre*, pero más aun de la raíz indoeuropea *gen*: el dar a luz, el engendrar. En latín, el *genus*, como el *genos* griego, era la estirpe, el linaje, el tipo natural. En biología, el género llegará a denominar un rango taxonómico más amplio que la especie, pero más restringido que la familia. La palabra *género* está cargada de un sentido naturalista y filo-

---

1 Ernst Gombrich, *Historia del arte*, pág. 318, Editorial Phaidon, 2011.

genético, así como la *pintura de género* holandesa era un tipo de pintura naturalista que aspiraba a pintar la vida tal como se ofrece ante los ojos, sin aditamentos mistificantes.

Durante el siglo XVII, Ámsterdam vivía una época de enorme prosperidad. La Compañía Neerlandesa de las Indias Orientales, primera sociedad por acciones moderna, controlaba los principales puertos de Asia e intercambiaba la plata extraída de América por exóticas especias orientales, muy demandadas en Europa. El principal competidor de los Países Bajos, la República de Venecia, había quedado devastada después de un brote de la plaga bubónica. La burguesía de Ámsterdam se sentía fuerte y orgullosa y deseaba auto-celebrarse a través del arte.

Uno de los géneros pictóricos que más floreció en aquélla poderosa Holanda fue el retrato de grupo, en donde se representaba a los miembros de asociaciones cívicas, corporaciones y gremios. Las asociaciones contrataban a un artista y se distribuían la carga de la paga de acuerdo a la importancia que cada uno de los retratados adquiría en la composición. El género alcanzó un gran desarrollo con Frans Hals, quien enseñó a retratar no solo una suma de individuos, sino una composición grupal que formaba un todo. A la vez un "cuerpo colectivo" y una totalidad pictórica.

En 1902, el historiador vienés del arte Alois Riegl dedicó un gran libro al estudio del retrato de grupo. Según Riegl, en esos cuadros se delineaba un modo peculiar de la atención, diferente a la forma dominante de atención moderna, caracterizada por una absorción psicológica del ego individual sobre sí. El modelo de la atención ego-centrado fue canonizado por Descartes, quien, de hecho, llegó a residir largos años en los Países Bajos por el aire de libertad que allí se respiraba, permitiéndole ocuparse, sin distracciones ni opresiones, de sus propios asuntos filosóficos. En cambio, en las escenas grupales del arte flamenco podía observarse un mundo ideal de *comunión psíquica* y *comunicación comunitaria*. Lo que se individualizaba, en esos cuadros, era el grupo mismo, que adquiría un ser propio, *incorporando* a cada uno de sus miembros individuales, haciendo visibles tanto sus razonables jerarquías como el ideal del bien común. El retrato de grupo holandés era un monumento a la cooperación, a la colaboración y a la atención inter-subjetiva. Se había liberado de la exigencia italiana de pintar siempre una historia, en general mítica. Aquí, el tema era la corporación misma, que posaba ante el pintor especializado para conservar en el tiempo su gloria y su memoria.

La cumbre del género retrato de grupo llegaría con Rembrandt. Su célebre cuadro, *La lección de anatomía del doctor Tulp*, fue encargado por el gremio de los cirujanos de Ámsterdam. Pero también Rembrandt era un buen conocedor de anatomía. Desde el Renacimiento, los artistas se habían vuelto hacia el estudio minucioso de la anatomía humana para su precisa reconstrucción en la tela. Se calcula que Leonardo da Vinci habría abierto unos treinta cadáveres, con el fin de entender mejor la disposición de los músculos y el funcionamiento del cuerpo. Tal era su interés por la materia que él mismo se consideraba un *"pittore anatomista"*.[2] En los cuadros sobre lecciones de anatomía confluirán, mejor que en cualquier otro género, la figura del médico anatomista y la figura del artista.

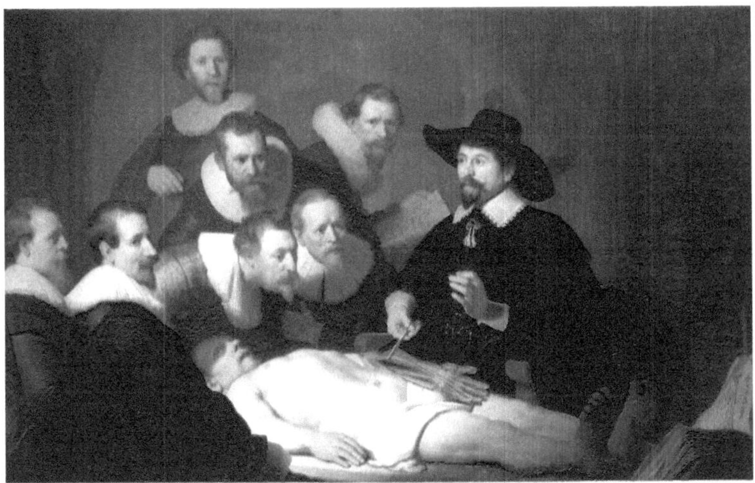

La lección de anatomía del doctor Tulp, por Rembrandt

En el cuadro de Rembrandt observamos que los rostros de los discípulos siguen atentamente, en una atención grupal, la explicación del maestro, quien, sentado en una gran silla, sujeta, con su mano derecha, y mediante una pinza, el brazo abierto del cadáver, volviendo visibles los músculos flexores, encargados del movimiento de los dedos. La mano izquierda de Tulp se alza en un ademán que acompaña el discurso pronunciado, como en un gesto de alocución, o bien, como si mostrase el funcionamiento de los tendones del cadáver moviendo sus propios dedos. El juego de manos es aquí esencial, como si Rembrandt aludiese a la etimología griega de la palabra cirujano: el *cheirourgos*, la intervención manual, o aquel que trabaja con las manos.[3] La mano, según una larga tradición, era concebida como el *organum organorum*, el órgano entre los órganos, el primer y mayor instrumento. De ahí que, desde Vesalio, se haya inaugurado una tradición

---

2   William S. Heckscher, *Rembrandt's Anatomy of Dr. Nicolaas Tulp*, pág. 60, New York University Press, 1958.

3   Ibíd., pág. 8.

iconográfica en donde los médicos eran retratados como maestros en la anatomía de las manos. Así es como quiso aparecer también el doctor Tulp, a la manera de una *imitatio Vesalii*.[4]

Entre los siglos XIII y XIV, la milenaria prohibición de abrir cadáveres impartida por la Iglesia católica comenzó a relajarse. El estudio de la anatomía avanzó aceleradamente, corrigiendo múltiples errores heredados de Galeno, ya que la medicina griega, excepto pocas excepciones, no encontraba utilidad alguna en las disecciones de cadáveres. Para los estudiantes de medicina de las nacientes universidades europeas llegó a hacerse obligatorio asistir, al menos una vez durante su carrera, a una lección pública de anatomía. Por entonces, se instituyó un sistema de división del trabajo en donde el cirujano y el profesor de anatomía eran dos personas y dos funciones diferenciadas. Los cirujanos, también conocidos como *incisor* o *prosector*, eran barberos especializados en el trabajo manual, subordinados al saber del *profesor* (también llamado el *lector*, de ahí la palabra *lección*), quien, durante las lecciones de anatomía, solía sentarse en una alta silla, dedicado a recitar los textos canónicos de anatomía sin tocar al cadáver. En tercer lugar, se encontraba la figura del *ostensor* o *demostrator*, encargado de dirigir la tarea del *prosector*, guiándolo con una larga vara que señalaba las distintas secciones del cuerpo nombradas por el *profesor*. El *demostrator*, en este reparto de roles tripartito, era algo así como el mediador entre las alturas teóricas del *profesor* y la baja actividad material del *prosector*. Lo que justificaba esta división del trabajo era la separación tradicional, heredada de la antigüedad clásica, entre el trabajo intelectual y el trabajo manual o la *banausia* griega, es decir, las ocupaciones consideradas vulgares, no ociosas, anti-intelectuales, productoras de meros medios de vida. Pero durante el siglo XVI, las tres funciones, la del *profesor*, el *demostrator* y el *prosector*, comenzaron a confluir en una, especialmente desde que Vesalio aleccionase diseccionando y recitando al mismo tiempo. De él se decía que era muy hábil con las manos, lo que dejaba de ser considerado una virtud vulgar.[5]

Hacia el siglo XVII, las lecciones de anatomía posteriores a Vesalio seguían siendo espectáculos emocionantes, festividades populares y verdaderos ritos donde se pagaba entrada para poder asistir. Tenían lugar en salas de conferencias construidas para funcionar como "teatro anatómico". Allí, la ciencia entretenía, instruía, ilustraba,[6] conmovía y, sobre todo, exhibía

---

4   Ibíd., pág. 73.

5   Ibíd., pág. 56.

6   Durante el siglo XV, y gracias a la invención de la imprenta, los verbos *illustrare* y *elucidare* comenzaron a ser aplicados a las imágenes que acompañaban a los textos a la manera de comentarios visuales. Aunque los humanistas del Renacimiento se oponían

su poder, atrayendo sobre sí la mirada morbosa de un público curioso, lo que en parte se refleja en los asistentes a *La lección de anatomía del doctor Tulp*: algunos miran al profesor, que ocupa la parte más destacada de la composición, otros a nosotros, los espectadores del espectáculo anatómico. Pero ninguno de ellos mira al cadáver, sino al libro que, colocado a sus pies, lo representa gráficamente, como un mapa o un diagrama taxonómico en donde se clasifican las partes del cuerpo.[7]

Resulta muy significativo que los cuerpos utilizados para impartir las lecciones de anatomía fuesen los de criminales que habían sido recientemente ajusticiados. Conocemos el nombre del cadáver que posó para Rembrandt: se llamaba Adriann Adriannsz, un delincuente nacido en Leiden, cuyo alias era Aris Kindt. Había sido atrapado cuando intentó robarle una capa a un caballero. Esta es una de las tantas paradojas expresadas por el cuadro de Rembrandt: el humanismo ilustrado triunfaba desde el fondo de un sistema penal terriblemente cruel, que castigaba con la pena de muerte a un simple ladrón. El estatus y la apariencia de dignidad de los ciudadanos respetables sobrevivía a la muerte, eternizándose en un gran cuadro, pero pasando, literalmente, por encima del cadáver de aquel que estaba fuera de la ley. El cuerpo profesional, la corporación, se cohesionaba a través del cuerpo ajusticiado y expuesto del delincuente que, en la muerte, al fin servía a los más altos fines de la sociedad. En *La lección de anatomía del doctor Tulp*, entonces, habría dos cuerpos siendo diseccionados: el cuerpo rígido del cadáver y el cuerpo gremial de los cirujanos.

El gran historiador del arte Aby Warburg acuñó el concepto de *pathosformel*, fórmula de *pathos* o fórmula de emoción, concepto que constituye una guía fundamental en la lectura de obras de arte. Aparecidas primero en el arte de la Antigüedad y reaparecidas, con enorme fuerza, durante el Renacimiento, las *pathosformeln* son un repertorio de formas iconográficas que traspasan las épocas y las distancias geográficas, sin dejar de estar pro-

---

al uso de imágenes para acompañar textos, considerándolas peligrosamente distractoras y frívolas, Vesalio fue el primer médico en derribar este prejuicio y comenzó a utilizar diagramas visuales para confeccionar sus atlas corporales y así perfeccionar la enseñanza de anatomía. Ver: Ibíd. pág. 63.

7   Por estar sumido en la penumbra, no puede leerse el título del libro que se encuentra abierto en la esquina inferior derecha del cuadro. Se cree que podría ser el *De humani corporis fabrica*, el gran atlas anatómico de Vesalio, ilustrado con xilografías. El enigmático término "fábrica" refería al demiurgo o creador del mundo según la mitología griega, ser que en la tradición escolástica era denominado *faber* y que, en su acto creacional, combinó el trabajo manual con la posesión intuitiva de Ideas. Vesalius se concebía a sí mismo un pionero que desentrañaba, por primera vez, el diseño secreto de la *fabrica humani corporis*. El frontispicio de este libro también contaba con una impresionante ilustración que retrataba una lección de anatomía multitudinaria.

fundamente ligadas a su contexto histórico y psicológico. Estas fórmulas son detalles figurativos y motivos gestuales, pero que refieren constantemente a un todo, así como el todo reenvía a los detalles. El ejemplo más celebre estudiado por Warburg es el de las ninfas bailando con el pelo revoloteado y las ropas agitadas por la brisa en los cuadros de Botticelli, *pathosformel* recuperado de la Antigüedad por los artistas del Renacimiento como símbolo de ligereza juvenil y movimiento dinámico de la vida.

La atención warburguiana a los detalles pictóricos tiene algo de clínico. Después de todo, la palabra *patología* deriva también del *pathos* griego, en el sentido de la afectación del estado de ánimo. Las *pathosformeln*, siendo formas altamente convencionalizadas, son patológicas o patéticas, pero no porque sean portadoras de una enfermedad, sino porque portan una carga pasional o sintomática. Pueden conmover, agitar, producir éxtasis, compasión o sufrimiento, emocionar tan excesivamente como para hacer derramar lágrimas. Estas fórmulas patéticas son también expresiones energéticas de la memoria social, contra-entrópicas o neguentrópicas, con alto valor informativo y gran resistencia al desgaste.

Si las *pathosformeln* tienen algo de herida, algo de punzante, guardan una relación especial con el género pictórico de las lecciones de anatomía. Allí también se trata siempre de hendiduras o de tajos, pero realizados sobre los cuerpos de cadáveres puestos para su examinación ocular. Los restos de Aris Kindt, en *La lección de anatomía del doctor Tulp*, remiten, en primer lugar, al *pathosformel* del sufriente, la víctima que padece las injusticias del mundo, expresada a través de su cuerpo extenuado y castigado.[8] Esta figura fue muy utilizada para representar el dolor de los mártires de la Iglesia y a Cristo atravesando las diversas estaciones de la Pasión, hasta llegar a otra fórmula: la de la lamentación de Cristo, bajado de la cruz y llorado por María en las escenas de la *pietá*. Esta fórmula, la del *Cristo yacente* o *Cristo en el sepulcro*, derivó a su vez en otra que podría llamarse la del *cadáver ejemplar*, la cual alcanzó una de sus máximas expresiones en la *Lamentación sobre Cristo muerto*, el cuadro de Andrea Mantegna célebre por su escorzo frontal.

Como escribió John Berger sobre la fotografía del cadáver del Che Guevara exhibido en Bolivia, de asombrosa semejanza tanto con el cuadro de Mantegna como con el de Rembrandt, los muertos, en estas imágenes, se vuelven un ejemplo. En un caso, el de Mantegna, un ejemplo martirológico; en Rembrandt, un ejemplo para el avance de la medicina; en el caso de la foto del Che yacente, un ejemplo aleccionador para todos los aspirantes a

---

8   José Emilio Burucúa, *Historia y ambivalencia: ensayos sobre arte*, pág. 189, Editorial Biblos, 2006.

guerrilleros.[9] Para las autoridades bolivianas y los servicios de inteligencia estadounidenses, el Che era un delincuente, como Aris Kindt para los holandeses y Cristo para los romanos. Por eso, la *pathosformel* del sufriente o el cadáver ejemplar se confunde con la del trofeo de caza.[10]

Paradójicamente, la expresividad patética del cadáver ejemplar se transmite a través de la inexpresividad de su cuerpo yacente, que ya ha dejado de sufrir. Por eso, a esta figura le es esencial la de los vivos que lo rodean y lo examinan. En el caso del Cristo de Mantegna, las mujeres que lo lloran y lamentan. En el caso de la foto del Che, los oficiales enemigos que posan junto al cuerpo del guerrillero caído. En el caso de *La lección de anatomía del doctor Tulp*, el grupo de médicos que estudian, con viva atención, los tendones del cadáver. Pero si los cuerpos yacentes de Cristo y el Che valían por su singularidad absoluta y extraían de allí su carga emotiva ejemplar, el cuerpo de Aris Kindt solo vale como un cuerpo no cualificado, indiferenciado, válido solo en tanto mero cuerpo, igual al de cualquier otro ser humano, y por eso funcional como ejemplo o ejemplar científico. Al mismo tiempo, se trata del cuerpo de un criminal. Su disección pública se vuelve una continuación post-mortem del castigo recibido en vida. Quizá esta sea otra de las razones por las que la parte del cuerpo diseccionado sea la mano: *organum organorum* que es a su vez la herramienta primordial del ladrón. En *La lección de anatomía del doctor Tulp* también se escenifica una aplicación cientificista de la ley del talión.

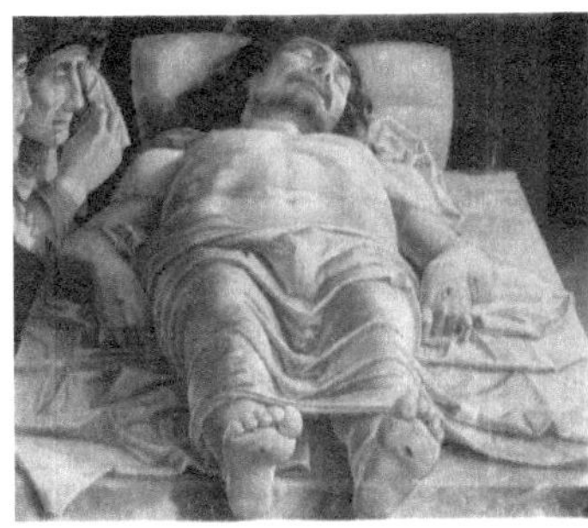

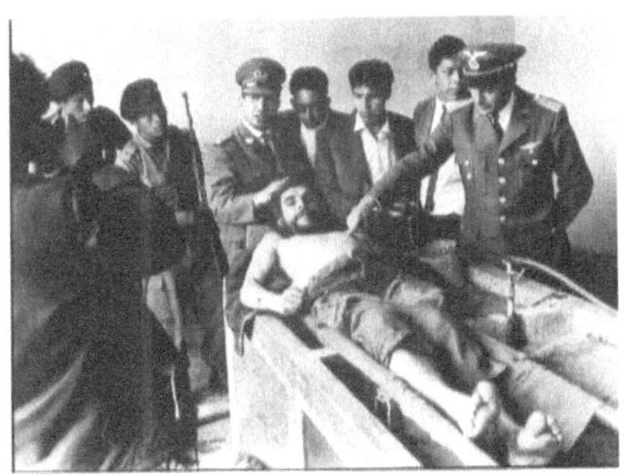

Lamentación sobre Cristo muerto,   *El Che Guevara yacente*
por Andrea Mantegna

9   John Berger, *Image of Imperialism*. En: *The Moment of Cubism and Other Essays*, Weidenfeld & Nicolson, 1969.

10   Carolina Romano, *La lección de Anatomía de Carlos Alonso. Un capítulo en el devenir de la fórmula del sufrimiento a fines de los sesenta*. En: Luciano Barandiarán et al., *Ensayos sobre vanguardias, censuras y representaciones artísticas en la Argentina reciente*, UNCPBA, 2011.

Si bien las representaciones artísticas de lecciones de anatomía tomaban como patrón la fórmula de la lamentación de Cristo, era preciso contrabalancearlas y ajustarlas psicológicamente, combinándolas con otras fórmulas para armonizarlas con el clima de investigación científica desapasionada propia de las lecciones de anatomía. Para lograr ese efecto, bastaba con hacer del cadáver un cuerpo torturado en nombre de la justicia y no una víctima de un asesinato ritual e injusto. Para ello, se acudió a otro tema iconográfico: el de *los cuadros de justicia*, producidos en los Países Bajos desde el siglo XV, obras moralizantes o sermones pintados que ilustraban, a modo de *exempla*, historias de crimen y castigo recogidas a lo largo de siglos. La otra fórmula iconográfica adaptada fue la del *doctor expositivo*. Esta fórmula remite, especialmente, a la escena de *Jesús entre los doctores*, escena narrada en el Evangelio de Lucas donde un Cristo de doce años discute con los teólogos judíos, o *doctores* de la Ley, en el templo de Jerusalén, quienes quedan asombrados ante la sabiduría del jovencísimo Jesús. Esta escena fue un tema muy frecuente en el arte cristiano. Es también conocida como disputa o *disputatio*.[11] Por eso, puede pensarse a los cuadros del género lección de anatomía como versiones secularizadas de la *pathosformel disputatio*, aun cuando no haya discusión entre cirujanos, sino demostración expositiva.

Una de las razones por las que Rembrandt se afincó en Ámsterdam en 1632 fue la relación de amistad que trabó con Nicolaes Tulp, quien no solo era un anatomista brillante, descubridor de la *vasa lactea* y de la *valvula ileo-coecalis*, sino también una figura cívica y socialmente prominente:

---

11 Una célebre versión de este tema es el *Jesús entre los doctores* de Durero. En este cuadro, donde el juego de manos también es esencial, ya aparece un antecedente de la caricaturización antisemita de los judíos, iconografía que llegará a ser central en la maquinaria propagandística de los nazis. Pero como analizó Erwin Panofsky, las primeras formas de caricatura inventadas en la Italia florentina no hacían reír, sino que producían horror. Fueron utilizadas para la denigración del enemigo político. Según Panofsky, la caricatura auténtica, capaz de hacer reír sin herir al otro, nació con el Barroco (ver su conferencia: ¿Qué es el Barroco?). Por otra parte, también en el tema iconográfico de la tortura de los mártires solían aparecer judíos torturadores. Es que, desde la Edad Media, muchos cirujanos eran efectivamente judíos, profesión no bien vista por los cristianos, pero considerada imprescindible, tal como la usura. Los judíos, en tanto minoría indefensa, eran aprovechados para ejercer las profesiones más degradantes. Shakespeare debía haber conocido esta asociación entre judaísmo y vivisección cuando, en *El mercader de Venecia*, Shylock exige una libra de carne del cuerpo de Antonio. En Shylock confluían las dos figuras malditas del judío renacentista: el usurero y el cirujano. De hecho, el médico de la reina Isabel era un portugués de ascendencia judía llamado Rodrigo López, el cual, en una dudosa intriga, fue acusado de complotar contra la monarca y acabó condenado a muerte por medio del terrible suplicio aplicado a los culpados por alta traición en Inglaterra: fue ahorcado, arrastrado y descuartizado en la plaza pública. Ver al respecto: William S. Heckscher, *Rembrandt's Anatomy of Dr. Nicolaas Tulp*, pág. 86.

alcalde o burgomaestre de Ámsterdam en cuatro ocasiones; siete veces tesorero de la ciudad; dos veces fideicomisario del orfanato; pionero en el estudio de chimpancés; curador de la escuela de latín así como de la Universidad.[12] Esta imagen de hombre justo, ocupado y eminente reforzaba, en el cuadro de Rembrandt, la legitimidad de su poder sobre el cuerpo yacente de Aris Kindt, el ladrón de capas. Al punto que, detrás de la cabeza de Tulp, puede verse una hornacina o nicho con forma de concha marina abovedada, símbolo iconográfico del triunfo. En el cuadro de Rembrandt, entonces, la sapiencia ha triunfado sobre la malicia.[13]

Nicolaes Tulp, como el desgraciado Aris Kindt, había nacido con otro nombre: Claes Pieterszoon. Tulp era una apelación derivada de su casa familiar, la cual sirvió como casa de subastas de tulipanes.[14] Una apelación muy distinguida, sin dudas, considerando el enorme valor que los tulipanes adquirieron en la Holanda del siglo XVII. En verdad, los tulipanes habían sido introducidos un siglo antes, desde Turquía, donde adornaban los trajes de los sultanes. La palabra tulipán proviene de la palabra turca *tülbent*, es decir, turbante. Fue llamada así por los franceses, que encontraban la flor similar a los tocados orientales.

A pesar de ser una planta inútil, pura y plenamente bella, sin ninguna utilidad ni desde el punto de vista medicinal ni por su perfume, el tulipán desató la primera gran burbuja financiera del capitalismo incipiente. No solo era una planta preciosa en general, sino que cada ejemplar era único, con una enorme capacidad de variar sus colores y los dibujos de sus pétalos. La alta sociedad holandesa, celosa por distinguirse ostentando los mejores tulipanes, comenzó a competir en una escalada imparable conocida como "tulipomanía". En poco tiempo, la demanda sobrepasó a la oferta y los precios de cada bulbo alcanzaron valores exorbitantes, al punto que, con un solo tulipán se podía llegar a comprar una casa señorial o un campo de cultivo. Toda una euforia inversora se desató alrededor de la lujosa flor y, a mediados de la década de 1630 (cuando Rembrandt pinta su lección de anatomía), grandes y pequeños inversores habían hecho enormes fortunas con la especulación botánica. Incluso surgieron las primeras formas de contratos de futuros, los *windhandel* o "negocios de aire", mediante la compra y venta de bonos por tulipanes inexistentes que, se aseguraba, crecerían en el porvenir.

Hasta que llegó el fatídico día del crash: el 6 de febrero de 1637, en Haarlem, medio kilo de tulipanes salieron a la venta por un precio inicial de

---

12 Ibíd., pág. 75.

13 Ibíd., pág. 120.

14 Ibíd., pág. 64.

1.200 florines. Inesperadamente, nadie pujó por ellos. De repente, advino una manía inversa, haciendo cundir el pánico: se cayó en la cuenta de que el tulipán estaba sobrevaluado. Su precio se derrumbó estrepitosamente y las hipotecas, los bonos y los créditos tomados para invertir en flores se hicieron impagables. Muchas familias quedaron en la ruina, los ayuntamientos decretaban leyes de condonación de deudas y los juzgados colapsaban por las demandas de los acreedores.

La crisis de los tulipanes fue un tipo de crisis nueva, que se repetirá innumerables veces a lo largo de la historia del capitalismo. Fue una crisis que abrió el horizonte para todo un nuevo concepto de crisis. De hecho, en griego, la palabra *krinō* significaba, a la vez, separación y lucha, pero también decisión. Crisis es el momento en que se decide sobre una inclinación definitiva de la balanza.[15] En Holanda, la balanza se había inclinado por el lado de la "mala fortuna" el día que los tulipanes no habían encontrado compradores. Lo extraño fue que nadie, ningún soberano, ninguna instancia de decisión calificada, decidió sobre esta inclinación. Fue un acontecimiento desafortunado que excedió toda previsión.

En la Antigüedad, la palabra griega *krísis* se utilizaba en dos acepciones diferentes. Por un lado, y en un sentido jurídico, designaba el instante de la resolución judicial, pero también el juicio de Dios, momento en el que se decide sobre la condena o la salvación de los mortales (*krinō* significaba *juicio*, en el sentido del discernimiento). La segunda acepción, de tipo médica y proveniente de Hipócrates, significaba el momento decisivo de la enfermedad, su pico, cuando se decide sobre la muerte o sobre la sanación del enfermo. En estas nociones de *crisis* hay siempre un clímax donde se agudizan las tensiones al extremo, a la vez que las expectativas por salir de una situación incontrolada. De ahí el célebre aforismo de Hipócrates, verdadero concentrado de sabiduría médica: *"Corta es la vida, el camino largo, la ocasión fugaz, falaces las experiencias, el juicio difícil"*.

Crisis pertenece a la misma familia etimológica que *criterio* y que *crítica*, es decir, el juicio fundado en el discernimiento y en la separación por partes (como la anatomía practicada por el doctor Tulp). Está en el *criterio* del médico, observando los síntomas y los signos de la enfermedad, decidir, de acuerdo a su *buen juicio*, sobre el pronóstico del paciente. La *crisis* revela los signos que hacen posible un pronóstico y una intervención crucial, estableciendo una responsabilidad de actuar.

En Hipócrates, la palabra *krísis* no significaba un desorden negativo. Usada de manera neutral, sin adjetivaciones, designaba la resolución favo-

---

15 Reinhart Koselleck, *Algunas cuestiones sobre la historia conceptual de "crisis"*. En: *Historias de conceptos. Estudios sobre semántica y pragmática del lenguaje político y social*, Editorial Trotta, 2012.

rable de una enfermedad. Cuando la crisis conllevaba un empeoramiento del estado del paciente, se le agregaba un adjetivo, llamándola *crisis mala*. Recién en el siglo XIX, la palabra comenzó a ser incorporada por la terminología política, social y económica, ya sin adjetivos, para designar todo acontecimiento funesto y destructivo.[16] Pero aun este último sentido de crisis, el que ha predominado tanto en la teoría como en el lenguaje cotidiano, se manifiesta de diversas formas. Una crisis puede ser absoluta y terminal, un acontecimiento histórico irrepetible que acaba con todo un sistema, ya sea psíquico, económico, cultural o político. Pero las crisis también pueden recrearse una y otra vez, sin acabar nunca definitivamente. Por eso, según Reinhart Koselleck, hay "estratos de crisis" que sedimentan la historia de la humanidad. En el análisis de las crisis relativas, que se suceden unas a otras, ya no habría un único instante de decisión, un juicio final o un momento crítico irrepetible, sino niveles de crisis que producen mutaciones permanentes, inestables e infinitas, sin que necesariamente se trate de circularidades desprovistas de novedad.

La crisis de los tulipanes no se produjo en el aire. Una de sus determinaciones fundamentales fue la abundancia de plata y oro provenientes de la expoliación de América y que circulaba cuantiosamente en Holanda, disparando un incremento de la inflación. En 1609, con el fin de regularizar la emisión de monedas y la excesiva fluctuación de sus valores, los Países Bajos crearon el primer precursor de los Bancos Centrales: el Banco de Ámsterdam. Para encauzar el exceso de oro y plata que circulaba en malas condiciones, el Banco de Ámsterdam comenzó a tomar en depósito toda clase de monedas, a cambio de lo cual entregaba certificados de crédito. Por ley, se obligó a todos los comerciantes de Holanda a mantener una cuenta en el banco, lo que aumentó, por primera vez en Europa, la demanda de papel moneda. Así, todo el dinero emitido en papel era respaldado con su cantidad equivalente de lingotes de oro y plata.

La *tulipomanía* había sido una cuestión de crédito y de fe: el crédito bancario posibilitaba realizar inversiones a futuro sin contar con suficiente capital propio. Fe también en el aumento constante y persistente del precio de los tulipanes, así como de su cosecha y variedad. Si bien el colapso de la burbuja produjo una severa crisis en Holanda, también contribuyó al perfeccionamiento del sistema bancario europeo, "lubricante" fundamental del despegue capitalista. En este sentido, la barroca crisis holandesa fue una crisis relativa, no absoluta, que abrió las puertas para crisis semejantes en todos los rincones del planeta, así como para el reajuste del sistema crediticio y monetario, sin el cual no podría ponerse en marcha la rueda

---

16 Ibíd.

del capital productivo. La actividad financiera es a la vez ineludible estímulo para la expansión capitalista y detonante de recurrentes crisis. Por eso, la Modernidad, o el "mundo burgués" al decir de Koselleck, es, en sí misma, una época *crítica* y *auto-crítica*, a la vez que una *puesta en crisis* de todos los regímenes sociales anteriores. Crisis políticas, sociales, culturales, económicas, epistemológicas, artísticas: nunca se diagnosticaron tantas crisis terminales que sin embargo siguen perpetuándose sin resolución, como si la autoconciencia hipercrítica de la Modernidad, su *autopsia de sí*, conllevase también la puesta en crisis de todo lo que ella misma produce.

La voluntad de diagnosticar el tiempo presente presupone que la época actual está ya atravesada por algún tipo de crisis o enfermedad crónica. Pero una patología puede ser también un principio creador, así como los trastornos pueden resultar crisis saludables. Los grandes maestros de la sospecha, los pioneros del inconsciente, como Nietzsche y Freud, así como los grandes artistas modernos, como Dostoievski y Van Gogh, han atravesado grandes "crisis del alma", revelando una sugestiva proximidad entre genio y locura.[17] Se trata de pensadores y artistas que, al decir de Élisabeth Roudinesco, pertenecen a una contracorriente moderna, al interior mismo de la Modernidad: la *"Aufklärung oscura"*, nombre aparentemente paradójico que designa la convivencia entre *nuestro lado luminoso* y *nuestro lado oscuro,* una situación en donde la enfermedad es en verdad índice de salud y hasta su estimulante.

También la *tulipomanía* fue una enfermedad creadora. El nombre mismo refiere a una suerte de patología colectiva, una manía que, como en un delirio enfebrecido, necesita hacerse de tulipanes, en una suerte de *"exuberancia irracional",* como casi cuatrocientos años después llamará Alan Greenspan a las burbujas bursátiles. Los tulipanes holandeses del siglo XVII eran especialmente apreciados por sus hermosos pétalos con formas serpenteantes, quebradas y multicolores, diferentes a los tulipanes normales, de un solo color. Pero durante el siglo XX se descubriría que el verdadero motivo por el que se producían esos bellos dibujos era la infección de un parásito transmisor del *virus del mosaico del tulipán*. En la floreciente Holanda del siglo XVII, un agente infeccioso vegetal había desencadenado hermosos patrones florales, y también la manía de los tulipanes, haciendo posible el encuentro entre una anomalía botánica y una anomalía financiera.

◆ —————————— ◆

---

17 Élisabeth Roudinesco, Presentación a *Histoire de la découverte de l'Inconscient*, de Henri Ellenberger, Ediciones Fayard, 2001.

Rembrandt fue uno de los mayores comentaristas barrocos de su época, así como también de la biblia, como se ve en innumerables cuadros y aguafuertes donde abordó motivos iconográficos cristianos y judíos. Pero el concepto de *barroco* nació ya como un comentario. Originalmente, se denominaba *barroco* a una serie de procedimientos mnemotécnicos utilizados por la escolástica medieval para memorizar silogismos teológicos. *Barroco* era un técnica primitiva de memoria artificial y de almacenamiento del saber.

Estos recursos escolásticos consistían en palabras de tres sílabas. Cada sílaba representaba una de las tres proposiciones que forman un silogismo: la premisa mayor, la premisa menor y la conclusión. Las vocales dentro de estas palabras de tres sílabas significaban el carácter de las proposiciones. La vocal *a* denotaba una relación general y positiva; la vocal *o* una relación parcial y negativa. Así, la palabra *Bárbara*, con sus tres *a*, designaba un silogismo de tres proposiciones generales y positivas. Por ejemplo: *Todos los hombres son mortales; todos los seres mortales precisan de alimento; en consecuencia todos los hombres precisan de alimento*. El término *Baroco*, que contiene una *a* y dos *o*, fue acuñado para memorizar los silogismos consistentes en una proposición general y positiva, y dos parciales y negativas, como por ejemplo: *todos los gatos tienen bigotes; algunos animales no tienen bigotes; en consecuencia, algunos animales no son gatos*.

Como mostró Erwin Panofsky, los escritores humanistas hicieron de la palabra *baroco* un término despectivo lanzado contra el formalismo escolástico medieval. Cuando Montaigne quería ridiculizar el discurso de un profesor pedante, le reprochaba tener la cabeza llena de *"Bárbara y Baroco"*. La palabra llegó a designar cualquier cosa abstrusa, oscura, inútil o fantástica.[18] Los arquitectos clasicistas del siglo XVIII, para quienes el diseño de edificios no debía desviarse del canon grecorromano redescubierto durante el Renacimiento, comenzaron a llamar *baroco* a la arquitectura y al arte ornamental del siglo XVII que reprobaban, especialmente el del arquitecto romano Francesco Borromini.

En la historia del arte, muchos rótulos acuñados para designar estilos fueron primero palabras burlescas y ofensivas. El término *gótico* fue empleado por primera vez por los comentaristas artísticos del Renacimiento para designar el arte italiano anterior, considerado bárbaro, ya que creían que había sido introducido en Italia por los godos. El término *manierismo* también fue utilizado originalmente para designar un estilo afectado, superficial, "a la manera de", acuñado por los críticos de arte del

---

18   Erwin Panofsky, *¿Qué es el Barroco?* En: *Sobre el estilo*, Editorial Paidós, 2000.

siglo XVII para descalificar a los artistas de fines del siglo XVI.[19] *Impresionista* fue una denominación burlesca acuñada por un crítico de arte francés de fines del siglo XIX para llamar a los nuevos artistas que procedían sin un conocimiento cabal de las reglas de la pintura.[20] El término *baroco*, que en un principio designaba un estilo grotesco y retorcido, modelo de todo mal hacer estético, con el tiempo también se convirtió en un término neutral. Su *carga patológica* fue neutralizada por las posteriores periodizaciones del arte.

El exceso barroco, sus grandes efectos teatrales, su grandiosidad deforme y asombrosa, su inflación de todos los signos, procura siempre provocar al espectador, suscitar su consenso afectivo. A fin de cuentas, fue el arte oficial de la Contrarreforma, es decir, de una crisis que amenazaba con disolver el poder de la Iglesia católica. El Barroco europeo fue un dispositivito "anti-crítico", una fuerza de ocupación estética, una "estrategia de imagen",[21] un *ars magna lucis et umbrae*, como en el título del tratado de Athanasius Kircher en donde se describen artilugios ópticos tales como la Linterna mágica. Los juegos dualistas de luz y de sombra servían a las simulaciones, seducciones, dobleces y pliegues del brillo cortesano, a los trampantojos, al torbellino de efectos que envuelven al espectador y lo capturan en las redes de una *psicopolítica*.

En América, los primeros dos siglos posteriores a la conquista dieron lugar a la implantación de una verdadera sociedad barroca,[22] una sociedad dual tajantemente dividida entre colonizadores y colonizados. Las principales ciudades coloniales americanas se poblaron de majestuosas catedrales revestidas de oro y plata, levantadas en medio de precarias urbanizaciones, para impresionar los sentidos de los indios. Pero así como, a poco de marchar el orden colonial, la extrema separación entre españoles y criollos comenzó a derrumbarse, poniendo en crisis el orden dual de la sociedad barroca en América, el arte barroco comenzó a adoptar formas nuevas, mixturando las reglas de la edificación europea con la imaginería popular y precolombina de los indígenas. Las esculturas de Aleijadinho en Ouro Preto, las del indio Kondori en Potosí, la obra gráfica de Guamán Poma de Ayala, los ángeles arcabuceros del Perú, fueron dando forma a un arte mestizo, sincretizando la iconografía traída de Europa para la evangelización estética de los americanos con las visiones de los imagineros colonizados.

---

19 Ernst Gombrich, *Historia del Arte*, pág. 293, Editorial Phaidon, 2011.

20 Ibíd., pág. 398.

21 Fernando R. de la Flor, *Pasiones frías: secreto y disimulación en el Barroco hispano*, pág. 290, Ediciones Marcial Pons Historia, 2005.

22 José Luis Romero, *Latinoamérica: las ciudades, las ideas*, Siglo Veintiuno Editores, 2010.

El barroco europeo, cuyo objetivo era reforzar los "tajos" o jerarquías esta-
mentales por medio de grandes efectos arquitectónicos, teatrales y pictóricos, se volvió, en América Latina, un dispositivo "barroso". Ya no un "arte
de la Contrarreforma", sino, en palabras de José Lezama Lima, un "arte de
la Contraconquista".[23]

En la región del sur de América que llegaría a adoptar el nombre de
Argentina, el desarrollo de las artes tuvo muy poco ímpetu hasta bien
entrado el siglo XIX. Si bien se produjeron múltiples formas de mestizaje
cultural, éstas no se concretizaron en formas artísticas híbridas y eclécti-
cas tales como en México, Brasil o Perú. En la proto-Argentina, la división
dual entre criollos o descendientes de europeos, por un lado, e indígenas
y esclavos negros por otro, seguirá siendo tan tajante que bloqueará toda
posible contaminación recíproca. Baste observar, como hizo el pintor Daniel
Santoro, la diferencia entre Macunaíma, uno de los personaje más célebres de la literatura brasilera, y Martín Fierro. Mientras que el personaje
de Mário de Andrade atraviesa múltiples metamorfosis y se define como
"el héroe sin carácter" porque es pura hibridación, Martín Fierro, nuestro
héroe nacional, en última instancia no se mezcla con nadie ni se transforma
realmente. Aborrece tanto al Ejército que lo secuestra y lo aleja de su familia
como a los indios entre quienes va a refugiarse cuando atraviesa en fuga
las fronteras de la Civilización. Martín Fierro cruza la frontera, pero para
reforzar su infranqueabilidad.

Quizá porque la Argentina se constituyó en una sociedad que rechazó
el barroco latinoamericano y toda forma de tropicalismo cultural, más
proclive a mezclarse con formas y poblaciones europeas que con indios y
con negros, el peronismo haya resultado también un acontecimiento tan
decisivo. Así como la palabra *barroco* nació como una denominación des-
pectiva que luego fue neutralizada y revalorada por la historia del arte, el
peronismo neutralizó una gran cantidad de denominaciones despectivas
que le fueron lanzadas: "cabecita negra", "descamisados", "grasitas", fueron términos originalmente utilizados como armas retóricas de desprecio
hacia el peronismo y que éste, asimilándolas, las convirtió en banderas o en
emblemas. El peronismo es esa extraña posición estratégica en el ámbito
de la gran dicotomía nacional a la que el pintor Daniel Santoro llamó: *"a la
vez agente de civilización y mensajero de la barbarie".*[24]

◆ ——————— ◆

---

23 José Lezama Lima, *La expresión americana*. En: *Ensayos barrocos*, Ediciones Colihue,
    2014.

24 Daniel Santoro, *Otra vuelta del malón*, publicado en Página/12, 19/12/2010.

Roberto Fantuzzi fue un pintor italiano nacido en la ciudad de Reggio Emilia en 1899. Formado en la Academia de Bellas Artes de Florencia, se especializó en el retrato individual y de grupo. En 1918 comenzó a realizar pinturas por encargo en Uruguay y Argentina, especialmente retratos de sociedades médicas. A mediados de la década del treinta, en plena efervescencia fascista, es invitado a volver a Italia, en donde retrató a numerosos médicos clínicos y cirujanos, así como también a los papas Pío XI y Pío XII. Con la explosión de la Segunda Guerra Mundial, se abocó al retrato de escenas de batalla, pasando de *"pittore anatomista"* a *"soldato pittore"*. Fantuzzi vuelve a Argentina en 1947, donde pasa cinco años, durante la primera presidencia de Perón. En 1952 es invitado a pintar retratos de médicos en Venezuela, donde se asentó hasta su muerte en 1976.

Los cuadros médicos de Roberto Fantuzzi recuerdan a los retratos de grupo flamencos, especialmente el género lección de anatomía. Pero si en la mayoría de aquéllos cuadros barrocos predominaban los efectos levemente tenebristas de claroscuro, en los cuadros de Fantuzzi predomina una luz blanca, hospitalaria, aséptica, casi celestial. En sus composiciones suele aparecer como figura central un jefe de cátedra, una eminencia médica, una luminaria en el arte de curar, guiando el camino de ayudantes y discípulos, que observan con suma atención colectiva la demostración pública centrada en el cuerpo de un paciente.

En 1948, Fantuzzi pintó un óleo dedicado a la Cátedra de Neurocirugía de la UBA, a cargo de Ramón Carrillo, por entonces también secretario de Salud Pública del gobierno de Perón y el primer médico en ocupar ese cargo. El óleo se titula: *Ramón Carrillo atendiendo a un paciente neuroquirúrgico en el Instituto Costa Buero*. Como en los antiguos retratos de grupo, aquí también se trataba de brindar gloria y memoria a los retratados, que forman un cuerpo colectivo, una corporación médica compuesta de hombres vestidos con inmaculados guardapolvos blancos y batas celestes.

En el centro del cuadro yace un paciente anestesiado. Es el cuerpo tendido contra el cual se destacan los cuerpos erguidos de quienes lo rodean. Pero aquí no se trata de un cadáver puesto a ser examinado en un suplicio anatómico, sino de un cuerpo enfermo que está siendo intervenido con miras a ser curado y volver a vivir. Ramón Carrillo se encuentra muy cerca del centro de la composición, formando el eje de una suerte de cruz. Es el único que mira al espectador, con gesto seguro y levemente sonriente. Llama la atención la pose de Carrillo, especialmente la posición de su mano derecha, que, como vimos, era un elemento iconográfico central en los retratos de médicos. Mientras que con la mano izquierda Carrillo sostiene la cabeza del paciente, con la mano derecha parece estar haciendo un ademán solemne, gesto que también lo diferencia de quienes lo rodean. ¿Qué significa esta extraña expresión manual?

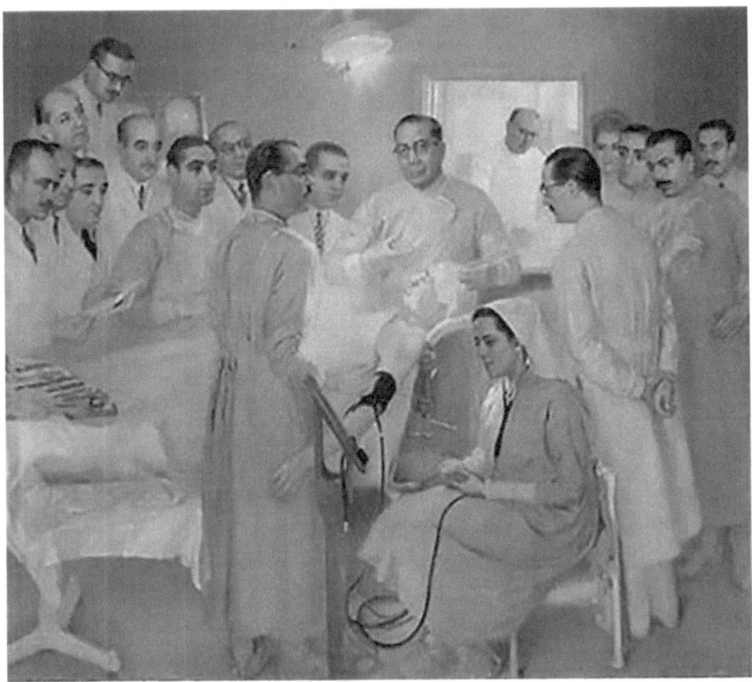

*Ramón Carrillo atendiendo a un paciente neuroquirúrgico en el
Instituto Costa Buero, por Roberto Fantuzzi*

El gesto de Carrillo puede ser una señal manual proveniente del código quirúrgico, pero también cabe la posibilidad que sea una cita al doctor Tulp. No el retratado por Rembrandt, sino un retrato individual pintado por otro artista holandés, llamado Nicolaes Pickenoy. En ese otro retrato, Tulp observa al espectador apoyado en un parapeto. Con la mano derecha señala, en idéntico gesto que la mano de Carrillo, un cirio ardiente que está mitad consumido. En el parapeto se encuentra tallada en piedra, y debajo de una calavera, como en los epigramas de las antiguas tumbas romanas, la siguiente frase: *Consvmor alus inserviendo* (me consumo por servir a otros), frase que, se cree, era el *motto* personal de Nicolaes Tulp. El cirio ardiente era un símbolo de altruismo: la vela, dándole luz a los otros, se consume ella misma. Lo mismo sucede con el médico, símbolo encarnado de la abnegación y del servicio humanitario.

Tulp, por Nicolaes Eliasz Pickenoy

Así como en los cuadros de Roberto Fantuzzi hay algo de manierista, algo de pintar "a la manera" de los grandes retratistas de grupo holandeses, Ramón Carrillo pudo haber sido retratado a la manera de Tulp, a la vez que Tulp, en el cuadro de Rembrandt, se había hecho retratar a la manera de Vesalio, operando el *organum organorum* del cadáver. Si bien Carrillo no tiene una vela a su lado, la escena se ilumina con el gran reflector eléctrico del quirófano, que adquiere un poder de iluminación milagroso, derramando su luz sobre el paciente y sobre la mano derecha de Carrillo. También el sanitarista argentino parece estar diciendo, por medio de la cita al retrato de Tulp: "me consumo por servir a otros", *motto* que, en verdad, Tulp recogía de las últimas palabras de Cristo según Juan: *Consummatum est (et inclinato capite tradidit spiritum)* ("'Todo está consumado'. Luego inclinó la cabeza y entregó el espíritu").[25]

Como la lección de anatomía pintada por Rembrandt, la pintura de Roberto Fantuzzi representa el triunfo de Ramón Carrillo y la apoteosis del espíritu científico, con cada miembro individual del equipo subordinado a la guía del maestro y a un ideal superior. Se trata de una escena científica que adquiere las formas patéticas o pasionales de una escena religiosa. La camilla sobre la que se apoya el cuerpo del paciente se asemeja a un altar y Carrillo parece un sacerdote, un santo en plena gloria o un *"heros iatros"*, un héroe médico, tal como aquéllos a los que se les rendía culto en la antigüedad griega, junto al dios sanador Asclepio.[26] Como

---

25 William S. Heckscher, *Rembrandt's Anatomy of Dr. Nicolaas Tulp*, pág. 120.

26 Karl Kerényi, *El medico divino*, Editorial Sexto Piso, 2009.

Tulp y Vesalio, el médico se vuelve un *exempla*, un modelo a imitar. Si las grandes lecciones de anatomía han dejado de ser eventos públicos, si las grandes intervenciones médicas ahora se llevan a cabo puertas adentro, al interior de quirófanos adecuadamente aislados y esterilizados, la representación pictórica de la escena permite volver a hacer pública la ceremonia mediante la que el médico triunfa sobre la enfermedad, resolviendo, con decisión, el momento crítico.

◆ ———————— ◆

Así como la historia del arte, también la historia de la política puede leerse como una sucesión de estilos, en donde unas formas de gobernar se suceden a otras. Pero nada impide que las viejas formas retornen o sobrevivan. En la década del cuarenta, el estilo peronista de gobierno representó la irrupción de una serie de novedosas técnicas y estrategias de poder que no dejaban de abrevar en estilos anteriores de gobierno argentino.

El peronismo puso en crisis todos los estilos de liderazgo de su época, creando, al mismo tiempo, su contraparte o némesis: el anti-peronismo. Este no es un mero desacuerdo con el peronismo, sino una concepción virulenta según la cual el peronismo es la peor de las patologías, la causa de todos nuestros males, un verdadero *monstruo* al que no alcanza con combatir en la puja democrática, sino al que hay que desterrar y eliminar de la *polis*. Pero si el peronismo es una enfermedad, lo es más bien en el sentido de una enfermedad creativa o productiva, que hasta crea a sus propios enemigos. El peronismo, de hecho, es el resultante de una crisis, la que irrumpió en Argentina en la década del treinta y fragilizó los cimientos del orden conservador. Como vio Aby Warburg, en tiempos de crisis civilizatorias o culturales, el polo mágico-emocional de lo psico-social predomina sobre el polo racional-científico. Y el peronismo no solamente creó una doctrina, sino también un vasto imaginario, en donde la cuestión del cuerpo y la salud del pueblo ocuparon un lugar destacado. Si el peronismo es un fenómeno de frontera, a la vez "mensajero de la barbarie y agente de la civilización", lo es, fundamentalmente, porque realizó una peculiar alquimia entre religión y ciencia, entre magia y razón, entre modernización y arcaísmo. El peronismo es ambivalente, escatológico y auto-icónico, se adelanta a la posteridad, se vuelve eternizada imagen de sí en el mismo momento que lucha por permanecer en el poder. Se trata de un doble movimiento bonapartista por medio del cual a la vez moviliza y petrifica, dinamiza y congela, llama a la revolución y paraliza, abre a las mezclas y se clausura en identidades rígidas. El peronismo, en tanto movimiento político corporativo, produce cuerpos individuales para incorporarlos en una gran corporación nacional, que a su vez adquiere el halo de una gran religión de Estado. Como el barroco latinoamericano, es un dispositivo que se monta sobre estilos de gobierno anteriores para inflar sus significantes y hacerlos funcionar de nuevas maneras.[27]

La polaridad peronista recuerda a la de la *pathosformel* warburguiana: a la vez turbulencia emocional y fórmulas estables que garantizan tanto su fijación como su transmisión histórica. Y si para Aby Warburg la *pathosformel* fundamental era la de la ninfa, Eva Perón, el mayor ícono del peronismo, será una suerte de ninfa moderna y argentina, atravesando diversas metamorfosis, desde la *starlet* a la abanderada de los humildes. En Evita, "la vida imitó al arte": poco antes de convertirse en primera dama protagonizó un radioteatro llamado "Heroínas de la Historia", en donde interpretó a dieciocho grandes figuras femeninas, como George Sand, Catalina la Grande y hasta Josefina de la Pagerie, esposa de Napoleón y emperatriz de Francia.[28] La interpretación de todos esos personajes parecen haberla preparado para convertirse, ella misma, en la mayor heroína de la historia argentina.

Maqueta del Monumento al Descamisado

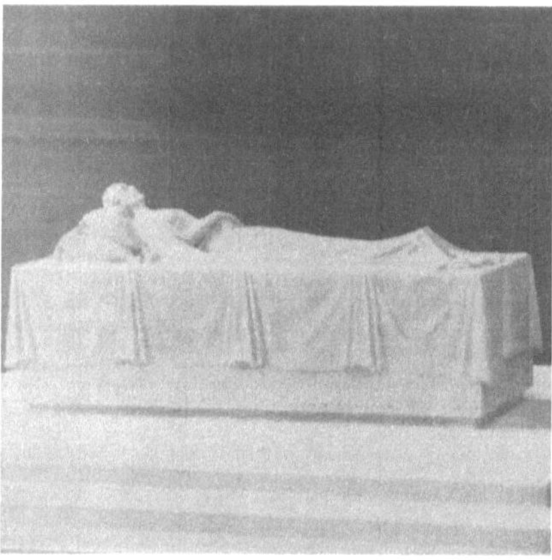

Maqueta del sarcófago de Evita al interior del Monumento al Descamisado

---

27 Sobre el barroco latinoamericano como inflación de signos y montura sobre estilos anteriores, ver el ensayo de Néstor Perlongher: *Caribe Transplatino*, en *Prosa plebeya*, pág. 95, Ediciones Colihue, 1996.

28 Joseph Page, *Perón. Una biografía*, pág. 108, Editorial Grijalbo Mondadori, 1999.

La iconologización póstuma de Evita, la que pretendía asegurar su pasaje definitivo a la inmortalidad, también involucró un saber a la vez médico y artístico: el detentado por el doctor Ara, encargado de momificar su cuerpo. Su joven cadáver debía ser eternizado y guardado en un sarcófago de plata adornado con una escultura que representaría su figura durmiente. El sarcófago se depositaría en un mausoleo construido en la base del Monumento al Descamisado, una estatua gigante de un trabajador esculpido con la camisa abierta, los puños crispados y un rostro muy similar al de Perón, destinado a ser la octava maravilla del mundo. Una vez al año, el 26 de julio, fecha de la muerte de Evita, el sarcófago se abriría para exhibir al público el cuerpo embalsamado.

Aquel desmesurado monumento sería una estatua que albergaría a otra estatua, ya que un cuerpo embalsamado es una estatua de sí, una imagen del cuerpo que alguna vez estuvo vivo hecha con la materia de su cuerpo muerto. Un cuerpo embalsamado es una sombra, una figura espectral que, como un archivo, conserva, en el presente mortuorio, el aspecto del pasado viviente. La misión del doctor Ara era embellecer y estetizar al cadáver de Eva, borrar las marcas del terrible cáncer para hacerla aparecer como una santa dormida e inmaculada, o como una "bella durmiente".[29] Ara, por medio de la técnica de la parafina, se volvía una mezcla de artista y de médico. Ya no tanto un pintor anatomista, sino un escultor tanatológico o tanatopractor.

El cadáver yacente, embalsamado y exhibido de Evita también tendría la misión de funcionar como un modelo eternizado, un ejemplo de sacrificio por los demás y para los demás, tal como en el *motto* de Tulp citado en la mano pintada de Ramón Carrillo. Un ejemplo paradójico, que se consumió o quemó sirviendo a los otros pero que, por medio de la parafina, conseguía evitar su descomposición o consumición definitiva.[30]

Con el golpe de Estado de 1955, las imágenes del peronismo comenzaron a ser censuradas, prohibidas, borradas, como si portasen una carga emotiva ominosa y demasiado insoportable. Los cimientos del Monumento al Descamisado fueron dinamitados. El cuadro de Ramón Carrillo tuvo que

---

29 Pablo Ríos Flores, *La "ninfa argentina". La imagen de Eva Perón, de la santificación pagana al gesto iconoclasta de la "parodiología" neobarrosa: una lectura a partir de Warburg, Lévinas y Perlongher.* El banquete de los dioses, vol. 3, nro. 4, mayo 2015 a noviembre 2015, pp 117-160.

30 El motivo del *consumirse* aparece reiteradas veces en *La razón de mi vida*, texto escrito por un escritor fantasma llamado Manuel Penella de Silva, periodista español ligado al franquismo y al que Evita conoció en su gira por Europa. Por ejemplo, con respecto al amor a Perón: *"cuando yo quiero a mi vez expresarle mi amor de mujer –¡y quiero expresárselo permanentemente!– no encuentro tampoco una manera más pura ni más grande que la de ofrecerle un poco de mi vida, quemándola por amor a sus 'descamisados'".*

ser ocultado. El cuerpo embalsamado de Evita fue profanado, supliciado y desaparecido durante 14 años, como un mensajero de la barbarie al que era preciso acallar. Sin embargo, con el correr de las décadas, las imágenes del peronismo siguen retornando, sobreviven, reencarnan, *vuelven*.

Evita como ninfa

En la década del setenta, la juventud peronista rescató, como un emblema o una bandera ondeante, una foto de Eva Perón tomada en el año 1947 y que había tenido poca circulación en su época. En ella se la ve a Evita con el pelo suelto y movido por el viento, vistiendo una camisa apretada, con el rostro expresando un gesto de felicidad exultante. La imagen ya no era la de la princesa plebeya de ajustado rodete retratada por el pintor oficial del peronismo, el francés Numa Ayrinhac. Tampoco era la de su cuerpo embalsamado, como si se tratase de una muñeca rubia hiperrealista. La imagen de Evita que volvería en los setenta, como señaló José Emilio Burucúa, sería la de la ninfa erotizada, símbolo de juventud y movimiento vital.[31]

La frase "viva el cáncer", que el anti-peronismo escribía en las paredes celebrando, mórbidamente, la muerte de Eva, vivaba una patología bioló- gica para acabar con lo que consideraba una patología política. Pero las vueltas de Evita como imagen resultaron más vitales que cualquier deseo enquistado de cáncer. Por la vuelta a la vida de la imagen de Evita, el eros de la ninfa juvenil triunfaba sobre los deseos tanáticos de sus odiadores, aunque también serviría como inspiración icónica de los jóvenes que, en los setenta, daban la vida por Perón, consumiéndose en una lucha violenta que el conductor a la vez atizaba y repudiaba.

El cuerpo de Juan Domingo Perón también fue embalsamado inmedia- tamente después de su muerte. Sus restos yacían en la bóveda familiar del cementerio de la Chacarita, resguardados por un vidrio blindado. En 1987,

---

31 José Emilio Burucúa, *El señor de las imágenes*, entrevista publicada en Página/12, 9/11/2003.

perforaron la cripta, abrieron el ataúd, cortaron las manos y se las llevaron. Nunca se supo quiénes fueron ni con qué propósito robaron las manos embalsamadas, la derecha y la izquierda, los "órganos entre los órganos" según la iconografía médica, como si las icónicas manos del conductor político portasen alguna carga mágica, tan hábiles para la manipulación del cuerpo político como las manos del cirujano en relación a los órganos y tejidos de la anatomía. La enigmática profanación del cuerpo de Perón contribuyó, por todo su halo de horror y misterio, a reforzar la sacralización de su cadáver.

Todos estos fenómenos de retorno, de retroactividad, de causalidad anacrónica, de acción diferida, de transmisión de informaciones inconscientes, de sobrevivencias, tan propios del arte, del síntoma y también del peronismo, son los que motivan esta indagación acerca de Ramón Carrillo. El actual reinado de la informática, de la automatización, de la inteligencia artificial, de la transmisión de datos, de las imágenes técnicas, del *feedback*, hace volver, como un eco olvidado del pasado, la especial atención que le prestó Ramón Carrillo, en los tiempos del primer peronismo, a la posibilidad de organizar la sociedad argentina de acuerdo a las leyes de dos ciencias de gobierno de su propio cuño a las que llamó *cibernología* y *biopolítica*. También en la recapitulación de ese episodio olvidado de la historia nacional puede pensarse, como las *pathosfomeln*, en una "vuelta a la vida de lo antiguo".

Pero antes de adentrarnos en las ciencias perdidas de Ramón Carrillo, y para comprenderlas mejor, será necesario evocar la conformación del poder médico en Argentina, así como las principales artes de gobierno que disputaron entre sí a lo largo del siglo XIX, siglo atravesado por guerras civiles cuyas esquirlas llegarán hasta el siglo siguiente. Comenzaremos entonces por explorar aquellos "estratos de crisis" que son como el sedimento de las siempre provisorias artes de gobierno nacionales, y a las que Ramón Carrillo quiso ofrecer una solución integral y definitiva.

Vías de propagación

La palabra *economía* deriva del *oikos* griego, el ámbito de la actividad doméstica y la reproducción familiar, mientras que *política* refiere a la *polis*, el ámbito de los asuntos públicos, tratados en la plaza pública. En Grecia, todo ciudadano libre pertenecía a los dos ámbitos, que se mantenían relativamente diferenciados entre sí.

La guerra también se dividía en dos. *Pólemos* denominaba la guerra política, hecha contra un enemigo extranjero. *Stásis* era la guerra civil, la guerra *oikos-nómica*, guerra doméstica o, al decir de Platón, "carnicería familiar", entre los miembros de la *polis*, pensados como los miembros de una gran familia política. En este esquema, el varón era el punto de unión entre lo privado y lo público, entre el *oikos* y la *polis*. En el ámbito del *oikos*, el hombre gobernaba despóticamente a su mujer, a sus hijos, a sus esclavos, a sus animales, a sus tierras, e incluso a sí mismo, a sus propias pasiones, para no ser esclavizado por ellas.[32] En el ámbito de la *polis,* el ciudadano ejercía el gobierno democrático entre iguales, siendo alternativamente gobernado y gobernador, según las reglas de la alternancia democrática.

La capacidad de prever, para Aristóteles, era lo que daba mayores derechos de gobernar y de mandar. Solo el varón heleno, padre, patrón y patriota, era, propiamente, un animal político, un animal que manda. Los otros seres humanos, la vasta mayoría de las personas que, apartadas de lo público, habitaban las ciudades griegas apenas podían considerarse seres huma-

---

32 El animal político, el *zóon politikón*, el único dotado de lenguaje porque es también *zoon legón echon*, ocupa la cúspide de la jerarquía. Según Aristóteles, el animal no posee ni *polis* ni *lógos*, aunque sí *phônê*, voz por la que expresa dolor y placer. Pero la *phônê* no alcanza la jerarquía del *lógos*. El animal lógico o racional no solo puede expresar dolor y placer, sino, más aun, decir el bien, decidir sobre lo justo y lo injusto. El esclavo puede razonar, puede *tener la palabra*, pero no pertenece a la *polis*, está excluido de ella, y todo viviente a-político es o bien un animal o un dios. Pero el esclavo, a diferencia del animal, poseería la ventaja de hablar y entender las órdenes del amo.

nos.[33] Todo un modelo canónico de la amistad y de la enemistad políticas se derivó de esta estructuración jerárquica de la comunidad, unida por un lazo afectivo: la *philia*. Pero la amistad griega también se dividía en dos tipos: la amistad cercana, privada, familiar, en presencia del otro, que hace a toda relación de intimidad. Junto a esta, aparecía la amistad política y pública, que une a los ciudadanos contra los extranjeros, los no nacidos en el mismo suelo. Los enemigos, a su vez, se dividían en otros dos tipos *semejantes*: los enemigos extranjeros o públicos (*polémios*), y los enemigos privados (*ekhthrós*), distinción que en latín tomaba los nombres del *inimicus* como rival privado y *hostis* como enemigo público. El *inimicus* refería al vecino, al prójimo, al que está en la cercanía de la convivencia. El *hostis* refería al que está lejos, al extranjero que amenaza la existencia del nativo, del autóctono, del "originario".

Carl Schmitt conservó la distinción entre enemigo público y enemigo privado para arribar a un concepto puro del enemigo político. Por eso planteaba que el enemigo público, a diferencia del enemigo privado, no debe despertar pasiones ni sentimientos. No debe ser odiado personalmente, como se odia al enemigo personal, sino públicamente. En ese sentido interpretaba el mensaje cristiano según el cual: *"Oísteis que fue dicho: amarás a tu prójimo, y aborrecerás a tu enemigo. Pero yo os digo: amad a vuestros enemigos"*. En la traducción latina, el enemigo al que referían los evangelios era el *inimicus*, no el *hostis*. Cristo, en realidad, habría dicho: *"ama a tu enemigo privado"* o *"ama a tu vecino"*. Por eso, según Schmitt, la Europa cristiana no tenía la obligación de amar al invasor islámico, ya que era un enemigo público. ¿Entonces es posible amar privadamente al enemigo público? Schmitt, como Nietzsche, respondería que sí, en tanto el enemigo es quizá el verdadero amigo, aquel que pone a prueba, aquel que da identidad por contraste, revelando sus propios límites y, por lo tanto, los límites propios.[34]

---

33 De acuerdo a Giorgio Agamben, *zoé* era la pura vida biológica, atada al reino de las necesidades. *Bíos* designaba la vida política, libre, autárquica, creadora de leyes. Sólo *bíos*, forma de vida reservada a los hombres libres, representaba la vida propiamente humana, y era superior a *zoé*. Jacques Derrida ha puesto en cuestión esta oposición al advertir que la diferencia entre *zoé* y *bíos* no era tan tajante para los griegos. Por ejemplo, cuando Aristóteles afirma que la finalidad de la ciudad es "vivir bien", escribe *eu zên*, siendo *zên* el verbo para *zôon*. De hecho, el *zôon politikón* es un viviente político (ver al respecto: Jacques Derrida, *La bestia y el soberano*, vol. I, *duodécima y decimotercera sesión*). Pero Agamben, en el primer libro de *Homo sacer*, reconoce la diferencia entre *zên* y *eu zên*, y justamente por eso define a la biopolítica como una *exclusión inclusiva* de la *zoé* o vida desnuda, operación que sería tan antigua o arcaica como la excepción soberana.

34 Roberto Esposito, *Bíos*, pág. 278, Editorial Amorrortu, 2011.

En Atenas, solo algunos hombres nacían libres: los *eugenos*, los bien nacidos, que constituían una nobleza de nacimiento capaz de ejercer la amistad pública. Esta amistad dada por la igualdad de nacimiento era conocida como *phratría*, la fraternidad, condición de la democracia y del "antagonismo fraterno" que, a diferencia del antagonismo militar u hostilidad pura, impide el asesinato. Había, en la base de la democracia griega, unas relaciones de parentesco que posibilitaban ir más allá del *oikos* y gobernar según las leyes, pero que sin embargo reenviaban siempre hacia la casa, en la medida en que la posición social provenía, en primer lugar, de las relaciones filiales. Se ve así cómo todo un modelo económico-familiar se encuentra en la base de la democracia ateniense y de la amistad política occidental.

En este gran esquema categorial, organizado alrededor de varios polos oposicionales, no es extraño que la guerra civil, la *stásis*, haya sido considerada por los griegos como el hecho más funesto que podía sobrevenirle a la comunidad política, como si se tratase de una peste. Una peste, precisamente, en la medida en que pone en crisis todas las fronteras. La *stásis*, siendo uno de los términos de una oposición binaria (la que distingue entre *stásis* y *polémos*) confunde todas las oposiciones e invierte todos los valores. En primer lugar, trasgrede la prohibición de matar al igual, al adversario político fraterno. La *stásis* conduce al *fratricidio*, disolviendo la distinción entre enemigo privado y enemigo extranjero. En la guerra civil, el enemigo está adentro, vive en casa, habita ese ámbito doméstico ampliado que es la *polis* para los hombres libres. Para Platón, la *stásis* es una guerra familiar o una guerra doméstica.[35]

A través del análisis de la *stásis*, Nicole Loraux ha cuestionado que, en Grecia, el *oikos* era superado por la *polis*. Contra el libro I de la Política de Aristóteles y mediante el análisis de la *stásis,* se vuelve imposible sostener fronteras férreas entre el ámbito de lo doméstico y el ámbito de la ciudad. Estas fronteras son, en todo caso, muy porosas. En la *stásis* se producen toda clase de *contagios*: el vínculo político se vuelve familiar y el vínculo familiar se vuelve político por obra de la facción. En la guerra fratricida, el vínculo familiar es incluido en la *polis*, se politiza, en la misma medida que el vínculo político se despolitiza, deviniendo solidaridad familiar. El enemigo privado, en estas circunstancias, se vuelve enemigo público. Lo político, entonces, y al contrario de lo supuesto por la filosofía política clásica, ya no puede ser pensado como una sustancia perfectamente localizada y claramente diferenciada del ámbito del *oikos*.

En la Modernidad, con la mundialización de la economía capitalista y la expansión total del ámbito del mercado, no solamente se vuelve redoblada-

---

35 Giorgio Agamben, *Stásis*, Adriana Hidalgo editora, 2018.

mente insostenible la distinción entre *oikos* y *polis* (dando lugar, de hecho, al sintagma "economía política"), sino que, crecientemente, los ámbitos de la vida doméstica, de la familia, del alimento, de la reproducción, de la vida biológica, se vuelven los asuntos cruciales de la política, o, en términos de Michel Foucault, de la *bio-política*:

> "Durante miles de años, el hombre ha permanecido siendo lo que era ya para Aristóteles: un animal vivo y, además, capaz de una existencia política; el hombre moderno es un animal en la política cuya vida, en tanto que ser vivo, está en cuestión. (...) El hombre occidental aprende poco a poco lo que significa ser una especie viviente en un mundo viviente, tener un cuerpo, condiciones de existencia, probabilidades de vida, una salud individual y colectiva, fuerzas que se pueden modificar...".[36]

Durante el siglo XVIII comienza a manifestarse una mutación crucial que surge en Europa y luego se expande por todo el mundo. El poder ya no es ejercido, simplemente, por un monarca o un soberano sobre sus súbditos, ni mucho menos por un ciudadano libre sobre sus esclavos. Aparece una nueva entidad que se convertirá en el blanco privilegiado del poder: la población. Esta entidad ya no es una mera agregación de súbditos más o menos numerosos, sino una entidad biológica viviente, con sus efectos de masa y sus leyes de crecimiento y decrecimiento, sobre la que se deben ejercer nuevas formas de poder si se quiere hacer de ella algo provechoso, una máquina productiva capaz de producir riquezas, bienes, e incluso otros individuos.[37] De su salud, abundancia y laboriosidad depende el "bien común" y el bienestar de la sociedad. A la población no se la gobierna, primordialmente, a través de leyes, aparatos judiciales o formas jurídicas, como era el caso de las sociedades de soberanía. Se la gobierna mediante normas y procesos de normalización. Estos no dependen tanto de aparatos jurídicos como de aparatos médicos, psiquiátricos, urbanísticos, escolares y fabriles, que producen nuevas tecnologías de observación, entre las cuales la estadística ocupará un lugar central. Por último, y no menos importante, la guerra, en las sociedades bio-políticas, ya no se lleva a cabo para dar muerte al enemigo, sino, tanto más, con el fin de proteger la vida de la propia población.

◆ ──────── ◆

---

36 Michel Foucault, *La voluntad de saber*, pág. 187, Siglo XXI editores, 2007.

37 Michel Foucault, *Las redes del poder*. En: Chistian Ferrer (comp.), *El lenguaje libertario. Antología del pensamiento anarquista contemporáneo*, Editorial Terramar, 2005.

os series de guerras internas marcaron a fuego las décadas posteriores
a la independencia argentina de España. Por un lado, la guerra entre
las distintas facciones de las clases dominantes, los unitarios y los federales.
Por otro lado, las guerras estatales contra los indios. En el fondo, las dos
series confluían en una, bautizada por David Viñas como *la guerra de las
vacas*.[38] El motivo último del enfrentamiento era la disputa por el ganado
que desde el siglo XVII se había convertido en la principal actividad productiva de las provincias del Río de la Plata. Los criollos, volcados hacia el
Atlántico, exportaban la carne de vaca para el consumo de los esclavos de
Brasil y de Cuba, y destinaban el cuero a Inglaterra. Los indios, arrinco-
nados hacia el pacífico, tendían a comerciar el ganado con Chile. Mientras
los indios hacían pastar a las vacas en grandes extensiones de tierra, los
criollos perfeccionaba las estancias con cada vez mayor sistematicidad. De
este modo, *el campo de batalla y el botín coincidían*: adquirir ganado significaba, a la vez, adquirir las tierras para su engorde.[39]

En las dos series de guerras, las relaciones de poder estaban marcadas por una primacía de la crueldad, pero de acuerdo a distintas formas
de guerrear: entre los unitarios de Buenos Aires primaba la formación de
milicias profesionales, portadoras de armas de fuego. Entre los federales
predominaban las montoneras: unidades de combate rurales e irregulares, sin disciplina militar ni científica pero con gran capacidad de daño
mediante el ataque sorpresivo con lanzas y a campo abierto. Se llamaban
montoneras porque formaban montones o amontonamientos móviles y
no unidades fijas de combate. Entre tanto, las diversas tribus de indios se
aliaban, episódica y coyunturalmente, con uno u otro bando, sin dejar de
guerrear, más a menudo, contra los dos. Estos distintos modos del guerrear
producían, entre los unitarios, el imaginario de un polaridad binaria entre
la civilización y la barbarie, entre la guerra codificada y la guerra descodifi-
cada, entre el unitario General Paz, militar formado "a la europea", y el caudillo federal Facundo Quiroga, el "tigre de los Llanos". Pero esta oposición
emblemática, tajante y abstracta, era permanentemente desmentida por
las prácticas guerreras de los liberales, como en 1862, cuando las tropas de
Mitre reprimen las revueltas federales y descuartizan al Chacho Peñaloza,
exhibiendo su cabeza en una pica.

El largo ciclo de enfrentamientos bélicos entre unitarios y federales
muestra que el límite de la guerra solo podía llegar de la propia guerra, de
la derrota de uno de los dos bandos, cada vez más indiferenciados, sin que la
política pudiese contener los desbordes. Así como para las ciudades-estado

---

38 David Viñas, *Indios, ejército y frontera*, pág. 80, Galerna-Santiago Arcos editor, 2013.
39 Ibíd.

griegas la guerra civil era la peor de las enfermedades, los unitarios, en una primera fase, debían derrotar a los federales, imponerles por la fuerza su propia voluntad, para luego, en un *segundo tiempo*, "curar" a la nación con más detalle, apelando ya no solo al poderío militar, sino al poder médico.

◆ ———————— ◆

En 1820, los caudillos federales habían vencido a los unitarios en la batalla de Cepeda, poniendo fin al Directorio y al control de Buenos Aires sobre el resto de las provincias, desde entonces gobernadas autónomamente. Al finalizar el período conocido como "anarquía del año 20", asumió como gobernador de Buenos Aires el general Martín Rodríguez, quien designó al jurista Manuel José García como ministro de Hacienda y a Bernardino Rivadavia, ex secretario de guerra del Primer Triunvirato, como ministro de Gobierno. Juntos formaron el Partido del Orden mientras Buenos Aires conservaba el principal privilegio: la aduana y la salida portuaria hacia el exterior.

Antes, en 1815, Rivadavia había viajado junto a Belgrano en misión diplomática a Europa, en busca del reconocimiento británico de la independencia y para ofrecer en España, como alternativa, la creación de una monarquía constitucional para las provincias de América, según el proyecto que por ese entonces acariciaban algunos próceres. Aunque lo del monarca no prosperase y la independización siguiese su curso, Rivadavia permaneció varios años en Europa, empapándose de las ideas ilustradas, liberales y utilitaristas. En los salones de París trabó relación con Destutt de Tracy, fundador de una ciencia fisiológica de las ideas llamada *Ideología*. En Londres, Rivadavia conoció al filósofo Jeremy Bentham, fundador del utilitarismo. Durante años, Rivadavia y Bentham mantuvieron una fluida correspondencia. El enviado argentino había quedado fascinado con las instituciones británicas e intentaría trasplantarlas a Buenos Aires. Así lo afirmaba en una carta a Bentham:

> "¡Qué grande y gloriosa es vuestra patria!, mi querido amigo. Cuando considero la marcha que ella sola ha hecho seguir al pensamiento humano, descubro un admirable acuerdo con la naturaleza que parece haberla destacado del resto del Mundo a propósito".[40]

Según Michel Foucault, por haber creado el panóptico, Bentham es más importante para nuestra sociedad que Kant o Hegel.[41] En una significativa

---

40 Carta de Rivadavia a Bentham fechada el 25 de agosto de 1818. En: John Street, *Gran Bretaña y la independencia del Río de la Plata*, pág. 263, Editorial Paidós, 1967.

41 Michel Foucault, *La verdad y las formas jurídicas*, cuarta conferencia, Editorial Gedisa, 1996.

coincidencia, el historiador argentino Ricardo Levene afirmaba que el escritor europeo que ha ejercido la influencia más profunda en la América del Sur no es ni Montesquieu, ni Rousseau, sino Bentham.[42]

Para Bentham, la acción humana no procede de acuerdo a valores, sino de acuerdo al principio de la utilidad. El placer y el dolor, y no el bien y el mal, rigen la vida de los seres humanos. Contra Kant, y en defensa de una psicología hedonista, Bentham hacía del interés, y no del deber, el principio de toda moral. Así como para Aristóteles el fin del legislador debía ser suscitar el máximo de amistad entre los ciudadanos, para Bentham el objetivo de la democracia es *alcanzar la mayor cantidad posible de felicidad para el mayor número de personas*. Este principio constituía la base de toda su axiomática política. Por un lado, es un principio igualitario, según el cual la felicidad de todos los individuos tiene el mismo valor. Por otro lado, asumía que cada individuo posee sus propias preferencias y que cada uno es el mejor juez y defensor de sus propios intereses. Pero, ¿cómo establecer el interés de la comunidad? ¿Cómo definir la felicidad pública? Por la suma de los intereses y las felicidades de cada uno de sus miembros. Bentham sostenía que el interés utilitario es algo mesurable y cuantificable, alrededor de cuatro categorías principales: intensidad, duración, certeza y proximidad. A partir de estas categorías, proponía una aritmética moral o *felicific calculus*, un vasto entramado de algoritmos presuntamente capaces de medir los grados de felicidad de las personas. Para ello, resultaba crucial permitir la información libre y la libertad de prensa: solo de esta forma los sujetos podrían auto-determinar, libremente, sus propias preferencias e intereses, sopesando múltiples ofertas y opciones.

Pero la felicidad de la comunidad no se distribuye equitativa y espontáneamente, como en la mano invisible providencial de Adam Smith. Para Bentham, está en el interés del Estado arbitrar e intervenir allí donde la felicidad se concentra sobre unos pocos y escasea en muchos otros. Bentham fue también el primero en establecer el concepto de *utilidad marginal*: la tendencia decreciente de la utilidad a medida que el interés se realiza. Por ejemplo, el placer obtenido con una porción de dinero es menor cuanto mayor sea la riqueza del individuo. Por eso, proponía algunos mecanismo de transferencia de riqueza desde los más ricos a los más pobres, para así aumentar "la masa total de felicidad". Posteriormente, el principio de la *utilidad marginal* se volverá axial para las teorías económicas neoclásicas y luego neoliberales.

Según este incansable programador de ingenierías sociales, los intereses particulares no se armonizan automáticamente o por sí mismos. Es

---

42 Ricardo Levene, *El mundo de las ideas y la revolución hispanoamericana de 1810*, pág. 240, Editorial Jurídica de Chile, 1956.

preciso introducir, por doquier, automatismos artificiales que posibiliten la autorregulación de los sistemas sociales. El paradigma de esta idea es, por supuesto, el panóptico: una obra de arquitectura que, por el ingenio de su disposición espacial, permite inculcar en los prisioneros la sensación de estar siendo vigilados continuamente, sin que necesariamente lo estén siendo. El procedimiento es sencillo, elegante, eficaz y económico. Una vez puesta a andar, la cosa marcha sola. La misma lógica guiaba sus diseños constitucionales. Si la naturaleza humana consiste en la persecución del interés propio, los gobernantes tenderán siempre a privilegiar las medidas que los benefician y las que perjudican a los gobernados.[43] Sin arbitraje, los conflictos de intereses se vuelven ruinosos. Para el filósofo utilitario es preciso instituir un minucioso sistema de poderes y contrapoderes, de premios y castigos, posibilitando alcanzar los cuatro objetivos básicos de la política: la seguridad, la abundancia, la subsistencia y la igualdad.

Además de Rivadavia, Bentham mantuvo relaciones epistolares con muchos americanos notables, como Bolívar, Miranda y Pedro II. Todos ellos buscaban en Bentham la orden, la aprobación, la sugerencia, en una relación siempre asimétrica: Bentham era el tutor y los americanos algo así como menores de edad en búsqueda de su emancipación. Los ilustrados europeos y sudamericanos realizaban transacciones de acuerdo a unos nuevos términos del intercambio desigual: América vendía materias primas y los ilustrados europeos vendían conocimiento. Los americanos enviaban a Europa informaciones acerca del estado general de sus países, mientras los sabios europeos respondían validando legislaciones y aportando nuevos métodos para la organización de las nuevas repúblicas.

En 1821, Rivadavia vuelve a Sudamérica habiendo tejido en Europa una vasta red de contactos. Después de la derrota frente a las provincias, Buenos Aires, articulando provisionalmente los intereses de los comerciantes porteños y los estancieros bonaerenses, decide cerrarse sobre sí y llevar a cabo su propio diseño de gobierno, bajo el lema unitario de *"paz, civilización y progreso"*. Al apenas asumir, Martín Rodríguez marchó a la frontera bonaerense para combatir los asaltos indígenas. Sus reiteradas marchas al frente de batalla motivaron que, en la práctica, Rivadavia y García se ocupasen del frente gubernamental. Con el fin de modernizar la provincia, el dúo ensayó un ambicioso programa integral de reforma del Estado y de la cultura, programa conocido como "reformas rivadavianas", orientado a suministrar la mayor cantidad posible de felicidad para el mayor número de personas.

---

43 Josep M. Colomer, *El utilitarismo: una teoría de la elección racional*, Editorial Montesinos, 1987.

La empresa regeneracionista de Rivadavia se proponía, ante todo, deshacerse de la herencia hispánica, suprimiendo el Cabildo, prohibiendo las corridas de toros por considerarlas demasiado sanguinarias, e incorporando nuevas disposiciones arquitectónicas, como la nueva fachada de la Catedral, más semejante a un templo greco-romano que a uno católico. Constreñir las funciones de la Iglesia, subsumirla al mando del Estado, estaba entre los principales objetivos de los ilustrados rivadavianos, que exhortaban a la población a *"estar a la altura de las luces del siglo"*.[44] Las luces venían a iluminar cada resquicio de la vida social, haciendo del espacio público un espacio transparente, sin recovecos penumbrosos donde pudiesen agazaparse las supersticiones y los complots eclesiásticos.[45] Para ello, se dictó una *Ley de Reforma del Clero* que expropiaba los bienes de la Iglesia y suprimía el derecho de los clérigos a ser juzgados por sus propios tribunales. Estas reformas encendieron un enorme debate público entre los publicistas rivadavianos y los panfletistas eclesiásticos. En esa disputa mediática, la prensa oficial ocupó un rol central, contribuyendo a divulgar las bases teóricas que sustentaban estas reformas, es decir, la ideas utilitaristas e *ideologicistas*.

Las prácticas médicas tampoco salieron indemnes del impulso reformista de los rivadavianos, con su voluntad de echar luz sobre todas las cosas. En 1821, se creó el Departamento de Medicina de la Universidad de Buenos Aires, donde los médicos ya no eran formados, como en la época colonial, en una generalidad de conocimientos tan amplios como física, lógica, agricultura, botánica y curtiembre,[46] conocimientos útiles para una época en que los científicos y técnicos escaseaban y los galenos debían suplir sus lugares. Ahora, los médicos se debatían entre nuevas corrientes de pensamiento médico, como la histología, ciencia de los tejidos iniciada por Xavier Bichat en Francia, y la fisiología de François Magendie. En el Río de la Plata, estas novedades fueron introducidas por Diego Alcorta, uno de los primeros médicos recibidos en la Universidad de Buenos Aires y, en 1824, titular de la cátedra de Ideología. Recogiendo la antorcha de Bichat y su lema *¡Abrid algunos cadáveres!*, Diego Alcorta llamaba a abocarse a los

---

44 Klaus Gallo, *"A la altura de las luces del siglo": el surgimiento de un clima intelectual en la Buenos Aires posrevolucionaria*. En: Carlos Altamirano, Jorge Myers, *Historia de los intelectuales en América Latina*, Vol. 1, pág. 199, Katz editores, 2008.

45 Por esta misma razón, por el afán de hacer del espacio público un espacio salubre, transparente y ordenado, Rivadavia intentó regular las fiestas de carnaval, celebración popular que los rivadavianos consideraban un resabio de barbarie e inmoralidad, sobre todo por la presencia de juegos de fuerza, bombas de olor y cierta atmósfera de frenesí sexual, en donde se mezclaban esclavos y ciudadanos libres. Para los utilitaristas, la celebración del carnaval resultaba demasiado excesiva y demasiado *inútil*.

46 Mariano Di Pasquale, *Diego Alcorta y la difusión de saberes médicos en Buenos Aires, 1821-1842*, Revista Dynamis, vol. 34 (1), 2014.

estudios anatómicos mediante la *interrogación de los cadáveres*, sin temor a la reprobación eclesiástica.[47] Se iniciaba así el camino para la autopsia de los cuerpos, *autopsia* que quiere decir, a la vez, visión directa, curiosidad, deseo de ver y de informarse, capacidad objetivante de inspeccionar y aumento de las instancias de visibilidad.[48] Todo un modelo *autópsico* de la mirada clínica que se correspondía con la cultura de la curiosidad y de la avidez de novedades traída por Rivadavia desde Europa.

Durante la experiencia rivadaviana, la compleja economía de los socorros heredada de la Colonia fue estatizada y secularizada (secularización que, de hecho, significa expropiación de los bienes de la Iglesia). Ya no se trataba de la sacralización eclesiástica de los pobres, sino de la puesta en marcha de estrategias activas orientadas a ponerlos a trabajar, volviendo, a la población sana, mano de obra útil, adaptada a los imperativos de la productividad económica. Toda una política de la salud, que en tiempos de la Colonia había ocupado un lugar secundario, comenzaba a despuntar en los planes de reforma integral de los rivadavianos. En reemplazo de La Hermandad de la Santa Caridad, la primera institución de asistencia social que tuvo el Río de la Plata, Rivadavia creó la Sociedad de Beneficencia. Su administración quedó en manos de las mujeres de la alta sociedad porteña, a cuyo cargo también quedaron los otros establecimientos caritativos creados durante la Colonia: la Casa de Niños Expósitos, la Casa de Huérfanas y el Hospital de Mujeres.

En abril de 1822 se promulgó el *Arreglo en la Medicina*, una reforma integral del sistema médico que terminaba con el Protomedicato. A diferencia de esta institución colonial, la regulación y la enseñanza de las prácticas médicas se separaban, siendo la Universidad y la Academia de Medicina los lugares reservados al estudio y la experimentación, y el Tribunal de Medicina el encargado de la salud pública y del control del ejercicio profesional. El Tribunal creaba nuevos médicos-funcionarios, cada cual especializado en áreas diferenciadas: el Médico de Policía, encargado de supervisar las boticas, reconocer cadáveres y visitar las cárceles; el Médico de Campaña, con funciones similares a las de los Médicos de Policía, pero en zonas rurales; y el Médico de Puerto, encargado de supervisar las embarcaciones llegadas a la ciudad, atender los casos de insalubridad e informar sobre posibles epidemias.

Para el utilitarismo rivadaviano, la medicina era, sobre todo, un saber útil que comenzaba a ser valorado ya no solo por su capacidad de prevenir pestes o curar a los soldados, sino por su aptitud para producir "civilidad".

---

47 Ibíd.

48 Jacques Derrida, *La bestia y el soberano*, volumen I, pág. 332, Ediciones Manantial, 2010.

Además de contribuir a la curación de los cuerpos enfermos, la medicina contribuiría al mejoramiento de las relaciones sociales y a la higienización del espacio urbano, por ejemplo, con la creación de nuevos cementerios alejados de la ciudad, como el cementerio de la Recoleta. Los diarios rivadavianos comenzaban a llenarse con artículos de divulgación sobre medicina y administración sanitaria, utilizando el vocabulario médico para convencer a sus lectores sobre asuntos públicos, buscando desterrar, entre el pueblo, el enorme influjo de los curanderos. Medicina y política comenzaban a confundirse y a retroalimentarse, aliándose en la acreditación y popularización de los saberes médicos.[49] A su vez, la política, como en la *Idéologie* del marqués de Tracy, comenzaba a concebirse a la manera de un asunto nervioso, una "fisiología aplicada".[50]

Rivadavia también reforzó las medidas que se habían tomado desde la Colonia contra "vagos y malentretenidos". En 1822, revalidó un decreto de 1815, emitido durante las guerras de independencia, por el que se consideraba que todo hombre de la campaña que no tuviera propiedad era considerado un sirviente o un peón. Si como peón se sustraía al trabajo, se lo castigaba forzándolo a volverse soldado. Si por razones de salud no podía servir al ejército, se lo obligaba a realizar trabajos públicos. Siguiendo una norma dictada en 1804 por el virrey Sobremonte, los gauchos eran forzados a llevar consigo la "papeleta de conchabo", una suerte de documento de identidad obligatorio para todos los no propietarios y emitido por el estanciero, quien así acreditaba que el peón estaba, durante determinado período de tiempo, empleado en sus dominios. Si en el esquema de Bentham todo miembro de la sociedad debía ser estimado, ante todo, por su utilidad, la vagancia debía ser duramente castigada, precisamente, por su carácter inútil. La fuerza laboral del gaucho era así apropiada mediante la fuerza de la policía de campaña, obligándolo a volverse libre de toda propiedad sobre sus medios de vida. Imposible, al respecto, no recordar la ironía de Marx cuando afirmaba que los ideales de la sociedad burguesa son: *"la libertad, la igualdad, la propiedad y Bentham".*[51]

---

49 Mariano Di Pasquale, *Saberes médicos, prensa y política a través de La Abeja Argentina, 1822-1823*, Revista Estudios de Teoría Literaria, año 5, nro. 9, marzo 2016, Facultad de Humanidades/UNMDP.

50 Mariano Di Pasquale, *Diego Alcorta y la difusión de saberes médicos en Buenos Aires, 1821-1842*, Revista Dynamis, vol. 34 (1), 2014.

51 Para Marx, es preciso abandonar el mero punto de vista de la circulación simple de mercancías para alcanzar el punto de vista, más determinante, de su producción. Solo en ese ámbito se encuentra el secreto del valor mercantil: la explotación del trabajo por el capital. Si solo se toma, abstractamente, la esfera de la circulación, como lo hace la conciencia burguesa, la sociedad capitalista se presenta como un: *"verdadero edén de los derechos innatos del hombre, cuando lo único que impera en el mercado*

En esta vorágine benthamiana no podía faltar la intención de edificar un verdadero panóptico, de acuerdo al diseño carcelario "todo a la vista" de Bentham. De hecho, la biblioteca de Rivadavia contaba con un ejemplar de *Panopticon or the Inspection House*.[52] A comienzos de la década del veinte, la ciudad disponía de cinco cárceles, una de ellas en el Cabildo. Todas se encontraban en mal estado. Entre los rivadavianos crecía la opinión, muy difundida en Inglaterra por la *Sociedad para la Reforma de las Cárceles*, según la cual las prisiones no debían ser solo depósitos de personas, sino aparatos de corrección y mejoramiento moral donde los médicos de policía ocupasen un lugar de primer orden, recomendando, según las directrices de Bentham, ejercicios y labores para evitar la ociosidad y el desmorona-miento moral de los presos.[53]

En 1825 fue publicado en los periódicos rivadavianos un llamado a licitación para el establecimiento de un panóptico o "casa de corrección", llamado que fue el primer concurso de arquitectura pública en el país.[54] Buena parte de los pocos arquitectos activos en Buenos Aires respondie-ron a la convocatoria. Sin embargo, por falta de fondos debido al déficit insumido por la Guerra del Brasil, la prisión, para la que el gobierno llegó a comprar unos terrenos en lo que hoy es la Plaza Lavalle, no pudo ser levan-tada. Aunque el panóptico, pieza maestra del programa benthamiano, no llegase a construirse, en todos los ámbitos donde el gobierno de Rivadavia intervenía, asomaba, como por *mímesis*, la sombra de Jeremy Bentham. Así lo dejaba ver Rivadavia en otra carta a su maestro:

"Así pues usted sabrá que me he dedicado a reformar los viejos abu-sos de toda especie que podían encontrarse en la administración de la Junta de Representantes y la dignidad que le corresponde; a favo-recer el establecimiento de un banco nacional sobre sólidas bases; a

---

es la libertad, la igualdad, la propiedad y Bentham". Y continúa: *"¡Libertad! Pues el comprador y el vendedor de una mercancía, por ejemplo, de la fuerza de trabajo, sólo están determinados por su libre voluntad. Firman un contrato como personas libres y jurídicamente iguales. El contrato es el resultado final en el que sus voluntades se dan una expresión jurídica común. ¡Igualdad! Pues sólo se relacionan entre sí como po-seedores de mercancías e intercambian equivalente por equivalente. ¡Propiedad! Pues cada uno sólo tiene disposición sobre lo suyo. ¡Bentham! Pues cada uno de ellos sólo se ocupa de sí mismo. El único poder que los une y los relaciona es el de su egoísmo, su ventaja particular, sus intereses privados"*. Karl Marx, *El capital*, tomo I, sección segunda: La transformación de dinero en capital, pág. 181, Editorial Cartago, 1971.

52 Alejo García Basalo, *¿Un panóptico en Buenos Aires? La primera penitenciaria pro-yectada en Sudamérica*, pág. 52, Épocas –revista de historia– nro. 8, segundo semestre, USAL 2013.

53 Mariano Di Pasquale, *Saberes médicos…*, pág. 18.

54 Ibíd., pág. 59.

reformar, después de haberles asegurado una indemnidad justa, a los empleados civiles y militares que recargaban inútilmente al Estado; a proteger por leyes represivas la seguridad individual, a ordenar y hacer ejecutar trabajos públicos de una utilidad reconocida; a proteger el comercio, las ciencias y las artes; a provocar una ley sancionada por la Legislatura que reduce en mucho los derechos de la aduana; a provocar igualmente una reforma eclesiástica muy necesaria y que tengo la esperanza de obtener: en una palabra, de hacer todos los cambios ventajosos, que la esperanza de su honorable aceptación me ha dado la fuerza de promover y me suministrará la necesaria para ejecutarla".[55]

Sin embargo, nada de esto alcanzaría. Durante la Guerra del Brasil por la Banda Oriental, Rivadavia asumiría como el primer presidente de las Provincias Unidas del Río de la Plata, pero para ser renunciado poco tiempo después, cuando su ministro de Relaciones Exteriores llegue a un acuerdo con el imperio del Brasil que la misma opinión pública burguesa que Rivadavia había promovido encontró inaceptable.

Sarmiento, que veía en Rivadavia a un precursor suyo, lo definió como *"el fracasado legislador de una república utópica"*.[56] A diferencia del exitoso utopismo de Bentham, a quien Foucault llamó el *"Fourier de una sociedad policial"*,[57] los saberes que Rivadavia había importado de Europa no habían arraigado, no habían llegado a convertirse en dispositivos de poder. El principio utilitarista de Bentham, el de la mayor cantidad de felicidad para la mayor cantidad de personas, se veía contradicho, brutalmente, por los enfrentamientos que atravesaban, como puñales, la estructura social de la nueva república. Cuanto más Rivadavia intentaba modernizar a la nación, más dependiente la volvía del capital inglés y de los saberes provenientes de la Europa industrial, al punto de iniciar el largo ciclo del endeudamiento externo a través del empréstito con la Baring Brothers.

El nombre por el que más tarde llegó a ser conocido el paso de Rivadavia por el gobierno de Buenos Aires, el de la *feliz experiencia*, era una felicidad contraria a la de Bentham, la cual aspiraba a perdurar, haciéndose carne. En su inexacto *felicific calculus*, Rivadavia no había podido calcular que la felicidad que diseñaba sería de muy corta duración, apenas una breve

---

55 Carta de Bernardino Rivadavia a Jeremy Bentham del 26 de Agosto de 1822. Citado en: Klaus Gallo, *Jeremy Bentham y la "feliz experiencia". Presencia del utilitarismo en Buenos Aires 1821-1824*, pág. 89, Prismas: revista de historia intelectual, nro. 6, 2002.

56 Juan Carlos Veronelli y Magalí Veronelli Correch, *Los orígenes institucionales de la salud pública en la Argentina*, volumen 1, pág. 119, Oficina Panamericana de la Salud, 2004.

57 Michel Foucault, *El ojo del poder*, pág. 9. En: Jeremías Bentham: *El Panóptico*, Ediciones La Piqueta, 1980.

primavera liberal donde floreció, sin echar raíces, la experimentación con nuevas estructuras institucionales.

Como tantos otros gobernantes después de él, una vez caído atravesará la *amarga experiencia* del exilio y el destierro. Murió empobrecido en Cádiz, España, en 1845. Desdichado e irreconciliado, pidió en su testamento que sus restos no fueran enterrados en Buenos Aires. Sin embargo, en 1857, cuando una nueva generación de unitarios ascienda al poder, sus restos serán repatriados, contrariando su última voluntad.

◆ ——————— ◆

Juan Manuel de Rosas disolvió muchas de las instituciones seculares creadas por el círculo rivadaviano. A Rosas, la importación de saberes europeos lo tenía sin cuidado, por lo que dejó casi sin fondos a la Universidad de Buenos Aires. En las escuelas privadas dictaminó la obligación de la educación moral y religiosa. También intervino las asociaciones literarias y las publicaciones de prensa creadas en tiempos de la "feliz experiencia". Rosas destruía la incipiente esfera de la opinión pública burguesa mientras conquistaba la buena opinión de peones, gauchos, pequeños comerciantes, e incluso de muchos terratenientes. Apoyaban a Rosas no solo por terror, sino porque los beneficiaba, dándoles a unos trabajo en sus estancias y a otros tierras que seguir acaparando. En cualquier caso, se empezaba a vislumbrar que el ideal ilustrado y benthamiano de la libre opinión no era algo tan prístino. Se empezaba a hacer más patente que el libre juego de las opiniones no llevaba a una armonía providencial, gracias a la cual la opinión de los otros impediría obrar mal por sus efectos de visibilidad. La imprenta, la publicación de opiniones, ya no representaba, como en tiempos de Rivadavia, el ideal de la buena sociabilidad burguesa. En cambio, la censura, las operaciones de prensa, la monopolización de medios de producción de opiniones, comenzaban a formar parte fundamental de los enfrentamientos políticos. No casualmente, Sarmiento y Mitre, dos de los más importantes representantes del unitarismo posrivadaviano, se ocuparán, encarnizada y apasionadamente, de hacer periodismo.

Las diferencias entre las dos artes de gobierno no podían ser mayores. En el caso de Rivadavia, inspirado por Bentham, se apuntaba a la creación de una vasta red de diseños institucionales y arquitectónicos impersonales, capaces de producir toda clase de efectos de transparencia para así maximizar el registro del saber y la promoción de la utilidad. En el caso de Rosas, todo lo contrario: el ojo del caudillo, ayudado de una red de informantes, debía alcanzar cada rincón de la ciudad y de la campaña, haciéndose presente tanto para ejecutar el castigo como para entregar el premio. El lugar en el que moraba el caudillo era un lugar de sombra, opaco, no sujeto a discusión pública, más semejante al antiguo poder soberano del monarca que a un funcionario moderno.[58]

En tanto brillante estanciero, Rosas hizo aumentar las exportaciones de cuero, lana y tasajo, acrecentando las rentas de la aduana. Como analizó Milcíades Peña, todo el proyecto dictatorial de Rosas tenía como propósito poner al país ya no al servicio de las luces y del libre comercio, sino de la acumulación estanciero-saladeril, la rama más importante de la producción nacional.[59] Aun Sarmiento y Alberdi, los principales denostadores de Rosas, llegaron a reconocer que, durante su tiranía, la riqueza, la población y la edificación aumentaron enormemente. En el *Facundo*, se lee: *"no se vaya a creer que Rosas no ha conseguido hacer progresar la República que despedaza"*.[60] ¿La hacía progresar a pesar de despedazarla o gracias a su despedazamiento? Según Sarmiento, al haber dispersado a los unitarios hacia las provincias, expulsándolos de Buenos Aires, Rosas, sin saberlo ni planearlo, *como si fuese un instrumento de la providencia*, había promovido el encuentro entre las facciones:

> "La guerra civil ha llevado a los porteños al interior, y a los provincianos de unas provincias a otras. Los pueblos se han conocido, se han estudiado y se han acercado más de lo que el tirano quería, de ahí viene su cuidado de quitarles los correos, de violar la correspondencia y vigilarlos a todos. La UNIÓN es íntima".[61]

No se gobierna del mismo modo en el campo que en la ciudad. No se aplican las mismas técnicas en uno y otro lugar. Rosas gobernaba mediante una combinación de caudillismo paternalista entre los campesinos y terror entre los ciudadanos. Si en las estancias se hacía estaquear por los peones cuando trasgredía sus propias normas, en la ciudad había tendido una compleja red de informantes, compuesta de partidarios que lo mantenían al tanto de todo lo que ocurría. La mujer de Rosas, doña Encarnación Ezcurra,

---

58 Como escribe Leonardo Fabián Sai, el asunto del caudillo es, ante todo, dejar marcas: *"El caudillo no tiene un problema con la técnica sino con el sacrificio. Es la dimensión sagrada del poder: su auténtica codicia. Su problema no es acumular riqueza sino dejar marcas y volver sobre ellas, eternamente. El estadista desea ser reconocido, resultar en inspiración para las generaciones del mañana. El caudillo desea que se identifiquen con él para volver y cancelar la deuda con su justicia. Ambos son presos del delirio, el delirio frente a la diferencia de ser americanos"*. Ver: Leonardo Fabián Sai, *Círculo y línea en el Facundo*, pág. 11, Revista Espectros, nro. 2.

59 Milcíades Peña, *Historia del pueblo argentino*, pág. 154, Editorial Emecé, 2012.

60 Domingo Faustino Sarmiento, *Facundo*. Citado en Milcíades Peña, *Historia del pueblo argentino*, pág. 151.

61 Domingo Faustino Sarmiento, *Facundo*, Biblioteca virtual Miguel de Cervantes, 2016.

había contribuido mucho al armado de esta red de información. En 1838, cuando Ezcurra muere, los habitantes de la ciudad marcharon en una gigantesca procesión fúnebre, obligados a usar una divisa como señal de luto. Esa *divisa punzó* era el distintivo oficial del rosismo. Teñida de colorado con la sangre del ganado sacrificado en los mataderos, la divisa funcionaba como una tecnología de fichaje de la población.

◆ —————— ◆

Se cree que la viruela fue originada en Egipto o en la India, hace 4000 años, pero era desconocida en América hasta el arribo de los conquistadores españoles. Azarosamente, la viruela llegó a convertirse en un "arma bacteriológica" para la conquista de América, diezmando a los ejércitos incas y aztecas en mayor medida que los enfrentamientos armados. Los mapuches, de hecho, llamaban a la viruela *"huinca-cutrán"*, enfermedad del blanco. Los europeos la habían traído de Europa pero habían desarrollado en sus organismos una serie de mecanismos inmunitarios producto de las pestes que habían padecido sus antepasados. Los indios, en cambio, se encontraban sin defensas.

A fines del siglo XVIII, en Inglaterra, un médico rural llamado Edward Jenner se dedicó a investigar la viruela de las vacas, llamada *vaccina* o *cowpox*, la cual producía erupciones en las ubres, semejantes a las erupciones que producía la viruela en el rostro humano. Jenner observó que las lecheras contagiadas de viruela bovina se hacían inmunes a la viruela humana. Entonces, extrajo pus de la pústula de una lechera y se lo inoculó a un niño de 8 años llamado James Phipps, que padeció fiebre por dos días. El pequeño James se recuperó rápidamente y Jenner le inoculó la viruela humana. Esta vez, el niño no enfermó. Se había vuelto inmune. Jenner repitió el experimento con otras 23 personas, con igual éxito, probando un hecho aparentemente aporético: la inoculación atenuada de una enfermedad puede proteger de una versión más virulenta del mismo mal. Un mal menor, adecuadamente dosificado, puede ser utilizado para combatir un mal mayor. Jenner publicó un tratado llamado *An Inquiry into the Causes and Effects of the Variolae Vaccinae* y presentó sus descubrimientos ante la *Royal Society* de Londres, desatando grandes discusiones científicas y religiosas, que culminaron con la aprobación oficial del revolucionario método de prevención sanitaria.

En verdad, la práctica de la inoculación tiene muchos antecedentes. Edward Jenner fue el primero que sistematizó el método, utilizando virus vacunos en lugar de humanos, sometiéndolo a varios procesos de verificación y falsación. Los chinos, ocho siglos antes, ya practicaban la inoculación para protegerse de la viruela, aunque no utilizaban el virus vacuno. La variolización también era conocida entre los chamanes de muchos pueblos africanos, que inoculaban los fluidos de muertos por la viruela para curar a los miembros de sus tribus, pero también para enfermar a sus enemigos al enfrentarse en luchas chamánicas. Paradójicamente, los africanos, al ser esclavizados y trasladados a América, serán culpabilizados de ser los principales agentes de contagio de la viruela, cuando conocían la eficacia de la inoculación desde mucho antes que los europeos, que la habían rechazado por considerarla un método salvaje.

Según Carlo Ginzburg, la forma más arraigada de conocimiento no es la científico-cartesiana o cuantificante, sino la que lee signos, huellas e indicios en las cosas.[62] No depende de la aplicación de reglas preexistentes, sino del olfato, el golpe de vista, la intuición y la sagacidad, formas de conocimiento que no hacen brotar certezas matemáticas, sino *conjeturas cualitativas*. El *método conjetural* es el método de conocimiento utilizado por los navegantes de todos los tiempos para orientarse observando los astros. También es el método utilizado por los antiguos cazadores de animales para desentrañar las huellas de sus presas. Muchos saberes científicos modernos son en realidad apropiaciones de métodos conjeturales surgidos primero en culturas populares. Carlo Ginzburg menciona la práctica de la toma de huellas digitales, método que fue apropiado por el imperio inglés cuando ejercía el poder colonial sobre la región de Bengala, donde los bengalíes practicaban una antigua técnica quiromántica, por medio de la cual imprimían sus huellas digitales sobre cartas y documentos, a la manera de firmas personales. Algo muy similar habría sucedido con la inoculación: lo que había nacido como un saber popular, utilizado desde tiempos inmemoriales con fines mágico-curativos y adivinatorios fue apropiado por los saberes científicos europeos con miras al gobierno inmunitario de la población.[63]

---

62 Carlo Ginzburg, *Indicios, raíces de un paradigma de inferencias indiciales*. En: *Mitos, emblemas, indicios. Morfología e historia*, Editorial Prometeo, 2013.

63 Según Ginzburg, desde el siglo XIX, todas las ciencias humanas remiten, implícita o explícitamente, a la medicina, por su prestigio epistemológico y social. Pero de esta referencia surgen dos tipos de saberes: por un lado, el método indicial o de lectura de síntomas, presente en la paleontología, la grafología, la atribución de obras de arte o las técnicas de registro de personas. Por otro lado, el método anatómico. Para Ginzburg, el método sintomático ha demostrado ser más provechoso para las ciencias humanas que el método anatómico, es decir, el conocimiento sistemático y totalizante, a la manera de Hegel o de Marx, que llamaba a la economía política: *anatomía de la sociedad civil*. Mientras que Marx era un anatomista, Freud era un sintomatólogo. En el medio, aconteció Nietzsche, practicante del método *aforístico*, palabra que, de hecho, significa *vestigio*, *indicio*, *síntoma*, y proviene del vocabulario hipocrático. Para Ginzburg, esto no quiere decir que haya que rechazar el conocimiento de la totalidad, sino que el método indicial, en sociedades altamente complejas y opacas, permite una mejor vía de acceso que el método anatómico hacia los nexos profundos que explican los fenómenos de superficie. Ver: Ibíd.

A principios del siglo XIX, en el contexto de las guerras napoleónicas, la vacunación se convirtió en un equipamiento vital para optimizar la fuerza de los ejércitos. Si la viruela era considerada una "enfermedad democrática" que atacaba tanto a los pobres como a los ricos, también la vacuna debía aplicarse democráticamente, sobre toda la población. Napoleón promovió la vacunación de sus soldados y creó el *Comité national de la vaccine*, dependiente del Ministerio del Interior. Inglaterra y Prusia lo imitaron. La vacunación permitiría regenerar y aumentar la población allí donde la guerra provocaba miles de muertes.

En 1803, la corona española organizó *La Real Expedición Filantrópica de la Vacuna*, también conocida como *Expedición Balmis*, primera campaña sanitaria internacional de la historia, financiada por Carlos IV. La campaña, liderada por el médico Francisco Javier Balmis, tenía el propósito de vacunar a todos los súbditos del imperio español, desde América hasta Filipinas. Esta fabulosa expedición utilizó a 22 niños huérfanos como vehículos o portadores vivos de la vacuna, a través de pústulas producidas en sus brazos con la viruela bovina. Los intentos de guardar la sustancia *ex vivo*, como en platos de vidrio o tubos al vacío, aún no habían dado resultado. El fluido podía sobrevivir al largo viaje en barco, desde España a las colonias, manteniendo a los niños cautelosamente enfermos, cuidados por una mujer a cargo de ellos. A lo largo de buena parte del siglo XIX, los cuerpos de los niños huérfanos se constituirán en los principales transportadores vivos del pus vacuno, volviéndose nodos fundamentales en las cadenas de transmisión y objeto privilegiado de numerosos experimentos científicos.[64]

Con el fin de formar comisiones de vacunación en cada virreinato y enseñar a aplicar la vacuna, la expedición fue bajando desde el Virreinato de Nueva España hasta Bolivia y Perú, pero no pudo llegar hasta Buenos Aires. No obstante, en 1805, la vacuna llegó a Montevideo embarcada en un barco negrero.[65] Los esclavistas se habían convertido en ardorosos promotores de la vacunación, ya que aumentaba el precio de los esclavos inmunizados. Pocos días después, el barco se dirigió a Buenos Aires con dos niños esclavos que llevaban en sus brazos las pústulas de la viruela bovina. El Virrey Sobremonte recibió la embarcación y citó en el fuerte a todos los médicos de la ciudad para dar comienzo al gran plan de vacunación. Como habían hecho los reyes europeos, la hija de Sobremonte se convirtió en la primera en ser inmunizada. Muy pronto, el Protomedicato se encargaría de admi-

64 Jean-Baptiste Fressoz, *The vaccine and its simulacra: agnotology, ontology and biopolitics in France, 1800-1865*, Journal For The History Of Public Administration, vol. 1, 2016.

65 Enrique Méndez Elizalde, *Viruela. Llegada y partida de la Argentina*, Revista Argentina de Radiología, vol. 75, nro. 3, 2011.

nistrar la vacuna entre la población. La variolización, a diferencia de los métodos anteriores para combatir la viruela, resultaba una solución integral que convenía a todas las partes: los esclavistas se beneficiaban porque no perdían dinero durante los tiempos de cuarentena; para las autoridades sanitarias representaba un recurso preventivo eficaz y relativamente económico; para los líderes militares comportaba un escudo destinado al salvataje de soldados; para los estancieros era un medio de evitar el desgaste y la muerte prematura de la mano de obra esclava.[66]

Durante el gobierno de Martín Rodríguez, y por influencia de Rivadavia, se creó una Comisión de la Vacuna, dependiente del Tribunal de Medicina, que reglamentó su distribución en la campaña bonaerense y también invitó a las provincias a establecer oficinas de vacunación en sus jurisdicciones, invitación que en muchos caso fue rechazada por considerarla una injerencia de Buenos Aires en las instituciones sanitarias provinciales. De hecho, Buenos Aires, que racionaba la vacuna, le exigía a las provincias una estadística de los recién nacidos para administrar su aplicación, exigencia contable o estadística que las provincias rechazaban.[67]

Durante la época de Rosas aumentaron las campañas de inmunización tanto en la ciudad como en los pueblos y fuertes del interior. Para Rosas, era tan decisivo inocular a los indios amigos como negarle la vacuna a los indios enemigos, dejando que la enfermedad se ocupe de ajusticiarlos, a la manera de un *arma viral*. Rosas organizaba "parlamentos" citando a caciques amigos junto a sus tribus, en donde él mismo, aprovechando su prestigio, se hacía vacunar ante la mirada de los indios. Éstos, que desconfiaban del pinchazo temiendo que se tratase de un *gualicho*, perdían su miedo al presenciar la demostración pública de Rosas, confiando así en la benignidad del tratamiento. Al mismo tiempo, el caudillo los chantajeaba amenazándolos con retirarles las raciones, regalos y suministros en especies si no se sometían a la vacunación. Gracias a sus campañas sanitarias, Rosas, en 1832 y por presión publicitaria del médico Manuel Moreno, hermano de Mariano Moreno y embajador en Inglaterra, fue declarado miembro honorario de la Sociedad Jenneriana de Londres.

Desde la llegada de la vacuna antivariólica a América, el método predominante de difusión había sido de brazo a brazo. El problema con este método era que si la población no se vacunaba regularmente, el fluido antivariólico empezaba a escasear, lo que ocurrió a mediados de la década del

---

66 Guillermo Martín Santos, Santiago Garrido, Hernán Thomas, *Las viruelas y los procedimientos sanitarios para combatirla: cuarentenas, inoculación y variolización*, I Jornadas Nacionales de Historia Social, 2007. Memoria Académica (FaHCE).

67 María Silvia Di Liscia, *Saberes, terapias y prácticas médicas en Argentina (1750-1910)*, pág. 62, CSIC, 2002.

cuarenta, cuando, durante el bloqueo anglo-francés, Rosas decidió cerrar la Facultad de Medicina, destinando todo el presupuesto disponible a resistir los embates imperialistas. En estas circunstancias, el médico Francisco Muñiz re-descubrió el método de producción de la vacuna, obteniendo la linfa a partir de las pústula de las vacas nativas. Por la imposibilidad de importar vacunas antivariólicas de Gran Bretaña, Muñiz desarrolló una vacuna nacional y utilizó a su propia hija pequeña como transmisora. De este modo, ante un nuevo brote bonaerense de viruela, logró vacunar a veinte personas, lo que permitió reiniciar la cadena de vacunación.[68]

Mientras la Argentina se perfilaba cada vez más como un país eminentemente ganadero, conflagrándose en una verdadera *guerra de las vacas*, Muñiz redescubría la íntima relación entre las vacas y la inmunología: la palabra vacunación procede de la raíz latina *vacca*, así como de *vaccina*: la viruela de las vacas, de donde Edward Jenner extrajo el antídoto contra la viruela humana. Muñiz, pionero en Argentina de la paleontología y de la historia natural, en contacto epistolar con Darwin, fue el emblema del médico neutral que se situaba más allá de la guerra facciosa entre unitarios y federales, aunque, como cirujano militar, se desempeñó en mil batallas. Será elogiado tanto por Rosas como por Sarmiento, que escribió su biografía, y morirá durante la epidemia de fiebre amarilla de 1871 mientras asistía, con 75 años de edad, a los infectados.

A fines del siglo XIX, Louis Pasteur realiza sus grandes descubrimientos en bacteriología, demostrando el papel de los microorganismos como desencadenantes de muchas enfermedades. De este modo, desterraba la vieja creencia según la cual las enfermedades se propagaban por generación espontánea a través del aire, por la vía de miasmas o de algún "*vaho morboso*", idea espectral según la cual el aire mismo era un factor patógeno y que también había obsesionado a los médicos rioplatenses desde los tiempos de la Colonia. Además, a fines del siglo XIX, el médico alemán Robert Koch inventó los métodos para cultivar los microbios fuera del cuerpo. Desde entonces, las vacunas ya no necesitarán circular de brazo en brazo, sino que se aislaban y autonomizaban. Nacían así la bacteriología y la epidemiología modernas, acelerando el pasaje desde la inmunidad natural a la inmunidad adquirida, induciendo, por medios técnicos, la formación de anti-cuerpos en los organismos vivientes, permitiendo elaborar una teoría del contagio ya no basada en la generalidad de un aire contaminado, sino en cadenas de transmisión persona a persona a través de un vector bio-

---

68 María Laura Cutrera, *Subordinarlos, someterlos y sujetarlos al orden: Rosas y los indios amigos de Buenos Aires entre 1829 y 1855*, pág. 306, Editorial Teseo, 2014.

lógico. De esta época datan las vacunas contra la rabia,[69] contra el cólera, contra el ántrax, contra la peste bubónica, entre otras. La aparición de la bacteriología y de la toxicología propiciaron un enorme despegue en la producción activa de tratamientos inmunológicos, hasta dar con los fármacos antiinfecciosos, sustancias que revolucionaron por completo el campo de la salud y a las que el bacteriólogo Paul Ehrlich, utilizando una metáfora bélica, llamó "balas mágicas", por su precisa capacidad de hacer blanco en los microorganismos patógenos sin dañar al huésped.

◆ ———————— ◆

Después de la batalla de Pavón, en 1861, los porteños avanzaron sobre la totalidad de la provincias, aniquilando los últimos vestigios de federalismo. La *stásis*, la guerra civil, se resolvía a favor de los unitarios. Las tropas de Mitre tomaban el control de todo el país, haciendo del ejército de Buenos Aires el ejército nacional, no sin antes acometer la más terrible guerra exterior llevada a cabo por la nación argentina: la guerra del Paraguay, también utilizada para dirimir disputas entre las facciones locales.

Por esa misma época, los ejércitos indígenas de Calfucurá atacaban con intensidad los pueblos del interior, llevándose consigo mujeres y ganado. Se acercaba entonces la batalla final contra los indios, último obstáculo para la cuadriculización del territorio nacional. El primer gran proyecto fue el propuesto por Adolfo Alsina, ex vicepresidente de Sarmiento, fundador del Partido Autonomista Nacional y ministro de Guerra de Avellaneda. Para Alsina, la táctica a emplear debía ser defensiva, procurando un avance paulatino sobre los territorios inexpugnados, negociando simultáneamente con los indios. Alsina estaba asesorado por un sargento prusiano llamado Federico Melchert, quien afirmaba que las guerras irregulares son particularmente difíciles de combatir porque el enemigo evade la lucha y se propone, ante todo, violar las fronteras y robar bienes. Melchert no aconsejaba la aniquilación de los indios, sino asimilarlos al ejército a la manera de un ejército auxiliar, como si fuesen "cosacos americanos", haciéndolos provechosos como mano de obra combatiente en la guerra limítrofe contra Chile.[70]

Para dificultar el paso del ganado bonaerense robado por los malones, Alsina ideó una enorme zanja que atravesaba toda la frontera de la provincia de Buenos Aires. La zanja era una trinchera de dos metros de profundidad, reforzada por fuertes y fortines ubicados estratégicamente sobre la línea

---

69 El doctor Desiderio Fernando Davel, entrenado por Luis Pasteur, trajo la vacuna contra la rabia a la Argentina, lo que permitió acabar con un mal endémico: el de los perros rabiosos que infectaban a la población humana a través de las mordeduras.

70 David Viñas, *Indios, Ejército y Frontera*, pág. 179.

de frontera, de 600 kilómetros de extensión. Su construcción demandó enormes gastos. Trabajaron dos regimientos nacionales acompañados de gauchos obligados por medio de la leva forzada. Pero Alsina moriría un año después de comenzada la obra. Su puesto de ministro de Guerra será ocupado por Julio Argentino Roca, un joven militar ya curtido en la guerra del Paraguay y que se había opuesto a la táctica de Alsina. Según Roca, era preciso poner fin a una larga historia de relaciones pendulares, *el círculo vicioso de arreglos y desarreglos*[71] entre blancos e indios.

No poca ayuda brindó al nuevo sistema de defensa de fronteras una tecnología instalada por Alsina y de la que Rosas había carecido: el telégrafo. Este factor técnico posibilitaba aumentar enormemente la velocidad de las comunicaciones entre la frontera y el Ministerio de Guerra. Su eficacia era mucho mayor que la del viejo sistema de postas utilizado por Rosas, que a su vez era una doble herencia: por un lado, del sistema postal establecido en la época de la Colonia para administrar la circulación de cartas, noticias y documentos, y a su vez, del sistema de postas y relevos establecido antes por los incas y sobre cuyas rutas se superpuso el sistema comunicacional de los españoles.

El telégrafo representaba también un enorme ahorro de trabajo humano. Esos viejos mensajeros terrestres, como los chasquis incaicos, entrenados desde niños para recorrer velozmente los caminos del inca, llevando noticias al son de una trompeta hecha de caracol, eran definitivamente relevados por el poderoso hilo conductor del telégrafo. Ahora bastaba con la instalación de una serie de estaciones, en donde trabajaba un oficial solitario entrenado en la Escuela Telegráfica del Colegio Militar y depositado en un paraje despoblado. De este modo, a medida que Roca avanzaba, dejaba tras de sí postes con alambres magnetizados, transmitiendo órdenes e informaciones a través de la llanura, preparando el suelo para su monumental arado. El telégrafo, junto al ferrocarril y los fusiles Remington, conformaban una nueva "santísima trinidad".[72]

Toda división entre Buenos Aires y las provincias, e incluso al interior del bloque oligárquico, era desplazada en función de un "enemigo prioritario": el indio, chivo expiatorio que resolvía, temporariamente, la tensión binaria y fratricida entre las elites estancieras y comerciales. La violencia mimética se descargaría contra un tercero, una víctima propiciatoria a la que, como a un animal sacrificial, se le negaba todo derecho a apelar. Competencia económica y lucha por la vida se hacían equivalentes, justificando así el sacrificio de los "salvajes", sin respeto alguno por las leyes de

---

71 Ibíd., pág. 94.

72 Ibíd., pág. 24.

la guerra. No se trataba, como declamaba la elite liberal, de "pacificar" las fronteras, sino de expandirlas mediante una verdadera "guerra sucia", conducida por *gentlemen* pulcros, filo-victorianos, despiadados y cientificistas. La campaña del desierto resultaba un asunto de "seguridad interior", pero al interior de unas fronteras que era necesario agrandar.

El furioso racismo de las elites permitía ejercer el poder de muerte ahí donde emergía un nuevo poder de vida, una biopolítica que procuraría sanear a la población argentina, compuesta de allí en más por millones de inmigrantes que llegaban desde Europa para asentarse en las tierras donde los indios nómades merodeaban. Aquí también se trataba de una relación de intercambio desigual y complementario entre el centro y la periferia: a la burguesía industrial europea le sobraba población, manufacturas y capital. A la burguesía argentina le faltaban pobladores, productos industriales y "sabios europeos", pero le sobraban vacas y trigo.

Durante la segunda mitad del siglo XIX y a medida que los federales eran derrotados, se iba perfilando una verdadera "vanguardia ganadera", compuesta por un selecto y reducido grupo de terratenientes nucleados alrededor de la Sociedad Rural que viajaban asiduamente a Europa para ponerse al tanto de las últimas novedades en tecnología agrícola. La incorporación del alambrado, la mayor capacitación de los veterinarios, la importación de nuevas razas vacunas, el perfeccionamiento de las zootecnias, van haciendo de la pampa un territorio altamente domesticado y sumamente provechoso. La biopolítica se hacía más sistemática en el campo que en las ciudades, de la mano de un agresivo "cientificismo hacendado" que fertilizaba el desierto, volviéndolo un *humus* riquísimo, un sustrato seguro para el desenvolvimiento de grandes inversiones. Si el positivismo puede definirse, esencialmente, como *"saber para prever, prever para obrar"*, hacia fines del siglo XIX confluían el positivismo hacendado, el positivismo militar y el positivismo médico, las tres ramas principales de la *república positivista* impulsada por la generación del ochenta, acaso la oligarquía más compacta y segura de sí que tuvo la Argentina.[73]

En 1880, la masacre de los indios debía servir a la regeneración demográfica de la Argentina, que importaba tanto población europea como tecnologías de poder capaces de examinarla, sanearla y emplearla. Los indios no eran considerados ni enemigos exteriores, ni enemigos interiores, porque nunca habían entrado en el plano de la ciudadanía (a lo sumo, eran considerados *enemigos tradicionales por fin despejados*, tal como los llamó Roca en 1880, durante su discurso ante el Congreso al asumir la presidencia[74]).

---

73 Ibíd., pág. 214.

74 Tulio Halperín Donghi, *Una nación para el desierto argentino*, pág. 145, Editorial Prometeo, 2005.

La guerra al indio no era ni *stásis*, es decir, sedición o discordia que arruina la ciudad, ni *pólemos,* guerra exterior que acreciente su gloria y su renombre.[75] Era la batalla final contra los salvajes, contra los clandestinos, contra los "fuera de la ley" (fuera de la ley nacional y fuera la ley civilizatoria), contra los *outlaws* o canallas, emprendida por los presuntos *autóctonos,* la elite criolla, "nacida del suelo de la patria", propietaria de las tierras, contra unos extranjeros que, en verdad, habitaban ese suelo desde mucho antes.

Limpieza étnica, etnocidio o *genocidio,* palabra que deriva del *genos* griego, el cual significaba a la vez *misma raza, misma familia y mismo nacimiento.* Para que los autóctonos criollos, el *genos* argentino, se consolidase era necesario aniquilar al *genos* indígena, eliminando todo rastro de autoctonía anterior, como si los que habitaban el territorio antes de la llegada de los españoles fuesen, paradójicamente, no-autóctonos. Al respecto, vale recordar el significado de la palabra *estanciero*: *"el que está ahí, en la tierra, de manera estable, permanente y escriturada".*[76] Escrituración de las tierras que le había sido negada a los indios, concebidos, en tanto nómades fuera de la ley, en tanto "sociedades sin Estado", como esencialmente incapaces de darse a sí mismos un programa de gobierno por su relación otra con la naturaleza y con la temporalidad. Los indios resultaban un estorbo para el prepotente programa de modernización agraria enarbolado por la elite, que les lanzaba un inflexible *ultimátum*: o convertirse o desaparecer.[77] La opción se hacía binaria y excluyente. *Civilización o barbarie.* Ya no existía posibilidad de intercambios, parlamentos o contaminaciones. Ya no existía posibilidad de asimilar o incorporar a los indios al cuerpo de la nación. Ahora resultaban inasimilables e "indigestos".[78]

---

75 Nicole Loraux, *La guerra civil en Atenas*, pág. 108, Ediciones Akal, 2008.

76 David Viñas, *Indios, ejército y frontera*, pág. 80.

77 Ibíd., pág. 71. El procedimiento del ultimátum está presente desde los inicios de la conquista de América. Es el caso de los llamados *Requerimientos.* Mediante un texto leído en voz alta y en idioma español, sin que los indios lo entendiesen, se les explicaba que el papa había donado sus tierras a los reyes de España. Al final del documento llegaba el ultimátum: si aceptaban el Requerimiento, los indios serían acogidos por los conquistadores, pero si lo rechazaban, se les haría la guerra sin cuartel ni piedad. Como los indios no entendían el contenido del documento, la utilidad de este instrumento jurídico era unilateral y consistía en darle legitimidad jurídica a la guerra de conquista.

78 David Viñas, *Literatura argentina y política. De los jacobinos porteños a la bohemia anarquista*, pág. 163, Editorial Sudamericana, 1995. Contemporáneamente, José Hernández abría *La vuelta* del *Martín Fierro* presentando a Fierro y a Cruz más allá de la frontera, prisioneros de los indios. Allí se abalanza la peste de la "virgüela", que cumple un rol providencial, ya que arrasa con los "indios sanguinarios", mata a Cruz, salva a Fierro y lo hace comprender, por primera vez, el valor de la amistad. Curiosamente, y solo veinte años después, H.G. Wells publica *La guerra de los mundos*, sobre una invasión de la Tierra por marcianos tecnológicamente avanzados. Su plan de conquista de la

Panguitruz Güer era un joven ranquel hecho prisionero por los criollos y apadrinado por Juan Manuel de Rosas al enterarse de que era hijo del cacique Painé Guer. Rosas le cedió su apellido, lo rebautizó con el *nombre cristiano* de Mariano y lo envió como peón a una de sus estancias. Allí le enseñó los secretos del cuidado del campo, siguiendo su método de instrucción de mayordomos de estancias, combinando latigazos con muestras de afecto del patrón hacia el peón o del padrino hacia el ahijado. De este modo, Rosas mostraba la extrema cercanía entre "reducir" a los indios nómades y sedentarizarlos, empequeñecerlos, infantilizarlos o tutelarlos de manera paternalista.[79]

Una noche, Mariano Rosas escapó del establecimiento y volvió a las tolderías, llegando a convertirse en cacique ranquel, sin dejar de guardar afecto por su padrino. Otro familiar de Rosas, Lucio V. Mansilla, en *Una excursión a los indios ranqueles*, relata que, ya como cacique, Mariano Rosas poseía un archivo de la toldería, en donde conservaba numerosos documentos escritos, como cartas, recortes de diarios y tratados hechos con los criollos, todos cuidadosamente clasificados. El cacique nunca había aprendido a leer y dejaba en manos de los lenguaraces las tareas de escritura, pero conocía perfectamente el contenido de cada uno de esos papeles. La introducción de la lecto-escritura, así como la cultura archivística, habían transformando la administración de las sociedades indígenas. Tal es así que, ya en una etapa tardía, cuando estaban por abalanzarse los ejércitos de Roca, los caciques intentaban obtener *escrituras de propiedad* de las tierras que habían habitado durante siglos. Pero los escribanos blancos no serían puestos a disposición de los indios.

Mariano Rosas muere en 1877. Dos años después, los militares roquistas devastaron la toldería y pasaron a degüello a los lanceros ranqueles. El coronel Eduardo Racedo descubrió la tumba de Mariano Rosas y la profanó para robar sus huesos. Se los entregó como obsequio al etnógrafo Estanislao Zeballos, que también había obtenido el cráneo de Calfucurá. Zeballos, a su vez, donó su colección de restos óseos al Museo de Ciencias Naturales de la Universidad de La Plata. Perversamente, los huesos de Mariano Rosas habían entrado en un circuito de donaciones entre los miembros de la oligarquía liberal. La misma obsesión contable con que la elite media las

---

Tierra marcha sin obstáculos hasta que los extraterrestres sucumben ante otra "invasión", esta vez de bacterias terráqueas. Tanto en el *Martín Fierro* como en *La guerra de los mundos* (dos obras literarias escritas en pleno despliegue de la biopolítica, la primera desde su periferia y la segunda desde su centro), los enemigos, indios o *aliens,* son vencidos, de forma inesperada y providencial, por la acción de enfermedades contagiosas contra las que no estaban inmunizados y que actúan como armas bacteriológicas.

79 David Viñas, *Indios, ejército y frontera*, pág. 223.

tierras conquistadas se aplicaba a las osamentas de los indios, que iban a parar a un archivo de nuevo tipo, el museo etnográfico, a la vez como trofeo y material de estudio científico. La vida de Mariano Rosas, su muerte y el uso de sus restos sintetizan las cambiantes relaciones entre indios y criollos a lo largo del siglo XIX. Si durante la primera campaña del desierto, la de 1833, Darwin se había entrevistado con Rosas, los darwinistas argentinos, al terminar la campaña de Roca, decoraban las vitrinas de sus museos con los restos de los indios.

◆────────◆

En las últimas décadas del siglo XIX, al concluir el "gran drama del espacio nacional",[80] la República Argentina declara su unificación. El Estado Nacional, por fin estabilizado, tenía ante sí un gigantesco territorio escasamente poblado. De espaldas a Buenos Aires quedaba un territorio fértil, exclusivamente dedicado a la producción de trigo y ganado, pero en donde se precisaban pobladores. Así, la élite triunfante inicia una enorme campaña para atraer inmigrantes al territorio desertificado que, ya sin la presencia de amenazantes malones, se ofrecía como tierra de oportunidades bajo el lema roquista de "paz y administración".

Para llevar a cabo este monumental plan de trasplante humano, desde la población sobrante de Europa hasta la abundancia de espacio argentino, era preciso contar con finos instrumentos de análisis que permitieran contabilizar, ante todo, el estado de la población nativa. Se hacía preciso hacerse de un verdadero poder de policía que permitiese intervenir sobre la población, pero no solo en el sentido de la vigilancia y la represión del delito, sino en el sentido que la palabra policía tenía en Europa durante el siglo XVIII: la gestión de todo lo referido al crecimiento y fortalecimiento de la población, la salubridad de las ciudades, el precio y cantidad de los alimentos, la supresión de las epidemias, la adecuada circulación de cosas, personas e informaciones, con miras a gestionar el cuerpo social en su materialidad compleja y múltiple.[81]

En 1869, por iniciativa del presidente Sarmiento, se llevó a cabo el primer censo nacional a los fines de preparar el gran plan de poblamiento con "material humano" proveniente de Europa. Anteriormente, los censos habían sido hechos de manera solo aproximada, sin rigor positivo. En 1869, el Estado quería conocer con precisión a su propia población. Quería saber cómo vivían, cuántos eran, cómo se comportaban. Este conocimiento debía

---

80 Ibíd., pág. 119.

81 Michel Foucault, *La política de la salud en el siglo XVIII*. En: *El poder, una bestia magnífica*, Editorial Siglo XXI, 2012.

ser cuantificado para obtener una *imagen de la población argentina* que permitiese desocultar sus leyes inconscientes de comportamiento. Había que emprender grandes mediciones para poder calcular las potencialidades de la República.

La élite liberal había proclamado, en primer lugar, que, en un territorio poco poblado, *gobernar es poblar*, al menos como primer paso. Si durante buena parte del siglo XIX las tecnologías biopolíticas solo había sido incorporadas en Argentina de manera parcial, precaria, dispersa, discontinua, no sistemática, dada la presencia permanente, no eventual, de la guerra, la clase dirigente, al concluir las guerras civiles, se hacía consciente de la importancia fundamental que tenía la *estadística* como insumo informacional para el arte de gobierno moderno. Todo un culto de la cuantificación de las personas y las cosas se extendía como una fiebre, importando los avances en ciencias estadísticas de la Europa industrial.

Dado que en Argentina aún no existían los estadígrafos, el censo de 1869 fue dirigido por un doctor llamado Diego de la Fuente, nombrado superintendente censal. Los resultados, con tablas acompañadas de comentarios realizados por el autor, se publicaron en 1872. El primer censo reveló que en la Argentina habían 1.830.214 habitantes y que alrededor de un 28% vivían en la ciudad y la provincia de Buenos Aires. El censo había arrojado otro dato de fundamental importancia: el 71% de la población no sabía ni leer, ni escribir.

Este estudio también arribó a la cifra de 93.138 indígenas habitando el *desierto*, cifra poco fiable y aproximativa pero que permite apreciar la abismal diferencia con respecto al segundo censo, el de 1895, que arrojó la cifra de 30.000 indígenas. La reducción no se explica solamente porque, entre un censo y otro, se produjo la conquista del desierto. En el segundo censo, los indígenas capturados por el Estado eran homogeneizados y considerados ya civilizados, parte de la gran masa de la población argentina. De ahí que, durante décadas, no hayan habido datos precisos acerca de la cantidad real de indígenas en el país. Solo cien años después, en 1968, se realizaría el primer Censo Indígena Nacional de la Argentina.

Otro de los datos relevantes que arrojó el primer censo fue el referido al ritmo de crecimiento de la población argentina. Diego de la Fuente calculaba que la población aumentaba sobre la base de un crecimiento medio anual del 23%, un crecimiento muy alto que, según el autor, se debía a "*la benignidad del clima y la superabundancia y baratura de las subsistencias*".[82] Sin embargo, para el primer censista nacional, este crecimiento podía llegar a estancarse:

---

82 Citado en: Dora Estela Celton y Adrián Carbonetti, *La formación de la demografía en Argentina (1869,1947)*, Revista Estudios, nro. 19, Primavera 2006, UNC.

"Es de creer que a través de un período más largo aumentándose la población argentina, la ley de crecimiento empiece a disminuir, guardando relación, primero, con la mayor densidad de población que, como se sabe, está en razón inversa con el crecimiento; y en segundo con las producciones de nuestro suelo que pueden hacerse algún día menos espontáneas, menos fáciles, menos baratas económicamente hablando".[83]

En un país que estaba a punto de experimentar los efectos benéficos del boom agroexportador, el doctor De la Fuente pronosticaba que la suerte de la población argentina estaba atada a la suerte del campo. Agricultura y gobierno de la población coincidían como el anverso y el reverso de una misma moneda.

◆ ———————— ◆

A la caída de Rosas, el Tribunal de Medicina creado por Rivadavia fue reemplazado por el Consejo de Higiene Pública. Puesto que la ciudad de Buenos Aires llegaría a convertirse a la vez en la capital de la provincia y del país, la institución, por la superposición de jurisdicciones, se desdobló en el Consejo de Higiene Pública, de acción federal, y la Comisión de Higiene, de jurisdicción municipal. Estas instituciones enfrentaron grandes dificultades, ya que sus atribuciones estaban confusamente establecidas.

En 1870, llegaban noticias desde Río de Janeiro de numerosos brotes de fiebre amarilla. El Consejo de Higiene Pública impuso una cuarentena de diez días a todos los barcos procedentes de Brasil. Para los comerciantes, como para los esclavistas de la época colonial, los períodos de cuarentena representaban grandes pérdidas de dinero, por lo que muchas veces presionaban para pasar por alto los controles. Esta fue la principal causante de la entrada de la fiebre amarilla durante el verano de 1871, cuando la ciudad de Buenos Aires se entregaba, alegre y despreocupadamente, a las fiestas del carnaval.

Según los cálculos oficiales, la peste dejó 14.000 muertos, muchos de ellos afrodescendientes e inmigrantes italianos. Durante la epidemia, los vecinos notables de Buenos Aires habían armado, de urgencia, la Comisión Popular de Socorro, encargada de evacuar la ciudad patógena y asistir a los enfermos, aunque el presidente Sarmiento y su vice Alsina habían sido los primeros en escapar. En las afueras, zonas rurales como Belgrano y Flores se llenaban de campamentos improvisados. La alta mortalidad se había debido, según el saber médico de entonces, al aire viciado y a los *miasmas* emanados desde los desperdicios vertidos en el Riachuelo por los

---

83 Citado en: Ibíd.

saladeros de carne. Pero a principios del siglo XX, el médico cubano Carlos Juan Finlay descubriría que el vector de contagio de la fiebre amarilla es el mosquito Aedes Aegypti, lo que permitió entender, retrospectivamente, por qué la fiebre amarilla recién detuvo su empresa mortífera con el arribo de los primeros fríos de 1871.

La peste había puesto a prueba a todos los poderes y ninguno había pasado su examen. Pero en la década de 1880, con la asesoría de una nueva generación de médicos, el gobierno se aprestó a remediar sus errores, poniendo en marcha un gran plan de higienización profiláctica de la nación. Los médicos aprovecharían la oportunidad para volverse la vanguardia del progreso, reforzando sus capacidades de intervención médica autoritaria. Extraían un "plus de poder" al perfilarse como los principales programadores de una sociedad bien dirigida, volviéndose asesores políticos gravitantes gracias a su *expertise*, si no en el arte de gobernar, al menos en el arte de corregir, observar y mejorar el estado de salud del cuerpo social.[84]

Por recomendación de José María Ramos Mejía, la Comisión de Higiene Municipal se convirtió en la Asistencia Pública, mientras que el Consejo de Higiene Pública se transformó en el Departamento Nacional de Higiene. De allí en más, una oficina central debía vigilar la actividad de todos los hospitales. El primer medio para lograrlo consistía en la producción permanente y fiable de información, haciendo que cada hospital elaborase un parte diario de sus actividades.[85] Al mismo tiempo, se crearon las *Comisiones de Higiene,* conformadas por vecinos con el fin de denunciar a charlatanes y curanderos e informar a las autoridades sobre el estado higiénico de los barrios, con especial atención a las casas de inquilinato, los bares, los mercados y los prostíbulos. Para los médicos, la acción informante de las comisiones se volvía preciosa. Una vez denunciados los males, arribaban los inspectores de higiene municipal, encargados de multar a los establecimientos que no cumpliesen con las normas de salubridad. De esta forma, los médicos sanitaristas no solamente evitaban la propagación de virus y bacterias, sino que diagramaban estrictas pautas de comportamiento urbano, acorralando, sobre todo, al *mal vivir*.

La actividad centralizada y reticular de los médicos higienistas estuvo acompañada del establecimiento de estrictos calendarios de vacunación, la construcción de nuevos hospitales, de una gran red cloacal y un gran plan de potabilización del agua. Pronto, la acción coordinada de estos fac-

---

84 Proceso que en Europa, según Foucault, se había iniciado ya durante el siglo XVIII. Ver: *La política de la salud en el siglo XVIII.* En: *El poder, una bestia magnífica*, pág. 224.

85 Adriana Álvarez, *Resignificando los conceptos de la higiene: el surgimiento de una autoridad sanitaria en el Buenos Aires de los años 80*, História, Ciências, Saúde-Manguinhos, vol. 6, nro. 2, Rio de Janeiro, 1999.

tores mostró grandes resultados. En 1869, la esperanza de vida al nacer era de 32,9 años. En 1914 había aumentado a 48,5 años, cifra similar a la de Estados Unidos a principios de siglo y mayor que la de Francia en esa misma época. Los índices de mortalidad también habían mejorado: en Buenos Aires, de 27,59 cada mil habitantes en 1887 había descendido a 17,4 en 1899. Similares resultados arrojaban ciudades como Paraná, Córdoba y Rosario, pero en el resto del país, donde las obras de infraestructura eran mucho menores, la mortalidad seguía siendo muy alta.[86]

No obstante, aún se estaba lejos de centralizar el aparato sanitario nacional. Mientras la Asistencia Pública se ocupaba de la higiene de la ciudad, el Departamento Nacional de Higiene se ocupaba de los territorios nacionales, pero la Constitución Nacional le otorgaba a las provincias autonomía sanitaria, impidiendo la intervención del Departamento. Además, muchos establecimientos hospitalarios todavía dependían del sistema de la caridad pública inaugurado por Rivadavia. La Sociedad de Beneficencia,[87] así como la Comisión Asesora de Hospitales y Asilos Regionales, tenían en sus manos el grueso de los hospitales y manicomios. Ambas instituciones eran subsidiadas por el Estado a través de la Lotería de Beneficencia Nacional y de impuestos al alcohol, aunque el grueso de sus fondos provenían de las donaciones de las familias ricas.[88] Ante este difícil estado de situación, el Departamento Nacional de Higiene limitó sus funciones a la prevención de enfermedades y a la lucha contra epidemias, dejando a un lado la asistencia social, de la que se ocupaban las damas de la sociedad.

Más allá de las muchas desavenencias administrativas y jurisdiccionales, los principales interesados en la confección de censos fueron los médicos de

---

86 María Silvia Di Liscia, *Saberes, terapias y prácticas médicas en Argentina (1750-1910)*, pág. 296.

87 Como las epidemias del siglo XVIII, la fiebre amarilla dejó una gran cantidad de niños abandonados, concitando la creación del Asilo de Niños Huérfanos, también a cargo de la Sociedad de Beneficencia. El Asilo era una institución mucho más exhaustiva que la Casa de los Niños Expósitos creada en tiempos de la Colonia. Fue el modelo para todos los correccionales de menores que se construyeron durante la primera mitad del siglo XX. El infante ya no ingresaba mediante el sistema del torno, sino mediante una oficina de recepción, dado que se había llegado a considerar que el resguardo del anonimato había promovido el abandono de niños. Con la llegada masiva de inmigrantes aumentarán tanto los niños en situación de calle y vulnerabilidad como las estrategias higiénico-policiales para su encauzamiento a través del patronato de menores. Ver al respecto: Daniel Felipe Gómez, *Genealogía del concepto de Patronato de Menores. Prácticas institucionales desde el torno a la ley 10.903*, VI Jornadas de Sociología. Facultad de Ciencias Sociales, UBA, 2004.

88 Carolina Biernat, *Interferencias políticas e interinstitucionales en el proyecto de centralización de la administración sanitaria nacional (1943-1945)*, Anuario del Instituto de Historia Argentina, nro. 15, 2015.

Estado, quienes vieron en la demografía un medio precioso para estudiar y contrarrestar los fenómenos fantasmales de contagio morboso, especialmente en zonas densamente pobladas. Un aceitado aparato estadístico permitiría, de allí en más, evitar tales desgracias. La preocupación fundamental de médicos como Guillermo Rawson y Emilio Coni (quien se consideraba a sí mismo un *"médico-sociólogo"* y escribió un artículo sobre la *"Ciudad argentina ideal o del porvenir"* como utopía higienista) era aumentar el ritmo de crecimiento de la población, tomando de los higienistas de Francia, Alemania e Inglaterra las técnicas para prevenir enfermedades contagiosas.

En simultáneo al plan inmigratorio, se desataron intensos debates en torno a la cuestión de las razas humanas, sus jerarquías y sus mezclas. Esta inquietud racial bebía, en la Argentina de fines del siglo XIX, de dos fuentes principales: por un lado, del darwinismo, que, lejos de ser una teoría que solo explicaba la evolución de las especies animales, se *mezclaba*, por todos lados, con las nacientes ciencias sociales (de hecho, Francis Galton, pionero de la eugenesia y la antropometría, era primo de Darwin). La otra fuente era la zootecnia y las tecnologías de refinamiento del ganado que, para la misma época, se aplicaban ampliamente y con gran éxito al interior de las estancias ganaderas. La burguesía agraria que gobernaba los destinos de Argentina pensaba a la población humana en los mismos términos que a la población bovina de sus estancias, proponiéndose seleccionar a los inmigrantes tal como se selecciona al ganado.[89]

¿Cómo se pasa de extranjero a argentino? ¿Qué límites son necesario franquear? ¿Qué metamorfosis son requeridas? Desde el punto de vista de los censistas y del *ius solis*, bastaba con nacer en Argentina. Según Ramos Mejía, al inmigrante se le ofrecía acelerar su evolución filo-genética, regenerarse y hasta hominizarse, como si al entrar al país atravesase un umbral antropológico. El trabajo productivo, así como el clima templado y la nutrición argentinas, permitirían mejorar a los recién venidos, aclimatándolos con facilidad a sus nuevas condiciones de vida, más semejantes a sus lugares de origen que los climas tropicales del resto de América Latina, excesivamente calurosos y por eso favorecedores de la pereza.

El médico debía injerir en lo político y el político debía convertirse en médico clínico de los asuntos de gobierno, conjurando el mayor temor entre

---

89 No fue sólo el caso de Argentina. De hecho, la eugenesia norteamericana surgió en un contexto agrícola. Charles Benedict Davenport, el fundador de la eugenesia en Estados Unidos, era un zoólogo que primero aplicó las leyes mendelianas de la herencia a la producción agraria e intentó volcar los mismos principios a la reproducción humana. En 1910 fundó la Eugenics Record Office, volviéndose el principal promotor de las esterilizaciones masivas que se llevaron a cabo en Estados Unidos durante las primeras décadas del siglo XX.

los positivistas: el miedo a la multitud, a su ingobernabilidad, morbosidad o indisciplina.[90] Urgía sentar las bases de una nueva genealogía argentina. El *crisol de razas* debía marchar a toda máquina, sin demoras. Los criminólogos se ocuparían, mientras tanto, de inspecciones más minuciosas.

◆ ———————— ◆

En 1875 se inauguró la Oficina Central de Estadística de la Policía. Dos años después, la Penitenciaría Nacional empezó a sistematizar sus registros de condenados y a categorizarlos según estado civil, edad, grado de instrucción y nacionalidad. También se incorporó el uso de fotografías para el registro de delincuentes, vagos, borrachos y "malvivientes", y se inauguró la Oficina Antropométrica, con el novedoso sistema del registro dactiloscópico, sistematizado en Argentina por el inmigrante croata Juan Vucetich. Pero lo precario de los métodos de procesamiento y control de datos arrojó, durante mucho tiempo, resultados sesgados, incapaces de dar cuenta de la variedad de delitos, reforzando prejuicios sobre los *nuevos sospechosos de siempre*, los recién llegados.[91]

Al compás de esta producción masiva de datos, aún sesgados y no lo suficientemente abarcativos, crecía una enorme literatura criminológica que se abocaba a descifrarlos e interpretarlos, ya que desde 1880 se había producido un aumento en las tasas de delito. Los criminólogos creían posible disminuirlas no por medio de la pura coerción, ni tampoco por un aumento de las penas ante los hechos consumados, sino a través de la prevención científica del crimen. Así como los médicos higienistas buscaban sanear el aire de la ciudad, los criminólogos perseguían el saneamiento de las relaciones entre sus habitantes, investigando, en filigrana y molecularmente, las causas psicológicas del delito, dando con los medios técnicos necesarios para perseguir y neutralizar el elemento de la *peligrosidad*.

Millones de inmigrantes habían *accedido* a la Argentina y provocaban la sospecha de haber producido un *acceso patológico* en el cuerpo social. Para

---

90 Si bien Rosas constituyó un gobierno que puede ser considerado "autócrata popular", también sentía horror por las multitudes. Así queda expresado en una célebre epístola desde Southampton a Josefa Gómez, su embajadora en Buenos Aires, donde abjuraba de la Comuna de París y de la I internacional: *"cuando hasta en las clases vulgares desaparece cada día más el respeto al orden, a las leyes y el temor a las penas eternas, solamente los poderes extraordinarios son los únicos capaces de hacer cumplir los mandamientos de Dios, de las leyes, y respetar al capital y a sus poseedores".* Carta del 11/7/1872. Ver: José Raed, *Rosas: cartas confidenciales a su embajadora Josefa Gómez: 1853-1875.* Citado en *La Gazeta Federal* (lagazeta.com.ar).

91 Hernán Olaeta, *Surgimiento de las estadísticas criminales en Argentina. La influencia de los discursos criminológicos en la producción y análisis de datos de la Ciudad de Buenos Aires (1885-1921),* revista Delito y Sociedad, nro. 40, año 24, 2015.

contrarrestar los efectos nocivos de una excesiva exposición de la nación a la inmigración malsana, los positivistas allanaban el acceso a unos archivos de la criminalidad que aún estaban por constituirse. Si consideramos la etimología de la palabra *archivo*, el criminólogo era el principal enemigo del anarquismo, el anti-anarquista por excelencia, ya que archivo refiere a la *arché* griega (la ley, el origen, el comienzo, el mandato, la autoridad), así como a los arcontes, los encargados de resguardar las leyes (*árchein* significa "mandar" y la *arché* es lo que manda por ser lo que precede, lo que vino primero, lo que ostenta el privilegio de la antigüedad, como un antepasado o un primogénito[92]). El anarquista, el que está contra la *arché*, era un enemigo público enfrentado a los guardianes del orden, al archivo y a la archivación médico-policial de los sujetos. De hecho, *"Archivos de Psiquiatría y Criminología y Ciencias Afines"* se llamó la principal revista de discusión criminológica en la Argentina del 1900.

En el contexto de la experimentación social que tenía lugar en laboratorios criminológicos como el Depósito de Contraventores, se apeló a la noción de "fronterizo", es decir, aquella persona que se encuentra en los bordes de la buena vida y de la mala vida, al filo de lo normal y de lo patológico, así como de lo humano y lo animal. José Ingenieros clasificaba las patologías mentales según tres tipos: intelectuales, volitivas y morales. Fronterizos eran aquéllos que tenían debilitada al menos una de estas funciones. Signos de inadaptación social y de debilidad moral podían ser la incapacidad de un hombre de mantener un matrimonio, o la insistencia de un joven que le mandaba cartas amorosas a una mujer, catalogado como "perseguidor amoroso". O bien, quien alcoholizado se peleaba recurrentemente en bares y tabernas. Todos comportamientos microscópicos que no representaban en sí ningún delito, pero que indicaban la existencia de una degeneración moral, volitiva o intelectual. Los fronterizos eran los migrantes de la salud mental, aquéllos indocumentados que no habitaban ni un lado ni el otro del espacio categorial psiquiátrico y que podían disimular mejor su pertenencia a la vida degenerada. En estos casos, los psiquiatras criminológicos mezclaban, hasta confundirlas por completo, categorías médicas y categorías morales, valoraciones fisiológicas y valoraciones sociales, al servicio de una completa normalización de la multitud. El *archivo* mismo era el que patologizaba, el que pasaba por alto las paupérrimas condiciones materiales de vida de los inmigrantes. El archivamiento de los patológicos resultaba, en sí mismo, patológico: un mal de archivo.

◆ ———————— ◆

---

92 Jacques Derrida, *Canallas*, pág. 167, Editorial Trotta, 2005.

Al adoptar la teoría de la herencia y el darwinismo social, la élite liberal dejaba de pivotear sobre el ideal democrático de la solidaridad o la competencia entre hermanos, propio del *fraternalismo* igualitarista francés.[93] Este ideal horizontal se superponía con la relación vertical que conecta a los hijos con los padres, y a través de ellos con los antepasados, como en la antigua sabiduría bíblica, donde las culpas de los ancestros recaen siempre sobre los hijos. La obsesión con la sangre ya no era la de la sangre derramada en las guerras fratricidas, sino la de la sangre mezclada entre las razas, propagando un flujo insalubre, como en la contaminación de los ríos con la sangre vertida por los mataderos. Dado que según las teorías de la degeneración ésta es indefectiblemente hereditaria, los lazos de sangre adquirían un carácter especialmente acusado, ya sea para mantener bajo vigilancia a los que Lombroso llamaba "delincuentes natos", ya sea para custodiar la herencia patricia de tierras y cargos políticos.

Los Bunge fueron una de las familias más destacadas de la oligarquía argentina. El primero en llegar, en 1827, había sido Carlos Augusto Bunge, proveniente de Alemania, quien fundó un banco y se casó con una mujer de la elite criolla, María Genaria Peña y Lezica. En verdad, la familia Bunge ya era una familia de poderosos comerciantes alemanes asentados en Amberes. Hacia 1880, llegó a Argentina un primo de Carlos: Ernest Bunge. Al poco tiempo, convencido de las enormes oportunidades de negocios que presentaba la Argentina de fin de siglo, Ernest Bunge hizo venir desde Bélgica a un cuñado llamado Jorge Born. Juntos fundaron la sociedad *Bunge & Born*, empresa dedicada a la exportación de cereales y que en poco tiempo se convertiría en uno de los *holdings* más diversificados del país.

Carlos Augusto Bunge y María Genaria Peña Lezica tuvieron diez hijos, entre ellos a otro Ernesto Bunge, uno de los mayores arquitectos carcelarios de América Latina. Tuvo a su cargo el diseño de las cárceles de Dolores y de San Nicolás, así como la imponente Penitenciaría de Buenos Aires,

---

93 Como mostró Jacques Derrida, la fraternidad francesa abreva en los griegos, pero también es una herencia cristiana secularizada. El *frater* revolucionario dejaba de ser el hermano cristiano, perteneciente a la comunidad de los hijos de Dios, y pasaba a ser el hermano-ciudadano. La metáfora de la *fraternidad*, aunque aparenta referirse al lazo universal del *género humano*, piensa la nación como una ampliación de la familia. La amistad fraterna es una amistad naturalizada por la convivencia familiar, e incluso encubre relaciones más profundas de desigualdad, ya no entre los *genos*, sino entre las clases. Nacionalismo y fraternización se reenvían el uno al otro, y aunque la fraternidad aspire a volverse trasnacional (o quizá por eso mismo), acrecienta, mundialmente, las relaciones de rivalidad, inherentes a las relaciones de hermandad. La fraternidad, que es a la vez amistad ciudadana y amistad doméstica, contiene, en germen, el racismo y el etnocentrismo, puesto que se trata de una categoría intensamente biopolítica: el no familiar, el no hermano, resulta, *naturalmente*, un enemigo de la nación y, en última instancia, un enemigo de la humanidad. Ver: Jacques Derrida, *Políticas de la amistad*, Editorial Trotta, 1998.

presidio inaugurado en 1877 y que había logrado llevar a cabo, por fin, el sueño rivadaviano de contar con un panóptico modelo en la ciudad. Uno de sus hermanos, Octavio Bunge, fue un jurista que llegó a presidir la Corte Suprema y que procreó a otros nueves vástagos. Entre los más célebres se encuentran el economista y estadístico Alejandro Bunge y el sociólogo darwinista Carlos Octavio Bunge.

Alejandro Bunge había sido educado en una escuela católica. Su padre, de ideas laicas, observando con cierta alarma un fuerte militantismo católico en su hijo, lo envío a estudiar ingeniería a Alemania. Allí se topó con las ideas económicas de Friedrich List, crítico del cosmopolitismo liberal de Adam Smith, y defensor del proteccionismo industrial nacionalista. De regreso en Argentina, Alejandro Bunge se incorporó a la Dirección Nacional de Estadísticas como sucesor de Francisco Latzina, el inmigrante moravo que más había contribuido a la profesionalización del estadístico.[94]

Alejandro Bunge formó a un nutrido equipo de colabores con los que constituyó un verdadero "grupo de expertos", del que emergería también Raúl Prébisch, y que ocupó los más importantes departamentos de estadística nacionales, participando en la creación y dirección de la Facultad de Ciencias Económicas de la Universidad de Buenos Aires. A diferencia de los estadígrafos de la generación anterior que, como Latzina, eran grandes personalidades pero poco autonomizados con respecto al poder político, el grupo tuvo una intensa actividad publicitando el pragmatismo estadístico, dotándose a sí mismos de visibilidad pública.[95] Desde entonces, los economistas y estadígrafos relevarán a quienes, hasta entonces, más habían usufructuado el uso de cifras e informaciones públicas: los médicos higienistas.

Alejandro Bunge aspiraba a hacer de la estadística la maestra del gobernante. Los estadígrafos eran técnicos expertos en numerología y en saberes cifrados, a la vez que enemigos de todo arcano político, de todo secretismo

---

94 Entre 1880 y 1916, Latzina, venido de Austria-Hungría, se convertirá en un emblema del funcionariado estadístico argentino. Participaba con asiduidad del debate público mediante artículos publicados en revistas y diarios de gran circulación. Tomó parte en una intensa polémica desatada a principios del siglo XX alrededor de un ranking internacional, el Mulhall's Dictionary of Statistics, donde Argentina aparecía como uno de los catorce países más ricos del mundo y el noveno según su renta per cápita, relato de gloria que llega hasta nuestros días. Latzina, sagazmente, supo relativizar aquel ranking, explicando que si la Argentina salía tan bien parada era por la baja densidad de su población. Advertía un serio riesgo en este sesgo estadístico, que regocijaba el ego de los argentinos: hacía pensar que el país era más rico de lo que en verdad era, confundiendo a los gobernantes e incentivándolos a tomar deuda irresponsablemente, sin una noción clara de sus verdaderas posibilidades de repago.

95 Claudia Daniel, *La figura del estadístico en la Argentina moderna. Retrato histórico de un grupo experto (1880-1945)*, Departamento de Historia, Facultad de Humanidades y Centro Regional Universitario Bariloche. Universidad Nacional del Comahue, 2009.

o discrecionalidad en la asignación de recursos. Se auto-presentaban como "la brújula" que orientaba la nave del gobierno. Si la racionalidad política siempre corre el riesgo de ser impugnada por arbitraria, la racionalidad del estadístico comenzaba a aparecer como neutral y bien calculada. Poco a poco, la cuantificación de la población fue asociada con la honestidad, con el saber imparcial y con el deber cívico. En última instancia, era la población la que se beneficiaría de la información que se le extraía para ser elaborada por los expertos, mientras la ausencia de estadísticas comenzaba a presentarse como equivalente al caos social y al desorden económico. Desde entonces, los intereses del político y los del estadístico, necesarios el uno para el otro, coexistirán en permanente tensión.

Pero además, Alejandro Bunge entrevió, con especial lucidez y de forma excepcional entre los miembros de la oligarquía argentina, los límites del modelo de acumulación basado únicamente en la exportación de materias primas. Bunge alertaba a la elite sobre la necesidad de desarrollar industrias exportadoras ante la insuficiencia del esquema de ventajas comparativas. Dividía al sistema económico mundial entre "países astros" y "países satélites". La Primera Guerra Mundial le había enseñado que la posición "satelital" y dependiente de la economía argentina no podía durar. Proponía el uso de aranceles aduaneros para evitar la entrada de productos industriales, estimulando la producción sustitutiva nacional. Si para la generación del ochenta gobernar era poblar, para Alejandro Bunge, testigo del progresivo agotamiento del modelo agroexportador, *"poblar es atraer, crear y organizar capitales"*.[96]

Como toda la elite dirigente de su época, los hermanos Bunge adoptaban un lenguaje imperativo. Los políticos, los publicistas y los primeros expertos adoptaban siempre el idioma de la urgencia, del ultimátum, de la consigna fulgurante, de la divisa que conmina a actuar o a transformar el rumbo del país (*gobernar es poblar; civilización o barbarie; educar al soberano*, etc.). En Alejandro Bunge, el imperativo era económico e industrialista y también racial. En su hermano, el imperativo era decididamente biologicista.

Carlos Octavio Bunge, jurista como su padre y nieto de inmigrantes europeos, manifestaba una gran inquietud por la repentina presencia de millones de inmigrantes a su alrededor. Esperaba que el "crisol de razas", adecuadamente monitoreado, produjese un "tipo argentino" mejorado y superior. En él, como en José Ingenieros, se encuentra un marcado "argentino-centrismo" eugenésico, en donde se le adjudicaba a la Argentina una suerte de destino manifiesto capaz de conquistar la hegemonía entre los

---

96 Citado en: Andrés Asiain, *Alejandro Bunge (1880-1943). Un conservador defensor de la independencia económica y la soberanía nacional*, Ciclos, vol. 22, nro. 42/43, 2014.

países de América del Sur, así como Estados Unidos lo hacía en el norte.[97] Pero para que haya tal cosa como la creencia en el destino manifiesto de un pueblo, este ante todo debe ponerse de manifiesto, debe hacerse presente y volverse visible. Para Carlos Bunge, las enfermedades y epidemias que habían azotado a la población del territorio argentino debían ser consideradas una bendición de la naturaleza que seleccionaba a los más aptos y *manifestaba* su intención de depurar a la "raza argentina": *"El alcoholismo, la viruela y la tuberculosis –¡benditos sean!– han diezmado a la población indígena y africana de la provincia capital, depurando sus elementos étnicos, europeizándolos, españolizándolos"*.[98]

El ideal de modernizar a la nación confluía con la perspectiva evolucionista. Modernizarse implicaba acelerar, por medios artificiales, especialmente por medio de la medicalización de la multitud, el proceso de evolución racial. Arribar a la Argentina equivalía, en el imaginario positivista, a hominizarse. Si según Cesare Lombroso los degenerados eran individuos que habían involucionado en la escala evolutiva, teoría a la que llamó "atavismo biológico", en la Argentina, mediante la producción de un ambiente saludable y la multiplicación de instituciones de encierro, podrían separarse a los atávicos y dejar pasar a los evolucionados, en una eficaz *"transfusión regeneradora"*, al decir de José Ingenieros.[99]

Durante la primera década del siglo XX, el enorme aparato militar que había quedado como corolario de las guerras civiles se convertía en un aparato especializado en la represión de los nuevos malones: los obreros huelguistas. En 1902 se sanciona la Ley de Residencia, que prescribía la expulsión, sin juicio previo, de todo extranjero considerado sedicioso. En 1910, esta ley se reforzó con la de Defensa Social, que tipificó al anarquismo como un delito público. Aun así, la presión social se hacía ingobernable, resquebrajando el orden de dominación oligárquico. En 1912, el Congreso sancionó la ley del voto universal y obligatorio. El presidente conservador Roque Sáenz Peña aceptó ceder a la exigencia, largamente pospuesta, de ampliar el sistema democrático. Pero la obligatoriedad del sufragio debía empalmar con la obligatoriedad del servicio militar y con la de la escolarización. Sáenz Peña llamaba a esta exigencia ternaria: *"perfeccionamiento obligatorio de la Patria"*. Estas tres obligaciones, la del aula, la de la cons-

---

97 Oscar Terán, *Positivismo y Nación en la Argentina*, pág. 42, Editorial Puntosur, 1987.

98 Citado en: Martín E. Díaz, *Racismo y otredad en el positivismo argentino. Algunas notas sobre Carlos Bunge y José Ingenieros*, Revista de Epistemología y Ciencias Humanas, nro. 4, 2008.

99 Citado en: Sandra Caponi, *Del culto a la laboriosidad a la preocupación por la fatiga*, revista Mundos do Trabalho, vol. 7, nro. 13, 2015.

cripción y la del voto, permitirían consolidar el proceso de asimilación del inmigrante, neutralizando su advenir.

La ley de sufragio universal desató grandes debates públicos. Positivistas como José Ingenieros y Carlos Octavio Bunge ponían el grito en el cielo. La ley de sufragio universal masculino conspiraba contra la ley de la selección natural, el gobierno de los mejor dotados y la aristocracia del mérito. En *El hombre mediocre*, José Ingenieros escupe:

> "Las masas de pobres e ignorantes no han tenido, hasta hoy, aptitud para gobernarse: cambiaron de pastores. Los más grandes teóricos del ideal democrático han sido de hecho individualistas y partidarios de la selección natural: perseguían la aristocracia del mérito contra los privilegios de las castas. La igualdad es un equívoco o una paradoja, según los casos. La democracia ha sido un espejismo".[100]

Siguiendo la psicología social de Le Bon, Carlos Octavio Bunge definía al ser humano como un ser biológicamente egoísta a la vez que imitativo, expuesto al contagio y a la sugestión de los que lo rodean. Pero para este positivista integral, la asociación social era una necesidad de supervivencia, una defensa frente a las amenazas de la naturaleza y de otros grupos humanos. Por eso, hacía una encendida defensa del odio, sentimiento negado o reprimido por lo que llamaba las concepciones igualitaristas del derecho. Bunge rechazaba el principio cristiano según el cual "amarás a tu enemigo", descalificándolo como una falsa orientación ética a la que le oponía otra máxima: *"Desconfiarás del extraño y odiarás al enemigo"*:

> "No desconfiar del enemigo, no poder odiarle, es una prueba de debilidad y de decadencia: ¡he ahí lo que todo pueblo fuerte y grande debe decirse y predicarse! La gran obra moral de fines del siglo XX o acaso del XXI será, según mi tema, dar un criterio y un regulador al Odio. En las escuelas europeas llegará a enseñarse a odiar como en las japonesas".[101]

Bunge no distinguía entre enemigo público y enemigo privado. Desconocía que el amor al enemigo, en el cristianismo, refiere al *inimicus*, al enemigo privado, y no al *hostis* o enemigo público. Amar al extraño, amar al lejano, le resultaba completamente inconcebible.

Carlos Bunge escribió un libro titulado *El Derecho, ensayo de una teoría jurídica integral*. En este tratado, traducido al francés como *"Le Droit c'est la force"* (El Derecho es la fuerza), definía al Derecho como "sistematización de la fuerza". Así, seguía una larga tradición de pensamiento según la cual

---

100 José Ingenieros, *El hombre mediocre*, Editorial Losada, 2001.

101 Citado en: Roberto F. Giusti, *El Derecho por Carlos Bunge*, revista Nosotros, tomo I, nro 5, diciembre de 1907.

no hay ley sin autoridad que la aplique. En una famosa fórmula, Thomas Hobbes sentenció: *auctoritas non veritas facit legem* (la autoridad, y no la verdad, es la que hace la ley). También Pascal, en sus *Pensamientos*, sostenía que:

> "Es justo que se siga lo que es justo; es necesario que se siga lo que es más fuerte. La justicia sin la fuerza es impotente; la fuerza sin la justicia es tiránica. La justicia sin la fuerza es contradicha, porque hay siempre malos; la fuerza sin la justicia es acusada. Es menester, por lo tanto, juntar siempre la justicia y la fuerza; y para eso hacer que lo que es justo sea fuerte, lo que es fuerte sea justo".[102]

Pero no cualquier fuerza es capaz de imponer la ley. El fundamento de la fuerza legal, para Bunge, ardoroso seguidor de Spencer, es biológico y evolutivo. Mediante el derecho se formalizan y "sistematizan" los principios universales de la selección natural y la herencia biológica. Bunge era un positivista que *naturalizaba* el obrar de la fuerza al postular que las leyes sociales se atienen a las leyes biológicas de la naturaleza. Pero si la fuerza es el fundamento del derecho, ¿cómo distinguir una fuerza justa de una fuerza injusta? Para Bunge, lo justo es lo más fuerte desde el punto de vista de la supervivencia de los más aptos. El más fuerte siempre tiene la razón. Con tono nietzscheano, afirmaba que *"el espíritu de rebelión de los débiles ha arrancado como cosa artificial recién desde el cristianismo"*.[103]

Las leyes no son acatadas porque sean justas, no son obedecidas por sí mismas, sino porque una autoridad las hace valer, ejerciendo la fuerza. Los que obedecen las leyes les reconocen cierto "crédito", creen en ellas, porque creen en la autoridad del poder, ya sea un monarca o un aparato estatal, para hacerlas cumplir. Este crédito o creencia en las leyes es lo que Derrida ha llamado "el fundamento místico de la autoridad".[104] Lo que tiene de atendible la teoría del derecho de Bunge (como la de Pascal, Montaigne o Hobbes) es el reconocer que junto al derecho siempre está operando una "fuerza performativa" que es, a la vez, fuerza fundadora y fuerza conservadora. El Derecho, el *nómos*, en combate contra la anomia, siempre está en una relación interna y compleja con la antinomia, con la violencia, legítima o ilegítima. Ley y violencia guardan una relación tan estructural como aporética. La ley inmuniza a la comunidad de la violencia que la amenaza, pero la inmuniza recurriendo a la violencia, cortocircuito que Walter Benjamin

---

102 Blaise Pascal, *Pensamientos*. En: Cervantes virtual.

103 Citado en: Enrique Martínez Paz, *Carlos Octavio Bunge, filósofo del Derecho*, Nosotros, Año XII, nro. 1, julio de 1918.

104 Jaques Derrida, *Del Derecho a la Justicia*. En: *Fuerza de ley. El fundamento místico de la autoridad*, Editorial Tecnos, 1997.

reconoció en la figura ambivalente de la *Gewalt* (entramado indisoluble de derecho y fuerza). Dentro de este cortocircuito jurídico, la vida humana resulta a la vez protegida y perjudicada, conservada y excluida.[105]

En un libro titulado *La educación de los degenerados*, Carlos Bunge clasificaba a los seres humanos en tres tipos: los *infrahombres*, los *hombres normales*, y los *superhombres*. Los *infrahombres* (idiotas, locos y monstruos) están destinados a poblar los manicomios y las cárceles, o bien a perecer por inaptitud en la lucha por la vida. El *superhombre*, el individuo excepcional, el hombre de genio, es, para Bunge, un "degenerado superior". Es un anormal, pero por medio del cual la naturaleza realiza sus grandes saltos evolutivos. En verdad, Bunge repetía las ideas de Cesare Lombroso, quien ya había señalado el nexo entre genio, locura y desviación de la norma. Los *superhombres* son necesarios para la evolución social, pero deben permanecer rigurosamente vigilados, ya que hay algo en ellos de amenazante, de genio loco. En tanto anormales, son portadores de toda clase de males contagiosos y disolventes, como el afeminamiento, la ira, la falta de sentido práctico y la cobardía. Visto de este modo, el degenerado aparecía como una figura ambivalente y contradictoria: a la vez un *superhombre* y un *infrahombre*.

Ramos Mejía también escribió un libro sobre la relación entre genio y patología llamado *Las neurosis de los hombres célebres en la historia argentina*, texto inaugural de la psiquiatría patria que, por primera vez, hacía el intento de analizar los trastornos del "carácter nacional". Por medio de un método al que llamó *"histología de la Historia"*, Ramos Mejía reivindicaba la *"anatomía de la vida íntima"* para describir con precisión los desequilibrios mentales de los próceres, lo que a su vez permitiría extrapolar un diagnóstico sobre el estado psíquico del pueblo en cada período histórico. Siguiendo a Esquirol, afirmaba que las épocas de grandes cambios sociales traen aparejadas toda clase de perturbaciones cerebrales. La sociedad argentina habría atravesado un cambio muy drástico al pasar de la apacible época de la siesta colonia a la vertiginosa época de la independencia, viviendo, de allí en más, en pie de guerra. Este estado de locura colectiva o de histeria moral afectaba tanto al bajo pueblo como a los jefes políticos y militares: el almirante Brown sufría de paranoia persecutoria; el Doctor Francia era un melancólico; Rivadavia, un megalómano hipocondríaco.[106] Ramos Mejía no solamente patologizaba a las masas, diagnosticando "*morbus*

---

105 Roberto Esposito, *Immunitas*, pág. 20, Editorial Amorrortu, 2015.

106 José M. Ramos Mejía, *Las neurosis de los hombres célebres en la historia argentina*, Editorial Emecé, 2012.

democraticus" cada vez que amenazaban con rebelarse, sino también a los hombres célebres y notables, indistinguibles así de los hombres infames.

Las perturbaciones mentales colectivas habrían encontrado su máximo *acceso*, el punto más crítico de la enfermedad, en los tiempos de Rosas, período al que Ramos Mejía le dedicó otro libro, titulado *Rosas y su tiempo*. Esa época habría provocado fenómenos similares a la demonomanía: posesiones colectivas, pavor sagrado a la Mazorca y peregrinaciones oscurantistas detrás del retrato del Restaurador. Mientras que entre los seguidores de Rosas predominaba la excitación maníaca, entre sus opositores se abalanzaba una depresión estupefacta, insomne, temerosa. Si las perturbaciones colectivas se asemejaban a demonomanías, los positivistas aparecían como nuevos demonólogos e inquisidores, y la medicina criminológica permitía reconocer las marcas del mal para su persecución.[107] Tanto el fervor como la melancolía se extendían por obra de un agente invisible: el "contagio nervioso", semejante a un demonio ubicuo. A su vez, el individuo notable, el líder, puede ser un foco infeccioso, puede *influir,* con su ejemplo afectivo, sobre el *sensorium* del pueblo: Álzaga habría propagado su valentía entre las masas durante la resistencia a las invasiones inglesas, mientras que Rosas habría contagiado el terror y la manía homicida.[108]

En su escrito de 1904, *Los simuladores del talento*, Ramos Mejía sostenía que los sujetos desprovistos de aptitudes y talentos procuran simular estas ventajas para triunfar en su medio, empleando recursos miméticos. No en vano su modelo prominente de simulador era el caudillo, el seductor de las masas, aquel que hace pasar sus defectos por talentos y su ignorancia por elocuencia. También Ingenieros concedió una gran importancia al tema de la simulación, la cual concerniría a todos los seres vivos por la presión que ejerce la lucha por la vida. Distinguía, entre los humanos, formas benignas y malignas de simulación, especialmente la doble patología de simular males. Por ejemplo, el hacerse pasar por inválido o "falso mendigo" para explotar las instituciones de beneficencia. O bien, se simula la locura para obtener el beneficio de la inimputabilidad penal o eludir el servicio militar. En el mundo del trabajo, los simuladores serían legión, simulando fatiga para evitar trabajar. Para le elite dirigente, la figura del simulador repre-

---

107 Eugenio Raúl Zaffaroni, *La cuestión criminal*, Editorial Planeta, 2012.

108 Lo mismo escribía Sarmiento cincuenta años antes, en un registro romántico anterior al positivismo, refiriéndose al terror rosista: *"Es que el terror es una enfermedad del ánimo que aqueja a las poblaciones, como el cólera morbus, la viruela, la escarlatina. Nadie se libra, al fin, del contagio. Y cuando se trabaja diez años consecutivos para inocularlo, no resisten al fin ni los ya vacunados. ¡No os riáis, pues, pueblos hispanoamericanos, al ver tanta degradación! ¡Mirad que sois españoles y la Inquisición educó así a la España! Esta enfermedad la traemos en la sangre".* Domingo Faustino Sarmiento, *Facundo*. En: Cervantes virtual.

sentaba un peligro de primer orden, ya que en ella se cifraba el riesgo de la contaminación entre los privilegiados y los no privilegiados, entre los meritorios y los carentes de méritos, entre los *infrahombres* y los hombres superiores, entre los ignorantes astutos y la aristocracia científica que debía conducir los destinos de la nación.

Carlos Bunge también llamaba a desconfiar de los imitadores que aparentan las formas del hombre normal o del *superhombre*, pero a la vez reclamaba aprovechar la función imitativa para educar a los "degenerados medios", aquéllos que no serían "insalvables" como los "degenerados inferiores", ni prescindentes de toda educación media, como los "degenerados superiores" o genios, ya que estos se "auto-educan". El degenerado medio, en cambio, puede ser *regenerado* por medio de un largo trabajo de sugestión escolar donde se le inculque, desde niño, la disciplina y la moralidad.

A fin de cuentas, lo que atormentaba a estos auscultadores de la multitud era la relación entre democracia y demografía. Una reenvía a la otra. Oligarcas, juristas, criminólogos y poetas nacionalistas coincidían en que el principal obstáculo para el despliegue de la Argentina era el desierto, es decir, el plano negativo donde nada germina. Para vencerlo se hacía necesario apelar a todo lo que crece, a todo lo que nace, a todo lo que aumenta. Por eso, la doble cuestión de la genealogía y de la política de la salud se volvía de "vital" importancia. Toda nacionalidad, todo nacionalismo, impone una genealogía, un linaje genético al que se debe adherir. Esa genealogía debía ser mejorada y medicalizada para hacer crecer a la nación, concebida como "gran familia argentina". Pero estas fuerzas generatrices, una vez regadas sobre el suelo argentino, podían propagar toda clase males, como una mala hierba que no se había podido prever.

Si hay algo que muestra con claridad la época del surgimiento de las ciencias médicas nacionales es que el conocimiento no es algo espontáneo, ni mucho menos algo pacífico o una pura contemplación desinteresada. El conocimiento, como enseñó Foucault, emerge cuando es solicitado por determinadas relaciones de poder. Hay sujeto de conocimiento porque hay batallas, porque hay luchas.[109] Entre médicos y enfermos, entre criminólogos y malvivientes, la producción de conocimiento también se volvía una cuestión estratégica. El enemigo prioritario ya no era la facción política, ni el indio, ni el ejército extranjero, sino el *enemigo interno*, el peligroso, aquel ser patológico disimulado al interior del grupo y que poseía la capacidad de dañar al organismo social. Colocándose de lleno en la lógica inmunitaria, los positivistas afirmaban que el desarrollo biológico de los mejores dependía de la reducción violenta de los inferiores y mediocres. Pero así, la

---

109 Michel Foucault, *La verdad y las formas jurídicas*, Editorial Gedisa, 1996.

afirmación *positiva* de los mejores quedaba indefectiblemente ligada a una política esencialmente reactiva y negativa: la del encierro y la persecución de los elementos considerados disgénicos o degenerados.

El positivismo de fines del siglo XIX constituyó una nueva forma de culto a la naturaleza. Una nueva conminación a someterse a sus leyes de creación y destrucción, a sus ciclos de nacimiento y perecimiento. La destrucción y la muerte, para el darwinismo social, no eran lo antitético a la vida, sino algo necesario para su fortalecimiento y renovación, siempre y cuando muriese lo nocivo y prevaleciese lo sano. Entonces, uno de los problemas cruciales que se le presentaban a estos naturalismos vitalistas era: ¿hasta dónde es lícito que el humano intervenga en el sabio pero cruel obrar de la naturaleza?[110] Este interrogante se volverá aun más acuciante en el contexto del ascenso generalizado de las tecnologías de biopoder, donde intervenir es tan importante como dejar que las cosas circulen. Se trata de un doble movimiento por el que los Estados intervienen diseñando marcos arquitectónicos para la acción social, pero al interior de los cuales es necesario que la vida se desplace y se despliegue, ante una mirada médica que la evalúa, corrige y regula. Este es también el problema fundamental del liberalismo: garantizar la libertad de mercado a la vez que intervenir para ampliar su buen desenvolvimiento.

Como señaló el sociólogo Eduardo Archetti, la Argentina de principios del siglo XX experimentó una temprana globalización.[111] Gracias a la llegada masiva de inmigrantes, arribaron nuevas costumbres, nuevos idiomas y nuevas cosmovisiones, formando lo que Sarmiento a su vez llamó, con repulsa, una "Babel de banderas". Como en toda hibridación, algunos elementos extranjeros lograron pasar y otros no atravesaron el control de fronteras. En este contexto, la elite dirigente, como un mecanismo de defensa, radicalizó su propia concepción genealógica de la Argentina. Las familias patricias, así como los nuevos nacionalismos, le opondrán al alud inmigratorio no un proyecto industrial capaz de emplearlo, sino unas filiaciones puras que reclamaban para sí el privilegio de una herencia genética selecta. Herencia genética que no podía dejar de resultar espectral, puesto que toda genealogía familiar implica una comunicación de los vivos con los familiares muertos, que reviven a través de los flujos de sangre actuales. Pero la herencia espiritual de las familias patricias era, en mayor medida,

---

110 Alois Riegl formula esta misma cuestión, a principios del siglo XX, pero en relación a la restauración de los monumentos antiguos. Ver al respecto su libro: *El culto moderno a los monumentos.*

111 Eduardo P. Archetti, *Hibridación, pertenencia y localidad en la construcción de una cocina nacional,* en Carlos Altamirano (ed.), *La Argentina en el siglo XX*, Editorial Ariel-Universidad Nacional de Quilmes, 1999.

una herencia material: las tierras fértiles ganadas a los caudillos, a los gauchos y a los indios y que garantizaban el acrecentamiento de la riqueza terrateniente. Familia política y propiedad de la tierra se volvían indiscernibles, haciendo imposible toda separación entre el ámbito económico del *oikos* (literalmente, de la *estancia*) y el ámbito político de la *polis*.

I

Los cuatro biotipos

En 1930 se desplomaron los precios internacionales de las exportaciones argentinas. La política pendular de Yrigoyen, a veces represiva y a veces obrerista, se volvía intolerable para la burguesía en su conjunto, que pretendía desligarse de todo compromiso con los trabajadores, compromisos que representaban un gasto excedentario intolerable ante el avance de la crisis. El "pronunciamiento" de 1930 sería la primera cifra de una serie que tenía como fin reajustar la política argentina contra la ampliación del espacio democrático. La serie continuaría en 1943, 1955, 1962, 1966 y 1976.[112] Al ser derrocado, Hipólito Yrigoyen fue llevado preso a Martín García, isla que durante la conquista del desierto había servido como campo de concentración de indígenas y luego reconvertida en cárcel de presidentes depuestos.

El nacionalismo integral que despuntaba en la década del treinta hundía sus raíces en algunos movimientos de corte nacional-católico que, desde principios de siglo, se ofrecían como alternativa tanto al liberalismo positivista como al nacionalismo popular. La crisis del 29 había dejado expuesta la extrema fragilidad del modelo agroexportador, así como su enorme dependencia de los países industrializados. Para nacionalistas integrales como Lugones, Manuel Gálvez, Carlos Ibarguren o los hermanos Irazusta, la solución a la crisis argentina debía buscarse en el modelo nazi-fascista, es decir, en el desarrollo combinado de productivismo industrial orientado al mercado interno y cierto piso básico de justicia social, proceso liderado por un gobierno militarizado, organicista y autoritario. En el periódico *Combate*, principal órgano propagandístico de la Legión Cívica Argentina, se dejaba testimonio de la fórmula del Estado corporativo: *"todo para el estado, nada*

---

112 César Fernández Moreno, *Impotencia política y recurso a la violencia*, revista Tiempos Modernos, Argentina entre populismo y militarismo, pág. 51, Ediciones Biblioteca Nacional, 2011.

fuera del estado y nadie contra el estado".[113] Sobre todo, esa totalidad estatal debía incorporar la actividad económica: *"el estado moderno, debe crear trabajo, debe distribuir la producción y ser guardián de la salud física del obrero"*,[114] programa ensayado especialmente por el médico higienista y gobernador filo-fascista de la provincia de Buenos Aires, Manuel Fresco.

Desde la década del veinte se asiste a un desplazamiento en el concepto de higiene.[115] Asomaba una estrategia asistencial activa que buscaba anticipar y prevenir los peligros pestíferos ya no solo por medio de la higiene urbanística, sino a través de grandes campañas de salud pública. Se dirigía a las clases populares, consideradas en riesgo por su mayor exposición al contagio de enfermedades, especialmente la sífilis, la tuberculosis y el alcoholismo. El nuevo discurso higiénico adquiría un tono marcadamente moralizante y eugenista. Pero es preciso distinguir dos tipos de estrategias eugenésicas: la anglosajona o negativa, y la latina o positiva. Por la influencia de la Iglesia católica, entre los países latinos primó un rechazo, en nombre de la indisponibilidad del cuerpo de los fieles, a toda intervención directa sobre la vida, incentivando la reproducción de "los mejores" en detrimento de "los peores" mediante técnicas coercitivas y campañas morales.[116] La eugenesia anglosajona, en cambio, ha mostrado muchos menos reparos en exterminar o esterilizar a aquellos considerados no aptos para la supervivencia de la especie. No fue solo el caso del nazismo. En 1907 se produjo una esterilización masiva de enfermos mentales, criminales y vagabundos en el estado de Indiana, Estados Unidos.

Durante la década del treinta, el reforzamiento de la "aduana biológica" cedió su lugar a la preocupación por las enfermedades que afectaban al acervo cualitativo de la población. Aunque la preocupación por la entrada al país de inmigrantes étnicamente indeseables seguía activa, ya no era la criminología la principal disciplina encargada de proteger contra la proliferación de elementos "disgénicos", sino la medicina social que, con su acción, buscaba expandirse a través de todos los resquicios de la sociedad, atendiendo, sobre todo, al peligro de las enfermedades venéreas.

Pocos meses después del golpe de 1930, llegó de visita al país un médico endocrinólogo italiano llamado Nicola Pende, invitado por la cátedra de

---

113 Citado en: Alberto Spektorowski, *Argentina 1930-1940: nacionalismo integral, justicia social y clase obrera, Estudios Interdisciplinarios de América Latina y el Caribe.* Universidad Hebrea de Jerusalén, 1991.

114 Ibíd.

115 Lucía Rossi, *La década del 20' en Argentina: de la profilaxis social a la higiene mental,* Anuario de Investigaciones, vol. XIII, Universidad de Buenos Aires, 2006.

116 Gustavo Vallejo y Marisa Miranda, *"Civilizar la libido": estrategias ambientales de la eugenesia en la Argentina,* Iberoamericana, XI, 41 (2011), 57-75.

Clínica Médica de la Universidad de Buenos Aires. Este discípulo de Lombroso había desarrollado una teoría criminológica según la cual era posible rastrear tendencias a la criminalidad depositadas en el sistema endócrino. Para Pende, el delito era algo innato, una secreción hormonal, un destino biológico que podía ser detectado y categorizado a través de la confección de lo que llamaba "biotipos". Había creado una ciencia, la biotipología, y una disciplina derivada, la ortogénesis, destinada a corregir a los delincuentes. También había fundado una serie de instituciones médico-fascistas: el Instituto Biotipologico Ortogénetico de Génova y el Instituto de Bonificación Humana y Ortogénesis (la palabra *bonifica*, en italiano, significa saneamiento), destinadas a planificar la selección artificial de la población.

Pende definía a la biotipología como *"ciencia de los biotipos humanos somáticos y psíquicos"*.[117] Cuatro siglos después de Vesalio, otro médico proponía pensar al cuerpo humano como una fábrica, esta vez de caracteres y personalidades, a los que Pende clasificaba en cuatro biotipos fundamentales. De este modo, la constitución psíquica y corporal de los individuos vendría dada menos por la influencia del medio ambiente que por la herencia génica. Por eso, los criminales y anormales podían ser pensados menos como productos histórico-sociales que como anomalías hormonales manifiestas en determinados rasgos físicos, a la manera de Lombroso, pero también de toda una tradición fisiognómica de larga data.

Dos médicos argentinos, Arturo Rossi y Octavio López, viajaron a Italia financiados por Uriburu para entrar en conocimiento de las instituciones creadas por Nicola Pende e importar sus técnicas y principios. En 1932 se crea la *Asociación Argentina de Biotipología, Eugenesia y Medicina Social*, una entidad privada subvencionada por el Estado, así como la revista *Anales de Biotipología, Eugenesia y Medicina Social*, cuyo lema era: *"Por la superación de la vida humana"*. En 1933 se creó la primera *Escuela Politécnica Biotipológica*. El mismo año, la entidad organizó el primer Congreso de Sociología y Medicina del Trabajo.

La biotipología se presentaba como una ciencia inmunológica capaz de sanear a la sociedad de toda clase de peligros, como la inmigración malsana, los adolescentes problemáticos, el comunismo, la vida sexual disoluta y la insatisfacción de los obreros, previniendo la decadencia nacional. Mostraba un especial interés por la auscultación de las familias, las fábricas, las escuelas, los hospitales y los cuarteles, mediante el sondeo permanente de sus miembros. Para ello, combinaba exámenes clínicos, pruebas antropométricas y tests psicológicos. En un artículo de la revista *Anales de Biotipología*, titulado *Conceptos e ideales eugénicos*, se lee:

---

117 Ciado en: Andrés Galera, *Construyendo la fisiología del delito. El modelo biotipológico de Nicola Pende*, Dpto. de Historia de la Ciencia, Instituto de Historia, CSIC.

"Comprende pues la Eugenesia toda una nueva y científica legislación social: el examen médico prenupcial; el seguro contra las enfermedades; la institución del peculio de la educación; la protección médico social ampliada a la maternidad; la dignificación y protección a la madre soltera; la selección social; el registro individual y genealógico de la familia; el problema eugénico de la emigración; la lucha contra las enfermedades venéreas y mentales; la estadística de los tarados; señala el valor económico de la salud y encausa la educación para formar la conciencia higiénica del pueblo y la elevación intelectual y moral de la sociedad".[118]

En 1933, la Dirección General de Escuelas lanzó dos pruebas piloto: en la número 66 de La Plata y en la 1 de San Isidro, donde los profesores debían colaborar con los médicos biotipólogos en el fichaje biológico de cada alumno. Entre los ítems a evaluar se encontraban su filiación, su estatus social, si eran hijos legítimos o ilegítimos, su religión y su desempeño psico-motor,[119] todo lo cual tenía como objetivo *separar la paja del trigo*, seleccionar a los más aptos y apartar a los más débiles, determinando de antemano las aptitudes de los alumnos para entrar a la universidad o si debían ser asignados a oficios poco calificados. Así se conseguiría un reparto equilibrado de las fuerzas y las debilidades.

En cuanto a la medicina del trabajo, la biotipología, influida por el taylorismo norteamericano, se proponía gestionar científicamente la fisiología de los obreros para ajustarlos, con el mayor provecho posible, a las necesidades de rendimiento del capital. Los tests psicotécnicos y las mediciones biológicas tenían como fin asignar a cada cuerpo el lugar que le correspondía dentro de la estructura orgánica de la sociedad, evitando el crecimiento de una *"masa amorfa de ineptos, desilusionados y descontentos"* que producen poco y representan una pesada carga para el erario público.[120] Tal como se recomendaba en los escritos de Donato Boccia, discípulo ítalo-argentino de Pende, la selección de candidatos para puestos de trabajo se hacía evaluando sus habilidades psico-físicas, evaluación dependiente de un modelo cuaternario denominado VARF, sigla que representaba las cuatro cualidades principales que debían medirse en cada trabajador: velocidad, habilidad,

---

118 César Escudero, *Conceptos e ideales eugénicos*, Revista Anales de Biotipología, Eugenesia y Medicina Social, 15 de agosto de 1933. Citado en: Vanesa Eva Navarlaz, *Los Anales de Biotipología, Eugenesia y Medicina Social y un cambio en la nosografía psiquiátrica relacionado con el origen de la psicología en la Argentina*, Anuario de Investigaciones, vol. XV, Universidad de Buenos Aires, 2008.

119 Adrián Cammarota, *Eugenesia y educación en la Provincia de Buenos Aires (1936-1955)*, Segundas Jornadas Nacionales de Historia Social, 2009.

120 Ibíd.

resistencia y fuerza. Estas cuatro cualidades (que recuerdan las cuantificaciones de Bentham) estaban ligadas a los cuatro biotipos.

En la Antigua Grecia, el modelo cuaternario constituía un principio ordenador fundamental. Todo estaba repartido en cuatro: las cuatro edades del hombre, los cuatro elementos, las cuatro estaciones, los cuatro climas. La teoría de los cuatro biotipos era una actualización de la antigua teoría de los cuatro humores, según la cual existían cuatro humores o sustancias corporales, que a su vez se correspondían con los cuatro elementos de la naturaleza: la sangre sería caliente y húmeda como el aire; la flema, fría y húmeda como el agua; la bilis amarilla, caliente y seca como el fuego; y la bilis negra, fría y seca como la tierra. Según Galeno, cada líquido tendía a moderar y a contrarrestar los efectos de los demás, *atemperándolos*. De acuerdo a la particular proporción en la que los humores se componían en cada individuo, resultaba uno u otro tipo de temperamento, que también eran clasificados en cuatro: el temperamento sanguíneo o impulsivo; el bilioso o colérico; el flemático o tranquilo; el atrabiliario o melancólico.

La teoría de los cuatro humores y de los cuatro temperamentos permaneció vigente durante dos mil años, inspirando a médicos, adivinos y artistas. En el marco de esta teoría humoral, sanar el desequilibrio orgánico, generado por la carencia o el exceso de uno de los cuatro humores, significaba agregar o quitar lo que estaba de menos o de más, siguiendo una lógica termodinámica de tipo compensatoria. Lo que sanaba era el principio *alopático* según el cual *contraria contrariis curantur* (lo contrario cura lo contrario): el calor cura el frío y el frío cura el calor. Recién a mediados del siglo XVI, Paracelso, el médico y alquimista suizo, reformuló la lógica alopática, al retomar un principio *contrario* también conocido en la antigüedad, según el cual "quien hiere también cura", o bien, "el escorpión cura el veneno de escorpión", es decir: lo similar cura lo similar, inaugurando así la medicina *homeopática*. Desde entonces, salud y enfermedad ya no pueden contraponerse sencillamente. Una se volvía instrumento de la otra de acuerdo al principio fundamental de la inmunología moderna: el remedio para el mal sería tolerar el mal en dosis que pueden inmunizar contra él, de manera análoga a la vacunación, al *phármakon* y a la figura ambivalente de la *Gewalt*.

En el siglo XVIII, con la introducción de la anatomía patológica por Giovanni Battista Morgagni, aparece el concepto de organismo y la localización de las enfermedades en uno u otro órgano, dando a luz a la nosología, es decir, la taxonomía sistemática de las enfermedades. Tiempo después, con la teoría microbiana de Pasteur y el desarrollo de la bacteriología, se creyó que el problema clínico quedaba reducido a la búsqueda de microbios externos al organismo. Pero fue la bacteriología misma la que comenzó a revelar la variedad de reacciones individuales a un mismo microbio, lo que volvió a centrar la atención en la pregunta por la constitución individual.[121] La primera mitad del siglo XX verá proliferar entonces toda una serie de corrientes médicas neo-hipocráticas que pretendían alzarse con un enfoque sintético, tomando en consideración a la vez a la enfermedad y al enfermo, a los microbios y a los temperamentos, a *soma* y a *psique*. Para Nicola Pende, este retorno a la medicina clásica permitiría volver a clasificar las diversas complexiones individuales en una serie elemental de biotipologías, impidiendo que el problema de la singularidad de cada caso se sustraiga a toda norma, volviéndose inaccesible para la ciencia. Así, la biotipología recuperaba la primacía venerable del número cuatro como principio de la salud. La función de los órganos (fisiología) y su forma (morfología), darían lugar a los cuatro biotipos: el *euritipo* (predominio del tronco sobre los miembros), el *estenotipo* (figuras delgadas, de tronco corto), el *normotipo* (o tipo medio), y los tipos mixtos e impuros. Cada uno de ellos se relacionaría con determinadas fórmulas endócrinas, determinados ritmos circulatorios, determinadas formas de respirar, determinadas capacidades neuropsíquicas, determinados temperamentos y determinadas tendencias a contraer enfermedades.

Esta confluencia neo-hipocrática entre forma y función hará aparecer una antropometría clínica obsesionada, como la frenología del siglo XIX, con la medición de los cuerpos. Mediciones pormenorizadas que servirían no solo para tratar enfermedades, sino, más aun, para orientar profesionalmente a los sujetos, elaborando biotipos de acuerdo al esquema VARF. Por ejemplo, a un biotipo llamado *"longilíneo esténico"*, caracterizado por su rapidez y habilidad motora, pero sin gran fuerza ni resistencia, le convendrán las profesiones de electricista, montador, tornero, o impresor, *"a las cuales se adapta por elegancia y precisión de los movimientos, exigidos por los trabajos de mecánica y metalurgia"*. Para un biotipo *"longilíneo asténico"*, caracterizado por su fuerza insuficiente y por su débil resistencia neuro-muscular a los esfuerzos y a las emociones, se escogerán profesiones que demanden rapidez, precisión y habilidad motora, pero no fuerza ni resistencia, como la relojería, la conducción de automóviles, el diseño, el desarrollo de juguetes o la joyería.[122] Siguiendo este esquema, cada cual encontraría su justo lugar. Cada trabajador se adaptaría, sin grandes inconvenientes, al puesto de trabajo al que estaba constitutivamente predestinado.

Pero, ¿cómo fue que el trabajo industrial se convirtió en un problema de interés en el país agro-ganadero? El quebranto mundial de 1929 había resul-

---

121 Carlos M. Gálvez, *La biotipología y sus aplicaciones*. Artículo de divulgación aparecido en Revista Médica Hondureña, Año 13 nro. 6, Año 1943.

122 Ibíd.

tado desastroso para la tradicional inserción argentina al mercado mundial. Mientras el pacto Roca-Runciman intentaba restablecer el agotado modelo anterior, la presión de la crisis iba gestando un desarrollo industrial incipiente orientado a satisfacer el consumo interno. Las nacientes industrias nacionales contaban con gran disponibilidad de trabajadores que habían migrado desde el campo a las ciudades, ya que el agro había agotado su capacidad para absorber mano de obra. Paradójicamente, la crisis orgánica del modelo agroexportador había resultado "germinativa", estimulado el florecimiento de la industria nacional como un mecanismo compensatorio puesto en marcha ante la caída de los precios internacionales de las materias primas y el abroquelamiento proteccionista de las metrópolis otrora compradoras. Aunque en Argentina no habían faltado esfuerzos para ampliar el rango de lo fichable y de lo archivable (desde la dactiloscopia de Vucetich hasta las fichas sanitarias obligatorias, desde la antropometría criminológica al Instituto de Psicotécnica y Orientación Profesional creado en 1923 por el Ministerio de Justicia e Instrucción Pública de la Nación), el impulso industrializador que había adquirido la economía argentina mientras se precipitaba en una severa crisis política redoblaba el interés por las modernas técnicas de profilaxis laboral y selección de personal.

Además de la psicotecnia, los biotipólogos incorporaron la ergonomía y la medicina psicosomática, entre otros saberes. Como neo-hipocráticos, reclamaban una comprensión integral y totalizante de los individuos, involucrando a toda su *persona* en tanto síntesis psicosomática, contra la mirada localista, despedazante y dualista, dominante en la medicina moderna desde Descartes. Paradójicamente, la biotipología se declaraba a favor de la personalización de la medicina mientras extremaba la tipologización de las personas, naturalizando el lugar contingente y subordinado que los trabajadores ocupan en la división social del trabajo, haciendo de la herencia endócrina, es decir, de un factor involuntario, la base de la identidad y de la personalidad. En este sentido, la biotipología, verdadera ciencia reaccionaria, contradecía una tendencia progresiva puesta de manifiesto por el capitalismo al destruir todos los sistemas de castas y todas las jerarquías sociales legitimadas en base a la tradición y el peso del pasado, esto es: el polimorfismo y la adaptabilidad del trabajo humano, la relevancia determinante de la educación y del aprendizaje a la hora de definir el destino de las personas, por encima de toda discriminación racial o genetista.[123]

---

123 Como antecedente teológico de esta cuestión puede mencionarse la discusión tardomedieval sobre la astrología. Mientras los teólogos cristianos europeos resucitaban, por la vía de las traducciones árabes, los saberes médicos y astrológicos de la Antigüedad, también protestaban contra esas doctrinas, con el fin de salvar la creencia en el libre albedrío del hombre. Durante la Edad Media tardía, cada individuo estaba destinado

La biotipología hacía pasar el encastramiento de los cuerpos a las necesidades de rendimiento del capital por una determinación científicamente fundada que el trabajador debía aceptar como su justo lugar. Era, en términos de Pende, una *"clínica para sanos"* [124] cuyo fin consistía en potenciar las capacidades de los trabajadores y predecir su *performance*. De este modo, la biotipología adjudicaba los accidentes y enfermedades de trabajo a causas intrínsecas al individuo y que el medio fabril solamente *"revelaba o precipitaba"*, especialmente entre ciertos individuos anormales, con mayor *"predisposición a los accidentes de trabajo"*.[125] Era fundamentalmente el trabajador el que debía adaptarse al medio fabril, así como la identidad del individuo quedaba capturada, por una relación de semejanza mimética, en uno de los cuatro biotipos. Pero el medio laboral también debía adaptarse a las necesidades psico-somáticas del trabajador. Dispositivos como los comedores industriales, los hoteles gremiales en el mar o en las montañas, las actividades deportivas, los "post-trabajo", eran auspiciados por los biotipólogos para maximizar el ocio del trabajador, recreando su espíritu y regenerando sus energías.[126]

◆———————◆

Como mostró Anson Rabinbach, en el imaginario maquínico de las primeras décadas del siglo XX el cuerpo de los trabajadores fue concebido como un "motor humano", un acumulador de energía que debía ser científicamente gobernado. Tanto el taylorismo, el comunismo y el fascismo confluyeron en esta imagen típica del productivismo moderno, donde el

---

a tal o cual oficio tanto por su complexión humoral como por la determinación de los astros. En un programa para un libro sobre el oficio del pintor, Durero recomendaba seleccionar ayudantes según su temperamento y su horóscopo. Esta recomendación "iatromatemática" estaba influida por un libro de autor desconocido, escrito en el siglo XIII y de título *"De Disciplina Scholarium"*, según el cual de ser necesario, la constitución de los estudiantes universitarios debía ser determinada por expertos. Por su parte, Tomás observó que si bien ciertas habilidades, talentos y *dones* están más desarrollados en unas personas que en otras, y que la explicación bien podría ser la influencia de los astros sobre el cuerpo, el intelecto no puede estar bajo su esfera de influencia. El sabio, el religioso, por el libre esfuerzo que depositan en el estudio y en acercarse a Dios, están por encima o más allá de la influencia astral y de su fatalismo. Ver al respecto el gran estudio de Raymond Klibansky, Erwin Panofsky y Fritz Saxl: *Saturno y la melancolía*, Editorial Alianza, 1991.

124 Victoria Haidar, *"Todo hombre en su justo lugar": la "solución" biotipológica al conflicto entre productividad y salud (Argentina, 1930-1955)*, Salud Colectiva, septiembre-diciembre, 2011.

125 Ibíd.

126 Ibíd.

trabajo humano, las máquinas y las fuerzas naturales debían componerse, ya no en base a las leyes de la mecánica, sino a las de la termodinámica. El equivalente de la entropía, en el ámbito del trabajo, resultaba ser la fatiga de los trabajadores.[127] Se trataba de aumentar la productividad laboral, cuya ley fundamental, la ley del valor trabajo, obliga al ahorro de tiempo mediante el imperativo a hacer lo máximo en el mínimo de duración. La ley del valor reduce la actividad laboral a un puro gasto de energía simple, cronometrado mediante el reloj, sincronizando y sometiendo el conjunto de los tiempos sociales a los ritmos de la fábrica. El taylorismo y el fordismo relegaban los factores subjetivos del trabajo para hacer predominar los factores objetivos, reduciendo el trabajo a un conjunto de tareas homogéneas y medibles. Solo una muy minoritaria porción de la clase trabajadora, la de los ingenieros que trabajaban en los centros de investigación y desarrollo de la empresa fordista, detentaba el monopolio del trabajo intelectual, orientado a la producción de innovaciones.

En sus *Principles of Scientific Management*, Frederick Taylor observaba que uno de los mayores problemas que debe enfrentar la dirección de la fábrica es el de las prácticas obreras de ralentización intencional de la producción. Dejados a su suerte, sin supervisión, los obreros trabajan por debajo de sus capacidades y hasta se organizan para evitar que el empresario sepa cuál es el tiempo óptimo para realizar una tarea. Taylor bautizó a estas prácticas, que observó entre los obreros de la siderurgia estadounidense, con el nombre de "*soldiering*". Para contrarrestarlas, ideó un sistema donde los *managers* fabriles debían cronometrar los movimientos de los obreros con el fin de establecer tasas de rendimiento por pieza producida. Una vez estimado el ritmo medio de productividad, los obreros eran conminados a producir esas cantidades, sumando un sistema de primas salariales si las sobrepasaban. Expropiar a los obreros de sus conocimientos para transferirlos a las máquinas permitía a los gerentes evitar toda imprecisión en los ritmos de trabajo y planificar con mayor seguridad la extracción de plusvalía.[128] Una vez vaciado de saberes productivos, y por lo tanto de autonomía, el obrero quedaba reducido a un "motor humano", una fuerza de trabajo, un cuerpo que gasta energía en forma regular y calculable.[129]

---

127 Anson Rabinbach, *The Human Motor: Energy, Fatigue, and the Origins of Modernity*, University of California Press, 1992.

128 Carlo Vercellone, *Capitalismo cognitivo*, pág. 89, Editorial Prometeo, 2011.

129 Muchos comunistas se entusiasmaron con los principios de Taylor. Tal fue el caso de Alekséi Gástev, fundador del Instituto Central del Trabajo, en Moscú, dedicado a promover estudios para alcanzar la planificación milimétrica de la producción y la fusión obrero-máquina. Gástev, autor de un libro llamado *Cómo trabajar*, también era un poeta futurista y reclamaba una reforma integral de la lengua rusa para economizar las

Desde fines del siglo XIX, se acentuó el paso de una concepción moral-religiosa del agotamiento humano a una científico-materialista. La acedia, la melancolía, la pereza, eran todos fenómenos que, en la Edad Media y hasta el siglo XIX, denominaban defectos o vicios morales, estados lindantes con el pecado y la enfermedad. Pero durante el siglo XIX, con la aparición del concepto de energía (*kraft*), el modo predominante de conceptualizar la resistencia al trabajo pasará a ser la fatiga, un concepto más moderno, menos ligado a un problema de dirección moral que a uno de ajuste energético entre el cuerpo obrero y las máquinas industriales. Gobernar los procesos laborales ahora implicaba conocer y regular las energías del cuerpo para evitar su excesiva disipación e inutilización. Las nacientes ciencias laborales de fines del siglo XIX postulaban que trabajar con fatiga, a la postre, resultaba dañoso tanto para el proceso de trabajo como para la reproducción sana de la sociedad. Hombres y mujeres crónicamente fatigados engendrarían una descendencia debilitada y mermada. En 1891, el fisiólogo italiano Angelo Mosso publicó su influyente libro *La fatiga*, donde alertaba sobre los efectos negativos de la fatiga laboral: degeneración, aumento de la mortalidad infantil, acortamiento de la vida, aparecían como indicadores biológicos del empobrecimiento de las poblaciones por la sobreexplotación del trabajo.[130]

Dado que la legislación social conquistada por las luchas obreras tendía a limitar la duración de la jornada laboral, el capital, a través de los fisiólogos del trabajo, buscaba dar con la clave para una imposible alquimia de la productividad, consistente en aumentar la intensidad del trabajo sin

---

palabras, eliminando todo ornato florido con el fin de volver al idioma más funcional. El poeta Nikolai Aseev lo llamó *"el Ovidio de los mineros y los metalúrgicos"*. Fue fusilado en 1938, acusado de actividades contrarrevolucionarias. En cuanto a Lenin, publicó varios artículos sobre taylorismo, al que llamaba *"el arte de estrujar sudor"*. Si para Taylor se trataba de expropiar los saberes de los obreros, para Lenin se trataba de expropiar el taylorismo a los burgueses. Entre 1913 y 1914 informaba que los más avanzados científicos laborales de la época usaban cronómetros, cámaras de cine y lámparas adosadas a los trabajadores para observar, cuadro a cuadro, sus movimientos frente a las máquinas, y así eliminar todo movimiento superficial. Efectivamente, la intervención de los científicos laborales incrementaba la productividad del trabajador, pero también aumentaba la intensidad de la explotación. Según Lenin, si se aplicasen a fondo los principios del taylorismo, ya no según la lógica esclavizante del capital, sino de acuerdo a la inteligencia soviética, se podría alcanzar un tipo de organización social donde el trabajo físico demandase solo seis horas diarias y el trabajo burocrático estatal cuatro horas diarias. Ver: V.I. Lenin, *Sistema "científico" de estrujar el sudor* (1913) y *El taylorismo es la esclavización del hombre por la maquina* (1914). Sobre Alekséi Gástev, ver el artículo: *The ultra-Taylorist Soviet utopianism of Aleksei Gastev*, publicado en hecharnelhouse.org.

130 Diego Roldán, *Discursos alrededor del cuerpo, la máquina, la energía y la fatiga: hibridaciones culturales en la Argentina fin-de-siècle*, Hist. ciênc. saúde-Manguinhos; 17(3): 643-661, 2010.

estropear los cuerpos de los trabajadores. El psiquiatra francés Phillipe Tissié, autor del libro *La fatiga y el adiestramiento físico*, definía al adiestramiento como el conjunto de técnicas para producir mucho trabajo sin demasiada fatiga. El entrenamiento metódico de los sujetos debía servir para elevar los niveles de tolerancia al trabajo arduo, mediante la posposición del placer y el retraso de la aparición de la fatiga, con sus terribles efectos en el sistema nervioso: neurastenia, fastidio, obsesión, impulsos ciegos, automatismo, sueño hipertrófico, alucinaciones, desdoblamiento de la personalidad, ecolalia, paramnesia, etc.[131] La ociosidad ya no resultaba un mero defecto moral, sino un peligro para la salud del propio trabajador, que, al no trabajar, se intoxicaba por acopio de toxinas y de lípidos. Pero los cuerpos de la burguesía también debían ser adecuadamente vigorizados por medio de un nuevo culto al ejercicio físico, la buena nutrición, las competencias deportivas, las buenas posturas corporales, el buen dormir y la inhibición de vicios de juventud como el onanismo y las actividades sexuales disolutas.[132] Proletarios y burgueses debían cuidar en extremo de sus cuerpos para asegurar la grandeza energética de la nación.

Múltiples máquinas fueron entonces creadas para medir las fuerzas del cuerpo en movimiento. Por ejemplo, el *ergógrafo* de Angelo Mosso, un aparato destinado a calcular el tiempo que tardan los músculos en fatigarse, poniendo a la fatiga muscular en relación a actividades cognitivas como la atención, la memoria y las emociones. El aparato permitía cuantificar el menguar de la fuerza para así elaborar estadísticas y ecuaciones del cansancio, como la "curva de fatiga" o la "ley del agotamiento". Consistía en una mesa de experiencias en donde el sujeto colocaba su mano derecha en un apoyabrazos, que luego se inmovilizaba. A continuación, se introducía un dedal en la segunda falange del dedo medio, el cual sostenía una pesa de 3 kg. El dedo debía seguir el compás de un metrónomo. Un polígrafo mecánico registraba el movimiento de retracción y contracción del dedo, dibujando un gráfico de la fatiga muscular. Así como en el lenguaje industrial de los siglos XVIII y XIX se hablaba de "brazos" para referirse a los trabajadores en forma metonímica, el *ergógrafo* estudiaba con minuciosidad a los brazos como *organum organorum* de los procesos laborales e índice de la riqueza última de una nación.

Para Tissié, el adiestramiento de los sujetos consistía en hacerlos interiorizar la dirección externa, ejercida primero por un severo entrenador, pero luego vuelta autodisciplina. A medida que los músculos se tonifican, los nervios se estabilizan y la voluntad se templa, se va dejando grabado o archivado en la memoria del cuerpo lo que primero había sido una coacción

____

131 Ibíd.

132 Ibíd.

externa. De este modo, se forjaría el carácter y se provocaría un mejoramiento físico, retroalimentando cuerpo y mente mediante la producción de automatismos nerviosos capaces de resistir el cansancio y ajustarse a las exigencias de la sociedad maquínica (siendo las máquinas, por definición, aquello que no sufre fatiga).

En la Argentina de principios del siglo XX, todas estas ideas en torno a la fatiga y las tecnologías del adiestramiento tuvieron una gran repercusión. Sus primeras influencias pueden rastrearse en la obra del médico Enrique Romero Brest, promotor de la educación física como medio para el encauzamiento de la juventud y el mejoramiento de la "raza argentina". Si en el país ganadero se habían producido exitosas mezclas de razas bovinas y caballares mediante una avanzada red de estancias modelo, ¿qué impediría aplicar técnicas similares al mejoramiento del *pedigree* humano? Según Romero Brest, la educación física representaba una técnica preciosa para el control de la energía, el incremento de la resistencia y la lucha contra vicios como el onanismo, el alcoholismo y el tabaquismo, produciendo cuerpos bellos y diestros en la lucha por la vida.[133] El ejercicio físico posibilitaría la *catarsis energética* del motor humano, liberando energías excedentes para recuperar el control sobre los mecanismos corporales.

También Juan Bialet Massé, el médico y abogado catalán que en 1904 realizó el primer informe sobre el estado de la clase obrera en la Argentina, acudía a la metáfora del motor humano y a la concepción de la energía física del trabajador como un capital o un *stock* que debe ser adecuadamente administrado. Su informe debía servir de base a la legislación laboral proyectada por Joaquín V. González, ministro del Interior durante la segunda presidencia de Roca, período durante el cual la elite llegará a considerar que regular las condiciones de trabajo lograría contener el aumento de las huelgas obreras. Sin embargo, la reforma fue truncada por presión de las asociaciones patronales y buena parte de esas leyes laborales recién serán sancionadas durante el gobierno de Perón.

A lo largo de cuatro meses, Bialet Massé recorrió talleres, estaciones de tren, fondas, y puestos de estancia alrededor de todo el país, observando los cuerpos de los trabajadores tanto como sus medioambientes. Combinaba observaciones fisiológicas, cálculos estadísticos y mediciones del esfuerzo laboral, refutando el mito moralizador de la pereza inherente a indios y criollos.[134] Por el contrario, y en no pocos fragmentos de su informe, observaba que los verdaderos fatigados e indolentes eran "los de arriba", que vivían explotando la fatiga de "los de abajo". Según Bialet Massé, era

---

133 Ibíd.

134 Sandra Caponi, *Del culto a la laboriosidad a la preocupación por la fatiga*, Revista Mundos Do Trabalho, vol. 7, nro. 13, 2015.

necesario legislar el trabajo para evitar los males de unos cuerpos envenenados, mal nutridos y sobrecargados de esfuerzo. La ciencia laboral ya no debía concebir al cuerpo del trabajador a la manera de un simple autómata mecánico e infatigable, sino como un *"motor delicado que se debe conservar cuidadosamente"*.[135] La jornada laboral de ocho horas representaba la medida justa de trabajo para evitar la sobrevenida de la fatiga, verdadera causa de todos los vicios, especialmente del alcoholismo. También reclamaba la legislación de un día a la semana de descanso así como vacaciones pagas, de quince a treinta días al año, para purificar la sangre, los nervios y los músculos de los trabajadores. Según el médico informante, la nación y el pueblo se verían fortalecidos por estas regulaciones laborales.

El 1905, Alfredo Palacios logró hacer aprobar la ley de descanso dominical, la única que logró hacer avanzar de entre las leyes incluidas en el proyecto de Joaquín V. González. Para probar la necesidad del descanso semanal, Palacios también apeló a la fisiología de la fatiga. Años después, en la década del veinte, llegó a promover la creación del Laboratorio de Fisiología del Trabajo de la Universidad de La Plata, laboratorio que contaba con equipos tales como un ergógrafo, un cardiógrafo y un dinamómetro,[136] de los que Palacios se sirvió para realizar sus propias mediciones. Fruto de sus investigaciones será el libro de 1922, *La fatiga y sus proyecciones sociales*, destinado a alertar a la sociedad sobre la necesidad de hacer avanzar, rápidamente, un saludable sistema de legislación laboral.

Palacios discutía, *enérgicamente,* contra la gestión científica del trabajo diseñada por Frederick Taylor. Las primas salariales serían como un "estimulante energético" que actuaba en detrimento de los trabajadores sindicalizados y de la solidaridad que debería prevalecer entre ellos. El deseo incentivado de obtener más dinero aceleraba los movimientos del trabajador, pero la fatiga se iría acumulando y el trabajador se daría cuenta de su ruina fisiológica cuando ya no tenga más remedio. Entonces, será reemplazado por un obrero sano. Según Palacios, Taylor desconocía por completo las leyes del motor humano y las leyes de la fatiga, en especial sus efectos degenerativos sobre la descendencia de los trabajadores fatigados.

Científicos laborales, entrenadores fisiológicos y reformadores sociales compartían la concepción del cuerpo obrero como una máquina de la que dependía tanto la producción mercantil como la reproducción sana de la población. Maquinismo fisiológico y eugenesia confluían en la preocupación por la fatiga y la legislación laboral. Los cuerpos de los jóvenes, de los obre

---

135 Juan Bialet Massé, *Informe sobre el estado de la clase obrera*, p. 731. Citado en: Ibíd.

136 Hernán Elcovich, Lucía Rossi, *Concepciones y desarrollo de la psicología experimental, la psicotecnia y la psicometría: un estudio histórico (1900-1945)*, Anuario de Investigaciones, vol. 23, UBA, 2016.

ros, de los soldados, de las madres, debían ser ellos mismos fabricados por el Estado para volverse capaces de tolerar la fatiga y producir hijos sanos. La fatiga, el *surmenage,* el *estrés,* el *soldiering* o la *flânerie* debían evitarse, pero no por resultar enfermedades morales como la pereza, sino por equivaler a indicadores del límite a la actividad psicofisiológica del trabajador.

Toda esta serie de preocupaciones, que hasta 1930 habían tenido expresiones relativamente dispersas, confluyeron en el discurso emanado desde la *Asociación Argentina de Biotipología, Eugenesia y Medicina Social.* Eminencias de la medicina argentina que hoy distinguen los nombres de hospitales de todo el país fueron miembros de la asociación: Juan Pedro Garrahan, Gonzalo Bosch, Gregorio Aráoz Alfaro, Mariano Castex se mostraron profundamente interesados por las enseñanzas de Nicola Pende.[137] De hecho, en el Primer Congreso de Sociología y Medicina del Trabajo de 1939 se llegó a presentar un proyecto arquitectónico para albergar, en un gran complejo de dos manzanas, al Instituto Nacional de Biotipología y Medicina del Trabajo.[138] Pero el proyecto arquitectónico no llegó a construirse. Más allá de las pruebas piloto llevadas a cabo en pocas escuelas, la implementación de algunas fichas biotipológicas en instituciones públicas y la intensa actividad propagandística de sus miembros, la asociación frustró sus propósitos, sin lograr implementar ninguno de sus grandes programas eugenésicos, quizás debido al caótico escenario político de la década del treinta.[139]

La fallida asociación siguió existiendo con apoyo financiero del Estado hasta 1943, cuando fue absorbida por la Dirección Nacional de Salud Pública y Asistencia Social, sucesora del Departamento Nacional de Higiene. A pesar de su poca capacidad para instrumentar tecnologías eugenésicas sobre el conjunto de la población, las ideas biotipológicas continuaron ejerciendo una gran influencia en quien sería, desde la década siguiente, la figura más destacada del sanitarismo argentino.

---

137 Úrsula Kirsch, *La revista Anales de Biotipología, Eugenesia y Medicina Social.* XI Jornadas de Investigación, Facultad de Psicología, UBA, 2004.

138 Gustavo Vallejo, *El ojo del poder en el espacio del saber: los institutos de biotipología,* pág. 243, Asclepio, vol. LVI-1, 2004.

139 Entre los pocos médicos argentinos que se opusieron a la biotipología se encontraba un médico anarquista llamado Bartolomé Bosio. En 1939 publicó un artículo en *La Semana Médica,* la principal revista médica de aquel entonces, donde denunció el carácter opresivo y el contenido de clase de esta ciencia fascista: *"A un feliz mortal, hijo de un rico ganadero o de un fuerte accionista de grandes empresas industriales, mineras, comerciales, ferroviarias, etc. ¿qué justo lugar le asignarían los biotipólogos? (...) ¿Se sometería el feliz mortal a esa investigación científica, con respecto a sus disposiciones o predisposiciones orgánico-psicológicas?... a esos hombres no les alcanzaría la ciencia de los biotipólogos. Es que no se someterían. Para eso cuentan con la libertad individual".* Citado en: Marisa A. Miranda, *Bartolomé Bosio, un heterodoxo en el campo eugénico argentino del período entreguerras,* XII Jornadas Interescuelas/Departamentos de Historia. Universidad Nacional del Comahue, 2009.

Ascensos políticos

Ramón Carrillo nació el 7 de marzo de 1906 en la provincia de Santiago del Estero, una de las más pobres de la Argentina. Fue el primero en nacer de entre once hermanos, siete varones y cuatro mujeres. Podríamos decir que la estirpe santiagueña de la familia Carrillo es hija de la guerra. Desciende de Marcos Carrillo,[140] un oficial realista que combatió contra el ejército de Manuel Belgrano en la batalla de Salta, en el año 1813. La batalla se definió a favor de los independentistas y Marcos Carrillo cayó prisionero, siendo *internado* por el Ejército argentino, que evitaba fusilar a los enemigos, especialmente a los mejor educados, procurando asimilarlos para poblar el territorio independizado. En 1819, Marcos Carrillo fue liberado bajo fianza y se casó con una mujer local, Ascensión Taboada, convirtiéndose en una de las familias más influyentes de la provincia. El padre de Ramón Carrillo, nieto de Marcos, don Ramón Carrillo, fue docente de escuela, periodista y tres veces diputado provincial por el Partido Conservador roquista.

Los relatos biográficos de Ramón Carrillo hijo, el que sería el primer ministro nacional de Salud Pública, lo retratan como a un estudiante sobresaliente. Había egresado de bachiller con medalla de oro, el mejor alumno

---

140 La palabra *carrillo*, que significa mejilla o cachete, es un apellido hispánico de prosapia. Según cuentan las genealogías, su origen se remonta al siglo X y su significado guarda relación con la simbología de la fraternidad, por la unión de las dos mejillas del rostro, y también con la simbología de la guerra. Así lo registra el lexicógrafo y criptógrafo Sebastián de Covarrubias en la entrada "Carrillo" de su *Tesoro de la lengua castellana o española*, diccionario publicado en 1611: *"Apellido noble en España, y dicen haber traído origen de dos caballeros hermanos que se amaban mucho, y siempre en las batallas y reencuentros peleaban juntos, y eran muy valientes. Contando, pues, sus hazañas, decían: Los Carrillos (que vale por los hermanos queridos) han hecho ello. Y por antonomasia les llamaban los Carrillos, por estar tan unidos, y conformes en sus acciones bélicas"*. Ver: *Tesoro de la lengua castellana o española*, Cervantes virtual, fol. 139(b)v.

de su clase. Al terminar el secundario, sus padres lo enviaron a Buenos Aires, donde entraría en la carrera de medicina y de donde se recibiría con honores, especializándose en neurobiología y neurocirugía. Siendo estudiante universitario comenzaría a publicar artículos en la *Revista del Circulo Médico Argentino y Centro de Estudiantes de Medicina*, revista que llegaría a dirigir, mostrando tempranamente un gran interés por la polémica intelectual y por la historia de la medicina, maridando, como los médicos positivistas, escritura y políticas de la salud.

En 1930, la Universidad de Buenos Aires le concedió una beca para estudiar en Europa, donde pasó tres años, entre Holanda, Francia y Alemania, pero especialmente en Ámsterdam, la ciudad del doctor Tulp, especializándose en neuropatología, neurocirugía y anatomía comparada del sistema nervioso. En Europa fue testigo de una época enormemente convulsionada, entre la gran crisis económica y el ascenso de los fascismos. Al volver a Argentina, Carrillo descubrió que las esquirlas de la crisis mundial también habían llegado al país, con la descomposición del sistema político y el agotamiento del modelo agro-exportador.

De regreso, afianzó su relación con Manuel Balado, el fundador de la neurocirugía en Argentina y en Sudamérica.[141] Balado, formado en la Clínica Mayo de Estados Unidos, fue un adelantado en el estudio de la actividad eléctrica del cerebro, un neurocirujano inquieto y curioso, volcado tanto a la docencia como a la experimentación con nuevas técnicas médicas. De hecho, la tesis de doctorado de Ramón Carrillo trató sobre la *yodoventriculografía*, un método desarrollado por Balado para la detección de tumores y lesiones cerebrales. El método consistía en la inyección de un medio de contraste, el liopodol, en el tercer ventrículo del cerebro, para poder visualizar su estado a través de radiografías. En 1937, la tesis de Carrillo recibió el Premio Nacional de Ciencias.[142]

Entre fines del treinta y principios del cuarenta, Ramón Carrillo se encontraba en pleno proceso de ascenso profesional. Se estaba *incorporando*, con rapidez, a la corporación médica. En 1939 obtuvo el cargo de Jefe del Servicio de Neurocirugía y Neurología del Hospital Militar Central, donde comenzó a mostrar gran interés por la cuestión de la selección de conscriptos de acuerdo a diagnósticos de aptitud física y mental. En el Hospital Militar pudo acceder al historial clínico de miles de jóvenes procedentes de todo el país, así como a estudios estadísticos sobre el número de camas hospitalarias en todo el territorio nacional, cuestión que se volverá crucial durante su ministerio.

---

141 Juan José Mezzadri y Luis Lemme Plaghos, *El Pionero Manuel Balado*, Revista Argentina de Neurocirugía, 18 (S1): 22, 2004.

142 Hugo Isava S, *La Yodoventriculografía*, Investigación Clínica nro 15. Septiembre 1965.

Por esos años, los estadígrafos argentinos alertaban sobre una crisis poblacional: la inmigración ultramarina disminuía, la tasa de matrimonios caía tanto como la tasa de natalidad, mientras que la mortalidad infantil no había bajado lo suficiente para compensar la baja en los nacimientos. En estas circunstancias se reúne el Primer Congreso de la Población, organizado en 1940 por el Museo Social Argentino, donde se discuten las diversas aristas del problema poblacional, desde la despoblación del campo por la migración hacia las ciudades, asuntos de urbanismo, y hasta la cuestión de la relación entre la madre y el niño. Carrillo participó del congreso como representante del Ejército y sostuvo que, a pesar de la extrema pobreza: *"las razas del norte: Salta, Jujuy, Tucumán, Santiago del Estero y La Rioja mantenían un gran poder de fertilidad: de tres a cinco hijos por familia"*, en contraposición a *"la próspera Buenos Aires"*, que mostraba una disminución notable de la natalidad. Como consecuencia, propuso *"fortificar esa población nativa"*.[143] Para Carrillo, influenciado por la biotipología italiana, la misión de la hora consistía en *"regenerar al Hombre argentino"*, en una suerte de racismo invertido que, a diferencia del positivismo liberal de fines del siglo XIX, reivindicaba la primacía del "tipo nativo" por sobre la del inmigrante europeo. Carrillo defendía a su Santiago del Estero natal como la zona de la Argentina menos contaminada por la inmigración, conservando, con la mayor pureza, el mestizaje originario de aborígenes y españoles, lo que la convertiría en un reservorio vital para germinar el porvenir de la nación.[144]

En 1941, Carrillo fue nombrado profesor adjunto en la cátedra de Neurocirugía de la Facultad de Ciencias Médicas, a pesar de la oposición de su tutor, Manuel Balado. Para ese entonces, en plena Segunda Guerra Mundial, las diferencias políticas entre los dos médicos se habían vuelto insalvables. Mientras Balado era partidario de apoyar a los Aliados, Carrillo, identificado con el bloque anti-liberal y anti-comunista, era partidario de la neutralidad.[145] En 1942, Balado muere súbitamente y deja vacante el puesto de profesor titular. Se llama a concurso y Carrillo compite con otro discípulo de Balado. El concurso fue ganado por Carrillo y accedió al cargo.

Desde el golpe de Estado de 1943 y hasta 1946, tanto la Universidad de Buenos Aires como la FUBA fueron duramente intervenidas por el poder militar, que colocó a sus propios cuadros como profesores y decanos. Tomás D. Casares, filósofo nacionalista, católico e hispanista, fue nombrado inter-

---

143 Karina Inés Ramacciotti, *Ideas y prácticas en la política sanitaria del primer peronismo, 1946-1955*, Ciclos, Vol. XIV, nro 27, 1er semestre de 2004.

144 Karina Inés Ramacciotti, *Los trazos del recorrido político del primer Ministro de Salud Pública en Argentina*. En: Adriana Álvarez y Adrián Carbonetti (eds.), *Saberes y prácticas médicas en la Argentina: un recorrido por historias de vida*, EUDEM, 2008.

145 Ibíd.

ventor de la UBA, designado por Gustavo Martínez Zuviría, por entonces Ministro de Justicia e Instrucción Pública y director de la Biblioteca Nacional. Zuviría, alias Hugo Wast, fue un célebre escritor ultraderechista y antisemita. Siendo ministro, instauró la enseñanza de la religión católica en todas las escuelas públicas del país mediante un decreto que, en 1946 y bajo el gobierno de Perón, fue convertido en ley. También había formado parte de la Asociación Argentina de Biotipología y convirtió la Escuela de Biotipología en el Instituto Nacional de Biotipología y Materias Afines, haciendo del establecimiento un órgano estatal.

El régimen nacido del golpe de 1943 guardaba no pocas afinidades con el nazi-fascismo que, por esa misma época, disputaba la hegemonía de Europa. Fomentaba el nacionalismo castrense, censuraba a la prensa, encarcelaba a los intelectuales opositores, perseguía al comunismo, decretaba la enseñanza católica obligatoria en las escuelas, permanecía neutral frente al gran conflicto bélico y contaba entre sus filas con renombrados fascistas criollos. Los opositores al régimen no lo llamaban fascista por mero antojo.

Con el fin de la Segunda Guerra Mundial y la victoria de los Aliados, la UBA vuelve a llamar a elecciones. El 19 de septiembre de 1945, para festejar la conclusión de la guerra y exigir el fin de la dictadura, la mayoría de los profesores participaron de una multitudinaria movilización opositora al régimen, la Marcha de la Constitución y la Libertad. Apenas terminada, muchos profesores, e incluso el nuevo rector de la UBA, fueron detenidos, lo que provocó un gran repudio entre las autoridades universitarias, excepto por parte de Ramón Carrillo. El decano de Ciencias Médicas, Gonzalo Bosch, renunció a su cargo en signo de protesta y Carrillo asumió como decano interino. En medio de un clima de tensiones, Carrillo encomendó a representantes de organizaciones nacionalistas como la Acción Católica custodiar las puertas del edificio de la facultad. Pocos meses después, cuando se ordenó el cese de los interventores universitarios, Carrillo perdería las elecciones a decano.[146]

El futuro secretario de Salud Pública había quedado desprestigiado ante el grueso de la comunidad universitaria, pero había mostrado una enorme lealtad, primero hacia el Partido Militar y luego hacia Perón, al que había conocido mientras se desempeñaba en el Hospital Militar. Perón lo recompensaría con creces, seleccionándolo como ministro de Educación, cargo que Carrillo rechazó por el desprestigio que había acumulado entre los académicos. En cambio, aceptaría un cargo mucho más afín a sus capacidades e intereses.

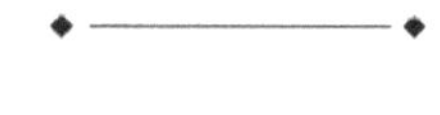

---

146 Ibíd.

La Marcha de la Constitución y la Libertad, de la que participaron 200.000 personas (la mayor concentración de manifestantes hasta entonces), tuvo otro efecto, de fundamental importancia. Fue el acicate para que un grupo de militares opuestos al comando del presidente Farrell y el vicepresidente Perón tomara ímpetu y realizaran una asonada militar. La sublevación fue liderada por el general Eduardo Ávalos, que había formado parte de la cúpula del GOU. Pero las simpatías de Ávalos por el radicalismo y el celo con el que observaba las políticas pro-obreras y pro-sindicales de Perón lo distanciaron de su anterior compañero de logia.

El 9 de octubre de 1945, al frente de los oficiales de Campo de Mayo, Ávalos conmina a Perón a renunciar a todos sus cargos. Perón se entrega, dirigiéndose a sus simpatizantes a través un comunicado radial y usando, por primera vez, el lema: *"de casa al trabajo y del trabajo a casa"*, disuadiendo a los trabajadores, también por primera vez, de entrar en combate.[147] En ese discurso, Perón sentenció célebremente: *"no se vence con violencia, se vence con inteligencia y organización"*,[148] para inmediatamente después refugiarse, durante tres días y junto a Eva Duarte, en un chalet importado de Alemania y situado en una isla del Tigre, propiedad de "Rudi" Freude, colaborador de Perón, hijo del espía alemán Ludwig Freude y uno de los principales responsables, desde 1946 y siendo Director de Informaciones, de la red que ayudó a muchos nazis a refugiarse en Argentina. A los pocos días, Perón es llevado detenido a la isla Martín García.

El 12 de julio de 1945 se organizó un mitin callejero donde surgió el cántico: *"ni nazis, ni fascistas, peronistas"*, primera vez que un grupo de trabajadores se identificaba con el ismo de Perón. Además, el 12 de octubre de 1945, día feriado por ser el llamado "Día de la Raza", los patrones de todo el país habían aprovechado el encarcelamiento de Perón para descontar a los trabajadores el día de descanso, descuento que Perón, por decreto, había prohibido. Los patrones, a modo de desquite, incordiaban a los trabajadores y les decían: "se lo cobran a Perón".[149] Durante esa semana, entre el 9 y el 17 de octubre, los trabajadores que se habían beneficiado con las políticas laborales de Perón experimentaron, prontamente, las penas y amarguras de un gobierno sin Perón. Su dolencia dejaba de ser un puro padecer desarrapado e innominado para volverse conciencia política del sufrimiento y, por lo tanto, el comienzo de la curación.

El 17 de octubre de 1945 tuvo lugar la irrupción de lo imprevisto. Como en una poderosa contestación a la Marcha de la Constitución y la Libertad,

---

147 Joseph A. Page, *Perón. Una biografía*, pág. 136.

148 Citado en: Ibíd., pág. 148.

149 Ibíd., pág. 143.

y superándola en número, miles de obreros, en su mayoría provenientes de las periferias, cruzaron los puentes y llenaron la Plaza de Mayo, poniendo "las patas en la fuente" y sacándose la camisa (descamisándose) para aliviar el calor, clamando enardecidamente por la liberación de Perón. Para los habitantes de la blanca y europea Buenos Aires fue un shock. Esa multitud de trabajadores venidos de las afueras fue tomada por una horda intolerable, una turba maldita. No se los reconocía como obreros. Eran los negros, los murgueros mugrientos, el sucio malevaje, los lúmpenes en alpargatas, arriados a sueldo.[150] El esquema categorial de la Argentina blanca entraba en cortocircuito, enardeciéndose ante la visión de los que debían permanecer invisibilizados.

Habían sido los blancos, los liberales, los socialistas, los patrones, los intelectuales, quienes habían reaccionado con emocionalidad irracional al reclamo, racional y comprensible desde el punto de vista de los intereses de los trabajadores, por la liberación de Perón. Resulta paradójico que, habiendo estado Perón efectivamente cerca de los sectores filo-fascistas del Ejército y contando con el apoyo de grupúsculos de extrema derecha como la Alianza Libertadora Nacionalista, la reacción racista contra los movilizados haya provenido de los que se posicionaban en el bando antifascista. Como en un reflejo atávico, se habían activado sentimientos de hostilidad facciosa, provenientes de capas profundas de la mentalidad argentina. El peronismo comenzaba a provocar efectos extraños e insoportables, se diría que somáticos y fisiológicos. Comenzaba a afectar los nervios de muchos argentinos, volviendo a polarizar a la sociedad en los términos apasionados de lo pro y de lo anti.[151]

Como en un movimiento de yudo, el peronismo, ya en sus orígenes, se mostraba capaz de aprovechar para sí los ataques de sus oponentes. Si el movimiento estudiantil manifestaba su oposición a la intervención de las universidades a través de la consigna: *"no a la dictadura de las alpargatas"*, los sindicalistas peronistas respondían: *"alpargatas sí, libros no"*.[152] Si el

---

150 Alejandro Grimson, *Racialidad, etnicidad y clase en los orígenes del peronismo, Argentina 1945*, pág. 9, KLA Working Paper Series nro. 15; Kompetenznetz Lateinamerika, 2016.

151 Joseph A. Page, *Perón. Una biografía*, pág. 154.

152 Es preciso diferenciar esta consigna del lema franquista: *"¡Abajo la inteligencia, viva la muerte!"*. La consigna peronista era una respuesta a los sectores cultos que despreciaban a Perón. Trasluce cierta animosidad popular hacia la cultura libresca, pero no es una consigna tanatofílica, como la franquista. Todo lo contrario: es una consigna biopolítica, a favor de la vida no descalza. La diferencia es relevante porque el peronismo, como veremos, nunca se constituyó en culto a la muerte, como sí las derechas europeas, aunque Perón y algunos de sus seguidores coqueteasen con ellas. Por caso, la organización de ultra-derecha y filo-peronista de los años sesenta, Guardia de Hierro, tomó su nombre

embajador estadounidense Spruille Braden se posicionaba como líder de la oposición, el peronismo lo convertía en un capital político, lanzando el eslogan nacionalista: *"Braden o Perón"*. Si sus seguidores eran despreciativamente calificados como "cabecitas negras", "descamisados" o "grasas", el peronismo positivizaba esas denominaciones negativas, como en una operación barroca, identificando a sus bases con el pueblo criollo, puro y auténtico, incontaminado por la inmigración europea o por "elementos foráneos". De este modo, se ponía en marcha todo un juego psico-social de polarizaciones e inversiones miméticas, que el peronismo realizaba mejor que sus rivales.

La realidad (la única verdad) era que los miles de trabajadores que se movilizaron por Perón componían una multitud heterogénea. Ni solamente migrantes internos provenientes del norte del país, ni ausencia de hijos de inmigrantes europeos con tradición sindical. Scalabrini Ortiz, célebremente, lo llamó *"el subsuelo de la patria sublevado"*, pero también escribió sobre los que llegaban cantando el nombre de Perón: *"Era la muchedumbre más heteróclita que la imaginación pueda concebir. Los rastros de sus orígenes se traslucían en sus fisonomías. El descendiente de meridionales europeos iba junto al rubio de trazos nórdicos y al trigueño de pelo duro en que la sangre de un indio lejano sobrevivía aún"*.[153] Era la lógica contagiosa de las rivalidades miméticas y de la reciprocidad duelística la que, haciendo pasar una parte por el todo, reducía y homogeneizaba lo heterogéneo de las bases peronistas, ya sea para descalificarlas como terroríficos malones redivivos, ya sea para reforzar el ideal biotipológico del criollo primordial.

El chiste cruel, la chanza discriminatoria, el humor maligno, llamaría a esa multitud el "aluvión zoológico", expresión acuñada por el diputado radical Ernesto Sammartino.[154] Un aluvión de animales, es decir, un agrupamiento de seres que no reconocen las fronteras humanas, violándolas y traspasándolas para apoderarse del ganado alambrado. También allí aparecía, tempranamente, toda una referencia a la animalidad que, como veremos, el peronismo y el antiperonismo supieron hacer crecer y multiplicarse. La política enardecida, en las fronteras de la guerra civil o de la *stásis*, se trocaba, imaginariamente, en una zoo-política, donde el enemigo político, en tanto amenaza viviente, era rebajado de *bíos* a *zoé*, haciendo proliferar en todas las direcciones imágenes de animales políticos. En un

---

del movimiento fascista rumano homónimo. Ver al respecto el gran libro de Furio Jesi, *Cultura de Derechas*, Muchnik, 1989.

153 Raúl Scalabrini Ortiz, *Yrigoyen y Perón*, Editorial Lancelot, 2009.

154 Al día siguiente de lanzar este epíteto infamante, Eduardo Sammartino fue retado a duelo por Eduardo Colom, diputado y dueño de medios de comunicación peronistas. Cada participante disparó un tiro y falló. Ver: Joseph Page, *Perón. Una biografía*, pág. 252.

rincón, los "cabecitas negras", denominación popular de un ave llamada *carduelis magellanica;* en el otro rincón, los "gorilas", encarnación animal del antiperonismo conspirador y brutal.[155] Cada facción veía en el otro a un animal peligroso que debía ser sometido y domesticado.

A las 23 hs. del 17 de octubre, una vez liberado de la isla Martín García y habiendo pasado todo el día refugiado en el Hospital Militar, Perón volverá de su primer destierro y saldrá a hablarle al pueblo desde el balcón de la Casa Rosada. Lo primero que pidió el locutor a los asistentes fue cantar el himno, lo que a Perón le dio tiempo para preparar su alocución. A continuación, la primera palabra que pronunció Perón fue: ¡trabajadores! Los asistentes a ese rito iniciático e inicial aclamaban al líder y se identificaban con la nación a través del himno, así como con su condición de clase a través del llamado apostrofante de Perón.[156]

En este acto inaugural, pletórico de sentidos inagotables, Perón revalidaba su condición de jefe político. Daba principio al peronismo por medio de un acto que, como toda *arché*, significó a la vez un comienzo y un mandato. Se constituía en el soberano capaz de trazar las fronteras de lo político, distinguiendo entre amigo y enemigo. Los amigos (los compañeros) eran los que estaban allí presentes, representando, en tanto parte de los sin parte, a los trabajadores, a los humildes, a los criollos, a los mestizos. Los enemigos eran los oligarcas, los extranjerizantes, los agiotistas, los vendepatria, los contreras, en fin, los antiperonistas. A la vez enemigos internos o privados (*inimicus*), y enemigos públicos por estar al servicio del extranjero (*hostis*), de ahí el especial gusto de Perón por el mote de *cipayo*:

---

155 La palabra *gorila* comenzó a ser usada más tardíamente, en 1955. Proviene de un sketch del popular programa de radio *La revista dislocada*. Allí, el humorista Aldo Cammarota hizo una parodia de *Mogambo*, película ambientada en África, dirigida por John Ford y protagonizada por Clark Gable, quien interpretaba a un tratante de animales envuelto en un triángulo amoroso con Ava Gardner y Grace Kelly. En el sketch había un científico que, ante cualquier ruido selvático, exclamaba temeroso y en capicúa: *"deben ser los gorilas, deben ser"*. La frase prendió entre el público y se la comenzó a utilizar en la humorada cotidiana, cuando sucedía algo inexplicable o imprevisto. Su "viralización" coincidió con el clima de conspiración anterior al derrocamiento de Perón. Los militares antiperonistas, especialmente entre la Marina, adoptaron la palabra *gorila* para así autodenominarse, mitad en broma, mitad en serio, hasta tal punto que, en las elecciones de 1963, el Partido de la Revolución Libertadora utilizaba, como lema electoral, la frase: *"Llene el Congreso de gorilas"*. La palabra "gorila", que se había popularizado como una broma liviana propalada por la cultura de masas, se volvió una palabra seria y amenazante. Con el mote político de "gorila" se da el caso inverso al de las palabras nacidas primero con signo despectivo y luego positivizadas: había nacido como un distintivo entre los antiperonistas, al que luego el peronismo le adosó una poderosa y duradera carga negativa.

156 Alejandro Grimson, *Racialidad, etnicidad y clase en los orígenes del peronismo, Argentina 1945*, pág. 33.

los nativos de la India que servían en el ejército británico. Lo político no podía ser claramente diferenciado del ámbito del *oikos*, de lo doméstico, de la casa. Las familias se politizaban, dividiéndose en torno al peronismo. Pero la política también se volvía familiar, con Perón y Evita apareciendo como padre y madre del pueblo fraterno, que al fin dejaba atrás su penosa orfandad y desprotección.

Significativamente, en su discurso del 17 de octubre, Perón, por única vez, hizo referencia a su propia madre. Nunca, en sus miles de actos públicos posteriores volvería a hacer alusión a ella. La madre, en este discurso fundante, aparecía como objeto fusional. Perón, en una especie de estado de trance, comunicándose con los manifestantes como si fuese un *médium*, expresaba que sentía deseos de abrazar a las masas como abrazaba a su madre: *"Quiero en esta oportunidad, como simple ciudadano, mezclado en esta masa sudorosa, estrechar profundamente a todos contra mi corazón, como lo podría hacer con mi madre".* La muchedumbre contestaba con gritos de aliento, como *"¡Viva la vieja de Perón!"*.[157] *Oikos* y *polis* se fusionaban y confundían en la ensoñación simbiótica del cuerpo materno. En otra parte del discurso, Perón volvía a hacer referencia a la madre, pero en tanto "madre tierra", en una de las pocas alusiones que hizo a la cosmovisión indígena: *"Esto es el pueblo sufriente que representa el dolor de la madre tierra, el que hemos de reivindicar".* En la emoción desbordante del 17 de octubre habían emergido símbolos maternos, profundamente arraigados, en donde se asociaban el amor maternal y la concepción indígena de la madre tierra. Eran símbolos que emergieron por única vez y que más tarde, al volver a primar la lógica del cálculo político, volverán a ser desplazados.

Al mismo tiempo, Perón, en tanto soberano carismáticamente legitimado, refulgía como voz de mando. Era el animal político por excelencia, el primero y superior entre los desorientados animales políticos salidos de la década infame. Recordemos que, para Aristóteles, lo que daba mayor derecho a gobernar y mandar, entre los animales cívicos, era la mayor capacidad de prever. Perón había sido profesor de Historia Militar en la Escuela Superior de Guerra, en donde aprendió a enseñar. Allí adquirió una gran capacidad pedagógica (que es una forma de mando) y que luego aplicó ante las masas. También, y más aun, Perón, sin dejar de ser un militar, había sido secretario de Trabajo y Previsión, donde había exhibido su preocupación por la previsión social.

Según Aristóteles, el *demos*, el bajo pueblo que participaba de la asamblea, solamente hacía ruido. Solo los ciudadanos virtuosos tenían verdaderamente la palabra y comunicaban con sentido. Dado que el animal político

---

157 Joseph Page, *Perón, una biografía*, pág. 164.

es político porque habla, porque tiene la palabra y el *lógos*, puede decir y decidir sobre lo conveniente y lo perjudicial, sobre lo justo y lo injusto, y no sólo sobre el dolor y el placer. La de los animales, como la voz del pueblo inculto, era concebida por Aristóteles como ruido, como un sonido descalificado que sólo expresa dolor y placer (sentimientos que Jeremy Bentham, invirtiendo la pirámide aristotélica, reivindicará como base para su principio de utilidad, afirmando que dolor y placer son los únicos dos señores soberanos de la humanidad, al gobierno de todos sus actos).

Esa fue también la manera en que la oposición al peronismo concibió a los manifestantes del 17 de octubre: un aluvión zoológico que hacía ruido, pero no hacía sentido, permaneciendo en el bajo nivel de la vida descalificada, meramente biológica, lindante con la animalidad o *zoé*. Perón, que desde 1943 había comenzado a hablarle al pueblo a través de la cadena nacional de radio, daba voz al ruido y, por lo tanto, se mostraba capacitado para prever, mandar y enseñar. Capacidades validadas en las elecciones de febrero de 1946, donde fue electo presidente con más del 50% de los votos.

◆ ———————— ◆

Michel Foucault ha mostrado que, desde el siglo XVIII, se asistió en Europa a un enorme despegue de las prácticas médicas, despegue que también fue un gran desbloqueo técnico y epistemológico, impulsando grandes progresos en ciencias como la química, la fisiología, la anatomía patológica y la biología. Si durante siglos el hospital había sido una institución de asistencia donde los pobres iban a morir, un verdadero "mortuorio", desde mediados del siglo XVIII el hospital comienza a ser una institución de medicalización a donde se va a sanar y de la cual es posible salir vivo y curado.[158] Durante el siglo XIX, este proceso se acelerará y acrecentará a través de tres hitos fundamentales: el descubrimiento de la anestesia, la invención de la asepsia y de la antisepsia, y la postulación de la teoría microbiana por Pasteur.

Los saberes médicos también comenzaban a desempeñar funciones políticas, integrándose a los Estados de los países industriales con el propósito de mejorar el vigor físico de la población y asegurar el rinde económico de la fuerza de trabajo. Pero como ha delimitado Foucault, este proceso de estatización de la salud atravesó un verdadero viraje en plena Segunda Guerra Mundial, justo cuando millones de personas caían muertas y heridas entre lluvias de fuego y campos de concentración. En 1942, el economista heterodoxo William Beveridge, a pedido del gobierno de coalición

---

158 Michel Foucault, *La crisis de la medicina o la crisis de la antimedicina*. En: *La vida de los hombres infames*, Editorial Caronte, 1996.

británico, realizó un informe titulado *Social Insurance and Allied Services,* que sentaba las bases para la implementación de un sistema de seguridad social universal donde el Estado costearía la salud de toda la población, a la manera de una recompensa por los sacrificios hechos durante la guerra, pero también como un mecanismo para atenuar los conflictos sociales al interior de las naciones victoriosas. Poder de vida y poder de muerte se confundían durante la mayor carnicería de la Historia, casi como si el Estado le dijese a la población: *"vayan y déjense matar. Por nuestra parte les prometemos una vida larga y confortable. Garantizar la vida y dar una orden de muerte es todo uno".*[159]

Según Foucault, el Plan Beveridge representó un giro fundamental en la historia de la biopolítica. Ya no se trataba, como en la *nosopolítica* o en la medicina social anterior, solo de mantener, mejorar y reproducir la fuerza de trabajo y la capacidad de guerra de la población. Ahora aparecía en primer plano el derecho de todos los individuos a recibir atención médica. La obsesión decimonónica por lo sano y la limpieza era sustituida por la problemática del derecho a la salud y la enfermedad. El derecho a interrumpir el trabajo, a ausentarse por causas médicas o a estar desocupado se volvía más prioritario que la obligación de la higiene.[160]

Para llevar a cabo este plan se hacía necesaria una cierta redistribución de la riqueza mediante la implementación de nuevos impuestos, el aumento del gasto público y la creación de nuevas reparticiones estatales, haciendo que la salud entre de lleno en el campo de la macroeconomía y los presupuestos nacionales. Tanto los trabajadores, los empresarios y el Estado debían pagar una serie de aportes para garantizar, en caso de enfermedad, desempleo y jubilación, las necesidades elementales de todos los ciudadanos. El nuevo sistema reemplazaría al caótico sistema de seguridad social anterior, donde se mezclaban los seguros voluntarios, los seguros obligatorios y la caridad.

En 1945, al finalizar la Segunda Guerra Mundial, el Reino Unido convocó a elecciones. Winston Churchill, el político conservador que había conducido a Gran Bretaña a través de la gran batalla contra Hitler, se enfrentó a Clement Attlee, líder del Partido Laborista. Pese al aura heroica que rodeaba a Churchill, los votantes no vieron en él al hombre indicado para la reconstrucción de la nación. Como primer ministro, Clement Attlee llevó a cabo un gran programa de reformas keynesianas, nacionalizando los ferrocarriles, el Banco de Inglaterra, la siderurgia, las empresas eléctricas y las minas

---

159 Michel Foucault, *La technologie politique des individus*. Citado en: Roberto Esposito, *Bíos*, pág. 64, Editorial Amorrortu, 2005.

160 Edgardo Castro, *Diccionario Foucault*, pág. 273, Editorial Siglo XXI, 2011.

de carbón. También creó el Sistema Nacional de Salud británico, haciendo operativo el Plan Beveridge, modelo para la organización de los sistemas de salud gratuitos de todo el mundo, que, junto a la creación del Seguro Nacional, sentaba los cimientos del Welfare State.

◆ —————————— ◆

En 1946, poco después de asumir la presidencia, Perón elevaría la Dirección Nacional de Salud Pública y Asistencia al rango de Secretaría, designando a Ramón Carrillo a su cargo. En verdad, era como si Perón y Carrillo hubiesen llevado "vidas paralelas", tal como en el clásico de Plutarco, al que Perón refería como el libro que más lo había influido. Durante los años anteriores, los dos se habían abierto paso vertiginosamente, tramando alianzas a través de sus respectivas corporaciones profesionales, granjeándose amigos y enemigos. Además, se habían conocido en el Hospital Militar, donde Carrillo comenzó a forjar su concepción militar del sanitarismo. A su vez, Perón se consideraba a sí mismo una suerte de curandero y aseguraba que, si no hubiese seguido la carrera militar, se habría dedicado a la medicina, como Tomás Liberato Perón, el abuelo higienista al que no llegó a conocer.[161] Pero el coronel volcaría su vocación por el arte de curar al arte de gobernar, como si se propusiese sanear a la nación de sus peores males.

Perón había armado, a los tumbos y luego del 17 de octubre, una alianza que le permitió presentarse en las elecciones y competir contra sus rivales de la Unión Democrática. Entre los partidos que lo apoyaban había un desprendimiento de los radicales llamado Unión Cívica Radical Junta Renovadora, un desprendimiento de los conservadores llamado Partido Independiente, y un nuevo partido, creado una semana después del 17 de octubre, llamado Partido Laborista, liderado por los sindicalistas Cipriano Reyes y Luis Gay, imitando o mimetizándose con el partido inglés. Aunque el Partido Laborista había sido el que más votos le acercó a Perón, los tres partidos, a poco de asumir, comenzaron a disputarse cargos. Pronto, Perón ordenó disolver aquéllas estructuras partidarias para unificar la trinidad bajo su propio nombre, creando el Partido Peronista. Cipriano Reyes se negó a acatar la decisión de Perón y fue perseguido, torturado y encarcelado hasta 1955. El laborismo argentino, partido compuesto por sindicalistas que apoyaban a Perón pero que se negaban a renunciar a su propia autonomía, había sido una creación efímera, perdiendo su personería jurídica en 1948.

Al tiempo que Perón beneficiaba a los trabajadores, elevando a toda marcha su nivel de vida y calmando sus sufrimientos, procuraba hacerse

---

161 Joseph A. Page, *Perón. Una biografía*, pág. 286.

del control pleno de los sindicatos. Perón no admitía la existencia de sindicatos no peronistas e iniciará una furiosa campaña contra los dirigentes no del todo subordinados, como Luis Gay, secretario general de la CGT hasta 1947, cuando Perón lo acusa, sin pruebas, de haber participado de una conspiración en su contra aliado con la embajada estadounidense. Si con Luis Gay la CGT protegía los intereses de los trabajadores ante al Estado, sin Gay y al mando de un dirigente ignoto llamado José Espejo, la CGT se especializará en defender los intereses del Estado ante la clase trabajadora.[162]

La sentencia médica de Hipócrates, *"todo conspira"*, parecía zumbar en los oídos de Perón. A la oposición, como al enemigo bélico, había que neutralizarla o derrotarla, no competir con ella, pacífica o democráticamente, menos aun cuando la oposición también descargaba sobre Perón y los peronistas sus más furiosas invectivas, no reconociéndolo como un adversario legítimo. Por eso, durante sus primeros años de gobierno, Perón se abocó a la acumulación de *la suma del poder público*, creando una Corte Suprema adicta, comprando y expropiando los medios de comunicación opositores, pasando leyes como la Ley de Desacato, que impedían los actos públicos de la oposición, e incorporando, en la Constitución de 1949, la reelección presidencial.

Cada corporación debía cumplir una función específica, ocupando su justo lugar, echando a andar al gran cuerpo peronista. El "movimiento obrero organizado" era considerado la columna vertebral del movimiento, pero Perón se reservaba la función de la cabeza, y Evita la del nervio vital que conectaba al cerebro con la espina dorsal.[163] Esta concepción psicosomática del movimiento peronista en los términos de un cuerpo armonioso o de un *corpus mysticum* requerirá, por cierto, de la supervisión de un médico adecuado.

Perón asignaba los mismos objetivos estratégicos a la guerra que a la política, fundamentalmente la meta de imponer los designios propios sobre el enemigo, disponiendo del apoyo o el sostén de las masas. Además, Perón pensaba que la guerra era un fenómeno eventualmente inevitable, en particular la tercera guerra mundial, de la que pretendía sacar provecho. La influencia prusiana se dejaba traslucir a través del mariscal Colmar von der Goltz, de quien Perón tomaba el concepto de "nación en armas", o, mejor traducido, "pueblo en armas", según el cual, para enfrentar una guerra moderna deben movilizarse todas las fuerzas del país, siendo la función del Estado procurar que el pueblo esté siempre preparado para la guerra. Para ello, es necesario que, en tiempos de paz, los obreros vivan en

---

162 Ibíd., pág. 219.

163 Ibíd.

buenas condiciones, bajo el amparo de sólidas leyes sociales, de forma tal que sientan deseos de defender a la nación en caso de verse amenazada por una potencia extranjera.

La raigambre militar de la concepción política de Perón quedó plasmada y sistematizada en una serie de cursos dados en 1951 para un grupo de dirigentes gremiales en la Escuela Superior Peronista, creada con el fin de formar cuadros políticos. Las clases fueron publicadas con el nombre de "Conducción Política" y constituyen el abecé del arte de gobierno peronista. En esos cursos, a Perón le preocupaba definir, metódicamente, la índole de la relación entre el conductor y las masas. Para Perón, como para Clausewitz, la pasión de las masas debe estar ahí, debe ya existir un grupo humano dispuesto a ser conducido. No puede haber guerra o política sin la anuencia o disponibilidad de las masas y combatientes. Perón ilustraba este principio con una metáfora agreste y culinaria, pero también alusiva a la cinegética o arte de la caza: *"para hacer guiso de liebre lo primero que hay que tener es la liebre"*. Pocos años antes, Perón había decidido convertirse en secretario de Trabajo y Previsión para sondear esa disponibilidad.

Así como debe haber algo ya ahí, centelleando desorganizadamente entre las masas y a partir de lo cual el conductor organiza y conduce, no cualquiera es conductor, sentencia Perón. Líder se nace, no se hace. Recurriendo a una figura bíblica y profética, Perón aludirá muchas veces a esta condición llamándola, misteriosamente, "el óleo sagrado de Samuel". El liderazgo concierne sólo a unos pocos elegidos, es un don natural, de inspiración divina, capaz de entregarle al pueblo, como un Moisés multiplicado por dos, las "Veinte Verdades Peronistas". El talento del conductor puede perfeccionarse por medio de toda clase de técnicas, cálculos y adiestramientos, pero no puede crearse artificialmente y de la nada. Como los anormales superiores según José Ingenieros y Carlos Bunge, el conductor ungido es genial, dotado, único, raro, precioso e irreemplazable. A la masa, a los que están dispuestos a ser pasivamente conducidos, se les ofrece, como norma, el modelo carismático del conductor inspirado para ser alabado y copiado, reproduciendo, a su vez, el modelo de la *imitatio* cristiana.

Como en Clausewitz, el conductor es quien define la estrategia de conjunto, reservándose la posibilidad de una gran flexibilidad táctica. Recurriendo a una metáfora futbolística ligada a la dirección técnica, Perón decía que las masas deben ser entrenadas para que *"todos pateen para el mismo lado"*.[164] Pero como el peronismo se identifica con una tercera posición, ni yanqui ni marxista, ni colectivista ni individualista, ni comunismo "insec-

---

164 Ibíd., pág. 268.

tificador" ni egoísmo liberal, la consecución y mantenimiento de la unidad es un asunto delicado y siempre pasible de fluctuaciones, por lo que se requiere de una gran elasticidad y de un gran margen de oscilación en lo táctico. El peronismo, también conocido como "justicialismo", no significa sólo justicia social, sino también procura del justo medio, un mantenerse lejos de los extremos (o, en términos de Clausewitz, del "ascenso a los extremos"), aunque en determinadas ocasiones sea necesario alcanzarlos como mecanismo de protección inmunitaria. O bien, como pasaje desde el tres de una tercera posición neutral ante los antagonismos exteriores, al dos del enfrentamiento interno entre bandos irreconciliables.

El justicialismo es un hacer equilibrio sobre los intereses de los diversos grupos sociales a los que representa y sobre los que se apoya, entre la clase trabajadora, el Ejército, una porción de las clases medias y algunas fracciones de la burguesía. Todos esos grupos deben armonizarse en función de la unidad asegurada por el conductor, quien monopoliza la definición de las grandes metas estratégicas, dando forma a lo que Perón denominó "comunidad organizada", donde *cada clase ejercita sus funciones en servicio de todo*.[165] Pero, ¿no se trata acaso de un pleonasmo? ¿Puede existir algo así como una "comunidad desorganizada"? Ya la etimología latina de la palabra *communitas* refiere al *munus*, es decir, la obligación, el cargo, el cumplimiento del deber, lo que colabora a realizar una tarea. Toda comunidad es un circuito o círculo social de donaciones y restituciones recíprocas exigidas por una fuerza coactiva para que circule el *munus* (de donde proviene el concepto de lo mutuo y de la mutualidad). Pero toda comunidad,

---

165 El concepto de "comunidad organizada" aparece por primera vez en el discurso final del Primer Congreso Nacional de Filosofía de 1949, pronunciado por Perón y, según se cree, escrito por el filósofo Carlos Astrada. Poco antes, Astrada había dictado una conferencia en la Escuela de Guerra Naval titulada "Sociología de la guerra y filosofía de la paz". Allí se remontaba al pacifismo kantiano para defender la neutralidad de Argentina ante las guerra mundiales, acudiendo a la noción de "tercera posición". También distinguía entre dos formas de militarismo: uno al servicio de la conquista y del mercantilismo, y otro, el pacífico y peronista, al servicio de la protección de los pueblos y de la justicia social. Años después y con Perón en el exilio, Astrada publica la segunda edición de su libro *El mito gaucho*. Allí, previa reconversión al comunismo y habiéndose entrevistado con Mao Tse-Tung (el "Gran Timonel") en Pekín, se retractaría de su anterior adhesión al peronismo, parangonando a Perón con el Viejo Vizcacha: *"Pasado cierto tiempo, una década escasa, se comprobó, empero, que el segundo óbito del Viejo Vizcacha fue, tras un simple letargo, sólo aparente, y que el pueblo, el proletariado engañado, carente de conciencia de clase, había sido víctima de un ominoso paternalismo, el cual le impidió adquirir una ideología orientadora. Fue fraudulentamente enfervorizado por un seudo jefe, con aparatosidad de revolucionario, el que, ante la primera amenaza, por sugestión de la oligarquía castrense y por propia cobardía, huyó al extranjero"*. Citado en: Nora Andrea Bustos, *Carlos Astrada: Sociología de la guerra y filosofía de la paz*, Cuadernos de Marte, Año 2, nro 1, 2011.

para *organizarse* y evitar los peligros que entraña lo ilimitado del don, debe también inmunizarse. De ahí que inmunidad derive de *in-munis*: lo exento de obligaciones, donde una clase o una parte puede no estar al servicio del todo, puede no cumplir con la obligación de restituir un don, porque el todo así lo requiere.[166] Pero, ¿puede decirse lo mismo a la inversa? ¿Está también el todo presente en cada una de las partes? ¿Todo está en todo, al decir de Plotino… o de Borges? ¿El todo es igual a la suma de sus partes? ¿O es algo más, una cualidad distinta? ¿Acaso existe reciprocidad entre las partes y el todo, o sólo entre las partes?

Este encastramiento de clases sociales y corrientes de pensamiento es lo que dará el tono al ambiguo *estilo peronista de gobierno*, revolviendo ingredientes a través de sucesivas síntesis, como en un compuesto químico o como en un remedio, tomando al modelo militar como ingrediente principal, pero también elementos, utilitariamente dosificados, de la doctrina social de la Iglesia, el fascismo italiano, el laborismo inglés, entre otros. El conductor, además, acaparaba para sí la capacidad de hacer reversibles estos encastramientos, quitando o introduciendo nuevos compuestos, como acudiendo a una farmacopea política. De este modo, reservaba para su exclusiva la armonización de lo uno y lo múltiple, así como la receta o la cifra del peronismo, el cual sería, en última instancia, indefinible e indescifrable. Tal unidad encriptada se mostraba sumamente difícil de sostener en el tiempo, siendo la temporalidad la variable que, indefectiblemente, pluraliza y vuelve múltiple lo uno. Y con el correr de los años se hará patente que no hay un sólo peronismo, sino dos, tres y cuatro, por lo menos.

Se trata de una coalición, la de la "comunidad organizada", que hace abstracción de los antagonismos que le son inherentes, especialmente en una sociedad profundamente dividida, siempre al borde de la *stásis*, como la argentina. Pero como la categoría de *comunidad* no puede ser separada de la de *inmunidad*, será inevitable, para reforzar la unidad comunitaria,

---

166 Como ha mostrado Roberto Esposito, toda comunidad se inmuniza no sólo de una violencia exterior, como la proveniente de otra comunidad, sino también de una violencia que la recorre internamente. Así lo expresan innumerables mitos de fundación que sitúan el origen de la comunidad en un fratricidio primero. Lo "común" a los hombres, como postuló Hobbes, no sería sólo un don recíproco, sino, más aun, la posibilidad de matar y de ser asesinado, o, en todo caso, de *dar y recibir* la muerte. Una comunidad sin límites, una supuesta "comunidad desorganizada", asusta porque carece de barreras que protejan de la *comunicación* de la violencia recíproca. Por eso, lo común puede ser pensado también como contagio promiscuo y como infección que rompe o amenaza los límites individuales. El *munus* sería entonces como el *phármakon*: a la vez don y veneno, contacto y contagio, requiriendo de la *immunitas* para oponer lo propio a lo común, garantizando la seguridad de cada miembro de la sociedad en el mismo momento que la sociedad, no sin absorber dentro de sí la violencia que estaba llamada a abolir, queda privada de su ser comunitario. Ver: Roberto Esposito, *Communitas* e *Immunitas*.

recurrir al rechazo inmunitario de todos aquellos que desafinen o desarmonicen, de quienes no ejerciten sus funciones en servicio del todo sólo entrevisto por el conductor.

◆ ——————— ◆

¿De acuerdo a qué criterios de selección de personal, de acuerdo a qué *tests*, Perón había elegido a Carrillo para llevar a cabo el gran proceso expansivo de la sanidad peronista? Ramón Carrillo, a diferencia de los sindicalistas laboristas, se mostraba, sobre todo, leal a Perón. Además, sus años como jefe de Neurocirugía en el Hospital Militar Central habían modelado su visión de la organización sanitaria en los términos de la organización militar. Según Carrillo:

> "La defensa de la Salud Pública debe ser una defensa organizada, porque las enfermedades son ejércitos formados por enemigos invisibles; porque los microbios se organizan muy bien... entendemos que los médicos debemos familiarizarnos con el ejército".[167]

Tanto Perón como Carrillo compartían el propósito de centralizar la salud pública argentina, en un gran esfuerzo de planificación, programación y modernización, como nunca antes se había visto. En 1947, la Secretaría lanzó un Plan Analítico de Salud Pública, con más de cuatro mil páginas, en donde se detallaban los problemas de salud de todo el país y la receta para enfrenarlos. Entre sus principales objetivos se proponía el ordenar y reglamentar la actividad médica y recolectar información fehaciente sobre la salud argentina. Pero así como para Carrillo se trataba de medicalizar a la sociedad, también se trataba de militarizar la salud pública.

Apenas ascendido, Carrillo tuvo la oportunidad de comandar su primer gran operativo sanitario, enfrentándose a un brote de peste bubónica aparecido en la ciudad de Buenos Aires a fines de 1946. La enfermedad, que se contagia a través de las pulgas de las ratas, había surgido en un depósito de cereales del barrio de Palermo. Carrillo, con rapidez y eficiencia, puso en marcha las principales medidas de protección indicadas en estas circunstancias, implementando cordones sanitarios, derrumbando viviendas infectadas y ordenando la desratización de locales comerciales, escuelas, hogares, cines, teatros y redes cloacales. El propio Carrillo salía a recorrer la ciudad junto a camiones del ejército, vestido con ropa de fajina y birrete militar, en una versión castrense de los médicos que en 1871 salían a aten-

---

167 Ramón Carrillo, *Contribuciones al conocimiento sanitario, Obras completas*, tomo II, pág. 153. Eudeba, Buenos Aires 1974. Citado en: Mario Rovere, *La salud en la argentina: alianzas y conflictos en la construcción de un sistema injusto*, Revista La Esquina del Sur, mayo 2004.

der a los infectados por la fiebre amarilla. Si bien las obras de infraestructura urbana y los avances científicos producidos desde principios del siglo XX en los campos de la inmunología y la bacteriología habían hecho que las pestes ya no tuviesen el mismo efecto mortífero que tenían durante el siglo XIX, aún era necesario atender los casos apenas se manifestaban para evitar su propagación. Fue en esta ocasión que se usaron por primera vez en Argentina bactericidas como la estreptomicina y la sulfamida para tratar a los infectados.[168] Aplicando los últimos adelantos médicos y mostrando gran capacidad de iniciativa, Carrillo revalidaba su autoridad médica, apareciendo al mando de un ejército médico-militar, en guerra preventiva contra ejércitos invisibles.

Su primera campaña sanitaria fue un éxito. El brote sólo produjo tres muertes y el peligro de una patogenización de la ciudad fue evitado. Carrillo, que conocía la historia de la medicina occidental, sabía que el azote de una epidemia es una de las mayores amenazas que puede sufrir un gobierno. Tal amenaza, además, puede ser utilizada por los opositores para sembrar el pánico. Pero una gran campaña sanitaria, basada en una intervención médica autoritaria y espectacular, podía resultar el mejor remedio o la mejor defensa, tanto inmunológica como político-militar, suscitando deseo de obediencia entre las masas y reforzando el poder del Estado como único agente social capaz de hacer frente a los agentes infecciosos. Ya Perón, siendo secretario de Trabajo y Previsión, había sabido aprovechar la mayor catástrofe natural de la historia argentina, el terremoto de San Juan de 1944, llevando a cabo una gran colecta solidaria para las víctimas, destacándose de entre el resto de los militares al mostrar gran capacidad de liderazgo ante situaciones extremas. Fue a raíz de esa catástrofe que Perón conoció a Evita. La tragedia natural había tenido algo de providencial.[169]

El decreto que creó la Secretaría de Salud Pública dejaba traslucir la influencia de Beveridge y fundamentaba sus competencias afirmando el derecho a la salud de todos los habitantes del país, poniéndose a tono con "los países más adelantados del orbe":

---

168 Karina Inés Ramacciotti, *La política sanitaria del peronismo*, pág. 135, Editorial Biblos, 2009.

169 Así lo relataba Perón, años después, en un artículo autobiográfico: *"Eva entró en mi vida como el destino. Fue un trágico terremoto que sacudió la provincia de San Juan, en la cordillera, y destruyó casi enteramente la ciudad, el que me hizo encontrar a mi mujer. (...) Vi en Eva a una mujer excepcional, una auténtica 'pasionaria' animada de una voluntad y de una fe que se podía parangonar con la de los primeros creyentes. Eva debía hacer algo más que ayudar a la gente de San Juan: debía trabajar por los desheredados argentinos. (...) Decidí, por lo tanto, que Eva Duarte se quedase en el ministerio mío y abandonase sus actividades teatrales"*. Juan Domingo Perón, *Del poder al exilio, cómo y quiénes me derrocaron*, Instituto Nacional Juan Domingo Perón de Estudios e Investigaciones Históricas, Sociales y Políticas, 2010.

"…uno de los más arduos y apremiantes (problemas de gobierno) consiste en hacer accesible el auxilio de la asistencia médica preventiva y curativa a todos los habitantes del país, cualesquiera sean sus recursos y las dificultades impuestas por las distancias o la falta de medios de transporte; …la satisfacción de tal exigencia, impuesta por el moderno concepto del Estado y sus funciones que impera en los países más adelantados del orbe y en cuya virtud la asistencia médica del indigente ha dejado de ser una obra de beneficencia fundada en los dictados de la caridad para convertirse en una obligación del Estado para con sus súbditos".[170]

El decreto también preveía la creación del Fondo Nacional de Salud, encargado de financiar la política sanitaria con recursos provenientes de gravámenes como el impuesto al juego y la Lotería. De este modo, se hacía posible asistir a las mayorías no pudientes de la población, en una semi-colectivización de la salud que permitía a las minorías pudientes seguir accediendo a la medicina privada, así como a los médicos dedicarse al ejercicio liberal de la profesión. El mismo fondo proporcionaría los recursos para el gran Plan de Construcciones, que formaba parte del Primer Plan Quinquenal, destinado a erigir un gran sistema asistencial que incluía hospitales, centros de investigación y centros de salud de diversa complejidad, multiplicando la cantidad de camas disponibles. Pero a diferencia del Plan Beveridge, no se creó un seguro social universal que permitiese costear el sistema, por lo que la Secretaría de Salud se financiará con fondos provenientes de impuestos sujetos a la discrecionalidad del Ejecutivo.[171]

Recurrir a los impuestos al juego para financiar la salud pública resultaba una apuesta arriesgada. Como observó Roger Caillois, en los países iberoamericanos la cultura del ahorro nunca tuvo demasiado arraigo, dando lugar a una manera de vivir dispendiosa que acabó por configurar la faz de un continente, diferenciándola tanto de los países europeos, donde los excedentes tienden a ser dejados en reserva por el hábito del ahorro, como de Estados Unidos, donde la prodigalidad consumista se destina a la com-

---

170 Citado en: Susana Belmartino y Carlos Bloch, *La política sanitaria argentina y las estrategias de desarrollo*, pág. 6, Cuadernos médico sociales, nro. 14, agosto de 1980.

171 Recién a principios de la década de 1970 quedará planteada la base de funcionamiento del sistema de la seguridad social, que en muchos aspectos permanece hasta nuestros días, cuando se institucionalizó el seguro de salud obligatorio para todos los asalariados, de alcance nacional, por rama de actividad, con un aporte del 3% del trabajador y 6% de aporte patronal, a través de instituciones administradas por los sindicatos del ramo respectivo. Posteriormente se creó el Instituto Nacional de Servicios Sociales para Jubilados y Pensionados (INSSJyP), comúnmente conocido por la sigla PAMI (Plan de Asistencia Médica Integral), que presta servicios preventivos y asistenciales a los trabajadores jubilados.

pra de artículos siempre renovables, aumentando la demanda interna y el desarrollo de las fuerzas productivas. Caillois, siguiendo a Georges Bataille, reclamaba una sociología económica que atienda no sólo a los modos de producir riqueza, sino, más aun, a las formas en que se *gastan* los excedentes. En América Latina, los juegos de azar se volvieron una pasión muy poderosa, con muchos medios para satisfacerse: desde las carreras de caballos al casino, desde las riñas de gallos al prode, desde el *jogo de bixo* brasilero a la quiniela argentina. Pero esta economía del juego es, por definición, improductiva. Derrocha valiosos excedentes que podrían estimular la demanda y alimentar la reinversión productiva. Dibuja el *círculo vicioso* del gusto por el vértigo, la esperanza de una fortuna súbita y el riesgo de la ruina, en lugar del *círculo virtuoso* de la producción, la venta, el ahorro y la reinversión a una escala cada vez mayor. De hecho, el juego no sólo no produce nada, sino que impide producir: el trabajador que se juega todo lo que gana ni siquiera puede comer bien, condenándose a una subalimentación crónica que reduce su capacidad de trabajo.[172] La economía del juego da lugar a los *jockey clubs* de los ricos, situados en edificios suntuosos, y a la *oniromancia* de los pobres, la creencia en que los sueños pueden informar al jugador sobre los números a elegir. Sin embargo, por medio de los impuestos al juego, el peronismo evitaba que los excedentes se quemen en los fuegos de la fiebre ludópata, dándole una aplicación productiva al dinero empleado improductivamente. Contra la muy arraigada acusación según la cual el peronismo fue "puro gasto", el uso de los impuestos al juego para financiar la salud pública mostraba que el peronismo se proponía convertir el gasto dispendioso en un instrumento de la economía acumulativa.[173]

Para Carrillo, y es algo que aparece frecuentemente en sus escritos y discursos, el gasto del Estado en salud no es mero gasto, sino inversión. En el contexto del apuntalamiento peronista de la productividad industrial, el combate contra las pestes no apuntaba sólo a prevenir la salud de las personas, sino también a ahorrar millones de pesos al presupuesto nacional. Como los reformadores europeos del siglo XIX, pero también anticipándose a los neoliberales estadounidenses de los años setenta, Carrillo concebía a la salud de la población como un capital, un "capital humano", fuente de toda riqueza y de toda acumulación de capital:

---

172 Roger Caillois, *El uso de las riquezas*. En: *Instintos y sociedad*, Editorial Seix Barral, 1969.

173 En *El uso de las riquezas*, Caillois, que vivió en Argentina a lo largo de la Segunda Guerra Mundial, menciona que Perón nacionalizó la ruleta de Mar del Plata, aunque el decreto que declaró al casino de "utilidad pública" data de 1944. Caillois reclamaba una historia económica de la ciudad de Mar del Plata y señalaba que su crecimiento estuvo estrechamente ligado al juego, especialmente al ampliarse el casino durante la gobernación de Manuel Fresco. Ver: Ibíd., pág. 147.

"…se trata de respaldar la economía del país y el futuro de la nación con un 'hombre argentino' apto para el trabajo y la lucha. Ese es el objetivo final de un Ministerio de Salud Pública que sepa lo que tiene entre manos. El cuidado del capital humano, de su salud y su capacidad de producción, está demostrado que es un buen negocio. Todo peso que se invierte en Salud Pública es una buena inversión para el Estado, porque dicho peso vuelve aumentado en mayor número de días de trabajo, rendimiento y producción".[174]

De hecho, con Carrillo, la salud pública, además de orientarse a aumentar el rendimiento económico de la población, comenzaba a volverse, en sí misma, un producto, una valiosa mercancía, un muy buen negocio del que el Estado debía participar, aprovechando el boom de novedades farmacológicas que siguió a la Segunda Guerra Mundial. Para ello, en 1946, Carrillo impulsó la creación de EMESTA, Empresa Medicinal del Estado, primer laboratorio estatal que proveyó a la población de medicamentos básicos, asegurando el abastecimiento a mejor precio que los laboratorios privados.

Pero en Carrillo había una tensión entre la concepción decimonónica de la medicina social como potenciación del vigor físico de la población, y el reconocimiento, a la manera de Beveridge, del derecho de todos a acceder a la salud y al bienestar. Esta tensión entre, por un lado, la conminación biopolítica a hacer de la población un organismo saludable con el afán de crear, en términos de Carrillo, un *"hombre argentino ideal"*[175] y, por otro lado, el reconocimiento del derecho individual a estar enfermo, no será fácilmente armonizable. Se trataba de una suerte de bonapartismo sanitario, equiparable al ideal de hacer confluir, sin fricciones, los intereses de trabajadores y capitalistas, suturando toda contradicción inherente a las relaciones de clase. Por un lado, el peronismo hacía que los planes de salud llegasen hasta el último rincón del país, aun hasta los sitios donde nunca había pasado un médico. Por otro lado, buscaba mejorar la productividad de la nación para evitar los males económicos que sin embargo pronto padecería. Así, Carrillo llegó a proponer pensar la fábrica, en tanto medio-ambiente, como un centro de salud, concepción que recuerda a la de los biotipólogos:

"La fábrica, un Centro de Salud, repetimos. Este es un concepto justicialista del General Perón. El industrial deja de ser un ente privado destinado a acumular ganancia, para ser un ente público, un administrador social de la higiene, y debe realizar en su ámbito, igual que el

---

174 Ramón Carrillo, *Planes de salud pública*, pág. 72. Citado en: Susana Belmartino y Carlos Bloch, *La política sanitaria argentina y las estrategias de desarrollo*, pág. 11.

175 Karina Inés Ramaciotti, *Ideas y prácticas en la política sanitaria del primer peronismo*, pág. 126.

Estado, la sanidad de los medios obreros. (…) No hay trabajo insalubre; sólo hay ambientes insalubres".[176]

Carrillo se preocupaba por lo que llamaba "medicina social": todo lo referido a la lucha contra la pobreza, la protección de la vejez y el saneamiento del espacio, como la vivienda y el lugar de trabajo:

"Vivimos la hora de la medicina social. Las grandes causas de la enfermedad, invalidez y muerte se han escapado de la ciencia microbiana para tener como factores, la ignorancia, la pobreza, la mala vivienda, el pobre o el mal alimento, los trabajos insalubres, la extenuación mental".[177]

Pero, en simultáneo, se ocupaba de la acción sobre la enfermedad como mal biológico directo, acción a la que diferenciaba de la medicina social y a la que daba el nombre de "medicina sanitaria":

"[La medicina sanitaria] es aquella rama de la salud pública que tiene por objeto organizar los medios técnicos, jurídicos, científicos, para eliminar y destruir los gérmenes patógenos y evitar e impedir así la contaminación del hombre".[178]

Finalmente, diferenciaba la "medicina asistencial", cuyo campo de acción es el hospital y la relación clínica entre el médico y el paciente. Quedaban así definidas las tres modalidades de la medicina, entrelazadas entre sí como en un nudo borromeo y por un axioma según el cual la acción médica debe preocuparse no solo de la curación clínica del paciente, sino también de su curación social. Ya aquí, Carrillo ordenaba las ramas de la medicina según un esquema concéntrico:

"El hombre argentino está situado en un círculo cuyo centro ocupa él mismo y su biología [medicina asistencial]... El círculo inmediato a ese centro es el ambiente biofísico que rodea al individuo [medicina sanitaria]... y finalmente, el tercer círculo que corresponde a la medicina social y que se organiza contra todos y cada uno de los factores indirectos de las enfermedades".[179]

Pero, ¿qué tan nueva era la idea de "medicina social"? ¿Es que anteriormente la medicina había ignorado los problemas sociales? Por el contrario

---

176 Ramón Carrillo, *Planes de salud pública*, pág. 170, y Ramón Carrillo: *Conferencia pronunciada en la Universidad del Litoral el 31 de julio de 1951*. Publicada en *Contribuciones al conocimiento sanitario, Obras completas*, tomo II, 1975.

177 Citado en: Fabio Adrián Josín, *Utopías, salud y proyectos sanitarios 1920-1950*, Revista Margen nro. 38, 2005.

178 Ramón Carrillo, *Contribuciones al conocimiento Sanitario*, pág. 495. Citado en: Ibíd.

179 Ibíd.

y como vimos, a lo largo de la breve historia argentina la medicina estuvo estrechamente vinculada con el poder de Estado. La medicina argentina, tanto como la europea de la que siempre ha sido dependiente, fue social "desde los dientes de leche". Desde la creación y regulación de la Facultad de Medicina hasta el control de la vacunación, desde la higienización del espacio urbano a la medicalización de pobres e inmigrantes, desde el control de epidemias a la medicina veterinaria, siempre se trató de "medicina social". Al respecto, escribió Michel Foucault:

> "El capitalismo, que se desenvuelve a finales del siglo XVIII y comienzos del XIX, socializó un primer objeto, que fue el cuerpo, en función de la fuerza productiva, de la fuerza laboral. El control de la sociedad sobre los individuos no se opera simplemente por la conciencia o por la ideología sino que se ejerce en el cuerpo, con el cuerpo. Para la sociedad capitalista lo importante era lo biológico, lo somático, lo corporal antes que nada. El cuerpo es una realidad Biopolítica; la medicina es una estrategia Biopolítica".[180]

Contra la opinión corriente, Foucault mostró que con el capitalismo no se pasó de una medicina colectiva a una privada, sino lo contrario: se socializó el cuerpo como fuerza de trabajo, haciendo que la medicina y la política se integren cada vez más, hasta intercambiar sus roles. En este sentido, Carrillo fue un continuador y no un cismático de la medicina de Estado argentina. La novedad, en todo caso, era cuantitativa. Carrillo incluía aun más factores sociales en el análisis de la salud, llevándola a su punto máximo de estatización, en el contexto del Welfare State argentino. Su gran proyecto sanitarista era centrífugo: desarrollaba circuitos de acción cada vez más expansivos, buscando alcanzar cada aspecto de la vida de la población. La llamada medicina social constituía, en sí misma, una rama del gobierno y de la conducción política, exigiendo al médico ser al mismo tiempo un militar, un sociólogo, un arquitecto, un urbanista y un estadista. De ahí el sentido de uno de sus más célebres apotegmas:

> "Frente a las enfermedades que genera la miseria, frente a la tristeza, la angustia y el infortunio social de los pueblos, los microbios, como causas de enfermedad, son unas pobres causas".

Expandiendo sus circuitos de acción, Ramón Carrillo proseguiría, a una escala cada vez mayor, con las grandes campañas sanitarias que había inaugurado en 1946 ante la reaparición de la peste bubónica. Estas enormes campañas, aún hoy memorables y legendarias, transportaban la atención médica a lo profundo del interior a través de caravanas equipadas con

---

180 Michel Foucault, *Historia de la medicalización*. En: *La vida de los hombres infames*, Editorial Caronte, 1996.

camiones de guerra y trenes sanitarios, ampliando el alcance de la topografía médica, en una suerte de gran hospital itinerante. Además, el Plan Analítico de Salud Pública reservaba un lugar prominente a la propaganda higienista, llevando a cabo grandes campañas publicitarias mediante la producción de afiches, historietas, films institucionales, obras de teatro y de títeres, con el fin de contrarrestar los malos hábitos del pueblo y realizar la profilaxis de la nación, oponiendo, a los efectos nocivos de la propaganda comercial, los efectos benignos de la propaganda sanitaria. Las grandes travesías de los médicos, desde la capital hacia el interior profundo, se volvían, en sí mismas, campañas propagandísticas que se fotografiaban, filmaban y difundían continuamente para mostrar el alcance, nunca antes visto, de la medicina peronista. La guerra contra las enfermedades mostraba ser una guerra psicológica a favor de la población.

El enfrentamiento del peronismo con la prensa opositora también se volvía una cuestión de profilaxis, un problema que amenazaba la salud del cuerpo peronista. Si el diario La Prensa (nombre que también hacía pasar la parte por el todo) alertaba acerca de algún problema de salud pública, Ramón Carrillo los denunciaba como rumores infundados destinados a provocar psicosis de masas, mostrando que las operaciones de prensa también son de naturaleza viral. Informaciones intoxicantes que se diseminan o viralizan y que, una vez echadas a correr, no se pueden detener, siendo el único remedio acabar con el foco de emisión.

En 1949 corrió una voz que alertaba sobre un gran brote de viruela en Argentina. La Prensa afirmaba que la Secretaría de Salud Pública ocultaba el número real de infectados, no tomaba las medidas precautorias necesarias y no se ocupaba de verificar la presentación del certificado de vacunación en las escuelas y fábricas del país, certificado que el Plan Analítico de Salud Pública había hecho obligatorio. Para la Secretaría, el vérselas con la reaparición de una enfermedad de otros tiempos tenía un serio costo político, poniendo en cuestión sus capacidades de prevención y modernización.[181]

El Gobierno llegó a afirmar que los 365 casos registrados no eran de viruela, sino de alastrim, también conocida como "viruela menor", una dolencia benigna cuya inmunización no era necesaria. Sin embargo, según un grupo de investigadores del Hospital Muñiz, los 32 casos atendidos en 1949 eran de "viruela mayor". Rindiéndose ante las evidencias, a partir de 1950, Salud Pública, elevada por la Constitución de 1949 al rango de Ministerio, realizó una gran campaña epidemiológica, aunque enmascarándola insistiendo con que se trataba de una campaña contra el alastrim. El plan consistió en dividir el territorio nacional en seis direcciones

---

181 Karina Inés Ramacciotti, *La política sanitaria del peronismo*, pág. 137.

sanitarias encargadas de vacunar a la población. En 1954 se llevó a cabo una prueba piloto mediante una nueva vacuna contra la viruela elaborada conjuntamente entre el Ministerio y la Organización Panamericana de la Salud. Estas medidas, tomadas al calor de la presión opositora, influyeron positivamente y lograron limitar la irradiación del proceso contagioso.[182] Como el empréstito de la Baring Brothers tomado por Rivadavia en 1824 y cancelado definitiva y simbólicamente por Perón en 1947, el mal de la viruela, que azotó a la región desde la conquista de América, llegaba a su fin gracias al accionar del Ministerio de Salud peronista, cancelando otra deuda histórica.

El dispositivo inmunitario de Ramón Carrillo también prestó especial atención a las enfermedades venéreas, regulando la amenaza de la mezcla promiscua. Al comienzo de su gestión, Carrillo ordenó la puesta en marcha de una gran encuesta alrededor del país, sondeando escuelas, cuarteles y fábricas para conocer *"la información que posee el pueblo en general sobre esta enfermedad social"*.[183] La encuesta concluía que los sectores populares no contaban con lugares donde *"pedir consejo o solicitar ayuda"*. Con el objetivo de destruir el concepto de "enfermedad vergonzante" se realizaron actos de divulgación sanitaria a través de afiches y films educativos. En el Plan Analítico de Salud se dispusieron medidas como el examen prenupcial voluntario, requerido como un *"gesto patriótico"*. También se instalaron centros de higiene social en todo el país y, sobre todo, se distribuyó la penicilina, "bala mágica" que acortaba enormemente los tiempos de tratamiento de la sífilis y que recién se había comenzado a producir industrialmente y a bajo costo en Estados Unidos e Inglaterra durante la Segunda Guerra Mundial. A pesar del discurso encendidamente anti-imperialista del primer gobierno peronista, la producción de penicilina quedó en manos de una empresa estadounidense llamada Squibb, la cual, sin pasar por ningún proceso de licitación, abrió en 1949 una planta industrial en Argentina, desplazando al laboratorio nacional Massone, que producía penicilina desde 1944 pero cuyo dueño, Arnaldo Massone, era un ferviente anti-peronista que había formado parte de la Unión Democrática. El peronismo, entonces, beneficiaba al supuesto enemigo extranjero (un laboratorio estadounidense) para castigar a un enemigo político interior, aun al costo de destruir una empresa nacional con capacidad tecnológica y exportadora.

En la lucha anti-venérea también se propusieron medidas como penar la transmisión de enfermedades y la creación de un impuesto a los cabarets.

---

182 Ibíd., pág. 142.

183 Carolina Biernat, *Médicos, especialistas, políticos y funcionarios en la organización centralizada de la profilaxis de las enfermedades venéreas en la Argentina (1930-1954)*, Anuario de Estudios Americanos, vol. 64, nro. 1, 2007.

Para Carrillo, que seguía aquí la lógica inmunitaria del vencer al mal mayor mediante un mal menor, era preferible legislar, gravar y vigilar el ejercicio de la "mala vida" antes que abolirla, ya que, más peligrosa y contagiosa aun podía resultar la *patología social de los abstinentes*,[184] causante de comportamientos delictivos y de aberraciones sexuales de todo tipo. El gobierno atacó la oferta sexual callejera y permitió el ejercicio de la prostitución solo en lugares especialmente indicados, "casas de tolerancia" donde los médicos pudiesen realizar controles periódicos a la manera de una "policía de focos" y donde el uso de preservativos era obligatorio.[185] En 1954, después de muchas polémicas desatadas en el ámbito de la opinión pública y cuando el enfrentamiento entre el peronismo y la Iglesia católica recrudecía, la prostitución fue reglamentada bajo el amparo de la llamada Ley de profilaxis. Entre el uso sistemático de la penicilina y la reglamentación de la prostitución se lograron reducir, drásticamente, los índices de enfermedades venéreas.[186]

◆ ——————— ◆

Carrillo, que elaboró una gran *teoría del hospital*, proponía concebir a los hospitales argentinos no como casas de enfermedad, sino como casas de salud donde se inculcase, entre los internados, una verdadera cultura sanitaria. El hospital debía ser, además de un lugar de tratamiento, un centro de cultura:

> "Anexaremos a los hospitales, salones de actos y de proyectores cinematográficos para educar a la población; para enseñarles a cuidar su salud, que no sólo le pertenece a ella sino a toda la Nación".[187]

Dado que la salud del enfermo no es un asunto individual, concierne al Estado hacerse cargo de ella, pero también a los individuos el cuidar de sus cuerpos, no sólo a favor de sí mismos, sino, más aun, en aras del cuerpo

---

184 Ana Teresa Pfeiffer y Mónica Campins, *La producción de medicamentos durante el peronismo y el conflicto con los laboratorios Massone. ¿Problema tecnológico o político?*, Ciclos en la historia, la economía y la sociedad, vol. 14, nro. 27, 2004.

185 Ibíd.

186 Así como la penicilina redujo el impacto de la sífilis, la incorporación del insecticida DDT permitió erradicar el paludismo, enfermedad transmitida por mosquitos infectados. El médico Carlos Alberto Alvarado, nombrado en 1947 Director General de Paludismo y Enfermedades Tropicales de la Secretaría de Salud Pública, fumigó grandes porciones de zonas endémicas en el norte del país. En sólo tres años consiguió resultados impresionantes: mientras que en 1946 se habían registrado 300.000 casos nuevos de paludismo, en 1949 se declararon sólo 137. Ver: Federico Pérgola, *Carlos Alberto Alvarado y el paludismo*, Revista Argentina de Salud Pública, nro. 13, 2012.

187 Ramón Carrillo, *Teoría del Hospital*, pág. 41, *Obras Completas* I, Eudeba, 1973.

social. Un adecuado auto-cuidado de los ciudadanos sanos, el desarrollo entre el pueblo de una conciencia sanitaria que interiorice y asuma como propios los rituales de la higiene, redundaría en una reducción del gasto estatal, volviendo más económico el mantenimiento del sistema sanitario. Por eso:

> "Es necesario hacer comprender al pueblo que todos tenemos obligación de cuidar nuestra salud, que nuestra salud no es totalmente nuestra, sino que pertenece a la familia que formamos y al Estado, que nos cuidan hasta que llegamos a ser una unidad productiva. Si pudiera calcularse en cifras lo que cuesta llevar a un niño hasta los 18 años, resultarían cantidades fantásticas, ilustrativas sobre el esfuerzo que hace la colectividad en bien de cada uno de nosotros y que por lo mismo, de hecho nos impone un deber: el deber de solidaridad social de no violar los principios sanitarios por ignorancia, descuido o despreocupación".[188]

La salud pública no como gasto, sino como inversión, pero esa inversión debía ser cuidadosamente cuantificada y racionalizada para aumentar su rentabilidad, evitando que se convierta en puro dispendio de dinero y energías. Por eso, Carrillo adaptaba cálculos aritméticos provenientes de empresas aseguradoras para estimar, con exactitud, las pérdidas económicas provocadas por cada forma de insalubridad. En cuanto al hospital, Ramón Carrillo lo concebía como un problema esencialmente urbanístico. El propósito era acercar el hospital a los pacientes y no los pacientes al hospital, ajustando el espacio hospitalario al espacio urbano, especialmente el de los suburbios, donde desde principios del siglo XX se habían asentado los trabajadores. Para conquistar ese objetivo, Carrillo proponía la construcción de dos espacios fundamentales: el Centro Sanitario y la Ciudad-Hospital. Los Centros Sanitarios eran un conjunto de consultorios polivalentes, distribuidos en red por las ciudades, los barrios y los pueblos. Debían contar con tres o cuatro consultorios, un equipo de rayos x, un servicio de tratamiento ambulatorio y otro de bioestadística que registraba la captación de enfermos y el reconocimiento de los sanos. En caso de detectar enfermos graves, los Centros Sanitarios debían trasladarlos, por medio de ambulancias, a las Ciudades-Hospital, organismos propiamente hospitalarios, ubicados en zonas relativamente aisladas y tranquilas, lejos del bullicio y de la suciedad de las urbes.

El Centro Sanitario era un organismo de control, detección y vigilancia, inserto en los territorios, encargado de sondear y separar lo normal de

---

188 Ramón Carrillo, *Medicina preventiva*, Archivos de la Secretaria de Salud Pública de la Nación, vol. I. Citado en: Fabio Adrián Josín, *Utopías, salud y proyectos sanitarios 1920-1950*, Revista Margen nro. 38.

lo patológico, y desde donde también debía irradiarse, hacia el pueblo, la cultura sanitaria. Las Ciudades-Hospital debían concentrar los servicios y los grandes equipamientos, eliminando los pequeños hospitales por anti-económicos. A través de estas arquitecturas, el saber médico a la vez se desarrollaba y se acumulaba, formando al personal y atesorando datos de los pacientes, satisfaciendo la necesidad que habían tenido los médicos, desde el siglo XVIII, de obtener detalladas estadísticas sobre la salud de la población. El objetivo último era dar con el "hospital óptimo", aquel que, con el mínimo de superficie, el mínimo de personal y el mínimo de costo, brinde el máximo rendimiento.[189] Las Ciudades-Hospital contarían no sólo con los monoblocks para internados, sino también con viviendas para el personal, centro cívico, cine, teatro, iglesia, parques, e incluso unidades productivas como frigoríficos y talleres.[190] Al peligro de la ciudad patógena se le oponía el ideal de una verdadera ciudad hospitalaria como medioambiente salubre, aséptico y económico.

Obteniendo bioestadísticas a través de los Centros Sanitarios, las Ciudades-Hospital podían ser mejor planificadas, haciendo cálculos de probabilidades acerca de la circulación de enfermos, la cantidad de personal requerido, el número de camas y la necesidad de construir nuevas Ciudades-Hospital. El modelo hospitalario de Carrillo no era tanto un modelo disciplinario, con sus rígidos reglamentos acerca de los horarios de visita, la administración y la vigilancia, sino un espacio dinámico, flexible, securitario, en permanente cambio y evolución, como si se tratase de un organismo vivo que se relaciona equilibradamente con su medio, o de un sistema autopoiético capaz de diferenciarse en sub-sistemas a medida que crece. Estos espacios terapéuticos debían poder expandirse en forma armónica, para lo cual, al construirlos, había que prever hectáreas de sobra, teniendo en cuenta un margen de superficie libre por el que el hospital de base pudiera seguir creciendo y auto-diferenciarse. Como los dispositivos de seguridad según Foucault, los hospitales debían funcionar "con vistas al futuro", "teniendo en cuenta lo que puede pasar", gestionando series abiertas mediante cálculos de probabilidades.[191]

En 1947, Carrillo había conseguido transferir el Departamento de Arquitectura Hospitalaria, que dependía del Ministerio de Obras Públi-

---

189 Débora Natalia Boucht y Ana Laura Lobo, *Aproximaciones foucaultianas al proyecto sanitarista del Ministro Ramón Carrillo: ventajas y limitaciones del uso de la categoría de biopoder*, VII Jornadas de Sociología. Facultad de Ciencias Sociales, UBA, 2007.

190 Karina Inés Ramacciotti, *Ideas y prácticas en la política sanitaria del primer peronismo*, pág. 93.

191 Débora Natalia Boucht y Ana Laura Lobo, *Aproximaciones foucaultianas...* VII Jornadas de Sociología. Facultad de Ciencias Sociales, UBA, 2007.

cas, al área de influencia de la Secretaría de Salud Pública, centralizando la capacidad de proyectar, construir, reformar y ampliar las obras hospitalarias de todo el país. Arquitectos e ingenieros debían colaborar en una actividad interdisciplinaria que reservaba el lugar preponderante al saber médico, subsumiendo los saberes arquitectónicos. Para Carrillo, los médicos debían conducir y planificar los hospitales, darles su verdadero contenido y hasta definir su forma estética (Carrillo optaba, en casi todos los casos, por construir hospitales de estilo neocolonial o californiano), mientras que los arquitectos, tradicionalmente encargados de diseñar los hospitales, debían limitarse a concretizar las normas dictadas por el saber de los galenos.[192] Adaptándose con celeridad a las condiciones cambiantes de la salud pública, el gran diseño centrífugo de Carrillo permitiría ordenar la vida humana bajo el doble requerimiento del rendimiento económico y la optimización sanitaria. El proyecto de Carrillo tendía hacia la constitución de una "iatrocracia", un régimen donde los médicos ocupan el pináculo del Estado.

Sin embargo, este gran programa no llegó a realizarse. Sólo se construyeron una decena de Centros Sanitarios y ninguna Ciudad-Hospital, a pesar de que se habían planificado un total de once. Durante la gestión de Carrillo se anexionaron pabellones a las estructuras sanitarias existentes, se crearon hospitales generales y algunos hospitales para enfermedades específicas, como el Hospital de las Mercedes, que fue destinado a los enfermos mentales agudos. Si bien Carrillo logró duplicar el número total de camas hospitalarias disponibles en todo el país, de 66.300 en 1946 a 134.218 en 1954, el gran diseño con el que soñaba, la gran red centrífuga de servicios hospitalarios, quedó en los papeles, en su *Teoría del hospital*, especialmente desde 1949, cuando la curva alcista de la economía justicialista comenzó su camino de bajada.

◆ —————————— ◆

La lozanía, el bienestar, la buena salud de la economía justicialista, comenzó a mostrar sus primeros síntomas de malestar apenas tres años después de haber despegado. En 1949 se produjo una gran sequía que redujo al mínimo las exportaciones agrarias, monopolizadas por el gobierno a través del IAPI, lo que afectó gravemente la capacidad para transferir la

---

192 En su Teoría del hospital, Carrillo estableció una serie de leyes de la arquitectura hospitalaria y las dividió en tres grupos: la estructura del hospital, el funcionamiento técnico y la dinámica administrativa. A su vez, cada hospital debía estar dividido en tres sectores, agrupados en forma de U: un sector de internación, uno de servicios externos y otro de servicios generales. Cada sector debía constituir una unidad funcional, con su propio acceso y circulación, evitando interferencias entre uno y otro espacio.

renta agraria hacia la industria, cuya capacidad instalada había alcanzado su límite máximo, volviendo imperiosa la importación de bienes de capital. La balanza comercial se hacía deficitaria, las divisas empezaban a escasear[193] y el fantasma de la inflación comenzaba a acechar, realimentado por las políticas económicas anticíclicas que pretendían aliviar el aprieto. Como con toda puesta en marcha de un gran programa político o de un gran plan productivo (como lo fue de hecho el Primer Plan Quinquenal), la realidad había opuesto, a la voluntad de los hombres, toda clase de imponderables, efectos no deseados y no planificados que se revelaron a medida que el plan se desarrollaba y concretizaba. En 1951, la situación comenzó a volverse alarmante cuando la inflación llegó a superar a la tasa de aumento salarial. Los términos del intercambio también se deterioraban, ya que los precios internacionales de los productos agropecuarios comenzaron a declinar por efecto del incremento de la producción en los países competidores de Argentina en el mercado mundial y por la reconstrucción de la economía europea gracias al Plan Marshall, el cual boicoteó las exportaciones argentinas. Como resultado, entre 1948 y 1952, la capacidad de importar se redujo en un 50%.[194] Por si fuera poco, YPF tenía cada vez más dificultades para aumentar la producción de petróleo, volviendo inevitable la importación de combustibles y agravando el déficit energético.

La situación se volvía *crítica*. Recordemos que, en griego, la palabra *krinō* significaba, a la vez, separación, lucha y decisión. Si el concepto hipocrático

---

193 Una de las principales razones de la escasez de divisas en Argentina fue la crisis por falta de divisas en Inglaterra. En 1947, el Reino Unido decretó la inconvertibilidad de la libra esterlina a raíz de su incapacidad de pagar la deuda en dólares que había contraído con Estados Unidos durante la guerra. Al mismo tiempo, mantenía una abultada deuda con Argentina en concepto de las importaciones de alimentos hechas durante la guerra. Pero al volver inconvertible la libra, el gobierno de Perón no podía disponer de esos pagos para convertirlos en dólares y pagar las importaciones de bienes de capital provenientes de Estados Unidos, nuevo proveedor principal de equipos y maquinaria. Para equilibrar las cuentas, el gobierno argentino le exigió a Estados Unidos formar parte del Plan Marshall como proveedor de alimentos pagados en dólares, exigencia que Estados Unidos en un principio contempló y luego desechó. Desde entonces escasearon aun más las reservas argentinas de dólares, ya mermadas también por el rescate de la deuda externa y la nacionalización de los ferrocarriles ingleses. Es que, en 1948, Perón y Miranda nacionalizaron el sistema ferroviario aceptando todas las condiciones británicas, volviendo aquella nacionalización enormemente costosa. Sobre la falta de divisas, ver: Mario Rapoport y Claudio Spiguel, *La Argentina y el Plan Marshall: promesas y realidades*, Revista Brasileira de Política Internacional, vol. 52, nro.1, Brasilia, 2009. Sobre la nacionalización de los ferrocarriles, ver: Milcíades Peña, *La clase dirigente argentina frente al imperialismo*, Fichas, 1973.

194 Claudio Belini, *Inflación, recesión y desequilibrio externo. La crisis de 1952, el plan de estabilización de Gómez Morales y los dilemas de la economía peronista*, Boletín del Instituto de Historia Argentina y Americana Dr. Emilio Ravignani, nro. 40, 2014.

de *krísis* denominaba un cambio repentino en el curso manifiesto de una patología, el momento en que se decide sobre una inclinación definitiva de la balanza, con la crisis económica del peronismo se trataba de la repentina inclinación negativa de la balanza comercial, inclinación que había excedido las capacidades de diagnóstico, previsión y anticipación de los programadores del Primer Plan Quinquenal. A medida que el malestar económico alcanzaba su pico, Perón se veía obligado a *tomar medidas*, a decidir, con buen *criterio*, sobre el rumbo a seguir para evitar que el mal se agravara.

Las opciones que se le presentaban eran dos: o acudía al financiamiento externo para aliviar el faltante de divisas, o bien ponía en marcha un gran plan doméstico de ajuste estructural. Perón optó por la segunda opción, que, como un *phármakon* (medicina y veneno a la vez), o como una inoculación inmunitaria, conllevaba la aplicación de un mal menor para evitar un mal mayor. Por eso, adelantó las elecciones, previstas para febrero de 1952, a noviembre de 1951, asegurándose su reelección, para pocos meses después de haber ganado anunciar, por cadena nacional de radio, la puesta en marcha del llamado Plan de Emergencia Económica, también conocido como Plan de Austeridad. En ese anuncio, Perón llamaba a organizar a la comunidad alrededor de un gran esfuerzo conjunto para capear el temporal. El conductor aplicaba el concepto de "nación en armas" a la batalla contra la inflación y la descoyuntura económica, exigiéndole a los trabajadores eliminar toda forma de derroche, bajo la consigna: *"consumir menos y producir más".* Yendo en sentido contrario a la generosidad de las políticas redistributivas de los primeros años (los años felices), el plan tenía como objetivos reducir las importaciones, ajustar el consumo doméstico de carne para aumentar el saldo exportable, y fomentar el ahorro en todas sus formas. Perón le exigía al pueblo un sacrificio, el someterse a una verdadera dieta o régimen estricto de consumo, sólo de lo mínimo e indispensable, para soportar el congelamiento de los salarios. El goce popular debía ser pospuesto en función de la severidad de una nueva orden: *"Hemos afirmado que el lema argentino de la hora económica ha de ser producir, producir y producir".*

Era como si la crisis hubiese corrido un velo: el fantasma o la ilusión corporativista de adquirir un dominio absolutamente soberano sobre la economía nacional era puesta en cuestión. Los límites temblaban. Las fronteras entre el adentro y el afuera eran desestabilizadas por la puesta al descubierto de la dependencia económica de la nación con respecto al extranjero. Se volvía urgente, por lo tanto, reforzar las fronteras, apelando de modo taxativo al sacrificio colectivo, evitando que lo de afuera entre y procurando que lo de adentro se exporte.

Por un lado, Perón conminaba a los trabajadores a aumentar la productividad. Por otro lado, Carrillo concebía a la fábrica como un centro de salud. ¿Cómo suturar el conflicto entre productividad y salud, entre exigencias capitalistas y sanidad biológica de la población? Evidentemente, un aumento forzado de la productividad provocaría un gasto más veloz del "motor humano" que hacía andar a las máquinas fabriles. Desde el punto de vista de la medicina del trabajo se hacía indispensable afinar las técnicas de selección de personal y de control de los procesos productivos. Si la fábrica y el hospital debían ser concebidos como centros de salud, entonces se trataba menos de curar a los enfermos que de "vigilar a los sanos", previniendo enfermedades con el objetivo de aumentar la productividad del trabajo.

El campo de la salud, el campo del trabajo y el campo militar se indiferenciaban, tanto como el hospital, la fábrica y el cuartel. Así como Carrillo aplicó criterios militares al ámbito sanitario, también aplicó los principios del taylorismo al área de la salud. Por eso, su principal sector de pruebas fue el hospital, el espacio donde se desenvuelven los trabajadores de la sanidad. Se trataba de poner en marcha un gran plan de organización científica del trabajo hospitalario, racionalizando al máximo su economía del tiempo, descomponiendo las tareas de médicos y enfermeras para evitar que controlen y ralenticen los tiempos de trabajo. Para Carrillo, el objetivo principal de la nueva arquitectura hospitalaria era atender al mayor número de personas en la menor cantidad de tiempo posible, reduciendo el trabajo complejo a trabajo simple para su mejor medición.

La medida del rendimiento estaría dada por la cantidad de enfermos atendidos y por la cantidad de días que permanecía ocupada cada cama del hospital.[195] Como en los sistemas de primas por productividad de Taylor, Carrillo proponía un sistema de mayor retribución a mayor rendimiento profesional. Para ello, se hacía prioritario poner en marcha un vasto y eficiente sistema de estadísticas sanitarias. Pero grandes dificultades se opusieron a este proyecto. En primer lugar, el Censo Nacional de 1947 había insumido todas las capacidades estadísticas del Estado. En segundo lugar, las resistencias profesionales y gremiales a encarrilar de este modo la productividad. En tercer lugar, el Ministerio de Salud comenzó a ser desplazado, en sus funciones, por un rival al interior del mismo Gobierno: la Fundación Eva Perón.

En cuanto a la medicina laboral, el Ministerio de Salud Pública aumentó su intervención médica en los ámbitos de trabajo, intensificando su rol de "policía sanitaria". Desde su surgimiento, la Secretaría había mostrado una especial preocupación por detectar los trabajos insalubres mediante inspec-

____

195 Karina Inés Ramaciotti, *La política sanitaria del peronismo*, pág. 69.

ciones sanitarias. Entre 1946 y 1948 se supervisaron frigoríficos, cámaras telefónicas subterráneas, depósitos ferroviarios, cementeras, fábricas de aceite, establecimientos mineros e ingenios azucareros. La Secretaría de Salud realizó una serie de informes y el Poder Ejecutivo declaró trabajos insalubres a muchas de estas labores, por lo que se procedía a reducir la jornada de trabajo sin disminución de salario. También se realizaron muchas intervenciones enfocadas a prevenir accidentes de trabajo. A su vez, desde mediados de la década del cuarenta se habían recopilado estadísticas de ausencia laborales, revelando que la mitad eran atribuidas a resfríos y bronquitis y la otra mitad a enfermedades menores, por lo que se sancionó la extensión de la ley 11.729 que obligaba al empleador a remunerar toda una serie de ausencias laborales que se consideraban justificadas, siempre y cuando el trabajador hubiese efectuado la correspondiente notificación, subordinando el poder patronal de sanción al poder médico de verificación.[196]

Pero si hasta 1948 las acciones de la Secretaría de Salud estaban predominantemente orientadas a proteger a los trabajadores, desde 1949 la tendencia se revertirá a favor de las demandas empresariales, sometiendo al trabajo, con mayor fuerza, a las prescripciones del capital y a las exigencias de la comunidad organizada. En 1949, la Cámara Argentina de la Industria Metalúrgica reclamó al gobierno tomar medidas contra el aumento del trabajo a desgano y el ausentismo por "enfermedad simulada". La Secretaría de Salud Pública se alineó con los reclamos de los industriales y creó una comisión para *"la lucha contra el ausentismo obrero por manierismo".* Por *manierismo*, es decir, una afectación afectada, una enfermedad que no es tal, pero que enferma a la fábrica y al rendimiento productivo de la nación. Una de las tareas de esta comisión fue realizar un informe sobre las *"causas psíquicas del ausentismo",* concluyendo que las leyes protectoras del peronismo habían producido efectos no deseado entre los trabajadores, especialmente *"deseo de indemnización"* y de *"beneficio material",* que los llevaban a simular enfermedades.[197]

El Plan Analítico de 1947 ya había contemplado la diseminación de gabinetes psicotécnicos en escuelas y fábricas con el fin de orientar a jóvenes y aprendices, apuntalando su voluntad de trabajar y conduciéndolos hacia el puesto de trabajo que mejor se ajustase a sus capacidades. Otro instrumento de gran utilidad para el mejoramiento de la productividad fue el fichaje de los trabajadores. Mediante la puesta en funcionamiento de un gran fichero que acumulaba datos conductuales, los médicos avanzaban

---

196 Victoria Haidar, *La aparición y declinación del ausentismo como problema para el gobierno de la población trabajadora (Argentina, siglo XX),* Revista Trabajo y Sociedad, nro. 20, 2013.

197 Karina Inés Ramaciotti, *La política sanitaria del peronismo*, pág. 149.

en la clasificación de las causas del ausentismo, previniendo la aparición de la ausencia, procurando que los obreros conflictivos se ausentaran definitivamente del lugar de trabajo. Estos métodos eran los de la psicología experimental estadounidense y europea que, con la adopción argentina de la biotipología, tuvieron su principal puntal. De hecho, en 1950, el Ministerio de Salud incorporó al Instituto de Biotipología, encomendándole la tarea de realizar los exámenes psicotécnicos del personal que ingresara al Ministerio. Poco después, en 1951, se creó una oficina llamada Dirección de Biotipología de la Mujer que Trabaja. En 1947, el *Tratado de Medicina del Trabajo* escrito por Donato Boccia, uno de los principales referentes de la biotipología en Argentina, había recibido el premio Juan D. Perón.[198] Carrillo incluso consideraba que la tarea de establecer *"un biotipo argentino ideal, somático, visceral y psíquico"* debía ser continuada por el Instituto de Biotipología o Instituto del Hombre Argentino.[199] La biotipología, que en la década del treinta no había logrado insertarse en los aparatos de Estado, encontraba una nueva oportunidad para contribuir a la puesta a punto del motor humano, ofreciéndose como una verdadera técnica de predicción de la *performance* obrera.

Mediante estos mecanismos microfísicos de conducción médica, tendientes a regular las tasas de ausentismo de manera que no superasen una media aceptable, el sistema de salud repelía, por medios indirectos, el derecho a estar enfermo reconocido por el Estado de Bienestar peronista, inspirado en el Plan Beveridge. Si bien todo un conjunto de leyes protegía a los trabajadores, un conjunto importante de tecnologías médicas tendía a reducir la posibilidad de ejercer esos derechos, ya que cada reducción de la hora de enfermedad era directamente proporcional al aumento de las horas productivas. La contraparte de las leyes de protección laboral era un acrecentamiento del poder de la medicina del trabajo, encargada de reconocer, aislar, y en lo posible corregir, a los trabajadores *"antisociales", "mañosos"* o *"desganistas"* para evitar que deserten de la fábrica o que saboteen los procesos productivos.[200] De este modo, el proyecto de Ramón Carrillo, basado en el trabajo interdisciplinario de médicos laborales, psicólogos industriales, ingenieros y especialistas en seguridad fabril, se revelaba a la vez totalizador e individualizante. Como Nicola Pende, Carrillo retomaba

198 Victoria Haidar, *"Todo hombre en su justo lugar": la "solución" biotipológica al conflicto entre productividad y salud (Argentina, 1930-1955)*, Salud Colectiva, septiembre-diciembre, 2011.

199 Ramón Carrillo, *Plan esquemático de salud pública (1952-1958)*. Citado en: Ibíd.

200 Victoria Haidar, *La aparición y declinación del ausentismo como problema para el gobierno de la población trabajadora (Argentina, siglo XX)*, Revista Trabajo y Sociedad, nro. 20, 2013.

la relación entre cuerpo y fábrica, proveniente de Vesalio. El Estado debía tomar a su cargo la producción del hombre por el hombre, es decir, la fabricación de cuerpos capaces de amoldarse productivamente a los ritmos de la fábrica de acuerdo a unas normas psico-fisiológicas de laboriosidad y rendimiento. Cada individuo debía ser evaluado, clasificado, entrenado y hasta remunerado según su historia médica, según sus aptitudes y según su rinde laboral, pero en función de una totalidad que se pretendía armónica: la de la nación como patrimonio biológico o biopolítico, fuente de toda riqueza nacional.

◆ ——————— ◆

Pero todo este gran esfuerzo racionalizador, esta gran empresa utilitaria tendiente a gestionar científicamente las empresas, esta obsesión por aumentar la rentabilidad reduciendo los costos de la enfermedad, tuvo que vérselas con un rival inesperado, que era otro miembro fundamental del cuerpo peronista: la Fundación de Ayuda Social Doña María Eva Duarte de Perón.

Nacida en 1948 como una institución en cierta forma dependiente de la Secretaría de Salud Pública, ya que entre sus atribuciones principales se encontraba la de prestar ayuda a los pobres, la Fundación, en sus comienzos, contaba con unos pocos consultorios médicos, donaba ambulancias, entregaba pasajes para enfermos del interior, así como prótesis, anteojos y sillas de ruedas. Sus otras dos atribuciones principales eran dar alojamiento a las mujeres sin hogar y fomentar las actividades deportivas en la infancia. Pero bien pronto, la Fundación se convirtió en una empresa gigantesca que abarcaba la totalidad de la beneficencia pública, birlándole toda capacidad caritativa a las damas de la oligarquía.

La Fundación Eva Perón atrajo todas las contribuciones voluntarias, especialmente de los grupos económicos que querían congraciarse con el gobierno. La CGT accedió a contribuir con el salario de dos días de cada trabajador por año (la paga correspondiente a dos días no laborables, el 1 de mayo y el 12 de octubre), y con el incremento salarial del primer mes de cada trabajador. Evita era la presidenta y el ministro de Hacienda su administrador. Una ley nacional la exceptuaba del pago de impuestos. Se trataba de una entidad formalmente privada, lo que facilitaba la justificación de uno de sus rasgos distintivos: la ausencia total de control sobre su patrimonio y sus gastos.[201]

La actividad de la Fundación fue esencialmente fundadora y sus logros fueron impresionantes: construyó hogares para huérfanos, madres solteras

---

201 Joseph Page, *Perón. Una biografía*, 280.

y ancianos; refugios para mujeres que trabajan; comedores escolares; hospitales de niños; colonias de vacaciones para obreros; organizó el Campeonato Infantil de Fútbol; edificó viviendas de bajo costo; inauguró escuelas de enfermeras. Por si fuera poco, también construyó la Ciudad Infantil, un asilo palaciego para huérfanos ubicado en el barrio de Núñez. La Ciudad Infantil contaba, en su interior, con un gran jardín que reproducía una ciudad peronista en miniatura, con un banco, una iglesia, una plaza y mini-chalets californianos, alrededor de los cuales había una gran pista de cartings para el juego de los huérfanos.[202] Evita prodigaba su protección sobre los niños de todo el país, especialmente los más desfavorecidos, constituyéndose en la "madre espiritual de los niños argentinos" y realizando una de las Veinte Verdades Peronistas: "Los únicos privilegiados son los niños".

En 1950, la Fundación ocupó una parcela de tierra perteneciente a la Universidad de Buenos Aires y erigió una suerte de templo griego, de aspecto neoclásico, que le serviría de sede. Unas estatuas colocadas encima de las columnas dóricas daban al edificio un aspecto severo y sagrado. Toda esta enorme empresa solidaria parecía recuperar e hiperbolizar la tradición de las damas de caridad, entrelazándola con la justicia social peronista. Evita lo negaba, aduciendo que:

"No es filantropía, ni es caridad, ni es limosna, ni es solidaridad social ni es beneficencia. Ni siquiera es ayuda social… es estrictamente justicia. (…) La limosna y la beneficencia son para mí ostentación de riqueza y de poder para humillar a los humildes… Yo no hago otra cosa que devolver a los pobres lo que todos los demás les debemos, porque se los habíamos quitado injustamente".[203]

---

202 Por esos mismos años se edificó, en las cercanías de La Plata (ciudad construida décadas antes como utopía higienista y que entre 1952 y 1955 fue rebautizada como Ciudad Eva Perón), el primer parque temático de América. Fue ideado por Domingo Mercante, gobernador de la provincia de Buenos Aires y uno de los colaboradores más estrechos y valiosos de Perón hasta que los recelos del general por el realce de su figura lo forzaron a exiliarse del peronismo. Aunque la prensa oficial censuró el nombre de Mercante, lo sobrevivió La República de los Niños, construida sobre un predio expropiado a la empresa frigorífica SWIFT. También allí se daban fenómenos de imitación, simulación e incluso de rivalidad mimética, ya que rivalizaba con la Ciudad Infantil creada por la Fundación Eva Perón. Pero además, La República de los Niños imitaba tanto a una ciudad argentina genérica como a edificios célebres de todo el mundo y de todos los tiempos, produciendo un gran efecto icónico. Mediante una fantasía ideológica hecha realidad y que también recordaba la arquitectura de los cuentos de hadas, reunía la inocencia de la infancia con la consciencia cívica de la adultez. Creaba, a través de una heterotopía urbana en miniatura, la fantasía de ser niño y adulto al mismo tiempo gracias a la obra de Perón y Evita. Tal fue el impacto mimético de La República de los Niños que Walt Disney la tomó como modelo de su Disneylandia, inaugurada cuatro años después.

203 Eva Perón, *La razón de mi vida*, citado en: Joseph Page, *Perón. Una biografía*.

Ramón Carrillo no opinaba lo mismo y parecía pensar que todas estas acciones, por muy generosas y benefactoras que fueran, eran sólo paliativos que no eliminaban la injusticia de raíz. Peor aun: no contribuían a aumentar la riqueza general de la nación. Ya en 1946, en el decreto que creó la Secretaría de Salud Pública, se leía:

> "...la medicina curativa de clases no pudientes, en virtud de ese régimen individualista tradicional, se fundó principalmente en el principio de la caridad cristiana, base sentimental que resulta ya anacrónica, socialmente insuficiente y moralmente diminutiva de la moralidad humana...".[204]

Sin embargo, la acción simultánea de Evita parecía reconducir hacia formas anteriores de auxilio, en una economía de los socorros más preocupada por la atención de los pobres que por el apuntalamiento de la fuerza de trabajo. Si las políticas de la salud de Carrillo integraban la práctica médica a una gestión económica y política que apuntaba a racionalizar la sociedad, la acción polivalente de la Fundación Eva Perón reenviaba hacia formas arbitrarias de reparto del dinero y de las atenciones que no tenían en cuenta ninguna racionalidad económica ni ningún cálculo escrupuloso.[205]

Carrillo, en cambio, llevaba al extremo una tendencia, especialmente desarrollada en Argentina desde los positivistas, consistente en dejar atrás el estatus de "pobre", objeto confuso al que se dirigía la caridad, para poner a funcionar toda una serie de distinciones: los que están enfermos y los que simulan estarlo, los que pueden hacer cierto trabajo y los que no, etc. Por eso, todo un análisis de la ociosidad, como se ve en la problemática del ausentismo, tendía a sustituir la sacralización del pobre, de los humildes y del pueblo, que la Fundación Eva Perón, sin embargo, restituía. Para Carrillo, el problema de la enfermedad debía ponerse en relación con los imperativos utilitarios de la laboriosidad y la producción. De ahí el carácter muchas veces *policíaco* de sus acciones de gobierno. Para Evita, en cambio, la ayuda a los pobres se relacionaba con un ejercicio de la caridad anti-utilitario, hecho a puro gasto amoroso, sanando las miserias pasadas y presentes. Las acciones de la Fundación Eva Perón no dejaban de ser técnicas de poder, pero más semejantes a un pastorado o a una pastoral que al poder policial de Estado.

◆ —————————— ◆

---

204 Decreto Nº 14.807/46: *Créase la Secretaría de Salud Pública dependiente de la Presidencia de la Nación. El Secretario tendrá jerarquía de Ministro Secretario de Estado.* Buenos Aires, 23 de mayo de 1946.

205 Michel Foucault, *La política de la salud en el siglo XVIII*, pág. 214.

Michel Foucault ha mostrado que la idea del rey como un pastor seguido por un rebaño de ovejas no era una idea familiar ni para los griegos ni para los romanos. La metáfora del pastor circulaba, antes bien, entre las sociedades orientales antiguas. El faraón era un pastor egipcio; el dios Ra era un pastor divino; el monarca babilonio era un pastor de hombres. Pero fueron los hebreos quienes desarrollaron y amplificaron el tema pastoral, con una característica muy singular: sólo Dios es el pastor del pueblo, con la sola excepción del rey David, que, como fundador de la monarquía, es invocado como pastor: Dios le ha encomendado la tarea de reunir un rebaño y ponerlo a salvo.[206]

Para los griegos, los jefes también tenían la función de salvar a la ciudad, pero en un sentido diferente al pastoral. Nunca dejaron de comparar al jefe de la ciudad con el *kybernetes*, el timonel, el piloto de navío que mantiene la embarcación lejos de las rocas.[207] Pilotear es una tarea que requiere de habilidad para leer el clima y experiencia en el conocimiento de los vientos. Homero, en la Odisea, escribe que el timonel debe trabajar con el viento para mantener recto el barco. Según Plutarco, ante una tormenta, el *kybernetes*, rápido de reflejos, debe ejercer su destreza *"sin tener en cuenta las lágrimas y las súplicas de los pasajeros enfermos y temerosos del mar".*[208] Los medios de salvación del pastor y del piloto son muy diferentes. El piloto salva tanto a las personas como a las cosas que viajan en su barco, tomadas en conjunto. Pero su deber era un deber glorioso. Aun cuando muriese en la guerra, su sacrificio se veía compensado por el don de la inmortalidad. El pastor, en cambio, no puede hacer oídos sordos a las súplicas de los desesperados frente al arreciar de la tormenta. Ejerce una bondad continua, una bondad que individualiza, ya que atiende a cada oveja, sin excepción, para que coma, beba y se salve. El pastor no aspira a la inmortalidad, pero se "desvive" por los que cuida, sin perder de vista a nadie.

Según la metáfora *kybernética* griega, la ciudad era como un barco, el político como un timonel y las leyes su timón. Foucault menciona que sólo en un diálogo de Platón, el *Político*, se encuentra la imagen del rey como pastor. Pero el diálogo es en verdad una controversia acerca de esta metáfora del poder. Según Platón, el rey, como el pastor, se encuentra sólo, a la cabeza de la ciudad. Pero no es el rey el que proporciona a los ciudadanos su alimento, sino el labrador y el panadero. No es el rey el que se ocupa de los hombres cuando están enfermos, sino el médico. No es el rey el que

---

206 Michel Foucault, *Omnes et singulatim. Hacia una crítica de la razón política.* En: *Tecnologías del yo y otros textos afines*, Editorial Paidós, 2008.

207 Ibíd., pág. 307.

208 Citado en: Georgia L. Irby, *A Companion to Science, Technology, and Medicine in Ancient Greece and Rome*, pág. 856, Wiley-Blackwell, 2016.

guía con la música, sino el titiritero. Así, muchos ciudadanos podrían reivindicar, con suficiente legitimidad, el título de "pastores de hombres", y el político se encuentra rodeado de rivales. Según Platón, solamente en un tiempo mítico y primigenio, en una Edad de Oro, pudo existir el geniopastor capaz de ocuparse de todo, pero cuando a los hombres les fue dado el fuego, se encontraron abandonados a sí mismos. La tarea del político griego, entonces, no consistiría en salvaguardar la vida de cada individuo, sino en asegurar la unidad de la ciudad, tejiendo redes asociativas entre profesiones y entre temperamentos contrarios.

El cristianismo, nacido en la encrucijada de Oriente y Occidente, concedió una gran importancia a la metáfora del pastor e hizo de la tecnología pastoral su modo privilegiado de gestión de los hombres. Cristo fue llamado el "buen pastor" y los sacerdotes fueron nombrados "pastores", encargados de ayudar a cada oveja descarriada a encontrar la salvación, para salvarse también a sí mismos. El pastor cristiano está fuertemente ligado a cada miembro de su *grey* y el lazo es de sumisión personal. A diferencia del pensamiento griego, donde la obediencia resultaba de la persuasión racional ejercida por los aspirantes a ser obedecidos, en el cristianismo la obediencia es una virtud. La *apatheia* cristiana, es decir, la liberación del propio *pathos* como voluntad ejercida por uno sobre uno mismo, aparecía como un fin en sí.

Pero, aunque Foucault no lo menciona, la metáfora de la navegación no quedó completamente ausente del cristianismo. Abrevando a la vez en el emblema judaico del Arca de Noé y en la concepción grecorromana del barco del Estado, los primeros teólogos cristianos llegaron a pensar a la Iglesia como un barca protectora que transporta a los creyentes a través de los mares tempestuosos del mundo terrenal, hacia la calma del mundo celestial. Desde entonces, la parte de las iglesias donde se sientan los fieles es arquitectónicamente conocida como *nave*, y la figura del Papa ha sido muchas veces comparada con la de un timonel eclesiástico. Pero en el cristianismo, la metáfora de la embarcación, menos influyente que la del pastoreo, ponía el acento no en la dirección del barco, no en el *kybernetes*, sino en la obediencia que cada remero, o *hyperetes,* estaba obligado a prestar a las órdenes del salvador de la nave. Los remeros (*hiperesiai*), que en Grecia muchas veces eran esclavos, aportaban la fuerza locomotora del barco, no su comando, patrimonio de los ciudadanos libres.[209] Entre los cristianos, los supervisores a cargo de cada congregación no serían sólo como pilotos

---

209 Borimir Jordan, *The Meaning of the Technical Term Hyperesia in Naval contexts of the Fifth and Fourth Centuries B.C.,* California Studies in Classical Antiquity, vol. 2, 1969.

al mando de remeros, sino que hasta los altos mandos de la Iglesia serían a su vez remeros esclavos, *gobernados* por un ser superior: el Señor.[210]

En las conferencias que llevan de título *Omnes et singulatim* (sobre todos y cada uno), Foucault señala que toda esta serie de problemas, los del ajuste entre el poder político ejercido sobre la totalidad de los sujetos civiles y el poder pastoral que se ejerce sobre individuos vivos, se planteó desde muy pronto y abarca la historia occidental en su totalidad. Allí, Foucault también cita a Santo Tomás: *"el arte debe, en su ámbito, imitar lo que la naturaleza realiza en el suyo".* En verdad, se trata de una célebre fórmula de Aristóteles donde el arte era definido como imitación, pero no de las cosas de la naturaleza, sino de su principio generativo. Para Tomás de Aquino, que cristianizó a Aristóteles, este principio era el único que hacía razonable al gobierno: el rey debía imitar el gobierno de la naturaleza por Dios, e incluso el gobierno del cuerpo por el alma. El rey debía fundar las ciudades tal como Dios creó el mundo, o como el alma dio forma al cuerpo. Pero para los gobernantes modernos, los principios susceptibles de guiar la práctica de gobierno debían encontrarse en las exigencias propias del Estado, en su propia razón o en su propia naturaleza, sin arreglo a un modelo divino de justicia. El objetivo del gobierno moderno no consiste sólo en afianzar la obediencia de los súbditos, sino en aumentar la propia potencia del Estado. Antes que evitar males, debe producir bienes, único modo que tiene de vencer a sus enemigos. Un Estado que solo aspira a mantenerse, sin capacidad de acrecentarse, acaba en desgracia. El arte de gobernar ya no podía contentarse con los principios generales de la razón, la prudencia y la sabiduría. Debía hacerse de un saber concreto y preciso, muy útil para acrecentar sus fuerzas: la *estadística* o la *aritmética política*, verdadera "ciencia de control".[211]

Mientras el poder soberano era un poder sobre todo negativo, un poder de sustracción (de bienes, de servicios, de sangre), con el capitalismo

---

210 Por supuesto, de gran influencia fue también el tema de la nave de los locos. Al comienzo de su *Historia de la locura en la época clásica*, Michel Foucault muestra que la imagen de la alocada navegación sin rumbo, así como la relación entre agua y locura, están muy enraizadas en la imaginación occidental. Pero solo a partir del Renacimiento, cuando la locura comenzó a fascinar al hombre europeo, se asiste a una gran proliferación iconográfica del tema de la nave de los locos. Esta proliferación habría atravesado dos etapas: la primera, en el siglo XV, como tragedia y experiencia cósmica desgarradora, tal como puede verse en las obras de El Bosco. Luego, a partir del siglo XVI y con la aparición de la conciencia crítica humanista, el tema proliferó como farsa, cuando la locura comenzó a ser ceñida, integrada y hasta pretendidamente dominada por la razón. En verdad, en esa segunda etapa, al despuntar la época clásica, la locura dejó de ser barca a la deriva y a cielo abierto, volviéndose hospital y encierro.

211 Michel Foucault, *Omnes et singulatim. Hacia una crítica de la razón política*, pág. 324.

naciente aparece un nuevo arte de gobierno, aplicable positivamente a la vida de los gobernados, no solo para defenderla, sino, más aun, para desplegarla, potenciarla y maximizarla. La *policía*[212] debía velar por todo lo referido a la felicidad de la población, no sin vigilar y disciplinar, mediante el despliegue de toda una "anatomopolítica", a cada individuo, dando lugar a técnicas de individualización y a procedimientos de totalización muy complejos, de mayor alcance que cualquier sociedad anterior.[213] Así, al proporcionarle a los ciudadanos un poco más de vida y un poco más de fuerza, la *policía* también proporcionaba un poco más de fuerza al Estado.

◆ ——————— ◆

La acción inmensa de la Fundación Eva Perón parecía ir a contramano de todos estos programas de racionalización estatal. Evita fundaba sus obras menos en la razón gubernamental que en las razones del corazón y de la intuición. En un fragmento de *La razón de mi vida*, se lee:

"La intuición no es para mí otra cosa que la inteligencia del corazón; por eso es también facultad y virtud de las mujeres, porque nosotras vivimos guiadas más por el corazón que por la inteligencia. Pero nosotras las mujeres, cuando amamos a un niño, cuando amamos a un anciano, tratamos de consolidar su felicidad. Los hombres con más facilidad pueden destruir, haciendo la guerra. Ellos no saben lo que cuesta un hombre; nosotras sí".

---

212 En el siglo XVIII y según la distinción de von Justi, la palabra política (*poitik*) designaba la lucha contra los enemigos externos e internos del Estado. La política constituía una tarea negativa, mientras que policía (*polizei*) refería a toda tarea positiva consistente en favorecer la potencia del Estado cuidando la vida de los ciudadanos. Con el tiempo, los sentidos de estas dos palabras derivadas de *politeia* no solo se invertirán, también se confundirán cada vez más a medida que la biopolítica adquiera centralidad y el cuidado de la vida coincida con la persecución policial del enemigo biológico. Ver: Giorgio Agamben, *Homo Sacer I*, pág. 223, Adriana Hidalgo editora, 2016.

213 En *El Reino y la Gloria*, Giorgio Agamben ha relativizado la partición hecha por Foucault entre la gubernamentalidad moderna y la política cristiana. Si bien Foucault reveló que las artes de gobierno modernas tienen su genealogía en el poder pastoral, habría perdido de vista que el verdadero paradigma de la gubernamentalidad moderna se encuentra en el corpus teológico sobre el gobierno de Dios. Si se toman los tratados medievales sobre política, como hizo Foucault con Tomás, hay ruptura, pero si se toman los tratados sobre providencia divina, se revela una asombrosa continuidad entre el gobierno divino y la gubernamentalidad liberal. A lo largo de toda la teología cristiana, especialmente en relación al problema de la *disposición económica* de la Trinidad, hay una fractura funcional entre reino y gobierno, soberanía y gestión del mundo, *autocritas* y *potestas*, trascendencia e inmanencia, donde lo esencial, para comprender el gobierno de Dios sobre las criaturas, no es la idea de un orden completamente predeterminado, sino la posibilidad de gestionar el desorden y la contingencia, tal como en la gubernamentalidad moderna, que habría secularizado la teología económica cristiana.

Saber lo que cuesta un hombre era una magnitud que había obsesionado a Carrillo, pero en un sentido muy diferente a Evita, que fusionaba la justicia social con el Evangelio. Si en la antigüedad oriental y cristiana la figura del pastor se encarnó fundamentalmente en figuras masculinas, con Evita la pastoral adquiría rasgos de mujer, ajustándose a una supuesta esencia de lo femenino como disposición a la intuición, a la emoción y sobre todo al cuidado de los desvalidos. Evita se aproximaba a una pastoral popular y a una teología de los pobres, de los humildes, de los descamisados, identificados con los primeros cristianos. Entregaba toda clase de ayudas materiales, pero, sobre todo, se entregaba ella misma, exponía su cuerpo, se desvivía y consumía, donando su propia existencia para salvar a los sufrientes, olvidándose de sí.

De hecho, entre 1948 y 1950, los recursos de la Fundación Eva Perón provenían de donaciones. Pero a partir de 1950, la Fundación se quedó con la cuenta especial que proveía de recursos al Ministerio de Salud Pública. El traspaso de la cuenta significó una gran reducción del presupuesto del Ministerio, reducción que, sumada a las restricciones económicas que imponía la crisis, mermó su capacidad de acción. Si en 1947 Perón le decía a Carrillo que no habría límite presupuestario para la atención pública, hacia 1950 el ideal de centralizar la asistencia sanitaria, incorporando a los hospitales privados y a los dependientes de las sociedades de beneficencia, debía esperar a una mejor coyuntura económica.

El desacuerdo de Carrillo con el crecimiento desproporcionado de la Fundación Eva Perón (la cual, en su visión, debía encargarse solamente de las personas sin hogar y de los niños abandonados a través de la creación de hogares escuela) se conjugaba con su concepción sobre el rol de la mujer. Para Carrillo, las mujeres debían ocuparse de la procreación y del cuidado de la familia. En su esquema, los trabajos que mejor les cabían, siguiendo una orientación vocacional de inspiración biotipológica, eran la asistencia social y la enfermería. Sin enfrentarse abiertamente con la Fundación, Carrillo daba a entender que los asuntos médicos debían quedar en manos de técnicos y en manos de varones. Refiriéndose a la Fundación, escribió en 1951:

"La construcción de nuevos hospitales se encara con un nuevo sentido: el sentido de los sentimientos de los enfermos que han llegado para ser tratados técnicamente, pero que deben encontrarse en un ambiente que los ayude a curarse. Los médicos somos demasiado técnicos. No olvidemos que los médicos no podemos tener corazón de mujer. En cambio la señora de Perón pone en juego otra cosa que los técnicos no podemos ver: el sentido humano, el aspecto sensible, el aspecto sentimental de todos los hechos que rodean al problema de la enfermedad".[214]

Carrillo y Evita coincidían en atribuir a las mujeres las virtudes del corazón y del sentimiento, negándoles la inteligencia y la capacidad técnica. En este sentido, Carrillo y Evita se mantenían fieles a la división sexual del trabajo y al modelo patriarcal de familia típicos del fordismo. Pero Eva, aún apoyada en aquélla visión estandarizada de la mujer, hacía crecer su influjo personal, provocando el disgusto de Carrillo. Primero, porque obstaculizaba su plan de racionalización integral de la salud pública. Segundo, porque le quitaba recursos y capacidad de decisión.

Carrillo procuraba conducir las conductas de los individuos y normalizar a la población armado de un verdadero arsenal de saberes científicos que posibilitarían aumentar la riqueza de la nación, fortaleciendo la salud de los trabajadores. Mediante tests y fichajes se hacía posible seleccionar a los más laboriosos y asignarle, a cada uno, su "justo lugar" en el ámbito productivo. Evita, que siempre utilizaba los términos burócrata y burocracia en sentido peyorativo, conducía las almas de los descamisados, encarnando lo providencial del Estado providencia. Atendía, sin miramientos, a los que iban a verla a las oficinas de la Fundación, estableciendo con cada uno de ellos un lazo personal. Era como si Evita ocupase el ministerio de relaciones teantrópicas, vinculando al cielo con la tierra, haciendo de intermediaria entre el Pueblo y el Líder. Evita, el nervio del movimiento peronista, transmitía, a las esferas superiores, las peticiones y quejas de los de abajo, llevándoles, desde arriba, favores y donaciones. Como un ángel, una santa, o mejor, como una hada buena, encarnaba el principio hermético del comercio fecundo, yendo y viniendo, subiendo y bajando, entre dos mundos, como en una dialéctica erótica.[215] Después de todo, como mostró Giorgio Agamben en *El Reino y la Gloria*, mucho antes que la terminología moderna de la administración y el gobierno civil estuviese fijada, ya estaba constituida en el ámbito de la angelología cristiana. El concepto de "jerarquía", pero también el de "ministerio" y el de "misión", fueron sistematizados, por primera vez, a propósito de las actividades angélicas.[216]

Evita se ofrendaba y representaba todo lo excesivo del peronismo. Tal es así que, aun cuando arreciaba la crisis y Perón ordenaba consumir menos y producir más, los *gastos* de la Fundación Eva Perón eran los únicos no alcanzados por el mandato racionador. En 1952, mientras el

---

214 Ramón Carrillo, *Contribuciones al conocimiento sanitario*, citado en: Karina Ramaciotti, *La política sanitaria del peronismo*, pág. 114.

215 Vladimir Jankélévitch, *Lo puro y lo impuro*, pág. 292, Editorial Las Cuarenta, 2011.

216 Giorgio Agamben, *El Reino y la Gloria*, pág. 278, Adriana Hidalgo editora, 2008.

Ministerio de Salud Pública ordenaba racionalizar sus planteles, reducir el consumo de energía eléctrica, limitar los gastos de movilidad y extremar el cuidado de los elementos de trabajo, los policlínicos construidos por la Fundación Eva Perón contaron con revestimientos de mármol, *vitraux* y la más moderna tecnología quirúrgica y odontológica.[217]

En términos del sociólogo brasilero Florestan Fernandes, el peronismo producía una *modernización de lo arcaico y una arcaización de lo moderno*.[218] Carrillo aportaba el movimiento frío de la modernización y de lo inmunitario, priorizando la producción de sujetos sanos y laboriosos, adecuadamente adaptados a las exigencias de la productividad económica. En Evita, en cambio, predominaba el calor amoroso comunitario y arcaico (y por lo tanto, lo primordial de la *arché* arcaica), la producción de lazos afectivos capaces de irradiar el sentimiento de comunidad a través de vínculos donativos, cálidos y generosos, no regulados por el cálculo económico. Carrillo intervenía sobre los procesos vitales y sobre la higiene de los trabajadores, *haciendo vivir y dejando morir*. Evita movilizaba afectos y establecía relaciones personales, atendiendo, en persona, las demandas de los sectores populares. Mientras Carrillo orientaba sus ciencias al gobierno de la población y redactaba una *teoría del hospital*, Evita era *hospitalaria* con el pueblo. Precisamente por eso, Evita era la que más encendidamente maldecía contra la oligarquía, es decir, lo que está, por definición, fuera del pueblo y contra el pueblo. Mientras Evita se ocupaba de los enemigos exteriores al pueblo, Carrillo se ocupaba de los enemigos interiores a la población: no tanto las clases medias contreras y anti-peronistas, sino, más aun, aquellas partes de la clase trabajadora que se resistían a trabajar con capacidad plena para el todo de la comunidad organizada.

Como el poder disciplinario y el poder pastoral, pueblo y población, en el discurso peronista, se superponían. Pero *pueblo* es un concepto profundamente ambiguo. Como ha advertido Agamben, puede ser entendido como el conjunto de ciudadanos que integran un cuerpo político, pero también como la parte de los sin parte, es decir, los pobres, los desposeídos y los vencidos. En el peronismo, el pueblo era identificado con la unidad nacional y con la comunidad organizada, integrada por los trabajadores, pero también por algunas fracciones del ejército y por la llamada burguesía nacional, contra los enemigos extranjeros o al servicio del extranjero. En

---

217 Karina Ramaciotti, *La política sanitaria del peronismo*, pág. 120.

218 Milcíades Peña utilizó una fórmula similar para referirse al capitalismo argentino, caracterizándolo como *pseudoindustrialización*. Refiriéndose a la importación del ferrocarril durante el siglo XIX, afirmaba que se trató de una pieza clave en la *"estructuración del atraso mediante elementos de progreso"*. Ver: Milcíades Peña, *La clase dirigente argentina frente al imperialismo*, Fichas, 1973.

este sentido, el pueblo trabajador y plebeyo se confundía con el Pueblo-Nación que, siendo peronista, encarnaba la argentinidad y el ser nacional.[219]

Pueblo, al designar de manera ambigua el conjunto de los ciudadanos a la vez que a la multiplicidad fragmentaria de cuerpos necesitados, miserables y oprimidos, contiene una escisión más originaria que la de amigo-enemigo. Designa, en un doble movimiento, el todo y la parte excluida del todo, a *zoé* y a *bíos*, ya que contiene en su interior la fractura biopolítica central. Los dos pueblos luchan incesantemente entre sí, en una guerra intestina más originaria que toda guerra civil. De ahí el hecho aparentemente aporético de que el pueblo sea reivindicado tanto por reaccionarios como por revolucionarios y frentes populares.[220]

Con los romanos, esta escisión interna al pueblo estaba jurídicamente sancionada a través de la división entre *populus* y *plebs*, cada uno con sus propias instituciones y magistrados, con sus propios deberes y derechos. En la Edad Media, la distinción adquirió los nombres de *popolo grasso* y *popolo minuto*, pueblo gordo y pueblo delgado, burguesía y plebe, cada uno con sus artes y oficios. Pero con la Revolución Francesa, el pueblo se convierte en depositario único y universal de la soberanía y, por lo tanto, el pueblo llano, los miserables, que de hecho siguen existiendo, se convierten en un escándalo insoportable, ya que muestran que el pueblo no ha llegado a ser un todo y que la división interna persiste a través de la división de clases.[221]

En la Modernidad se ha intentado terminar con la escisión del pueblo de dos maneras: por medio del desarrollo económico y a través del racismo. En los dos casos, el pueblo no escindido, sin resto y sin falta, ha sido concebido como población. La paradoja de la solución racista, señala Agamben, es que la población como cuerpo biológico debe ser infinitamente purificada, eliminando o excluyendo a los portadores de enfermedades hereditarias, a los anormales y a los degenerados, con lo que reaparece la guerra civil y la fractura biopolítica (para Agamben, la política occidental es desde el inicio una biopolítica). Ya no se trata únicamente de la eliminación del enemigo político, como en el poder soberano, sino de exterminar a la amenaza biológica que pone en peligro la salud de la población.[222] Por

---

219 Luis García Fanlo, *Pueblo, populismo y argentinidad. La gubernamentalidad peronista.* En: Carina González, *Peronismo y representación. Escritura, imágenes y políticas del pueblo*, Final Abierto, 2015.

220 Giorgio Agamben, *Homo Sacer I*, pág. 276.

221 Ibid.

222 Agamben observa que el exterminio nazi de los judíos fue el intento de eliminar al pueblo que rechazaba integrarse al cuerpo político nacional, al *Volk* como cuerpo integral. Por eso, los judíos bajo el nazismo fueron el símbolo viviente de la vida desnuda que la Modernidad crea necesariamente dentro de sí, pero cuya presencia no logra tolerar.

su parte, la solución democrático-capitalista no solo reproduce dentro de sí al pueblo de los excluidos, sino que transforma en vida desnuda a todas las poblaciones del tercer mundo. Pueblo, entonces, vuelve a designar a los oprimidos, a aquellos que no se dejan integrar a ese *sujeto-objeto colectivo* que es la población.

Si el 17 de octubre significó la irrupción de la parte de los sin parte en la escena política argentina, el intento de integrarlos al pueblo unificado o unido también fue el intento de integrarlos a la población mediante la provisión de seguridad, bienestar, salud y derechos sociales. A cambio de protección social, los trabajadores debían subordinarse a los imperativos productivos de una economía industrialista. Pero el peronismo, especialmente a través de Evita, continuó interpelando al pueblo como la parte excluida del todo que el peronismo estaba destinado a salvar integrándola a la comunidad organizada como totalidad nacional.

A la manera de los diversos tipos de pastores mencionados por Platón en el *Político*, Evita y Carrillo rivalizaban por el monopolio de la salvación. Perón, como siempre, procuraba mantenerse por encima de la polaridad, armonizándola posicionado en un tercer término, el de la síntesis mediadora. De manera *ambivalente* y *calculadora*, Perón se colocaba por encima de la tensión entre pueblo y población y de la rivalidad Evita-Carrillo: pretendía sacar rédito político de los dos y desentenderse cuando le conviniese. El conductor siempre prefería colocarse en el lugar del árbitro y del pacificador inspirado, manteniendo en equilibrio a las fuerzas en pugna.

Este eterno hacer equilibrio hacía que Perón desconfiase de todo colaborador que pudiese llegar a hacerle sombra y a rivalizar con su posición dominante. En este ámbito también se producía una oscilación, pero referida a los criterios de selección de personal, donde Carrillo y Evita volvían a encarnar polos opuestos. Mientras Carrillo insistía en generalizar los métodos psicotécnicos de selección, fichaje y orientación vocacional, buscando equipar al Ministerio de Salud Pública con un gran cuerpo médico de expertos, Evita privilegiaba la lealtad sobre la idoneidad. Eva siempre insistía con que el primer deber era la fidelidad hacia el general y hacia el movimiento. En un discurso pronunciado ante las delegadas femeninas en una convención del Partido Peronista, postuló: *"para la mujer, ser peronista es, ante todo, fidelidad a Perón, subordinación a Perón y confianza ciega en Perón".*[223]

Además, cualquier asimilación de los judíos a las sociedades que los acogen es siempre interpretada por los antisemitas como una simulación. La *solución final* intentaba producir al *Volk* como pueblo unificado, pero al costo de producir a todo el pueblo alemán como *nuda vida* expuesta a la muerte a través de una purificación infinita. Ver: Ibíd.

223 Citado en Joseph Page, *Perón. Una biografía*, pág. 283.

El peronismo hizo de la lealtad una virtud de primer orden y hasta la conmemoración anual del 17 de octubre pasó a llamarse "día de la lealtad". Muchos ascensos, permanencias y desplazamientos de cuadros técnicos y políticos estuvieron más ligados a pruebas de obediencia y fidelidad que al mérito académico o profesional.[224] En palabras de Joseph Page, esta exigencia verticalista dio lugar a una suerte de "control de calidad al revés" que tendía a eliminar a los mejores y atraer a los mediocres,[225] situación que contrariaba la prédica y los objetivos de Ramón Carrillo. La disciplina partidaria primaba por sobre la disciplina productivista.[226]

El 14 de junio de 1950, durante la Conferencia Nacional de Gobernadores realizada en Buenos Aires, Eva Perón pronunció las siguiente palabras:

> "Creo que el mejor homenaje que a diario le rindo al general Perón es quemar mi vida en aras de la felicidad de esos humildes… el mejor homenaje que yo puedo rendirle al general es tratar de interpretarlo en sus ideales de patriota y de colaborar modestamente pero fervorosamente hasta la muerte si fuera necesario, para salvar la causa de Perón".[227]

En 1952, cuando Eva murió, estas palabras adquirieron, retrospectivamente, un tono profético. Evita, como el doctor Tulp, quemó su vida para servir a los demás y, al morir, dejó un vacío del que Perón no se pudo recuperar. Perón, que años después aseguraría que "Eva Perón es un producto mío" (mostrando que ni siquiera toleraba que la figura de Evita menoscabe su preeminencia), había perdido un miembro fundamental del cuerpo peronista: su nervio o vaso comunicante. La pérdida de Evita fue como una amputación.[228] Quizá por eso sus restos mortales fueron destinados al tercer piso del edificio de la CGT, donde el anatomista español Pedro Ara había montado un laboratorio para preservar su cadáver.

El embalsamamiento de Evita tenía como objetivo eternizarla y exponerla en un mausoleo al interior del Monumento al Descamisado. Allí, la *Jefa Espiritual de la Nación*[229] seguiría brindando su carisma, aun después

---

224 Karina Ramaciotti, *La política sanitaria del peronismo*, pág. 83.

225 Joseph Page, *Perón. Una biografía*, pág. 244.

226 Por caso, José Figuerola, el "estadígrafo" falangista que había formado parte de la dictadura de Primo de Rivera y que en Argentina se convirtió en uno de los principales colaboradores de Perón, nombrado secretario de Asuntos Técnicos y a cargo de diseñar el Primer Plan Quinquenal. Por recelo hacia su figura, Figuerola terminó siendo desplazado del poder en 1949 cuando la nueva Constitución impidió a los extranjeros ocupar cargos ministeriales.

227 Joseph Page, *Perón. Una biografía*, pág. 283.

228 Ibíd., pág. 316.

229 Título honorífico creado por Héctor Cámpora para el cumpleaños número treinta y tres

de muerta, como si se tratase de un "miembro fantasma". Al morir, fue despedida por dos millones de argentinos que esperaban a entrar al Congreso, donde fue velada. El pueblo al que Evita se dirigió en vida acompañó el cortejo fúnebre hasta la CGT, donde la esperaba el doctor Ara.

La conservación del cuerpo de Evita no estaba motivada por una pulsión necrófila, sino por una negación purista de la muerte, del tiempo y de la fragilidad del cuerpo humano. Evita, que había tenido una vida intensa, accedía a una existencia infinita, al costo de congelar el instante de su muerte. Convirtiéndola en un cuerpo artificial y en una estatua de sí misma, el artista anatomista o *tanatopractor* pretendía suspender el paso del tiempo, en su doble faz, ora creadora, ora destructiva, ya como poder de dejar atrás, desembocando en la muerte y en el no-ser, ya como lo que hace posible cualquier sobreviniencia o generación. Dado que el cuerpo no es compatible con la muerte durante mucho tiempo, Evita, que en su agonía había renunciado a los honores pero no a la lucha, al ser embalsamada y expuesta en un mausoleo, renunciaba a morir y a no ser eternamente.

Mientras Eva era resguardada fuera del tiempo, las contradicciones del peronismo se agudizaban, precisamente porque el devenir, forzado a trocarse en eternidad, se veía osificado. Si como escribió Vladimir Jankélévitch, el tiempo hace a las contradicciones algo vivible, algo soportable y hasta algo solucionable o curable,[230] colocar a Evita en la eternidad dejaba a las contradicciones terrenales en estado de suspensión.

¿Podría Ramón Carrillo, después de la muerte de Evita, ofrecerse como el nuevo puente, la nueva vía de comunicación, por otros medios, entre el pueblo, la población y el conductor?

---

de Evita, poco antes de morir. Pero, ¿qué significa este misterioso título honorífico, el de la *jefa espiritual?* ¿Acaso un espectro que da órdenes irrecusables? ¿O una jefatura que, por no poderse aplicarse sobre la materia, se vuelve sublime o sublimada?

230 Vladimir Jankélévitch, *Lo puro y lo impuro*, pág. 256.

Aluvión zoológico

"*Los hombres son todos buenos, pero si se los vigila son mejores*", sentenció Juan Domingo Perón.[231] En esta frase excéntrica, que sintetizaría la antropología filosófica del general, volvemos a encontrar la oscilación y la opción por el tercer término. Ni optimista ni pesimista, ni romántica ni realista. La frase, a la vez una definición del humano y una justificación del poder, provoca una sensación de inquietud: si los hombres son todos buenos, ¿por qué sería necesario vigilarlos?

Carl Schmitt sostuvo que no ha habido pensador de lo político que no haya fundado sus ideas, conscientemente o no, en una definición de la naturaleza humana. La piedra de toque de cualquier teoría del Estado habría que encontrarla en su antropología, según descanse en uno de los dos supuestos fundamentales: "el hombre bueno por naturaleza" o "el hombre malo por naturaleza".[232] Si Hobbes justificaba la necesidad de someter a los hombres por su naturaleza beligerante, Perón la justificaba partiendo de la postura según la cual su naturaleza es benigna. El objetivo del Estado no sería amaestrar la naturaleza guerrera de los hombres con el fin de protegerlos de sí mismos, sino mejorar su bondad innata mediante la vigilancia. En este sentido, domesticación y mejoramiento guardan en común una cierta relación con las técnicas de refinamiento animal, aplicadas, por analogía, al gobierno humano.

Roberto Esposito ha mostrado que la antropología filosófica moderna significó un paso adelante, a la vez que una secularización, de la posición cristiana ante la naturaleza humana, fundada en el pecado original. Es la antropología filosófica moderna la que ha postulado, desde Herder, que el humano es, por naturaleza, un animal indeterminado, carente y desambien-

---

231 J. D. Perón, *Conducción política*, pág. 166, Biblioteca del Congreso de la Nación, 2011.
232 Carl Schmitt, *El concepto de lo político*, pág. 87, Editorial Alianza, 2009.

tado. Su inmadurez originaria, su retraso orgánico, su extrema debilidad con respecto al resto de los animales serían la fuente de su fortaleza. El ser humano sería el único ser vivo capaz de compensar su falta de especialización instintiva mediante habilidades aprendidas a lo largo de su experiencia. Si para Nietzsche el humano es *"el más profundamente enfermo de todos los animales enfermos"*, la enfermedad humana sería una enfermedad fecunda, una herida que abre la hendija para su "apertura al mundo".

Desde el punto de vista de la antropología filosófica, las creaciones humanas son sucedáneas de su debilidad instintiva. Este era también el presupuesto de Hobbes, según el cual la sociedad solo puede durar y conservarse en presencia de un orden artificial capaz de neutralizar la violencia que la atraviesa naturalmente. De ahí la lógica inmunitaria del orden hobbesiano: para conservarse en contra de la violencia disgregadora, el orden debe absorber, dentro de sí, un fragmento de esa violencia que está llamado a impedir. El mal, la negatividad, no son eliminables, sino neutralizables y domesticables a través de una "negación de la negación". El Estado impide la violencia ejerciendo legítimamente la violencia. Protege del miedo (la pasión esencial según Hobbes) dando miedo. Como en la práctica médica de la vacunación, solo una "violencia menor" puede enfrentarse a una "violencia mayor". La violencia revestida o investida del soberano se enfrenta a la violencia desnuda de los "hombres lobo del hombre" u "hombres-lobo". Esta sería también la diferencia esencial entre la violencia humana y la violencia animal: mientras la inmunización social opera de manera homeopática, reproduciendo, controladamente, aquello que pretende neutralizar, la violencia animal se daría sin mediaciones, en un cuerpo a cuerpo feroz y *bestial*.

Sin embargo, los animales de una misma especie rara vez se enfrentan hasta la muerte. Más habitualmente, el vencedor perdona al vencido para imponerse como el líder de la manada. En la vida animal, la violencia está dotada de frenos individuales y biológicos. No así entre los seres humanos, donde la violencia siempre puede volverse incontrolable, requiriendo de una violencia inmunitaria que proteja de la guerra de todos contra todos. Como ha señalado René Girard, la especie humana inventó un mecanismo singular para lidiar con los efectos desastrosos de la desprotección biológica: el mecanismo colectivo y cultural de la víctima propiciatoria, que metamorfosea la violencia que afecta a toda la comunidad en una violencia "terapéutica" descargada contra un chivo expiatorio, frenando así el circulo vicioso de venganzas al que expone la violencia mimética.[233] El terrible costo de este mecanismo, pagado, en primer lugar, por la víctima

---

233 René Girard, *La violencia y lo sagrado*, pág. 234, Editorial Anagrama, 2006.

propiciatoria, consiste en producir una ceguera con respecto al verdadero origen de la violencia común.

Como vimos, todo este juego de oposiciones entre el humano y el animal apareció, con especial virulencia, en la descalificación procaz de los peronistas por los antiperonistas, y viceversa. Una de las posibles causas de esta traducción metafórica de la lucha política en los términos de una zoo-política podría encontrarse en las resonancias que generaba en Argentina el imaginario occidental de la guerra civil, proveniente de la Antigua Grecia. En su libro *La guerra civil en Atenas*, Nicole Loraux ha mostrado que, en Grecia, la omofagia, el comer carne cruda, era equivalente a la impiedad de los sediciosos en la *stásis*. La antropofagia y el comer carne cruda eran asociados con la barbarie y con lo animal, mientras que el comer carne cocida era asociado con la civilización.[234] Muchas veces, a los tiranos se los relacionaba, metafóricamente, con el consumo de alimentos crudos. Por caso, Císpelo, tirano de Corinto, era llamado "león fuerte y comedor de crudo".[235] Perón, considerado por el antiperonismo como un tirano (incluso un "tirano prófugo" al verse forzado a exiliarse después del golpe de Estado de 1955), se veía a sí mismo como un "león herbívoro", metáfora ambigua del militar pacifista. De este modo, Perón, nacido en el pueblo de "Lobos", parecía neutralizar, a su favor y con astucia (podríamos decir que con la astucia de un zorro, animal caro al bestiario político de Maquiavelo), la asociación entre tiranía y omofagia, proveniente del imaginario de la guerra civil griega.[236] Todo lo cual cobra mayor significación si se tiene en cuenta que, en Argentina, el salado de la carne cruda fue, desde el siglo XVIII, lo que posibilitó el despegue de la clase de los estancieros.

En un pasaje de *El Capital*, Marx hace una analogía entre la división manufacturera del trabajo, creación específica del modo de producción capitalista, y el sacrificio de reses en el Río de la Plata:

---

234 Nicole Loraux, *La guerra civil en Atenas*, pág. 97.

235 Ibíd.

236 En una conferencia pronunciada como apertura a un curso de política alimentaria argentina organizado por el Ministerio de Salud en 1949, Perón se refirió a la ingesta de carne: "*No soy enemigo de la carne; al contrario, estoy lejos de ser vegetariano; alabo la sabiduría de los jefes de los rudimentarios Estados de la antigüedad, que reservan la carne para los guerreros, y la verdura, la leche y la fruta, para los ciudadanos pacíficos; no olvido que los héroes homéricos se alimentaban de carne, pan y vino, y no cabe duda de que eran magníficos ejemplares de fuerza y valor, belleza y salud; y tampoco olvido que la ciencia de nuestra época recomienda la carne como el mejor alimento para los atletas. Pero todo tiene su medida. Nosotros no pretendemos formar un pueblo de guerreros ni de 'recordmen' sino que queremos constituir un pueblo de trabajadores sanos, fuertes, activos e inteligentes*". Conferencia publicada en un volumen editado por el Ministerio de Salud, *Política alimentaria argentina 1951*. Reaparecido en la revista *Hechos e Ideas*, tercera época, mayo de 1974.

"Así como en general la cooperación simple no afecta el modo de trabajo individual, la manufactura lo revoluciona de pies a cabeza, y ataca en su raíz la fuerza de trabajo. Mutila al trabajador, hace de él algo monstruoso, al activar el desarrollo artificial de su destreza detallista, a expensas de todo un mundo de disposiciones e instintos productores, tal como en los Estados del Plata se inmola toda una vaca por su cuero y su grasa".[237]

En este fragmento, Marx denuncia la alienación del cuerpo social producida por el capital recurriendo, como Esteban Echeverría, a la atroz imagen del matadero. Encadenados a la división manufacturera del trabajo, los cuerpos de los obreros se desmiembran para luego ser brutalmente incorporados, como miembros o apéndices orgánicos, al cuerpo artificial de la máquina fabril. La novedad que introdujo el capitalismo en la antigua división entre trabajo intelectual y trabajo físico consistió en insertar al trabajo intelectual directamente en la producción, incorporándolo a las máquinas y a la *composición orgánica del capital*, volviendo a la ciencia una fuerza productiva inmediata que potencia el trabajo físico de los obreros. Con el taylorismo, esta división adquirió un relieve fundamental, ya que de un lado se ubicaban los intelectuales de la producción, es decir, los científicos, técnicos y administradores, y del otro los obreros, que operaban las máquinas en forma parcializada, asegurando un compromiso entre capital y trabajo donde los obreros recibían buenos salarios a cambio de aceptar el monopolio patronal sobre la organización del trabajo.

Dado que en Argentina la industrialización se inició tardíamente, durante buena parte del siglo XIX los saladeros constituyeron el principal establecimiento productivo del Río de la Plata. Gracias a su salazón, la carne podía ser conservada y exportada a puertos lejanos. La disponibilidad de sal se volvía un asunto crucial, por lo que se emprendieron las primeras incursiones de los criollos hacia las Salinas Grandes, teniendo que enfrentarse, con grandes dificultades y hasta mediados del siglo XIX, a los indios del sur de Buenos Aires, motivo de más para asociar consumo de carne y guerra contra la barbarie. Además, los ilustrados antifederales de mediados del siglo XIX identificaban la economía pastoril con el primitivismo político, influidos por un esquema evolucionista donde los pueblos habrían progresado desde la caza a la economía ganadera, pasando por la economía agrícola, hasta llegar a la economía industrial como etapa superior. En este esquema, sólo la colonización agrícola permitiría, de un solo golpe, a la vez civilizar la campaña y solucionar los problemas sociopolíticos de toda la nación.[238]

---

237 Karl Marx, *El capital*, t. I, *División del trabajo y manufactura*, pág. 353. Editorial Cartago, 1971.

238 Tulio Halperín Donghi, *Una nación para el desierto argentino*, pág. 134, Editorial Prometeo, 2005.

Pero los saladeros fueron prohibidos en 1871, debido a la fiebre amarilla, cuyas causas se atribuyeron al amontonamiento de animales muertos en las orillas del Riachuelo. A ello se sumó la abolición de la esclavitud en Estados Unidos, Cuba y Brasil, que disminuyó la demanda internacional de carne salada o tasajo. No obstante, a fines del siglo XIX, la ganadería argentina se reorienta al mercado británico e incorpora dos innovaciones fundamentales: la importación de vacunos ingleses altamente refinados y los frigoríficos a bordo de los barcos, que permitían exportar carne a gran escala y atravesando grandes distancias, conservando la carne al frío. En poco tiempo se instalarán los primeros frigoríficos en tierra firme argentina, la mayoría de ellos en manos de capitalistas ingleses y estadounidenses, disparando el boom exportador.[239] Por efecto de estas innovaciones ganaderas, el ideal ilustrado de civilizar la campaña mediante colonias agrícolas quedaría definitivamente atrás, haciendo que la elite aceptase como justa, benéfica y hasta progresiva la posición de Argentina en la división internacional del trabajo.

Pasar a degüello al enemigo político interno (*ekhthrós* o *inimicus*), someterlo como si se tratase de ganado, fue una constante durante las guerras civiles del siglo XIX, la guerra de las vacas. Como vimos, una vez dirimido este enfrentamiento, unificar a las provincias bajo el mando de un Estado centralista con asiento en Buenos Aires constituyó la tarea prioritaria. Se trataba de levantar un Leviatán, es decir, un cuerpo artificial o un cuerpo-máquina, que protegiese al cuerpo social de una nueva división intestina y de una nueva descomposición. El Leviatán, que según Hobbes es al mismo tiempo un animal marino de proporciones bíblicas y un autómata gigante (mezcla monstruosa que Hobbes sintetiza en la figura del "animal artificial"), se asegura su propia duración en el tiempo consumiendo la energía vital de los seres vivos que lo componen. Esta es a la vez la fortaleza y la debilidad del Leviatán, que, como un cuerpo embalsamado, fusiona organicismo y mecanicismo.[240] Gracias a su carácter de esqueleto metálico, queda

---

239 Ver: Rodolfo Puiggrós, *Libre empresa o nacionalización en la industria de la carne*, Eudeba, 2014.

240 El Leviatán, bestia marina proveniente de la mitología hebrea, fue tomado por Hobbes para fabricar un "mito artificial" capaz de justificar el orden estatal absoluto. El relato mítico de la guerra pre-estatal de todos contra todos constituía una pieza central de su ingeniería. El Leviatán hobbesiano representa una verdadera "*máquina mitológica*", concepto acuñado por Furio Jesi, quien señaló que lo que cuenta para la "ciencia del mito", no es tanto dilucidar si existe o no una esencia sustancial de los mitos en cuanto tales, aunque resulte crucial la distinción propuesta por Karl Kerényi entre "mitos genuinos", producto de epifanías espontáneas y desinteresadas, de "mitos tecnificados", provocados deliberadamente en función de determinados intereses. Más allá de la mitologización de derecha y de la desmitologización de izquierda, más allá de la poderosa hipnosis que los mitos producen en derredor suyo y que obligan a tomar posición sobre

a salvo de la muerte, pero solo en la medida en que evite las enfermedades de los cuerpos vivos que lo componen y de donde extrae su energía motriz. El Leviatán incorpora a sus súbditos para sobrevivir más allá de los límites de la vida biológica, de modo análogo al que, según Marx, el capital, en tanto trabajo muerto, succiona y vampiriza el trabajo vivo. Pero dado que todo movimiento de corporación implicó otro movimiento simétricamente contrario de excorporación y reincorporación, el Leviatán debe rechazar a los cuerpos vivos que amenazan con desordenarlo y dañar su salud.[241]

Proteger al Estado de su descomposición, velar por su unidad, era también el objetivo estratégico de Perón y la finalidad de la comunidad organizada. No son pocos los discursos públicos donde Perón se ofrece como el único capaz de contener la fuerza disgregadora de la clase trabajadora. Sin la capacidad de freno de Perón, sin su poder de *katechon*, triunfaría el comunismo, fantasma secularizado del anticristo y de la anomia. De este modo, el peronismo funcionaba como un doble mecanismo de protección: protegía al capitalismo argentino de los comunistas y protegía a los trabajadores de la miseria y la sobre-explotación de los capitalistas. Mediante este doble reaseguro inmunitario, Perón conservaba la unidad del Leviatán argentino, transmutando la lucha de clases en colaboración de clases. La paradoja era que, para asegurar la unidad del Estado y la colaboración de clases, una parte, una particularidad, un partido o un movimiento, se colocaba por encima de todas las partes. Perón y el peronismo encarnaban, al mismo tiempo, la parte y el todo. ¿Cómo lidiar entonces con los que no se sometiesen al proyecto de regeneración peronista del Estado?

Con una mano, el general pacifista excluía a sus enemigos políticos de la escena política, con la otra, intentaba contener el ascenso hacia los extremos del enfrentamiento armado. Perón no quería ejercer la violencia frontal contra sus enemigos, prefería vigilarlos y mantenerlos a distancia, lo que de hecho lo llevó a renunciar a dar batalla cuando la Marina bombardeó la Plaza de Mayo. Perón justificó su decisión alegando que, sobre todo, quería *evitar que la sangre llegue al río*, figura retórica que remite a la contaminación de las aguas por el vertido de sangre de los mataderos.

Al apenas exiliarse en Paraguay y luego en Panamá, Perón escribe un libro donde denuncia a los golpistas y ensaya una defensa de su gobierno. El libro se tituló, significativamente, *La fuerza es el derecho de las bestias*. El significado del título, que pronto adquirió *fuerza de slogan*, también es

---

sus contenidos, de lo que se trata, sobre todo, es de investigar *cómo* funcionan, en cada caso, los mecanismos de las máquinas mitológicas, para así hacer evidentes sus componentes ideológicos, colocando entre paréntesis la pregunta por el ser del mito en y por sí mismo. Ver: Furio Jesi, *Mito*, págs. 138-139, Editorial Labor, 1976.

241 Roberto Esposito, *Immunitas*, pág. 165.

doble. Por un lado, Perón descalificaba a los que lo habían derrocado, llamándolos bestias. Por otro lado, y a la inversa de Carlos Bunge, que había titulado su libro con el nombre de *El Derecho es la fuerza*, homologando una cosa y la otra, Perón negaba u ocultaba el componente de fuerza inherente a todo derecho. De esta forma, aunque le adjudicaba la bestialidad natural a sus feroces enemigos, Perón *naturalizaba* el concepto de derecho, encubriendo el componente de imposición detrás de todo orden jurídico, fundado en la capacidad de vigilancia y control que un poder se otorga como derecho del vencedor y razón del más fuerte. Esta proximidad entre derecho y fuerza, entre razón y violencia, es la que, de acuerdo a Derrida, señala la proximidad recurrente, en el imaginario occidental, entre las figuras aparentemente opuestas de la bestia y el soberano. Lo común a la bestia y el soberano sería no tanto alguna cualidad compartida, sino una relación negativa con la ley. Mientras los animales permanecerían, por definición, fuera de su alcance, el soberano estatal instaura la ley ubicándose por fuera de ella, por medio de un acto de fuerza.[242]

Según Halperín Donghi, la Argentina, desde la crisis abierta por el golpe de Estado de 1930, vivió una "guerra civil larvada".[243] El agotamiento del orden conservador surgido en 1880 (nacido, a su vez, de la definición a favor de los unitarios de las guerras civiles abiertas u ostensibles del siglo XIX) abrió una sucesión de crisis económico-políticas en torno a la reorientación de la economía como economía sustitutiva. Era la acción larvada de la guerra civil la que hacía proliferar los tropos zoo-políticos, como si el enemigo político deviniese bestia, incapaz de acción pública, arrastrado en un proceso de reinstintivización o primitivización, vuelto presa de sus instintos, pero también una presa a la que debía dársele caza. El lenguaje operaba

---

242 En Argentina, esta relación opuesta y complementaria entre la bestia y el soberano encontró plena plasmación mitológica en la figura del lobisón, criatura aterradora proveniente de la mixtura entre el folklore guaraní, la licantropía europea y el uso de los mitos populares por el cristianismo como instrumento de evangelización. El lobisón no es un lobo, sino un perro salvaje en el que se ve convertido el séptimo hijo varón de una serie de siete hijos varones, las noches de martes y viernes de luna llena. Desde 1907, los presidentes argentinos apadrinan a todos los séptimos hijos para evitar que se conviertan en lobisones o para impedir que sean estigmatizados por los campesinos que creen en aquel teriomorfismo. Como el licántropo europeo, descendiente, según Agamben, del *wargus* (lobo) del antiguo derecho germánico (es decir, el *bandido* que quedaba excluido de la comunidad), el lobisón puede ser considerado un *homo sacer* al que cualquiera puede dar muerte cuando se convierte en perro salvaje. Como si solo el presidente (el soberano) fuese capaz de domesticar a la fabulosa bestia, la vuelve su ahijado, haciéndola parte de la familia nacional (recordando en esto la institución de la clientela romana), a la vez que absorbiendo y estatizando, para sacarle provecho, el poder brutal del animal feroz.
243 Tulio Halperín Donghi, *Argentina en el callejón*, Editorial Ariel, 2006.

un retorno artificial a la naturaleza como efecto de la puesta en crisis de la idea de progreso que había hegemonizado el orden liberal-conservador.

Si la figura de la plaga ha sido en Occidente la metáfora privilegiada de la guerra civil, en Argentina, los antiperonistas, en pie de guerra larvada contra los peronistas, verán en el peronismo algo semejante a una plaga monstruosa y multiforme: un aluvión cripto-zoológico. De hecho, la palabra *larva*, en latín, designaba a la vez la máscara y el espectro maligno, por lo que la "guerra civil larvada" puede interpretarse como una guerra enmascarada y como una guerra fantasmal o monstruosa. Pero la figura del monstruo es también una figura médica, un ente patológico, una mutación o un error de la naturaleza. El monstruo sería un ser originariamente defectuoso cuyas "carencias originarias", a diferencia de las del Homo sapiens (que en tanto "animal enfermo" es ya un monstruo y un anormal para el resto de los animales), impiden su adaptación polivalente. El monstruo, violador de las leyes de la naturaleza y de las leyes de la sociedad por su sola existencia anómala, sería aquel ser fijado a su carencia, mientras el Homo sapiens aquel ser que, partiendo de una inmadurez constitutiva, se vuelve el único animal no-fijo, capaz de llegar a ser lo que no es.

Este ha sido el punto de vista "gorila" de Borges, nombrado por el gobierno peronista inspector del mercado de aves y huevos de Buenos Aires, cargo que declinó. No solo en el cuento *La fiesta del monstruo*, escrito junto a Bioy Casares, donde fiesta, monstruosidad, barbarie y goce de las masas forman una cadena explícita. En 1955, pocos meses después del golpe de Estado que derrocó a Perón, Borges publicó en la revista Sur un artículo breve titulado *L'illusion comique*. Si en *La fiesta del monstruo* Borges retrataba el costado monstruoso del peronismo y de los peronistas, en este breve artículo, de título en francés, Borges definía lo que consideraba su otra cara o cabeza (ya que el peronismo se le presentaba, al autor del *Manual de zoología fantástica*, como una hidra de varias cabezas, tal como se ve en un célebre dibujo hecho por su propia mano): la mascarada, el ilusionismo y el uso político de la ficción escénica. Según Borges, todo en el peronismo habría sido simulación patética y sentimental, desde la detención de Perón en 1945 a su ofrecimiento de renuncia a la presidencia en 1955. Con el peronismo, la literatura para consumo masivo habría juntado fuerzas con los modernos métodos de la propaganda comercial: *"La dictadura abominó (simuló abominar) del capitalismo, pero copió sus métodos, como en Rusia, y dictó nombres y consignas al pueblo, con la tenacidad que usan las empresas para imponer navajas, cigarrillos o máquinas de lavar".*[244]

---

244 Jorge Luis Borges, *L'illusion comique*, Sur, nro. 237, noviembre/diciembre de 1955. Por supuesto, cabe mencionar también el cuento *El simulacro*, donde el funeral de Evita aparece como una farsa fantasmagórica.

En esta concepción del peronismo como pura representación dramática o teatrocracia propagandística reaparecía la obsesión de los médicos positivistas con el tópico de la simulación en la lucha por la vida, de raigambre zoológica.[245] Si en el reino de la naturaleza las víctimas deben entender el lenguaje de sus predadores para adoptarlo y disfrazarse con él,[246] los humanos simulan ser lo que no son para disimular lo que son. Se simulan virtudes para disimular vicios, y viceversa, aunque José Ingenieros, tipifando formas benignas y malignas, distinguía entre fenómenos de simulación normal o tolerable y fenómenos de simulación patológica. Como vimos, entre las formas malignas de simulación humana mencionaba la simulación de patologías en la aversión al servicio militar obligatorio, la explotación de la beneficencia y la simulación de la locura para obtener la inimputabilidad penal. También allí, entre los médicos y psiquiatras que aspiraban a gobernar la población argentina apelando al darwinismo social y a la teoría de la herencia, los degenerados se presentaban como aquellos que habían revertido la línea de la evolución. De ahí la adopción del concepto lombrosiano de "atavismo" para referirse a los que no habían logrado hominizarse. Pero, como señaló Roberto Esposito, en la figura del degenerado se superponían, contradictoriamente, dos tiempos y dos géneros: el hombre y el animal, o más bien, el hombre devuelto a la animalidad.[247] De este modo, el degenerado, por no ser enteramente bestia ni enteramente persona, quedaba exceptuado de la subjetividad jurídica, pasible de ser tratado como cuasi-animal. De ahí también que el

---

245 La concepción del peronismo como enfermedad alcanzó su paroxismo con Ezequiel Martínez Estrada, maestro en el uso de metáforas médicas para pensar la Argentina, quien de hecho "enfermó de peronismo": entre 1946 y 1955 sufrió de una dermatitis psicosomática, a la que llamó "desbarajuste glandular peronista generalizado". Al caer Perón, Martínez Estrada se recuperó rápidamente y escribió ¿Qué es esto?, un libelo escrito en el estilo de las Catilinarias ciceronianas, donde ve en el peronismo, sobre todo, un fenómeno pestífero de simulación vandálica. De hecho, ya en las Catilinarias de Cicerón, el enemigo público, Catilina, era asociado tanto con la peste que amenaza la salud del Estado como con un animal feroz y monstruoso que agrede a la cosa pública, concebida como un cuerpo físico.

246 Carl Schmitt, sin embargo, advirtió sobre la necesidad de distinguir entre la enemistad natural entre animales y la enemistad política entre humanos. Contra el *homo homini lupus*, Schmitt afirmaba que la enemistad política, por más feroz que sea, es un fenómeno humano, ya que solo el ser humano puede poner en duda la cualidad de humano de su enemigo. Ni el gato, ni el perro, niegan la cualidad de sus enemigos naturales. De ahí el peligro de que el enemigo humano se vuelva un enemigo absoluto, es decir, un enemigo considerado inhumano, animal o monstruoso, al que es pasible exterminar, en tanto se lo declara "enemigo de la humanidad". Ver al respecto: Iván Garzón-Vallejo, *Carl Schmitt: ¿Estado de naturaleza o pesimismo antropológico?*, Papel Político, Vol. 15, nro. 1, enero-junio 2010.

247 Roberto Esposito, *Bíos*, pág. 192.

degenerado estuviese siempre sospechado de simular, ya que, en tanto ser fronterizo, en tanto hombre-bestia, con una mitad en el reino animal y la otra mitad en el reino humano, no tiene identidad ni imagen fija, es engañoso, es "larvado", cambia constantemente de forma y de aspecto.

La visión del peronismo como simulación, apariencia y farsa alcanzó una de sus mayores sistematizaciones en los escritos de Milcíades Peña, donde definió al peronismo como *"el gobierno del 'como si'"*:

> "La Argentina es el país del 'como si'. Durante muchos años lució como si fuera un país moderno en continuo avance, pero en realidad iba quedando cada vez más atrasado respecto a las naciones industriales. Luego de 1940 hasta 1955, pareció 'como si' la población toda se tornara cada vez más prospera, pero en realidad el país se descapitalizaba velozmente día tras día, y mientras se iba quedando sin medios de producción se atiborraba de heladeras, de telas y de pizzerías. (...) En fin, el peronismo fue en todo y por todo el gobierno del como sí. Un gobierno conservador que aparecía como si fuera revolucionario; una política de estancamiento que hacía como si fuera a industrializar al país; una política de esencial sumisión al capital extranjero que se presentaba como si fuera a industrializar la nación y así hasta el infinito".[248]

Si bien Milcíades Peña observaba que la lógica del "como si" es anterior al peronismo, entre 1945 y 1955 habría alcanzado su apoteosis.[249] Sin embargo, y como vimos, también el peronismo puso en marcha diversos mecanismos de vigilancia y detección de simuladores, especialmente desde 1949, cuando la crisis de crecimiento arreciaba y aumentaban las presiones para actuar en contra del ausentismo laboral por *"enfermedad simulada"* y por *"manierismo".* En este sentido, la definición del peronismo como *"gobierno del 'como si'"* puede interpretarse no solo como un gobierno que simula, sino como un gobierno que gobierna la simulación.[250] Así interpre-

---

248 Milcíades Peña, *El legado del bonapartismo: conservadurismo y quietismo en la clase obrera argentina*, Revista Fichas, nro. 3, septiembre de 1964.

249 Lo cual puede relacionarse, una vez más, con el Leviatán. Como ha resaltado Giorgio Agamben, el Leviatán no era solo un artificio en el sentido de un autómata, sino también en el sentido de una ilusión óptica. Para Hobbes, que escribió dos tratados sobre óptica, ciencia que, junto a la mecánica, constituía el paradigma científico del siglo XVII, el cuerpo político gigante formado por innumerables figuras pequeñas era una ilusión de perspectiva, un "como sí" muy eficaz, inspirado en algunas sofisticadas pinturas de su tiempo que, al ser vistas a través de una lente especial, hacían aparecer una gran cabeza única allí donde, sin la lente, sólo se veía un conjunto de pequeños retratos. Ver: Giorgio Agamben, *Stásis*, pág. 46.

250 Una lectura alternativa y enormemente sugerente del "como si" peronista según Milcíades Peña es la realizada por Leonardo Fabián Sai, quien lo vincula con el *"como si no"* del mesianismo teológico-político cristiano interpretado por Giorgio Agamben. En este sentido, el peronismo habría señalado, desde lo aparencial del "como si", una dirección

tada, la obsesión peronista con la lealtad adquiere el sentido de una prueba antimimética para separar a los peronistas auténticos de los que simulan serlo, *infiltrándose* en el movimiento para obtener un beneficio propio. Si el trabajador "manierista" es aquel que realiza solo la mímica del trabajo pero no el trabajo real, camuflándose entre movimientos superfluos que disimulan la ausencia de trabajo útil, los "simuladores de la lealtad" serían aquellos que fingen obediencia irrestricta, disimulando, tras sus espaldas, el puñal de la traición.

Y aquí volvemos a la definición antropológica de Perón. *"Los hombres son todos buenos, pero si se los vigila son mejores"* es una frase que parece dicha por quien tiene hombres a su cargo, pero también animales. De hecho, muchas de las metáforas proverbiales a las que recurría Perón para explicar asuntos de conducción política involucraban fábulas y cuentos relativos al buen uso de los animales, como la parábola del guiso de liebre mencionada antes. No sorprende que en un país eminentemente agrario como la Argentina, donde el atraso y la primarización se tapan con todo tipo de cosméticas, el trato con los animales haya captado poderosamente la imaginación de los aspirantes a ejercer el poder.

En sus cursos de conducción política dictados en 1951, Perón comienza haciendo una analogía entre los hormigueros y la organización de las masas por el conductor:

> "Yo siempre prefería, en vez de hablar a hombres, hablar a organizaciones. ¿Por qué? Por la misma causa que cuando uno quiere juntar todas las hormigas, no las agarra de a una, sino que va al hormiguero y las agarra allí. Entonces, yo me dediqué a los hormigueros, con cierto provecho. ¿Por qué? Porque ellos vieron que lo que yo les decía, hacía. Ellos vieron que me traían sus inquietudes y las veían satisfechas. Es decir, que yo no era un 'macaneador' más. Por lo menos, prometía ser un hombre que hacía las diligencias necesarias para cumplir lo que ellos querían".[251]

Para Perón, que pretendía mostrar que "no macaneaba", es decir, que no simulaba, el objetivo de la conducción política es convertir lo que llamaba "masas inorgánicas" en "masas orgánicas", transformar a la gente dispersa y mal organizada en una masa conducible y con una dirección clara. Extraña elección entonces la de la metáfora del hormiguero, ya que las hormigas forman ya agrupaciones orgánicas. Extraña elección teniendo en cuenta

---

revolucionaria que el proletariado debe abolir y realizar, tal como en el tiempo mesiánico se realizaría y aboliría el *"como si no"* paulino. Ver: Leonardo Fabián Sai, *¿Qué es un campo popular?* Revista Espectros, nro. 2, 2016.

251 Juan Domingo Perón, *Conducción política*, pág. 101, Biblioteca del Congreso de la Nación, 2011.

también que Perón solía vilipendiar al comunismo porque creía que "insectificaba" al humano. Sin embargo, aquí, el conductor-entomólogo recoge a las hormigas en el hormiguero, allí donde ya están orgánicamente organizadas, para hacerlas entrar en un orden artificial, o bien, para deshacerse de ellas. Pero en este fragmento se lee también un principio de economía: dado que un conductor sin masas a la que conducir no es nada, las masas deben ser capturadas de a montones, y no un miembro por vez, ya que, de otro modo, el trabajo del conductor sería interminable. El primer trabajo del primer trabajador, el de captar a las masas con las que hará un guiso de liebre o un superhormiguero artificial, debe realizarse con criterio, yendo a buscar el material humano allí donde se lo encuentra pre-organizado o en estado *larvario*.

Entre 1951 y 1953, en pleno ejercicio de la presidencia, Perón llegó a publicar artículos semanales, referidos a temas de estrategia política, en el diario oficialista *Democracia*. Significativamente, el general firmaba esas notas con un pseudónimo, detrás del cual se ocultaba y simulaba ser otro que el que era. El nombre que eligió para firmar las notas fue Descartes, el filósofo para quien los animales carecían de alma y eran reductibles a mecanismos, semejantes a las máquinas de relojería. Más tarde, y desde el exilio, Perón, que era un entusiasta lector de Descartes, explicó que eligió firmar con su nombre porque alguna vez descubrió que el filósofo francés solía firmar sus cartas con el nombre de *Sieur du Perron* (señor de Perron). Descartes admiraba la nobleza de sangre y despreciaba a las clases plebeyas. Firmaba de este modo porque era un título nobiliario que había heredado de su madre, propietaria de una pequeña granja señorial llamada Le Perron (*perron*, en francés, significa escalera de entrada o escalera exterior), aunque, en una ocasión en que Descartes necesitaba dinero con urgencia, se vio obligado a vender la granja. Cuando Perón se enteró de esta coincidencia, afirmó: *"si Descartes firmaba como Perón, ¿por qué Perón no va a firmar como Descartes?"*.[252] *Sieur du Perron*, que era un pseudónimo usado por Descartes para ennoblecer su nombre, le sirvió a Perón para crear su propio pseudónimo.

En uno de aquéllos artículos publicados en el diario *Democracia* y refiriéndose a las gallinas, Perón, larvadamente disfrazado del fantasma de Descartes,[253] escribió:

<hr>

252 César Luis Díaz, *Cuando Perón fue Descartes (1951–1953)*, Universidad Nacional de La Plata.

253 En sus escritos de juventud publicados póstumamente con el nombre de *Cogitationes privatae*, Descartes escribió: *"Como los comediantes llamados a escena se ponen una máscara para que no se vea el pudor en su rostro, así yo, a punto de subir al teatro del mundo en el que hasta ahora sólo he sido espectador, me adelanto enmascarado"*.

"A este noble animal se lo puede matar, desplumar, meter en el horno, asarlo y aun comerlo. Todo eso puede hacerse con él. Lo que no se puede es hacerle poner un huevo a la fuerza. Lo que los imperialismos necesitan de los pueblos son sus 'huevos', y esos no se los podrán hacer poner a la fuerza (...) con los métodos actuales se dominará a gobiernos impopulares, se impondrán sacrificios y dolores a los pueblos, los conquistarán por la fuerza si es preciso, pero jamás contarán con su apoyo afectuoso o su cooperación si no lo merecen. Para merecerlo hay un medio: la justicia y la libertad, materializadas en la independencia económica, la justicia social y la soberanía política de las naciones. El justicialismo lo ha hecho. Ahora queda por ver si los imperialismos se animan y son capaces de hacerlo".[254]

Perón cuestionaba a los imperialismos de la época, Estados Unidos y la Unión Soviética, por no saber sacar los huevos de la gallina, apelando a la mera fuerza antes que a la afectuosidad. Saber tratar a los animales, entrar en contacto afectuoso con ellos, lograr su amistad, sería la clave para extraer sus mejores frutos. Este era también el modo en que Perón se vinculaba con sus legendarios caniches, los perros que lo siguieron durante buena parte de su exilio. En una entrevista realizada en Madrid en 1965, comentó:

"Juego con los perritos, que me entretienen mucho. Canela ya tiene diez años, es el abuelo. Es un exiliado como yo y me ha seguido en todas. Tinola, la madre, tiene 6 y Puchi, la hija, 2. Son grandes amigos míos. Canela, por ejemplo, es auténticamente un perro. Algunos suelen educar a los perros como si fueran hombres. Hay que dejarlos que sean perros. No contagiarles cosas de hombres, les hace mal".[255]

Por un lado, entonces, dejar a los perros ser perros, no contagiarles cosas de hombres, para así aumentar el placer de su compañía. Por otro lado, evitar hacerle poner huevos a la gallina por la fuerza, dado, precisamente, que *la fuerza es el derecho de las bestias*. Todo un arte del gobierno de los animales que conduce sus conductas evitando o eludiendo el uso directo de la fuerza, en un proceso de domesticación que no excluye la amistad ni el cuidado.

La pasión y el interés por los animales aunaban al general con su único hermano, Mario Avelino Perón. De chicos, los dos habían vivido en la Pata-

---

Descartes *avanzaba enmascarado*, a la manera de un artista de la esgrima, deporte al que le dedicó un tratado y del que Perón fue un devoto aficionado. Por cierto, en el texto original, en latín, Descartes escribe: *"larvatus prodeo"*, traducible también como un *adelantamiento larvado*.

254 César Luis Díaz, *Cuando Perón fue Descartes (1951–1953)*, Universidad Nacional de La Plata.

255 Esteban Peicovich, *Hola, Perón*, pág. 8, Editorial Granica, 1973.

gonia ya que su padre, Mario Tomás Perón, se dedicaba a arrendar campos. Allí habían criado animales hasta que Juan Domingo se mudó a Buenos Aires para entrar en el Colegio Militar. Su hermano Mario siguió viviendo en la Patagonia hasta que en 1946 se hizo cargo de la dirección del Jardín Zoológico de Buenos Aires, cargo que incluía residencia gratis en la casa del director, al interior del predio.

El general llegó a atribuirle a su hermano grandes dotes en el campo de la zoología: solía hablarle a los animales, les puso nombres propios a todos los que no lo tenían, era capaz de entrar a la jaula del peligroso orangután y darle palmadas, ya que tenía muy buen trato con animales feroces como hipopótamos, leones y tigres, hasta tal punto que había logrado que aquellos que nunca habían tenido familia pudieran reproducirse en cautiverio.[256] Según Perón, su hermano *dominaba a los animales como amigo suyo que era*.[257] En 1947, cuando Perón remodeló su residencia de fin de semana en San Vicente, Mario contribuyó con diversos animales, como avestruces, cigüeñas, guanacos, flamencos, llamas, y hasta un mirlo llamado "negro", que solía posarse en los hombros del presidente.[258]

Mientras Perón gobernaba la nación, su hermano gobernaba el zoológico, haciéndose amigo de todas las especies y propiciando el bienestar animal. Pero un zoológico es un espacio dispuesto para la mirada de los animales por los humanos, un verdadero dispositivo de poder y saber que estimula la curiosidad, en el doble sentido de avidez de saber y de atracción por el espectáculo. Derrida ha llamado "violencia soberana" a este hacer de los animales una cosa disponible para la observación humana, y ha ilustrado esta relación soberana de curiosidad inspectora rescatando la escena de Luis XIV asistiendo a la autopsia de un elefante en Versalles, durante una lección de anatomía en 1681. La escena del Rey Sol (fuente de luz y de visibilidad) asistiendo a la vivisección del paquidermo, el más grande de los animales terrestres, representaba un verdadero "cuadro político" donde se entrecruzaban el teatro anatómico y el teatro animal, en un comparecer de la bestia frente al soberano.[259]

Algunos años antes, Luis XIV había mandado a construir una *ménagerie* o "casa de fieras" al fondo del parque de Versalles. Aunque el acceso al establecimiento estaba reservado al rey y a la corte, Luis XIV lo convirtió en un centro de estudios al que podían asistir artistas que usaban de modelo a

---

256 Joseph Page, *Perón. Una biografía*, pág. 191.

257 Torcuato Luca De Tena, Luis Calvo, y Esteban Peicovich, *Yo, Juan Domingo Perón. Relato Autobiográfico*, pág. 22, Editorial Sudamericana/Planeta, 1986.

258 Joseph Page, *Perón. Una biografía*, pág. 270.

259 Jacques Derrida, *La bestia y el soberano*, pág. 332.

los animales, así como miembros de la Academia de Ciencias que los exploraban científicamente, impulsando el nacimiento de los primeros grandes estudios de anatomía comparada. La casa de fieras entró en decadencia durante los reinados de Luis XV y Luis XVI, hasta que la Revolución Francesa la destruyó, considerada, según un informe de 1792, un "lujo asiático", inútil y excedentario, para el solo divertimento del monarca. En su lugar se levantará la Casa de Fieras Nacional del Museo de Historia Natural de París (Jardín de Plantas), un nuevo tipo de institución zoológica, dirigida por el naturalista Georges Cuvier, que sirvió de modelo para todos los zoológicos del siglo XIX. La casa de fieras se abría al público y se volvía una casa democrático-popular, laica y republicana, conforme a la nueva soberanía del pueblo, en donde la observación de los animales resultaba útil para hacer progresar la historia natural, la fisiología y hasta la economía.[260]

En verdad, el primer gran modelo para las casas de fieras fue el *paradeisos*, palabra griega de origen persa (*pairi-daeza*) que denominaba un gran territorio cerrado donde muchas bestias vivían en semi-libertad bajo la vigilancia de unos súbditos, para el placer de un monarca. Los registros más tempranos de este tipo de establecimientos datan de China, alrededor del 1150 a.C. Parques similares se edificaron en los imperios babilonio y asirio y fueron el modelo para el "paraíso" bíblico o jardín del Edén. De ahí la asociación, hecha por los revolucionarios franceses, entre casas de fieras y "lujo asiático" o despotismo oriental. Incluso Moctezuma poseía en su palacio una colección de animales, la cual fue documentada por los conquistadores españoles, responsables también de su destrucción junto a la ciudad de Tenochtitlán. Según el historiador médico Henri Ellenberger, los *paradeisos* tenían una función mística: el monarca encarnaba al dios supremo o al señor de la creación que recibía a los animales ofrendados en un jardín prohibido al resto de los mortales y del que las bestias no podían salir,[261] algo muy similar, por cierto, al jardín privado de Perón y de Eva en la quinta de San Vicente, con los animales dados en homenaje por el hermano Mario, director del zoológico. En este sentido, el paraíso peronista,[262]

---

260 Ibíd., pág. 378.

261 Ibíd., pág. 355.

262 Para Carl Schmitt, no hay política sin pecado original y, por lo tanto, sin exilio del paraíso. La realidad del ser caído del hombre impone la afirmación de lo político, dado que, al probar la manzana prohibida, los humanos han dejado de ser plenamente buenos, y por lo tanto ya no pueden ser amigos de todas las criaturas. Al ser caído, tornado en un ser problemático y peligroso por estar obligado a enfrentarse, sin seguridad, a la decisión entre el bien y el mal, se le impone la distinción entre amigo-enemigo como una necesidad que, de acuerdo a Schmitt, solo los hipócritas humanitaristas, liberales y románticos pueden negar. El relato del Génesis, entonces, no sería solo el de la creación del mundo, sino también el de *la génesis de lo político*. (Ver: Iván Garzón-Vallejo, *Carl*

habitado por una pareja originaria, por una Eva y por un Adán que no era el primer hombre pero sí *el primer trabajador*[263] (y todo soberano es aquel que está primero o dice ser el primero), era a la vez un zoológico, un *paradeisos* y un jardín del Edén.

Con la reforma del jardín zoológico como jardín democrático se pasó de las bestias suntuarias a las bestias provechosas, tanto para el saber como para la economía, ya que las municipalidades y los comerciantes que fundan zoológicos cobran entrada y obtienen ganancias gracias a su oferta espectacular de autopsias animales (en el sentido originario de *autopsia*: ver algo con los propios ojos y poder dar testimonio de ello). Además, el zoológico se volvió rentable para la economía en el sentido de la *oikos-nomía*, la "ley de la casa". A los animales se les proporciona una casa, un hábitat, o más bien un habitáculo, que los hacina en una lógica de la domesticación, para ser adecuados al *domus*, a la ley de la casa familiar o casa del señor, en un proceso de *doma* y amaestramiento donde se afirma el dominio soberano sobre las bestias.[264] Aunque la revolución francesa guillotinó al rey, no revolucionó la relación del soberano con los animales, perpetuando la arquitectura zoológica, ya no para el disfrute exclusivo del monarca, sino para el del pueblo soberano.

Los zoológico son casas, *oikos*, que simulan y hacen *"como si"* el hábitat artificial, emplazado como lugar de paseo en una gran ciudad o *polis*, fuese el hábitat natural de los animales dispuestos para la vista. Cercados dentro de ciertas fronteras infranqueables que limitan su libertad de movimiento, los animales coleccionados quedan disponibles para la mirada curiosa de las masas, en espacios ecológicamente acondicionados. Los animales son cercados y limitados a la vez que cuidados, curados, cus-

---

Schmitt: ¿Estado de naturaleza o pesimismo antropológico? Papel Político, Bogotá, vol. 15, nro. 1, enero-junio 2010). Sin embargo, el *paradeisos* persa era ya un espacio político, donde se afirmaba la función mística del monarca.

263 Además, o precisamente por ser un espacio apolítico, el paraíso bíblico sería aquel lugar inmemorial en donde no había necesidad de trabajar. El sudor de la frente aún no habría empezado a derramarse hasta cometido el pecado original, que introdujo el trabajo en el mundo. La expulsión del Edén daría inicio a la Historia, haciendo necesario el trabajo como trabajo de expiación, hasta la llegada del tiempo mesiánico, donde se realizaría "el fin del trabajo", como en un tiempo sabático permanente. Por eso, el concepto de trabajo estará asociado, *desde el comienzo de los tiempos*, con la dignidad, con el bien y con la libertad, a la vez que con el mal, la caída, el castigo, el pesar y el pecado. Así, podría complementarse y corregirse la interpretación puramente política de Schmitt acerca del Génesis agregando que, solo desde que hay trabajo, y por lo tanto posibilidad de apropiación del trabajo ajeno, hay política. Sobre la teología del trabajo, ver la conferencia de Jacques Derrida: *La universidad sin condición*.

264 Jacques Derrida, *La bestia y el soberano*, pág. 334.

todiados y tratados.[265] El arte del zoológico es el arte de instalar límites y *"saber instalar un límite es a la vez un arte y una técnica, quizá la tekné misma"*,[266] como los límites diseñados por Carl Hagenbeck, el diseñador del zoológico moderno de Hamburgo, quien instaló fosos como reemplazo de las rejas, para así disimular o esfumar los límites y hacer sufrir menos a los animales por su separación. Este proceso de confinamiento fue simultáneo al de la creciente industrialización de los animales orientada a la producción de carne y alimentos. La cría selectiva, la inseminación artificial, la manipulación hormonal: se asiste, desde hace doscientos años, a toda una administración biopolítica de la vida animal para hacerla económicamente provechosa, atando previamente a los animales a la ley de una casa que sirve para confinarlos dentro de unos límites artificiales y así engordarlos para sacrificarlos.[267]

Derrida también observó que el surgimiento de los zoológicos democráticos fue contemporáneo al surgimiento de los manicomios. El hospital psiquiátrico, que es una casa o un asilo para enfermos mentales, es una modalidad de encierro que se propone tratar a los seres que encierra, a la vez que los priva de su propio espacio y de su propio tiempo, para producir, mediante la cura terapéutica (que es también un derecho de mirada del psiquiatra sobre el paciente), un mejor-estar o un bien-estar, acondicionado o aclimatado. La superposición entre encierro y cuidado es tan estrecha que, en muchos casos, los enfermos mentales ya no quieren abandonar el asilo, se arraigan a él y cuando salen se reencuentran con sus síntomas, de modo semejante a un animal nacido en cautiverio incapaz de sobrevivir si es devuelto al espacio abierto.[268]

En Argentina, ya Juan Manuel de Rosas disponía de una *ménagerie* en sus dominios de Palermo. Los animales allí exhibidos eran animales autóctonos solo disponibles para el entretenimiento de los visitantes que entraban al parque del soberano bonaerense (popularmente conocido, de hecho, como "el tigre de Palermo"). Con el destierro de Rosas y el ascenso de la política

---

265 Típicos del siglo XIX fueron los zoológicos humanos, promovidos también por Carl Hagenbeck, donde se exhibían "ejemplares" de diversas etnias sometidas por el colonialismo europeo. Las familias capturadas eran trasladadas a zoológicos y exhibidas en espacios que simulaban las geografías que habitaban, como si fuesen hábitats. Los "salvajes" (nubios, esquimales, mapuches o tuaregs), tratados como animales exóticos en un espectáculo etnográfico, se veían obligados a actuar para satisfacer la fruición escópica del público europeo.

266 Jacques Derrida, *La bestia y el soberano*, pág. 350.

267 Anahí González, *Una lectura deconstructiva del régimen carnofalogocéntrico. Hacia una ética animal de la diferencia*, Revista Daimon, nro. 69, 2016.

268 Jacques Derrida, *La bestia y el soberano*, pág. 351.

ilustrada de Sarmiento, la *ménagerie* fue abierta al público, creando, en el antiguo *domus* o caserón del estanciero, el Parque 3 de Febrero.

En 1888, bajo el ímpetu constructivo del positivismo victoriano, el zoológico de Buenos Aires quedó inaugurado. Para Carlos Pellegrini, toda gran ciudad que se precie debía contar con un zoológico y lo consideraba un "adorno utilísimo", destinado a la vez a la recreación y a la educación de las masas. En pocos años y bajo la dirección del naturalista Eduardo Holmberg, el zoológico se convirtió en un gran paseo público y en un gran jardín pintoresco, con la característica de edificar, para cada animal, un palacio al estilo del país de origen de cada especie: el pabellón de los osos tenía un estilo neogótico; el recinto del hipopótamo un estilo egipcio; el espacio del león tenía la forma de un circo romano; el sitio del elefante la forma de un templo hindú, etc. En este sentido, el zoológico porteño fue precursor de otra heterotopía, La República de los Niños ideada por Domingo Mercante, donde también se imitaban todos los estilos arquitectónicos del mundo, reuniéndolos en un mismo predio. Además, en el zoológico se incorporaron, a la manera de vistosos ornamentos, réplicas de grandes obras de la arquitectura romana, como la entrada con forma de Arco de Tito (monumento que conmemora la victoria de los romanos sobre los judíos y la destrucción del templo de Jerusalén), y una réplica del Templo de Vesta, diosa romana del fuego y de la casa, encargada de la protección del hogar. Sobrecargado de signos arquitectónicos, el zoológico resultaba una suerte de ciudad dentro de la ciudad, una ecléctica cosmópolis donde convivían todas las especies animales y todas las épocas de la arquitectura. A la vez un muestrario de bestias y un muestrario de edificaciones. Esto hacía del zoológico de la Buenos Aires *belle époque* no solo un predio que albergaba ejemplares de animales exóticos: el zoológico mismo se volvía un ejemplar único en su especie.[269]

A medida que se fue popularizando, el zoo porteño fue considerado un "paraíso para los niños", donde el entretenimiento convivía, en perfecta armonía, con los fines pedagógicos. Cuando, en 1946, Mario Perón se hizo cargo de su dirección, mostró una especial preocupación por la cuestión del bienestar animal, es decir, por el intento de hacer sentir a los animales encarcelados y desambientados *como si estuviesen en su casa*. Durante su gestión se inauguró un nuevo ámbito para los leones según el modelo de Carl Hagenbeck, con fosa perimetral en lugar de barrotes de hierro, y un sector para felinos pequeños donde por primera vez se incorporó el vidrio

---

269 Marina Celeste Vasta, *De "adorno utilísimo" a "paraíso de los niños": la especie Jardín Zoológico a través de la evolución del ejemplar en Buenos Aires*, Registros. Revista De Investigación Histórica, 13(2), 2017.

como límite físico.[270] Mario Perón se mostraba especialmente preocupado por los límites que separan a los animales exhibidos de los visitantes curiosos, preocupación que refiere a la cuestión de los umbrales, y por lo tanto a la cuestión de la llave que abre y cierra las puertas (en el caso de una fosa cavada en lugar de un enrejamiento, se trata de un tipo de límite a la vez más suave y más infranqueable que la reja, ya que no hay llave que pueda abrir una fosa[271]). Era ya el caso también del umbral del zoológico, réplica del Arco de Tito: una entrada triunfal a un espacio conquistado a los terrenos de Rosas, a la vez que un símbolo del triunfo de la civilización sobre la barbarie animal. Todo *oikos*, cualquier casa, ya sea familiar, urbana o nacional, todo espacio económico o ecológico, implica límites, umbrales, y por lo tanto llaves indispensables para entrar y salir. Como observa Derrida, hoy en día esto sigue siendo cierto, aunque las llaves metálicas tienden a ser sustituidas por códigos encriptados, técnicas de cifrado informático y señalizaciones electrónicas.[272]

La casa, asociada milenariamente con el lugar de arraigo, la residencia, la convivencia, la tierra natal y el engendramiento, es fundamentalmente el lugar del padre como guardián y patrón de la patria derivada del derecho patriarcal. En la casa nacional, o en la nación pensada como casa natal, los ciudadanos guardan entre sí una relación "fraternal", *semejante* al parentesco sanguíneo. Como ya señalamos en relación al régimen patricio, toda nación se auto-fundamenta en una genealogía que remite a los lazos de sangre derivados de unos padres fundadores, en una autoctonía engendradora que en Grecia llevaba el nombre de *genos*: el clan de familias nobles, de donde deriva, por *parentesco lingüístico*, la obsesión nacionalista con la *genética* y con el buen nacer (el *eu-genos* de la eugenesia). La comunidad jurídico-política es de este modo naturalizada como comunidad sanguínea.

En este sentido, el peronismo puede pensarse como promesa de una casa propia, pero la propiedad de la casa suburbana depende de la protección de la casa nacional. Se va *de casa al trabajo y del trabajo a casa,* serenamente y sin desvíos, sabiendo que el trayecto que se hace contribuye al agrandamiento de la *oiko-nomía* nacional, resguardada de los embates del exterior mediante una política económica proteccionista. Gracias a la protección peronista de la casa nacional, gracias a sus políticas domésticas y de domesticación, cada cual podía aspirar a tener su casa particular. Para el antiperonismo, en cambio, el peronismo aparecía como un espectro acechante: el de los indeseables que habían sido convenientemente puestos

---

270 Ibíd., pág. 14.

271 Jacques Derrida, *La bestia y el soberano*, pág. 363.

272 Ibíd.

fuera de la casa o fuera de la estancia, en las periferias de la comunidad, y que ahora cruzaban las fronteras que los marginaban para hacerse, intrusivamente, de la casa nacional, ansiedad plasmada, con inigualable claridad de pesadilla, por Julio Cortázar en su cuento *Casa tomada*. Para los dos bandos se trataba, como en la guerra civil, a la vez de cuidar la casa propia y de hacerse de la totalidad del espacio público, confinando al enemigo en el espacio de la vida privada, como a un animal doméstico y no político.

Entonces, la *comunidad organizada* postulada por Perón era naturalizada de múltiples maneras, encubriendo su carácter fantasmático: primero, en nombre de la casa nacional, la natalidad autoctonista y la familia fraterna, donde todos los niños (los únicos privilegiados) encontrarían al fin cobijo. Segundo, a través de las domesticación de los animales y las sociedades de insectos, de las que solo el conductor puede y sabe sacar provecho mediante diversas técnicas de *mejoramiento* y amaestramiento. Tercero, en nombre de la metáfora organicista del cuerpo político. Los tres paradigmas (el oiko-nómico, el zoo-político y el inmunitario) se entretejían y encadenaban a través de un lazo o llave maestra: la exigencia de lealtad al líder y al movimiento.

En una entrevista realizada en 1970, Perón, aludiendo a la lógica inmunitaria, trazó un paralelo entre los traidores y los microbios: *"Cuando aparece un traidor, yo no lo echo ni nada. Les digo: 'cuídenlo, este es útil, está generando anticuerpos'".*[273] Recurriendo a un lenguaje ominoso, Perón concebía al movimiento peronista como un cuerpo sujeto a fuerzas biológicas, cuerpo que no rechaza el conflicto, sino que lo precisa para poder neutralizarlo y así inmunizarse. Los desleales eran representados como un veneno necesario, un mal que cura y hace el bien, ya que los microbios generan anticuerpos, aunque, para hacer el bien, los microbios deben perecer.

En sus cursos de conducción política, Perón profundizó aun más en las analogías entre el movimiento peronista y el cuerpo biológico. En un pasaje titulado *Educación y organización del pueblo*, relacionaba el dominio pedagógico del padre, el paradigma de la casa y la concepción del pueblo como cuerpo en movimiento:

> "Primero hay que enseñarle (a la masa, al Pueblo) a pararse; después a caminar; después a correr despacio, y después correrá ligero. Todo esto está en la educación, en la organización del pueblo. Es decir, convertir esa masa inorgánica en masas orgánicas y organizadas: convertir la masa en pueblo consciente de sus derechos y de sus deberes".[274]

---

273 Joseph Page, *Perón. Una biografía*, pág. 281.

274 Juan Domingo Perón, *Conducción política*. Biblioteca del Congreso de la Nación, 2011.

La masa inorgánica o el pueblo larvario serían como un infante indefenso al que el conductor debe educar para conseguir que se vuelva autónomo y pueda marchar por sí mismo, en una verdadera "marcha peronista". Hasta tanto, hasta que no adquiera suficientes habilidades motrices, el conductor lleva a la masa de la mano. De esta forma, el conductor, es decir, aquel que conduce las conductas de los otros, adquiere una posición natural de dominación y vigilancia.[275] El movimiento peronista se vuelve, literalmente, un ser moviente que marcha por su cuenta una vez que ha sido educado por el conductor. En este sentido, el pueblo o la masa no es solo como un infante que aprende a caminar y que carece de autonomía, sino como un autómata diseñado por el conductor a la manera de un demiurgo autócrata que echa a andar una criatura fabricada y cuyos movimientos controla. Un autómata, esto es, un ser artificial capaz de moverse por sí mismo, o que simula moverse por sí mismo cuando ha sido programado para ello. Bajo esta luz, el conductor aparece como un creador de artificios, incluso como un artista inspirado que conduce al Leviatán (ese "animal artificial" según Hobbes), haciendo de las masas su arcilla. El pueblo sería un material amorfo y modelable con el que el genio político, de naturaleza sagrada por estar ungido con el óleo sagrado de Samuel, realiza su arte, tal como se lee en un pasaje de *Conducción política*:

> "Comparando esto de la conducción con la pintura o con la escultura (…) un hombre, aun penetrando y conociendo la teoría, o sea la perspectiva, el color, el ángulo, los desplazamientos, la colocación, todo eso que forma los grandes principios de la perspectiva para el arte plástico, no haría una obra de arte ni con esos conocimientos ni con el perfecto manejo de los instrumentos de ejecución. Si él no es un artista, si no es capaz de crear dentro de esa teoría y dentro de esas formas de ejecución, no será nunca un buen artista".[276]

Tener buena mano, para el conductor político, adquiere tanta importancia como la mano del artista y la mano del cirujano, el *organum organorum* de la tradición iconográfica europea. De hecho, la figura escultórica que compondría el Monumento al Descamisado era un gigante con el rostro de Perón y el cuerpo de un trabajador fornido, con la camisa abierta y los puños cerrados, en posición erguida, casi como si estuviese por iniciar una marcha (se trataba, a todas luces, de un gigantesco cuerpo peronista). No en vano, el conductor ha sido acusado de ejercer la "dedocracia" o, como

---

275 Gabriel Périès, *Du conductor et du pueblo dans Conducción política du général Perón (1952)*, pág. 8, Mots. Les langages du politique [En ligne], 85, 2007.

276 Juan Domingo Perón, *Conducción política*, pág. 76.

escribió Martínez Estrada, Perón, con el índice, les mostró a los pobres la Tierra Prometida:

> "A ellos, Perón les mostró con el índice la Tierra Prometida: pan, medicinas, trato humano, conmiseración, descanso, dinero. Y el pueblo le lamió las manos, agradecido, como lo hace el perro famélico o castigado si se le da alimento o se le acaricia el lomo".[277]

Aquí es preciso retomar la discusión sobre la naturaleza humana planteada por la antropología filosófica moderna. Si el humano es un "ser defectuoso", y por lo tanto peligroso como para Arnold Gehlen, es preciso siempre hacerle sentir la mano fuerte de las instituciones represivas.[278] Pero aun en la definición benigna de Perón se aprecia la paradoja inmunitaria de la antropología filosófica moderna: para mejorar a los hombres es preciso hacerles el mal, es decir, mantenerlos bajo vigilancia.

Gracias a la técnica, verdadero *phármakon* que remedia una carencia natural, la insuficiencia biológica del humano es compensada mediante toda clase de artefactos y artificios. Sin embargo, para al sociólogo alemán Heinrich Popitz, la técnica no sería solo una compensación de una falta originaria, sino, más aun, un incremento de capacidades orgánicas específicas, especialmente las capacidades de la mano.[279] Popitz coincidía con la idea aristotélica según la cual el hombre tiene los mejores órganos porque es el animal racional, siendo la mano el mejor órgano, el instrumento entre los instrumentos, iniciando una larga tradición filosófica que pasa por el asombro de Darwin ante la mano humana, los estudios sobre la evolución del dedo pulgar hechos por Engels, hasta la idea heideggeriana según la cual el hombre no tiene manos, sino que la mano ocupa la esencia del hombre (celebérrima, en este sentido, es la fascinación de Heidegger con las manos del *Führer*, es decir, las manos del conductor).

Entre los seres vivos, todo desarrollo evolutivo acarrea ventajas y desventajas, ganancias y pérdidas. Adoptar la posición vertical implicó renunciar a la rapidez de la carrera de los cuadrúpedos y volverse presa más fácil. Como contrapartida, el humano liberó sus miembros anteriores, sus brazos y manos, para manipular cosas y lanzar piedras. Según Roger Caillois, todo ocurre "como si", en cada ocasión evolutiva, el hombre escogiese una solución que de momento le perjudica, pero que después le procura un aumento de fuerzas. Primero se empobrece pero luego se enriquece, volviéndose más lujoso, más refinado, más flexible, más capaz de plasticidad y

---

277 Ezequiel Martínez Estrada, *¿Qué es esto?*, pág. 104, Ediciones Colihue, 2005.

278 Peter Sloterdijk, *La domesticación del ser*. En: *Sin salvación. Tras las huellas de Heidegger*, Editorial Akal, 2011.

279 Roberto Esposito, *Immunitas*, pág. 158.

de adquirir diversidad de conductas eficaces. El ser humano evita los órganos demasiado especializados, como el ala, el caparazón o la aleta, órganos maravillosamente adaptados en los animales voladores y acuáticos, pero de uso único, para en cambio fabricar soluciones externas, de uso múltiple. *La política evolutiva del hombre* consistiría en evitar las soluciones orgánicas que modifican su cuerpo, ya que tienen el defecto de ser demasiado fijas e incompatibles entre sí. Mediante su política inteligente, el humano no desarrolla alas, pero fabrica aviones. No tiene antenas, pero fabrica la brújula, e incluso crea máscaras y disfraces para simular y camuflarse.[280] En lugar de crear el órgano según la función, fabrica objetos artificiales que se puede poner y sacar. Todo eso lo fabrica gracias a la inteligencia de la mano, el órgano de la polifuncionalidad, la polivalencia y la *manu-factura*.

En los albores de la cibernética, Norbert Wiener señalaba que el estudio simultáneo de los sistemas vivientes y de los sistemas mecánicos permitiría no solo comprender mejor la especificidad de cada sistema, sino también su fusión, como en el diseño de prótesis. Después de todo, y como veremos, la cibernética nació en la época inmediatamente posterior a la Segunda Guerra Mundial, que había dejado millones de soldados amputados. Si bien la pata de palo es un artefacto antiguo, a Wiener le parecía más auspicioso pensar en las potencialidades de la cibernética para el desarrollo de miembros artificiales complejos. Daba el ejemplo de una mano artificial conectada eléctricamente a los nervios de un muñón. Ese tipo de manos, afirmaba Wiener a principios de los sesenta, ya se estaban desarrollando en Rusia y pronto permitirían a muchos amputados regresar al trabajo.[281] El despegue de la ingeniería de prótesis permitiría, por primera vez al humano, ya no solo fabricar objetos exteriores que reemplazan las alas o aletas de las que carece, sino adosar a su cuerpo órganos artificiales, ya sea para reparar un daño, para incrementar sus capacidades orgánicas, o para adosarse nuevos componentes.

De algún modo, esta era ya la posición de Thomas Hobbes. Si no quiere perecer en la guerra de todos contra todos, la vida humana debe recurrir a una prótesis, el Leviatán, que sustituye la inmunidad natural por una inmunidad inducida, aunque situada fuera de los cuerpos individuales, para protegerlos de las luchas intestinas que amenazan con destruirlos. La aporía estructural que pone en marcha a este autómata consiste en que combate al miedo con el miedo, combate la amenaza de muerte a través de otra amenaza de muerte, con el fin de conservar la vida de cada miembro de la sociedad, previniendo del mal absorbiéndolo en dosis controladas,

---

280 Roger Caillois, *Medusa y cía.*, pág. 37, Editorial Seix Barral, 1962.
281 Norbert Wiener, *Dios & Golem*, S.A., pág. 59, Editorial Siglo XXI, 1967.

tal como en la inmunización biopolítica. Pero la conservación de la vida del pueblo se alcanza en la medida en que el soberano conserva para sí el derecho exclusivo de quitarla.[282] No en vano, el dibujo mandado a hacer en el frontispicio del gran libro de Hobbes ilustraba al Leviatán como un enorme rey compuesto de pequeños súbditos que forman su cuerpo. En su mano izquierda sostiene un cetro. En su mano derecha (la mano del *derecho* y también la mano de la *destreza*), una espada.

282 Roberto Esposito, *Bíos*, pág. 99.

II

EL TIMÓN DEL ESTADO

omo rememoramos antes, la imagen del piloto, entre los griegos, constituyó la imagen privilegiada del jefe político. En el *Gorgias*, diálogo platónico sobre el arte de la retórica, Sócrates afirma: *"el arte de dirigir las naves, que no sólo salva las almas sino también los cuerpos y los bienes de los mayores peligros, como la retórica"*.[283] Por su habilidad, el *kybernetes* asegura la salud de los demás y la suya propia, haciendo llegar la nave a buen destino. Poco después, Aristóteles postulará que la habilidad mecánica permite actuar contra la naturaleza, creando una situación donde lo pequeño prevalece sobre lo grande, como al usar una palanca para mover un gran peso, o haciendo girar un timón para sortear las olas. Sin embargo, en el *Gorgias*, Sócrates condenaba al sofista Corax por subvertir el orden natural de las cosas, haciendo que los peores argumentos parezcan los mejores. *Techné*, *mechane* y retórica era homologados para diferenciarlos de otra categoría: la *episteme* o conocimiento verdadero. Sócrates condenaba la retórica practicada por los sofistas como una *tekné* instrumental, inferior a la búsqueda de lo bueno y verdadero. Tal era también la condena de la escritura que hacía en el *Fedro*, opuesta a la voz y a la memoria viva. Allí, la escritura aparecía como un *phármakon*, un remedio aparente que parece curar del mal del olvido. Pero los efectos secundarios de este remedio ambiguo eran considerados tan nocivos como un veneno, ya que la escritura vuelve a los hombres más olvidadizos. Acaban delegando en un soporte externo aquello que debería ser rememorado interiormente por el alma (de hecho, al entendimiento –*nous*–, en el *Fedro*, se lo llama "piloto del alma").

Veintitrés siglos después, el matemático estadounidense Norbert Wiener acuñó el término "cibernética", el cual sirvió como título de su libro funda-

---

283 Platón, *Gorgias*, pág. 255, *Obras completas de Platón*, tomo V, Patricio de Azcárate, 1871-1872.

cional de 1948, de subtítulo: *"control y comunicación en el animal y en la máquina".* La cibernética de Wiener se anunciaba como una meta-teoría, capaz de unificar, y de hecho conducir, a todas las disciplinas científicas. La cibernética era definida como:

> "Además de la teoría de la ingeniería eléctrica de la transmisión de mensajes, hay un campo más amplio que incluye no solo el estudio del lenguaje sino también el estudio de mensajes como medios para controlar maquinarias y sociedades, el desarrollo de máquinas computadoras y otros autómatas, ciertas reflexiones sobre la psicología y el sistema nervioso, y una nueva teoría tentativa del método científico. Esta teoría más amplia de los mensajes es una teoría probabilística".[284]

Más que del *Gorgias*, la palabra *kybernetes* fue recuperada por Wiener del científico James Clerk Maxwell, quien publicó, en 1868, un artículo pionero sobre los *"governor"*, aparatos que permiten regular la velocidad de una máquina, siendo el más célebre el desarrollado por James Watt para regular los motores a vapor, abriendo una válvula cuando el motor gira muy rápido y cerrándola cuando gira muy lento. *Governor*, como *gobierno*, son palabras que derivan de *gubernare*, versión latina de la palabra griega *kybernao*. *Governor* denomina, en el lenguaje de la ingeniería de máquinas, aquellos dispositivos capaces de guiar o controlar, de manera automática, el funcionamiento de un mecanismo. Significativamente, lo que en la Antigüedad era realizado por esclavos o remeros, esto es, aportar la fuerza locomotora de los barcos, gracias a la *tekné* y a la *mechane* de James Watt pasó a ser realizado por máquinas que no referían al *hyperetes* o remero, sino a la traducción inglesa de *gubernator* y de *kybernetes*, como si esas máquinas, más que esclavos automatizados, fuesen navegantes libres.[285]

Wiener comentó que la idea de una ciencia unificada del control y la comunicación le vino a la mente durante la Segunda Guerra Mundial, cuando trabajaba para el ejército estadounidense en el desarrollo de dispositivos de artillería antiaérea automatizados y guiados por radar, como respuesta a la *blitzkrieg* nazi. Su cometido era destruir los aviones enemigos, prediciendo su vuelo en zigzag para reorientar los disparos de las baterías antiaéreas,

---

284 Norbert Wiener, *The Human Use of Human Beings*, pág. 15, Free Association Books, 1989.

285 En *La riqueza de las naciones*, Adam Smith comenta que la primera máquina de vapor empleaba a un niño para abrir y cerrar la válvula. Uno de esos muchachos, *"al que le gustaba jugar con sus compañeros"*, observó que si ataba una cuerda entonces la válvula se abría y cerraba sin necesidad de su trabajo. El niño, que oficiaba de "governor", habría descubierto un método revolucionario para hacer progresar la automatización gracias al deseo de volver a jugar. Para Adam Smith, la anécdota demostraría las ventajas de la división social del trabajo, en especial su tendencia a estimular micro-invenciones entre los trabajadores especializados en una tarea específica.

realizando correcciones basadas en la diferencia entre la trayectoria real y la trayectoria prevista. Los primeros esfuerzos computacionales de Wiener alumbraron el diseño de un dispositivo de cálculo llamado Anti-Aircraft Predictor (AA-Predictor).

En 1940, el gobierno estadounidense creó el National Defense Research Committee (NDRC), una organización secreta encargada de desarrollar tecnologías de guerra. Una sección de ese comité, llamada D-2, fue encomendada al desarrollo de sistemas de control, en un abordaje orientado a abstraer datos del mundo físico y traducirlos a señales eléctricas. El comité estableció contratos con Bell Telephone Labs y con el MIT, que poseía un programa de avanzada en el desarrollo de servomecanismos, sistemas encargados, como los *governors*, de autorregular máquinas. En ese programa de investigación del MIT trabajaba Norbert Wiener con su AA-Predictor, que así entró a formar parte de los encargos del NDRC. Sin embargo, y a pesar de valiosos intentos, Wiener no llegó a completar su máquina pronosticadora y, en 1943, el NDRC decidió dar de baja su proyecto de investigación.[286]

Durante los últimos años de la guerra, fuera del NDRC y de los esfuerzos militares, Wiener se volcó al estudio de la fisiología humana. En ese entonces comenzó a forjar su teoría sintética y expansiva de la cibernética, aplicable a todo sistema complejo, ya sea un cerebro, una máquina, un organismo biológico o una sociedad, todos sistemas autorregulados gracias al *feedback*, esto es, gracias al intercambio dinámico de información con el medio, lo que permite que un sistema corrija su rumbo y su acción, comparando "sobre la marcha" los resultados previstos con los resultados efectivos. Según Wiener, el *feedback* es "el secreto de la vida".[287] Al estudiarlo sistemáticamente, la cibernética esperaba descubrir los medios para controlar cualquier sistema por medios tecnológicos, así como desarrollar la capacidad de sintetizar sistemas artificiales con características equivalentes a los sistemas naturales.

En la posguerra, Norbert Wiener se convirtió en un intelectual público, fundador, promotor y divulgador del movimiento cibernético. Hizo de su pensamiento sobre el control y la comunicación la base de una suerte de filosofía de la tecnología y obtuvo gran resonancia pública dentro y fuera de los Estados Unidos. Simultáneamente, en 1948, el matemático Claude Shannon publicó *Una teoría matemática de la comunicación*, en donde for-

---

286 David Mindell, Jérôme Segal, Slava Gerovitch, *From communications engineering to communications science: Cybernetics and Information Theory in the United States, France and the Soviet Union*. En: *Science and ideology: a comparative history*, 66-96, Routledge, 2003.

287 Pierre de Latil, *El pensamiento artificial. Introducción a la cibernética*, pág. 59, Editorial Losada, 1958.

malizó, por primera vez, el conjunto de ecuaciones que permitieron saber qué nivel de ruido es tolerable en un canal de comunicación y cuántas señales pueden ser transmitidas en un determinado lapso de tiempo. Esta fue la teoría matemática fundamental que permitió a los ingenieros apilar miles de llamadas telefónicas a través de un solo cable, y, en la actualidad, lo que permite que millones de señales sean transmitidas a través de cables de fibra óptica y microondas inalámbricas. La teoría de la información se expandirá por todos los dominios del saber, desde la genética a la lingüística, sirviendo de hecho como componente fundamental de la teoría cibernética, que acabó por abandonar el modelo basado en los servomecanismos, y tomó el modelo de la información, más adecuado al funcionamiento de las nacientes computadoras digitales que el de los motores eléctricos. De este modo, la cibernética pudo reclamar el título de ciencia unificada, con la computación como su tecnología universal.[288]

Wiener nunca reconoció los aportes de los muchos investigadores que lo antecedieron en investigaciones sobre *feedback*, servomecanismos y predictores, excepto el artículo sobre los *governors* escrito por Maxwell, así como distinguidos precursores de la computación y del cálculo infinitesimal, como Pascal y Leibniz. Además, no era la primera vez que un científico daba con el nombre de *cibernética*. En el siglo XIX y basándose también en la metáfora griega del timonel, el físico y fundador de la electrodinámica, André-Marie Ampère, llamó *cybernétique* a una ciencia de gobierno de los hombres. El término aparece en su *Essai sur la Philosophie des Sciences,* aunque Norbert Wiener declararía que nunca había escuchado hablar de ese tratado antes de crear la cibernética. Como se ve, la recuperación del término *kybernetes* por los científicos modernos aconteció en más de una ocasión. Pero en el caso de Wiener, su uso tomaba un sentido enteramente nuevo: más que al piloto griego de barcos, más que a la náutica y a lo naval, aludía al moderno piloto de aviones de guerra, nuevo modelo para todo comportamiento auto-correctivo y teleológico, luego perfeccionado con la aparición del piloto de naves espaciales.

Muy pronto, la cibernética adquirió un enorme poder metafísico. Una narrativa que, como el utilitarismo del siglo XIX, ofrecía no solo un nuevo modo de leer la Historia, sino también de controlarla. Se había gestado durante la Segunda Guerra Mundial, conflagración que movilizó, como nunca antes, todos los recursos científicos existentes, en un esfuerzo interdisciplinario que perseguía la victoria tecno-científica sobre el enemigo, haciendo del arte de la guerra un problema de cálculo matemático, telecomunicaciones e ingeniería armamentística. Además, las matanzas en

---

288 Peter Mario Asaro, *Whathever happened to cybernetics?*, pág. 41. En: *Geist in der Maschine. Medien, Prozesse und Räume der Kybernetik*, Turia + Kant, 2010.

masa, la industria concentracionaria de la muerte, el descubrimiento y lanzamiento de la bomba atómica, habían dejado la sensación, entre los pueblos del mundo, que se estaba ante un nuevo apocalipsis. La cibernética, tan interdisciplinaria como la Segunda Guerra Mundial que la dio a luz, ofrecía todo un arsenal de soluciones para administrar el mundo de la posguerra: teoría de juegos para gestionar las crisis políticas derivadas del enfrentamiento nuclear; control tecnológico como medio de mejorar la calidad de vida de la población; teoría de la información, teoría de la organización y máquinas digitales para planificar la sociedad y la economía.[289] La cibernética anunciaba una nueva era en donde el dominio veloz sobre la materia, la energía y la comunicación daría la clave de un mundo perfectamente autorregulado. La *guerra total* había desembocado en una *paz total*, basada en la disuasión y en el control cibernético del adversario.[290]

◆ ———————— ◆

También Perón, en sus cursos de conducción política expuestos durante 1951 en la Escuela Superior Peronista, formuló el problema del gobierno de los hombres en los términos de una economía de la información:

"Las formas nuevas o modernas han permitido también mucho de elevación cultural de las masas. Antes se efectuaba mediante la difusión fragmentaria, difícil, del contacto directo con las masas para poder educarlas o instruirlas. Hoy, el agricultor, que no baja a una población durante un año, escucha lo que le decimos todos los días desde aquí mediante la radiotelefonía. Vale decir, que las modernas conquistas de la ciencia nos van facilitando la tarea. Cuando actuamos en un acto cívico, nos basta hablar a todo el país por radio y no queda ningún argentino sin conocer lo que terminamos de decir. Eso era antes

---

289 Es cierto que, en muchas ocasiones, Norbert Wiener expresó gran preocupación por los malos usos a los que podría ser sometida la cibernética. Por ejemplo, cuando declaró: *"He pensado seriamente en la posibilidad de abandonar mis actividades productivas científicas porque no conozco ninguna manera de divulgar mis inventos sin que estos vayan a parar a malas manos"* (citado por Theodore Roszak, *El culto a la información*, p. 207). Esas "malas manos" serían las del complejo industrial-militar estadounidense, capaz de poner a la cibernética a su servicio tanto para perfeccionar las tecnologías de guerra apocalíptica como para acelerar el reemplazo de los obreros por robots, asunto sobre el que Wiener también mostró una gran preocupación, al punto de ofrecerse como consultor del movimiento obrero de Estados Unidos. En su libro *Dios & Golem, S.A.*, Wiener, hijo de padres judíos, denunció a quienes lucran con los ingenios de la cibernética en los términos de la milenaria crítica judía de la idolatría, llegando a asociar esas "malas manos" con las de la simonía, los brujos y lo que llamó los "adoradores de artificios". Por supuesto, pese a sus reservas y advertencias, la cibernética, a Wiener, *se le irá de las manos*.

290 Paul Virilio, *El Cibermundo, la política de lo peor*, pág. 38, Editorial Teorema, 1997.

imposible. Hoy lo hacemos en un minuto. Antes se necesitaban seis, ocho meses, un año".[291]

Los viejos caudillos políticos permanecían ocultos y rara vez se hacían ver, conduciendo a sus partidarios a través de intermediarios y comités. Lo que ganaban en misterio lo perdían en capacidad de centralizar la dirección de conjunto. Pero según Perón, la técnica moderna habría hecho del caudillo tradicional una figura obsoleta. La radio permitió al conductor dar una orden a las masas y hacer que se cumpla al instante, sin esperar a que las informaciones sean transmitidas, lentamente y llenas de interferencias, a través de intermediarios y laderos. Como si se tratase de un eco de la teoría de Claude Shannon, Perón sugería que el sistema del caudillo era muy malo para separar ruido de información:

> "Esa es la idea moderna de la conducción. Para hacerla y formarla, hoy el mundo y los conductores disponen de medios extraordinarios que antes no tenían. La difusión, la información, la propaganda, son extraordinarias. Los medios son numerosos y permiten realizar el trabajo fácilmente. Pero es necesario ir dosificándolos para evitar la saturación; es necesario utilizarlos lentamente, de acuerdo con la necesidad".[292]

Al comienzo del curso, Perón advierte que el arte de la conducción política varía a lo largo del tiempo y del espacio. No se conduce del mismo modo siempre y en cualquier lado. No se conduce igual a un noruego, a un japonés o a un argentino, ni tampoco a un argentino de mediados del siglo XIX que a otro de mediados del siglo XX. Extrañamente, Perón llama a este principio el "don de la ubicuidad", refiriéndose a la capacidad del conductor para ubicarse en el tiempo y el espacio y comprender el carácter específico del elemento humano sobre el que trabaja. Pero *ubicuidad* no quiere decir sentido de la ubicación, sino capacidad divina de estar en todos lados al mismo tiempo. Perón se equivoca de significado, aunque no sin definir, inconscientemente, la función donadora de las modernas tecnologías de la información. Considerando la importancia que para el conductor político adquieren la radiotelefonía y la propaganda, el "don de la ubicuidad" puede resignificarse como la capacidad de superar al caudillo y hacer que la voz y la imagen del conductor lleguen al instante a cualquier rincón del país, volviéndose efectivamente ubicuo, entrando en todos lados "como en su casa":

> "Es indudable que todo esto que conforma, diremos así, este gran principio, yo lo he agrupado bajo un solo enunciado: el don de la ubicuidad. El político, el conductor político, que no tiene ese don de la ubicuidad

---

291 Juan Domingo Perón, *Conducción política*, pág. 98.
292 Ibíd., pág. 107.

generalmente está a disgusto en todas partes en donde se encuentra.
Siempre está como en casa ajena. El secreto consiste en penetrarse
y penetrar, de manera que cuando uno llegue a la casa de los hombres que lo acompañan se encuentra siempre como en su propia casa,
cosa que obtiene gracias a sus ideas y sentimientos afines. Hablando
un mismo idioma nos entendemos fácilmente y nos comprendemos,
y eso los extraños o los que piensan de distinta manera no lo consi-
guen jamás. Ese modo de verse, de apreciarse y de sentirse es el don
de la ubicuidad. No puede haber un caudillo político completo para
la conducción si no tiene ese don, que es natural. Algunos dicen que
hay magnetismo en esto o que hay alguna otra cosa, pero lo cierto es
que hay razones, hay poder de convicción y de convencimiento. Para
convencer lo primero que hay que hacer es estar convencido".[293]

Al conductor, los medios de comunicación le permiten *penetrar* directamente en las masas, *hablándoles en su mismo idioma*. Pero aunque Perón
se consideraba a sí mismo un conductor moderno y no un caudillo (etimológicamente, la palabra *caudillo* proviene del latín *caput*: la cabeza), su
discurso reenviaba simultáneamente hacia lo arcaico, cada vez que hablaba
del "óleo sagrado de Samuel" y hasta del "don de la ubicuidad", idea que,
rectificada, trasluce cierta sacralización del conductor, poseedor de un don
divino, como la figura platónica del genio-pastor primigenio. En la teoría de
la conducción peronista también se expresa una *modernización de lo arcaico
y una arcaización de lo moderno*, cada vez que Perón elogia la conducción
moderna, pero también advierte sobre su carácter insondable, conjetural,
no accesible a las ciencias duras:

"no se puede aplicar un cálculo de probabilidades, porque los imponderables son tan grandes como los factores que pueden ser previstos y
contrapesados en el cálculo. El empleo de formas rígidas, en esta clase
de acciones, no es posible. No hay recetas para conducir pueblos, ni
hay libros que aconsejen cuáles son los procedimientos para condu-
cirlos. Los pueblos se conducen vívidamente, y los movimientos políticos se manejan conforme al momento, al lugar y a la capacidad de
quienes ponen la acción para manejarlos. Sin eso es difícil que pueda
conducirse bien. No es la fuerza, no es solamente la inteligencia; no
es el empleo mecánico de los métodos, no es tampoco el sentido ni el
sentimiento aislado; no hay un método ideal para realizarlo, ni existe
un medio eminentemente empírico. Es decir, es una concentración de
circunstancias tan variables, tan difíciles de apreciar, tan complejas
de percibir, que la inteligencia y el racionalismo son a menudo sobre-
pasados por la acción del propio fenómeno".[294]

____

293 Ibíd., pág. 259.

294 Ibíd., pág. 64.

Para Perón, la conducción del Estado es un arte, no una ciencia, un "arte de gobierno", precisamente, en tanto se trata de una técnica sometida a ciertas reglas, pero a reglas que no son inflexibles ni tampoco inexorables. Si en el arte *"la creación representa el ochenta por ciento del fenómeno"*, la conducción política no puede resolverse en el *"cálculo de probabilidades"*. El conductor político debe estar siempre abierto al acontecimiento, a la diferencia, ante lo cual debe conjeturar e improvisar, ya que lo que acontece es aquello que nada lo preparó para afrontar. En esos momentos, el conductor solo puede contar con el don de una *"fuerza superior"*, una percepción intuitiva e inmediata, que desborda a la inteligencia y al cálculo:

> "En este sentido, la planificación, en fin, señores, y todas esas innumerables operaciones que la inteligencia humana ha planeado a lo largo de los siglos, de todos los tiempos de la historia, no son suficientes. Es una cosa que se adquiere, que se posee. Es un fenómeno de aquellos que la inteligencia, es indudable, no puede ni podrá jamás explicar. Es una fuerza superior. Es, muchas veces, la suerte, el destino, la casualidad, pero ellas también suelen estar guiadas por una fuerza superior donde la moral, la razón y la verdad podrían ser tres nombres magníficos para representar esas fuerzas que no podríamos denominarlas de otra manera".[295]

Perón guardaba una relación ambigua con la técnica moderna, como con todas las cosas. Apreciaba, sobre todo, sus efectos de poder. Le servía para comunicarse directamente con las masas, pero no para delegar o automatizar los asuntos cruciales de la conducción política. El trabajo de gobernar, en este sentido, sería irremplazable, no habría ningún "governor" que releve al conductor político en su capacidad estratégica de conducir las conductas de los otros. El conductor debe atenerse a algún tipo de racionalidad, pero, más aun, debe ser alguien en contacto con esa inspiración intuitiva, genial y cuasi mística, ya que, en el reparto general de los roles y los dones, se es conductor o se es conducido.

Sin embargo, y como ya señalaba Platón en el *Político*, el rey no puede gobernar todos los asuntos públicos. No es el rey el que proporciona a los ciudadanos su alimento, sino el labrador y el panadero. No es el rey el que se ocupa de los hombres cuando están enfermos, sino el médico. Menos aun en una sociedad cada vez más compleja y diferenciada como la Argentina peronista, que intentaba acelerar el proceso de industrialización. Si Perón valoraba la técnica moderna en tanto le permitía actuar a distancia y organizar a las masas a una velocidad inimaginable para el caudillo de comité, comprendiendo la relación estrecha que une al aumento en la velocidad de

---

295 Ibíd., pág. 65.

las comunicaciones con el aumento del poder, Ramón Carrillo reconocerá las vastas posibilidades de la ciencia para el gobierno integral del Estado. El propio Perón lo señalaría, en una entrevista brindada desde el exilio:

> "El hombre de quien más aprendí en mi vida se llama Ramón Carrillo. Aprendí cosas sencillas pero reveladoras, que hacen al conocimiento de la condición humana y a las relaciones humanas. ¡Algo que vale tanto como un 'plácet' para transitar la senda justa del hombre, la verdadera! (...) El Doctor Ramón Carrillo conversaba mucho conmigo, por aquel entonces. Sus charlas eran muy interesantes, porque salían de los lugares comunes de cada día y eran muy ilustrativas. Los temas que enfocaba me interesaban sobremanera. Además, él los trataba con las características de su talento. De cibernética, por ejemplo, hablaba con una profundidad y amplitud de horizontes, que hacía irresistible su charla".[296]

◆ ———————— ◆

Como vimos, el proyecto sanitarista de Ramón Carrillo necesitaba gestionar grandes cantidades de flujos de información con el fin de prever la aparición de enfermedades y actuar con anticipación. Para ello, hacían falta mecanismos de transmisión que permitiesen que las informaciones fluyeses por todo el país de manera rápida, segura y económica, sin sobrecargar al sistema. El problema de la planificación sanitaria se volvía un problema de cálculo estadístico y racionalidad económica, haciendo imperioso invertir en tecnologías de comunicación. Tal es así que, en una conferencia dictada en 1949, Carrillo anunciaba que las estadísticas del Ministerio de Salud Pública referidas a enfermedades mentales se realizarían en forma automatizada mediante datos volcados en tarjetas perforadas por medio del *"sistema Hollery"* (sic),[297] es decir, la máquina tabuladora creada por Herman Hollerith para procesar el censo estadounidense de 1890 y que fue una de las primeras máquinas informáticas (Hollerith fundó la *Tabulating Machine Company* que en 1924 se fusionó con otras empresas para crear IBM).

El 16 de agosto de 1951, según una resolución del Ministerio de Salud Pública, Ramón Carrillo creó el Departamento de Cibernología. Esta oficina se dedicaría al estudio, la investigación y la elaboración de proyectos ligados a una nueva materia que Carrillo consideraba de vital importancia y a

---

296 Américo Barrios, *Con perón en el exilio. ¡Lo que nadie sabía!,* Treinta Días, 1964.

297 Conferencia pronunciada por Ramón Carrillo el 22/9/1949 en el Hospital Nacional de Neuropsiquiatría de la ciudad de Buenos Aires. Citada en: Juan Carlos Stagnaro, *Nosologías y nosografías psiquiátricas argentinas*, VERTEX, Revista de Psiquiatría. 2017, Vol. XXIX: 191-235.

la que definió como *"ciencia del gobierno"* o *"el manejo racional de la cosa pública al servicio del bienestar general"*.[298] En un artículo de divulgación publicado en la revista peronista *Hechos e Ideas* en el año 1952 y de título *Introducción a la Cibernología y a la Biopolítica (Los espacios del hombre)*, Carrillo afirmaba que, al momento de crear la palabra *cibernología*, ignoraba la existencia de la palabra *cibernética*. Cibernología y cibernética no debían confundirse, a pesar de compartir la misma raíz griega y ser casi contemporáneas en su nacimiento. En una significativa coincidencia, Carrillo aducía haber desconocido la cibernética al momento de pergeñar el neologismo cibernología, del mismo modo que Norbert Wiener decía haber desconocido el uso del término *cybernétique* por Ampère. En su artículo de introducción a la cibernología, Carrillo expone brevemente la teoría de Wiener y demarca sus diferencias:

> "Iniciada por el cardiólogo estadounidense doctor Norbert Wiener, la Cibernética ensaya una teoría general de las máquinas de control automático y susceptibles de registrar los datos de un problema determinado resolviéndolo en un tiempo mucho más corto de lo que podría hacerlo el cerebro humano. Las realizaciones a las que la Cibernética ofreció las bases matemático-teóricas abarcan una larga serie de mecanismos que se extienden desde las máquina calculadoras capaces de resolver complicadísimos problemas del cálculo infinitesimal como en el integrador diferencial de Vennevar Busch, hasta el homeostato de Ashby, que realiza –con la extraordinaria complejidad de sus circuitos eléctricos asociados a cuatro electroimanes móviles– el primer robot dotado de facultades de adaptación semejantes a las de un ser viviente. Con tales máquinas, la Cibernética empieza su marcha, sin duda asintótica, hacia la fabricación del cerebro artificial. Su punto de arranque, tanto como sus objetivos, es, pues, completamente distinto de los de la Cibernología. La Cibernética parte de la mecánica y tiende hacia una automatización cada vez más completa del trabajo del hombre, incluso el trabajo intelectual, todo con el objeto de economizar esfuerzo y tiempo.
>
> El ideal cibernético sería un autómata capaz de resolver problemas de gobierno. En cambio, la Cibernología parte de la biología, tiende a racionalizar las normas de convivencia humana con el objeto de aumentar la felicidad del hombre. Lejos de propiciar una mecanización del Estado y del Gobierno, se propone, mediante recursos científicos, humanizar a ambos".[299]

298 Ramón Carrillo, *Teoria del hospital*, *Obras Completas* I, Eudeba, 1973.

299 Ramón Carrillo, *Introducción a la Cibernología y a la Biopolítica (Los espacios del hombre)*, Hechos e Ideas, nro. 98-99, mayo y junio 1952.

La cibernética sería mecanicista, la cibernología sería biologicista, preservando, en teoría, un resto de humanismo que la cibernética habría expulsado, a pesar de que Wiener, en su libro *The Human Use Of Human Beings*, había escrito que protestaba contra el uso inhumano de los seres humanos, e incluso llamaba a resistir la insectificación del hombre por el fascismo, así como Perón asociaba comunismo e insectificación. Pero, ¿en qué medida sería posible humanizar al gobierno mediante recursos científicos? ¿No es acaso el humanismo aquello que se resiste a volverse objeto de ciencia? ¿O, por el contrario, el humanismo tiende al encumbramiento de la ciencia, especialmente las ciencias humanas?:

> "No sabemos si en sus desarrollos podría coincidir la Cibernética con la Cibernología; más probable es que en un determinado momento se opongan. Llegaríamos así a la paradoja de que la Cibernética es una ciencia anti-cibernológica en cuanto podría implicar la maquinización de la actividad humana, es decir, la deshumanización del hombre".[300]

Aquí hay que recordar que, en Grecia, los médicos también eran pensados como pilotos de navío que debían emitir su juicio a partir de conjeturas, tal como el timonel debía dirigir la nave conjeturando sobre la posición de los astros. Foucault menciona que, en la literatura griega y romana, la imagen del pilotaje era utilizada para referir a tres tipos de actividades: gobernar la ciudad, curar, y gobernarse a sí mismo. La imagen, como vimos, estuvo vigente hasta el siglo XVI, cuando despuntó un nuevo arte de gobernar, la razón de Estado, sin que etimológicamente la palabra gobierno dejase de recordar el arte del pilotaje, pero perdiendo esa triple referencia al gobierno de la ciudad, el gobierno de sí y la medicina.[301] Sin embargo, con Norbert Wiener, y también con Ramón Carrillo, la imagen del timonel fue recuperada directamente del griego, con el prefijo *ciber*. Tanto Carrillo como Wiener, dos científicos carismáticos, se proponían fundar ciencias de gobierno capaces de curar los males de la sociedad. Pero la imagen de la navegación ya no aludía a un saber conjetural o a un conjunto de prácticas referidas a principios generales. El timón del timonel ya no serían las leyes de la ciudad sino las leyes provenientes de las ciencias biológicas, físicas y matemáticas, capaces de asegurar un buen viaje a los pasajeros de la nave política. En los dos casos, gobernar volvía a ser equivalente a viajar, a viajar en forma segura.

El principio fundamental de la teoría cibernológica de Ramón Carrillo era la jerarquía atribuida a la ley de la entropía. Este principio termodi-

---

300 Ibíd.

301 Michel Foucault, *La hermenéutica del sujeto*, pág. 237, Editorial Fondo de Cultura Económica, 2004.

námico, según el cual la energía limitada del universo tiende a disiparse, domina, a juicio del primer cibernólogo, el desarrollo de todos los fenómenos, desde la irreversibilidad de los fenómenos físico-químicos hasta la historia psicosocial de la humanidad. Como en las ciencias laborales de fines del siglo XIX, fraguadoras del "motor humano", la cibernología convertía la ley de aumento de la entropía en una medida del creciente déficit energético de las sociedades humanas, señalando otra diferencia relativa con el sistema de Norbert Wiener: si para la cibernética el secreto de la vida estaría en el *feedback*, para la cibernología se encontraría en la entropía, aunque los cibernéticos también habían hecho de la entropía, sobre todo de la entropía de la información, un principio orientador de primer orden, e incluso habían postulado que la retroalimentación sería lo que permite revertir la dirección de la entropía.

Según Carrillo, habría en las sociedades humanas una tendencia instintiva y defensiva a organizarse. Siguiendo a un ensayista estadounidense llamado Roderick Seidenberg, autor de un libro titulado *El hombre posthistórico*, Carrillo afirma que esta tendencia encontró un vector de aceleración exponencial al ser introducida la máquina, *"una fuerza fulminante que modifica la totalidad de la evolución"*.[302] La progresiva mecanización de la sociedad aumentaría su organización, pero también la nivelación de todas las diferencias, estandarizando mercancías y formas de vida, a favor de la uniformidad de la comunidad. Según Carrillo, esta fijeza e inmovilidad poshistórica a la que conduce la sociedad tecnológica y funcionalmente organizada recuerda la inmovilidad del último equilibrio previsto por la ley de la entropía.

En el mismo artículo, Ramón Carrillo cita como premisa fundamental de la cibernología una frase del filósofo brasilero del derecho, Pontes de Miranda: *"el gobierno de los pueblos es y cada vez lo será más, un problema de ciencia"*, previendo la desaparición progresiva de lo político que, según Carrillo, *"será eliminado más o menos de la misma manera como la evolución de la ciencia y la vida social han eliminado al curandero"*. Siguiendo esta tendencia: *"Gobernar terminará por equivaler, concluye Miranda, a la selección de técnicos para la transformación del indicativo de la ciencia en el imperativo de la administración"*.

Carrillo gustaba de inventar disciplinas científicas que, sin embargo, guardaban estrecha relación con disciplinas pre-existentes. De ahí que cada vez que acuñaba una nueva materia de estudios debía polemizar con otros inventores que se adjudicaban la invención del mismo neologismo. El uso por Carrillo del término *biopolítica*, que designaba la vertiente prác-

---

302 Ramón Carrillo, *Introducción a la Cibernología y a la Biopolítica*, en Hechos e Ideas, pág. 290.

tica de la cibernología, despierta especialmente nuestra atención, siendo que, veinticinco años después, con Michel Foucault, el término adquirió una gran potencia heurística, abriendo una interpretación enteramente nueva sobre la relación entre medicina, biología y gobierno en las sociedades modernas. Una política no tanto de la represión de lo viviente, sino de su potenciación selectiva.[303]

Foucault, al igual que Norbert Wiener, nunca mencionó los usos del término biopolítica que lo antecedieron. Pero como mostró Roberto Esposito con su historia conceptual del término, el neologismo circuló en distintos países desde comienzos del siglo XX.[304] Probablemente fue usado por primera vez por Rudolf Kjellén, el geógrafo y politólogo sueco creador de la palabra "geopolítica". También aparece entre el vocabulario del zoólogo Jakob von Uexküll, acuñador del concepto de *"Umwelt"*, o medio circundante, de mucha influencia en Heidegger, y autor también de un libro llamado *Staatsbiologie.* Tanto en Kjellén como en von Uexküll la naturaleza del Estado era pensada como una prolongación de la naturaleza biológica. El Estado sería una forma de vida o un todo viviente, algo que "tiene vida", un organismo biológico que precede a los individuos y que debe ser protegido de los embates que lo debilitan o desvitalizan.

A su vez, como mostró la filósofa italiana Antonella Cutro, el origen organicista del término biopolítica puede rastrarse en el corazón del positivismo, en Auguste Comte y su uso de la palabra "biocracia", aparecida en su *Sistema de política positiva o Tratado de sociología que instituye la religión de la humanidad.*[305] Allí se postulaba, por primera vez en forma explícita y con ambición programática, el llamado a que la política tome a la vida biológica a su cargo. Y si el cuerpo es el lugar privilegiado por el que se despliega la vida, entonces la biopolítica es la modalidad de lo político que toma a su cargo a los cuerpos, ya sea para hacer durar su vida, ya sea para extirpar a los cuerpos que amenazan con debilitar al Estado.

La biopolítica de Ramón Carrillo parece colocarse en este mismo horizonte de comprensión, donde el estado civil no sería lo que protege del estado de naturaleza, como en la filosofía de Hobbes, sino el nivel más alto de la vida natural. Carrillo sostenía una concepción organicista de la sociedad, de signo spenceriano, donde *"las interacciones recíprocas entre*

---

303 La primera vez que Michel Foucault utilizó la expresión *biopolítica* fue en la serie de conferencias que dio en Río de Janeiro en 1973 y 1974, dedicadas al análisis de las prácticas médicas: *"La política de la salud en el siglo XVIII", "La crisis de la medicina o la crisis de la antimedicina"* y *"El nacimiento de la medicina social".*

304 Ver: Roberto Esposito, *Bíos*, Editorial Amorrortu, 2005.

305 Antonella Cutro, *Technique et vie. Biopolitique et pensée du bios dans la pensée de Michel Foucault*, París, L'Harmattan, 2010.

los miembros de la comunidad poseen idénticos caracteres que el organismo biológico en sus funciones de nutrición, de crecimiento, de reproducción y de muerte".[306] Pero en sus escritos, Carrillo no menciona los usos de la palabra biopolítica hechos por Rudolf Kjellén y von Uexküll. Afirmaba haber dado por sí mismo con el concepto, aunque en el artículo de presentación publicado en la revista *Hechos e Ideas* en 1952 ya aparece una polémica cordial con otro autor que reivindicaba para sí la invención del término: Jacques Marie de Mahieu, un ex miembro de las SS, colaboracionista del régimen de Vichy, militante de la Action française y que, al terminar la Segunda Guerra Mundial, se había refugiado en Argentina. Mahieu, *naturalizado* argentino, adhirió al peronismo y llegó a convertirse en mentor intelectual del grupo de ultra-derecha Tacuara. Racismo, nacionalismo y corporativismo se daban cita en sus escritos y hasta llegó a realizar investigaciones antropológicas donde decía demostrar que los vikingos llegaron a América antes que los españoles, dejando toda clase de marcas en la cultura incaica.

En 1951, la revista *Dinámica Social* publicó un artículo de Mahieu titulado *Necesidad de una Biopolítica*. En el artículo de *Hechos e ideas* que venimos comentando, Ramón Carrillo cita una carta mandada a publicar en la revista *Dinámica Social* y escrita por Raúl Sciarretta, secretario técnico del Departamento de Cibernología, con el fin de poner al tanto a los lectores de esa revista sobre el uso anterior de la palabra *biopolítica* por el entonces Ministro de Salud Pública. Allí, Ramón Carrillo escribe:

> "Quizá mis comentarios sobre esta materia se han difundido más de lo que yo mismo supongo, o mejor dicho, como se trata de un pensamiento congruente y actual, germina al mismo tiempo en muchos espíritus preocupados por los grandes planteos sobre el destino del hombre y de la humanidad, sobre sus angustiosos problemas y sus posibles soluciones.
>
> Prueba de este estado de ánimo es un episodio acerca de la prioridad de la palabra Biopolítica, prioridad a la que personalmente no le atribuyo ninguna importancia, pero mi colaborador, el secretario técnico del Departamento de Cibernología, Raúl Sciarretta, creyó oportuno aclarar a raíz de una publicación de Mahieu en la brillante revista 'Dinámica Social'...".[307]

En un tono a medias amistoso, a medias admonitorio, Carrillo escribe que quizá sus comentarios sobre esta materia se han difundido más de lo que suponía, sugiriendo que Mahieu pudo haber escuchado la palabra en alguna de sus conferencias. Simultáneamente, y con condescenden-

---

306 Ramón Carrillo, *Introducción a la Cibernología y a la Biopolítica*, en Hechos e Ideas, pág. 290.

307 Ibíd., págs. 280-281.

cia, afirma que no le atribuye ninguna importancia a la prioridad sobre la invención de la palabra. Por eso, en la carta de Sciarretta, en quien se delega el aclarar la situación, se deja constancia que, un año antes de la publicación del artículo de Mahieu, Carrillo ya había dado una conferencia pública sobre el asunto:

> "Queremos destacar que la expresión Biopolítica tiene vigencia en nuestro país desde hace algún tiempo. Ya en abril de 1950, en la ciudad de Santa Fe, el profesor Ramón Carrillo expresaba el planteo original de la investigación científica en materia política como método fundamental de una nueva disciplina, para la cual propuso, según sus textuales palabras, 'un neologismo', la Biopolítica, dejando constancia de que no existía parentesco esencial con la Geopolítica".[308]

Dinámica Social fue una revista fundada por Carlo Scorza, último secretario del Partito Nazionale Fascista, llegado a Argentina a fines de 1946 con ayuda del clero italiano, donde vivió veintidós años. En 1949 fundó el Centro de Estudios Económico Sociales (CEES), una usina que se constituyó en un círculo de intelectuales de extrema derecha y que tenía a *Dinámica Social* como publicación mensual. Allí escribieron intelectuales nacionalistas, ultra-católicos y filo-fascistas como Julio Irazusta, Juan Carlos Goyeneche, José María Rosa, Carlos Ibarguren y Leonardo Castellani, entre muchos otros, además de colaboradores extranjeros como el dictador croata y líder del Movimiento Ustaša, Ante Pavelić (también refugiado en Argentina), ideólogos italianos del neofascismo, y Jacques Marie de Mahieu. La revista manifestaba un furioso anti-comunismo, un odio visceral al liberalismo, una abierta nostalgia por los regímenes fascistas y una adhesión a la tercera posición.[309] La respuesta de Mahieu a Ramón Carrillo, publicada en el Número 15 de *Dinámica Social*, fue de sorpresa:

> "Una vez más se comprueba el fenómeno bien conocido de la 'generación espontánea', en ambientes alejados, de ideas idénticas o paralelas, surgidas de las necesidades del momento. Más excepcional, sin embargo, resulta la creación contemporánea de un mismo neologismo para expresar un contenido semejante. Casi todas las disciplinas padecen actualmente una crisis de vocabulario que proviene de la obstinación de cada uno en usar una terminología propia. Esto, por lo menos, no ocurrió en Biopolítica. Mi Ensayo de Biopolítica fue escrito en el invierno de 1949 y se encuentra desde entonces en el Instituto de Etnología de la Universidad Nacional de Cuyo, pero no ha salido

---

308 Ibíd.

309 Ver al respecto el estudio de la investigadora Celina Inéz Albornoz, *Los Mussolini no nacen todos los días. La revista Dinámica social: un caso de neofascismo transatlántico*, en: Colóquio Internacional Pensar as Direitas na América Latina, 21/08/18.

todavía a la calle. El señor ministro de Salud Pública, doctor Ramón Carrillo, tiene por tanto una indiscutible prioridad de uso sobre el término Biopolítica y me complazco en reconocerla".[310]

Carrillo, satisfecho con el reconocimiento y la renuncia de Mahieu a la posesión primera del neologismo, sin embargo concede la posibilidad de que ninguno de los dos hayan sido los verdaderos "germinadores" del término:

"En mi fuero interno sospecho que ni el doctor Mahieu ni yo somos los creadores de la palabra: la falta de información puede hacernos pensar lo contrario. Ya aparecerá alguien que señale antecedentes anteriores a nosotros dos, lo que no es improbable, pues la palabra en sí no tienen ninguna originalidad ni dificultad: fluye espontáneamente en cuanto se hace un planteo biológico de la sociedad. Pero lo que vale no es la palabra sino el contenido que se le asigna y, en esto, creo que diferimos fundamentalmente con Mahieu".[311]

Pues bien, aquí mostramos los usos anteriores a los de Carrillo y Mahieu. Y el uso que los dos autores le daban al término guardaba estrechas relaciones con los de la primera etapa de la biopolítica nórdica, donde el estudio del Estado era abordado a partir del modelo de los organismo vivientes.

Debemos tener muy en cuenta que esta amable querella en torno a la propiedad intelectual del neologismo *biopolítica* tuvo lugar muy pocos años después de la caída del nazismo en Alemania. A diferencia de Mahieu, que continuó sosteniendo una concepción prioritariamente racial de la biopolítica,[312] Carrillo parecía consciente de los peligros que entrañaba esta *scienza nuova* cuando escribe que su concepción responde a:

---

310 Citado en: Ramón Carrillo, *Introducción a la Cibernología y a la Biopolítica*, pág. 282.

311 Ibíd., pág. 283.

312 En 1968, Mahieu llegó a publicar un libro llamado *Fundamentos de biopolítica*. Antes, en su ominoso artículo publicado en *Dinámica Social*, titulado "Necesidad de una biopolítica", escribía: *"El Estado no puede desinteresarse del problema que plantea la actual degeneración biopsíquica que Carrel tan elaboradamente analizó. Debe, por el contrario, tomar las medidas necesarias para remediarla, y no con vacunas y penicilinas se devolverá a nuestra raza blanca el vigor, la resistencia y la energía de antes. (...) Pero no es en absoluto necesario emplear métodos condenados por la Iglesia para aplicar medidas de sana eugenesia. Se encierra al demente no para castigarlo sino para impedir que dañe a cualquiera. Pero el tarado es mucho más peligroso que el loco, pues generará un linaje de deficientes, de dementes y quizá de criminales y, de todo modo, de seres desgraciados y socialmente perjudiciales. ¿Será atentatoria contra la famosa y sacrosanta 'Persona humana' privarlo de libertad? Quizá convendría considerar primero el derecho natural que posee el niño de recibir la integridad de sus posibilidades biopsíquicas, y el que posee la sociedad de proteger su porvenir. Esto no significa en absoluto que la eugenesia es un remedio para todos los males. No es sino una defensa negativa muy insuficiente. Hay que completarla con un conjunto de medidas positivas*

"la necesidad perentoria de fijar una política biológica con el potencial humano, para cuidarlo y mejorarlo, programa que está lejos de aquello que los alemanes llamaron higiene de la raza y que condujo a tan terribles consecuencias para el atormentado mundo de nuestros días".[313]

Ramón Carrillo reconocía la lógica constitutivamente mortífera de la biopolítica, el hecho de que, con el nazismo, el poder de vida se superpuso al poder de muerte, hasta volverse indistinguibles. No obstante, Carrillo parece suponer que, despojada de la "higiene de la raza", la biopolítica tendría una nueva y brillante oportunidad de despliegue, alumbrando una suerte de biopolítica humanista centrada en el espacio nacional. De hecho, Carrillo no dejaba de manifestar afinidad con los miembros de *Dinámica Social* y en el número 19 de esa revista llegó a publicar otro artículo breve de presentación de la cibernología y la biopolítica, muy similar al aparecido en *Hechos e Ideas*. Pero, ¿a qué se refiere Carrillo con "higiene de la raza"? A la versión alemana de la eugenesia. Una ciencia de Estado y una terapia inmunitaria orientada a extirpar el mal que ponía en peligro la calidad biológica del pueblo alemán. La sistematización de una idea obsesiva según la cual el mayor delito, para un pueblo que se quiere conservar puro, es la transmisión de sangre infectada a través de la mera reproducción de las razas consideradas inferiores.

En una ocasión, Rudolf Hess, el jefe del Partido Nazi, llegó a declarar que *"el nacionalsocialismo no es otra cosa que biología aplicada".*[314] La frase ya había sido pronunciada por el genetista Fritz Lenz, miembro del Comité de Expertos sobre Cuestiones de Población y Política Racial, en un manual, precisamente, sobre higiene de la raza (*rassenhygiene*), donde definía a Hitler como "el gran médico alemán". A mediados de la década del treinta, la higiene racial ya se enseñaba en todas las facultades de medicina alemanas. Los alumnos tenían que aprobar esta materia obligatoria para obtener su título y poder trabajar.[315] Es que los médicos nazis no fueron meros auxiliares del Partido. Por su *expertise* en las ciencias de la vida y la herencia genética, alcanzaron un enorme poder de conducción, llegando al pináculo del Estado nacionalsocialista.

---

que transformen fundamentalmente las condiciones de vida de la población o, por lo menos, en un primer esfuerzo, de minorías seleccionadas en cada estrato social cuyo elemento dirigente constituiría más adelante. En todo caso, la cuestión es importante y debe ser estudiada a la luz de la reciente evolución de la genética. (…) A mi parecer, la biopolítica debe estudiar a la vez el elemento cualitativo humano de la comunidad y la acción posible y necesaria de la política sobre el hombre". Revista Dinámica Social, agosto de 1951.

313 Ramón Carrillo, *Introducción a la Cibernología y a la Biopolítica*, pág. 283.

314 Roberto Esposito. *Bios*, pág. 178.

315 Manuel Moros Peña, *Los médicos de Hitler*, Nowtilus, 2014.

Es cierto que, desde siempre, el léxico político ha empleado metáforas biológicas o médicas, algo evidente en la aparición recurrente de la figura del Estado-cuerpo a lo largo de la Historia. Pero como observó Roberto Esposito, esta figura ha aparecido siempre acompañada de toda clase de mediaciones, de tipo conceptual, retórico e institucional, aún entre los siglos XVIII y XIX, cuando la metáfora del cuerpo social comenzaba a "tomar cuerpo". Sin embargo, estas mediaciones faltaron en el nazismo, donde política y biología se fusionaron por completo, haciendo realidad la metáfora vitalista. Ya no era "como si" los judíos fuesen parásitos: ahora eran realmente parásitos a los que había que exterminar para desinfectar el cuerpo del *Volk*.[316] Los médicos nazis, a la cabeza del proyecto eugenésico de higienización de la raza, adoptaron el lenguaje biológico no para justificar una empresa política, sino como criterio rector de la acción del Estado.

◆ —————————— ◆

Hasta ahora, el breve artículo *Introducción a la Cibernología y a la Biopolítica*, publicado en *Hechos e Ideas,* y un artículo similar publicado en *Dinámica Social*, eran los pocos lugares donde Ramón Carrillo había dejado un registro público y puesto por escrito de su teoría general. Recientemente, sin embargo, he encontrado un manuscrito inédito mucho más extenso. El documento original yace olvidado en el Archivo General de la Nación, entre montañas de papeles secuestrados en 1955 por la Revolución Libertadora, la cual creó una *Comisión Nacional de Investigaciones*. El propósito de esta comisión era hallar irregularidades producidas en la administración pública nacional, provincial y municipal, para así probar la corrupción del régimen depuesto y restituir los bienes que hubiesen sido indebidamente apropiados. Se trataba de complementar la deposición por la fuerza del gobierno peronista con una pátina de legalidad jurídica, aunque casi nada de lo que se acusó a los ex-funcionarios pudo probarse.

La comisión creó una *Fiscalía Nacional de Recuperación Patrimonial,* representando los intereses del Estado ante la Junta.[317] Entre las muchas comisiones creadas por la Fiscalía, cada una de ellas dedicada a un ámbito específico de la administración pública, se creó una comisión encargada de investigar al Ministerio de Salud Pública. Al interior de las treinta cajas referidas a esta comisión y que hoy se conservan sin clasificar en el Archivo General de la Nación, encontramos pilas repletas de expedientes judiciales

---

316 Roberto Esposito, *Bíos*, pág. 186.

317 *La importancia del respeto a la integridad de los fondos documentales: el caso de la Fiscalía Nacional de Recuperación Patrimonial.* En: IV Encuentro Nacional de Archivos Provinciales. Por: miembros del Departamento Archivo Intermedio (AGN).

deteriorados que formaban parte de la búsqueda de hechos delictivos. Por ejemplo, la compra de autos por parte del ministerio, o bien, varias cajas con investigaciones sobre una quinta de uso personal que construyó Ramón Carrillo, llamada Villa Antares. La atención de la Fiscalía estaba obnubilada por el afán de descubrir pruebas sobre malversaciones de fondos. No obstante, entre las decenas de cajas, se encuentra un expediente en cuya carátula de cartón gastado se escribe: *"Papeles sin importancia del Sr. Carrillo".* Al interior de ese expediente, que la miope Fiscalía había considerado sin importancia, se encuentra, como un tesoro perdido y conservado intacto, un manuscrito de cien páginas, también titulado *Introducción a la Cibernología y a la Biopolítica.* Como subtítulo y entre paréntesis, se escribe: *(Los espacios del hombre).* El documento está escrito a máquina y lleva algunas correcciones hechas a mano por su autor. No contiene ninguna precisión acerca de las fechas en las que fue mecanografiado y revisado.

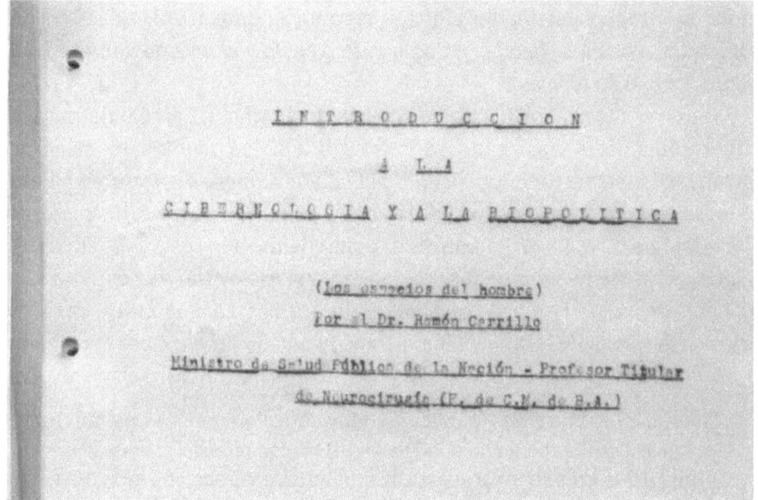

Carátula de la Introducción a la Cibernología y a la Biopolítica, hallada en el Archivo General de la Nación.

En el prólogo de esta versión extendida de la *Introducción a la Cibernología y a la Biopolítica*, Carrillo señala que el trabajo está compuesto en base a las versiones taquigráficas de dos conferencias. La primera fue pronunciada en Santa Fe el 28 de abril de 1950, en el salón de actos de la Universidad Nacional del Litoral, donde usó por primera vez los términos *biopolítica, cibernología y nicología.* La segunda conferencia tuvo lugar en Buenos Aires, en la liga de los Derechos del Trabajador, el día 23 de noviembre de 1950, de la que se publicó una versión, según Carrillo deficiente, en el número 169 del periódico *Octubre*. En este breve prólogo, como en el artículo publicado en *Hechos e Ideas*, Carrillo vuelve a fijar las fechas en las que comenzó a hablar en público sobre las ciencias de su creación y aclara que ha reconstruido esas conferencias a pedido de sus colaboradores del Departamento de Cibernología.[318]

En el capítulo uno del manuscrito, Carrillo define a la cibernología como una *"ciencia-mosaico"*, una ciencia sintética que reuniría, en un sistema coherente, la totalidad de los conocimientos pragmáticos sobre el hombre. Es *"la ciencia integral del hombre y también la ciencia del hombre integral"*. De ahí se derivaría una definición más completa: *"es una ciencia que reúne todos los conocimientos relativos al hombre con la finalidad de promover su bienestar y felicidad"*, abarcando tanto la satisfacción de las necesidades fisiológicas como los aspectos psíquicos, desde el estado prenatal hasta la muerte. Dado que el ser humano es un ser social, la cibernología se propone fijar reglas destinadas a dirigir científicamente la vida de las colectividades. Por eso: *"la cibernología es la ciencia y el arte de gobierno. La biopolítica es su técnica"*.

Como si citara el principio utilitarista de Bentham, Carrillo define a la cibernología como la organización científica de los pueblos que permite alcanzar *"el bienestar y la felicidad del mayor número de personas"*. Para ello, se trata de eliminar, de la forma más completa posible, los factores "ataxiológicos" o desordenadores. Carrillo define a los estados "ataxiológicos" como de pseudo-orden, por ejemplo la esclavitud y la explotación del hombre por el hombre en sus múltiples formas. La biopolítica, en tanto técnica derivada de la cibernología, tiene la misión de velar por el cuidado y aprovechamiento del *"capital biológico"* de una nación. Pero advierte que:

"por su estructura etimológica, la 'biopolítica' parecería una palabra peligrosa, pues recuerda a la 'geopolítica', esa ciencia concebida por militares para preparar y estudiar la guerra y hacer de las guerras una prolongación de la política. Si bien la biopolítica incluye ciertos elementos que le son comunes con la geopolítica, en oposición a ésta no tiene el objetivo de preparar la guerra ni realizar conquistas. Su

---

318 Al final del prólogo, Carrillo agradece al profesor Desiderio Papp, *"Asesor del Departamento de Cibernología"*, por *"la gentileza que ha tenido al revisar con prolijidad mi manuscrito"*. Desiderio Papp fue un filólogo húngaro que escapó del nazismo y se refugió en Argentina, donde retomó su trabajo como historiador y filósofo de la ciencia. Además de Ramón Carrillo, Papp trabajó junto a científicos como José Babini y Aldo Mieli, también historiador de la ciencia, pionero, en Italia, del movimiento de liberación homosexual y refugiado en Argentina al escapar del fascismo. Por falta de *espacio*, precisamente, debemos dejar para otra ocasión el estudio en detalle de la influencia de Papp en el pensamiento cibernológico de Ramón Carrillo.

objetivo es eminentemente práctico, es organizar la vida humana en tal forma que el hombre pueda gozar de un mínimo de bienestar. (…) La biopolítica, pues, es el reverso de la geopolítica, aunque ambas tienen como punto de partida el concepto de espacio vital. La primera, la geopolítica, como dijimos, conduce a la agresión, a la guerra, a resolver los problemas por vía de tomarle algo al vecino; en la biopolítica la solución es endógena: se la busca dentro del propio círculo, por aprovechamiento racional del potencial humano y de los elementos naturales".

Aquí, Carrillo hace alusión directa al concepto de geopolítica acuñado por Rudolf Kjellén, de cuyo cuño también salió el término biopolítica. Extrañamente, Carrillo no menciona al creador de los dos términos. ¿Pudo haber desconocido este fundamental antecedente? En el autor sueco, el Estado era entendido, esencialmente, como un fenómeno espacial, indisociable del territorio que domina. Por eso, a su teoría estadocéntrica, enemiga declarada del liberalismo, le era fundamental determinar el "área natural" que ocupa o que debe ocupar un Estado, ya que esta refiere a la forma óptima de vida que le corresponde. Pero en Kjellén, la geopolítica no está necesariamente al servicio de la conquista. La conquista era una consecuencia derivada de la necesidad de cada Estado por asegurar su "área natural", compitiendo con otros Estados en una gran lucha por la vida, y lograr así el objetivo primordial del programa kljelleneano: la autarquía económica.

La teoría de Kjellén resultó muy influyente en el general alemán Karl Haushofer, principal ideólogo del *Lebensraum* o espacio vital, categoría fundamental del expansionismo nazi y que, como veremos, Carrillo también reivindica como un concepto basamental de su biopolítica. Pero Carrillo no estaba haciendo alusión al uso actual de la palabra geopolítica, que ha terminado formando parte de la *doxa* de las ciencias políticas y del léxico habitual de las relaciones internacionales, relativamente sustraída del organicismo original que le habían impreso Friedrich Ratzel, Rudolf Kjellén y Karl Haushofer. Carrillo intenta conservar el concepto de espacio vital, separando sus aspectos más inquietantes, del mismo modo que intentaba despojar a la biopolítica de la higiene de la raza. En todos los caso, es como si el médico sanitarista se propusiese aplicar un principio de asepsia a categorías en sí inmunitarias, basadas en la lógica de la protección negativa de la vida biológica de los pueblos.

Si para la biopolítica carrilleana las soluciones de gobierno deben encontrarse al interior del propio círculo de influencia y no en el quitarle algo al vecino, le es fundamental contar con una teoría de los espacios del hombre. Por lo que el capítulo dos del manuscrito comienza definiendo al espacio como *"el medio en el cual ordenamos las cosas"*. El espacio así concebido se llama "espacio sensorial", y hay tantos espacios sensoriales como sentidos: "espacio visual", "espacio acústico", "espacio táctil", etc. Si bien cada espacio sensorial es independiente del otro, la conciencia sintetiza el conjunto de los espacios sensoriales en un esquema único llamado "espacio psicológico", en relación de aprehensión con el "espacio físico" u espacio objetivo. Agrega Carrillo que si imaginamos un objeto, por ejemplo un cubo, como un mero conjunto de línea y ángulos puramente ideales, necesitamos otro espacio: el "espacio matemático", el medio abstracto donde se ordenan las magnitudes puras. Hay entonces cuatro clases de espacios: el sensorial, el psicológico, el físico y el matemático. A su vez, estas nociones de espacio se corresponden con la evolución filogenética del hombre: el primero en ser adquirido habría sido el *protoespacio* (espacio sensorial y psicológico), luego el *archiespacio* (espacio físico), y finalmente el *paleoespacio*, constituido por el espacio matemático. Pero, como si aludiese al cosmismo ruso y a la *noosfera* de Teilhard de Chardin, Carrillo postula que hay un quinto tipo de espacio, de adquisición mucho más reciente. Es el *espacio del hombre*. Un espacio cualitativo, no homogéneo y no ilimitado. Se trata de:

> "el espacio en que se mueve el hombre, en que vive, convive, trabaja, produce, lucha, crea leyes morales para dominar sus instintos y hacer factible la convivencia, organiza gobiernos, y crea el orden y el progreso, la cultura y la civilización".

Cada espacio se define también por su dimensionalidad. El espacio matemático puede poseer un número cualquiera de dimensiones; el espacio psicológico y el espacio sensorial poseen sólo tres dimensiones; el mundo físico, además de extensión, posee duración, es decir, una cuarta dimensión. Por eso, también el espacio del hombre sería "tetradimensional", ya que se desarrolla a la vez en el espacio y en el tiempo. La tetradimensionalidad de los espacios del hombre refutaría la concepción clásica de la Historia, concebida de manera unidimensional, solo en función del tiempo. Según Carrillo, en los últimos tiempos se estaría escribiendo de nuevo la Historia, teniendo en cuenta no solo la duración, sino también *"el escenario espacial de los destinos humanos"*. Esta ampliación de la perspectiva histórica se debería, principalmente, a los aportes de la geopolítica, que llevaron a considerar el concepto de "espacio vital".

Pero Carrillo aclara que a los aportes de la geopolítica habría que sumarle los de la teoría de la relatividad einsteiniana: la distancia entre dos puntos no depende sólo del espacio físico en el que son medidos, sino también de la velocidad en la que se mueve el sistema en el que se efectúan las mediciones. Además, el espacio del hombre no sería relativo en un sentido puramente métrico. Es una relatividad de carácter "axiológico", condicionada por la distribución y la densidad de los valores humanos. A su vez, el espacio del hombre también es relativo en función del desarrollo de los medios de transporte y comunicación: la distancia entre Buenos Aires y Santiago de Chile es una cantidad constante, pero su distancia en términos del espacio humano es variable. El avión la ha acortado en un centenar de veces con respecto a los tiempos de las carretas. Por eso, para las características métricas de los espacios del hombre, no rigen solo los kilómetros, sino, mejor aun, las horas de recorrido:

> "En este enfoque, no es exagerado decir, que en los últimos 150 años asistimos a un achicamiento, progresivo y rápido, del espacio del hombre. Empero esta progresiva reducción del espacio humano no significa que las posibilidades concedidas al hombre se disminuyan en este ambiente que sin cesar se contrae; sino al contrario, la progresiva reducción del espacio equivale al aumento del dominio del hombre sobre su ambiente físico. Todo este problema de espaciología humana, en relación con las distancias y los valores, influye decisivamente en el espíritu del hombre contemporáneo; modificará también acelerando los proceso intelectivos el espíritu de las generaciones futuras. He ahí uno de los grandes problemas de espaciología desde el punto de vista psicológico (psicología cibernológica)".

De esta *espaciología* se derivarían las *"bases para una clasificación cibernológica de las ciencias"*, título del cuarto capítulo del manuscrito, donde Carrillo ofrece una nueva unidad del saber, en contra de la tendencia al fraccionamiento y la especialización, típicas de la Modernidad. Según Carrillo, habría un continuo geométrico en la estructura total del conocimiento, compuesta de regiones sin ruptura, y en donde cada región conduce a la otra. Si al espacio físico, o macrocosmos, le corresponden la matemática, la física, la química y la geografía (todas ellas denominadas *ciencias físico-cósmicas*), así como la teología, la filosofía, la lógica y la geometría (ciencias *psico-cósmicas*), al microcosmos, o espacio del hombre (al que Carrillo llama *"antopo-cosmos"*), le corresponderían, como es de esperarse, las ciencias del hombre, a las que habría que añadir la cibernología como *"ciencia del gobierno"* y como *"la más polifacética y la más joven de las disciplinas del hombre"*. A su vez, entre ambos mundos, entre el macrocosmos y el microcosmos, existe un *"mundo intermedio"* ocupado por fenómenos comunes al mundo físico y al mundo humano: es el *"biocosmos"*, donde habría que ubicar a la zoología, la botánica y la biología.

Carrillo retoma la magna tarea de clasificar las ciencias, iniciada ya por Aristóteles, y continuada por Francis Bacon, Ampère, Comte y Spencer, cada uno de los cuales ofreció su propio método de clasificación. El cibernólogo cuestiona la clasificación aristotélica, cuya base eran los objetivos de la actividad del hombre, es decir, el conocer, el utilizar y el crear, de lo que se derivan las tres ramas del saber: la teórica, la práctica y la poética. Carrillo señala que los tres objetivos están presentes, en mayor o menor medida, en todas las disciplinas, de ahí lo defectuoso de la clasificación aristotélica.

En una significativa coincidencia con Norbert Wiener, Carrillo afirma que una de las mejores clasificaciones de las ciencias ha sido provista por el fundador de la electrodinámica, *"el genial André-Marie Ampère"*, adoptando como base la distinción entre ciencias cosmológicas (físico-matemáticas y ciencias naturales) y ciencias noológicas (filosófico-históricas o ciencias del espíritu). Aunque Carrillo cuestiona lo rígido de la clasificación de Ampère, es muy probable que a partir de la lectura de su *Essai sur la philosophie des sciences* haya compuesto el neologismo "cibernología". Recordemos que ya Ampère acuño el nombre de *cybernétique*, describiéndola como *"la futura ciencia del gobierno"*, una ciencia indispensable, dado que *"un gobierno debe elegir entre las medidas más apropiadas para alcanzar sus objetivos"*, siendo estos objetivos: *"mantener el orden público, la policía, la distribución justa de los impuestos, la elección de los hombres que tiene que emplear, y todo lo que puede contribuir a la mejora del estado social"*.[319] Esta definición de la *cybernétique* se acerca más a la cibernología de Carrillo que a la cibernética de Norbert Wiener.

Carrillo también elogia la clasificación de las ciencias postulada por Auguste Comte, creador de la palabra *biocracia*, en la que Carrillo pudo haberse inspirado para dar con el nombre de "biopolítica". Comte clasificó a la ciencias en un orden de complejidad creciente y generalidad decreciente, que asciende desde las matemáticas y la físico-química hasta la biología y la sociología, las únicas que han alcanzado su plena madurez, esto es, la fase positiva de su desarrollo. Pero Carrillo le recrimina a Comte el haber omitido la psicología, a la que *"equivocadamente, no consideraba una verdadera ciencia"*. De Herbert Spencer elogia *"la fecunda idea del evolucionismo"* aplicada a la clasificación de las ciencias según su aparición en el orden de la evolución histórica, pero cuestiona su división entre ciencias abstractas y concretas, replicando que en toda ciencia concreta hay también un elemento teórico, siendo todas la ciencias a la vez concretas y abstractas.

No conforme con ninguna de las clasificaciones que lo antecedieron, Carrillo propone su propia taxonomía, poniendo el énfasis en la continuidad entre las distintas regiones del saber. Pero no se trata solamente de un problema epistemológico, sino de un problema eminentemente político, tal como escribe al final del capítulo cuatro:

---

319 Andre-Marie Ampère, *Essai Sur La Philosophie Des Sciences, Ou Exposition Analytique D'une Classification Naturelle De Toutes Les Connaissances Humaines, Seconde Partie,* pág. 140, Bachelier, 1843.

"La organización de las investigaciones científicas se ha tornado ya un problema de estado, es decir, cibernológico. La prueba la tenemos en lo que ocurre con la física nuclear y la energía atómica. Pero todavía no existe un orden o un sistema en virtud del cual se determine que las investigaciones deban dirigirse desde el gobierno, a pesar de que casi todos los países más adelantados han creado Comisiones o Consejos Nacionales de Investigación Científica, cuya eficacia, hasta ahora, es muy pobre, debido en primer lugar a la dificultad de coordinar las tareas; en segundo lugar, a la imposibilidad de disponer a voluntad de hombres capaces y de talento en cantidad suficiente; en tercer lugar a la falta de orden en las ideas y precisión en los objetivos, por la ausencia de una ciencia del gobierno y por la falta de una clasificación completa de los conocimientos humanos".

En este pasaje, el Estado, más que como un orden legal o como lo que mantiene vigente el imperio de la ley, aparece conceptuado como una fuerza organizativa o un organizador de todas las fuerzas, capaz de aunar y dirigir los esfuerzos de todas las ciencias. Pero el afán arquitectónico de Carrillo no se detiene en la taxonomía de las ciencias. Esta clasificación había sido solo el prolegómeno para el siguiente ordenamiento, el centro de su propio edificio teórico. Carrillo continúa su tratado postulando una *espaciología* propia de los espacios del hombre, ordenada a través de siete círculos concéntricos, creando, para algunos de ellos, nuevos neologismos:

1) *El espacio o ámbito vital, estudiado por la biología.*
2) *El espacio exitímico, investigado por la psicología.*
3) *El espacio ergológico, que es materia de la sociología.*
4) *El espacio crestológico, con la economía como ciencia correspondiente.*
5) *El espacio político, objeto de la nicología.*
6) *El espacio ético-jurídico, estudiado por el derecho.*
7) *El espacio estatal, objeto de la cibernología.*

En el centro del esquema se coloca el espacio vital, de índole biológica, y en el extremo el espacio estatal, objeto de la cibernología. Carrillo advierte que toda clasificación es artificial, *"como todas las clasificaciones que hace el hombre"*, y que, para dar cuenta de la real conexión entre los espacios del hombre, más que en círculos concéntricos hay que pensar en una espiral continua que va ascendiendo de ámbito en ámbito, relacionando a los círculos entre sí. En un doble movimiento, Carrillo lo clasifica todo y relativiza toda clasificación. Ejerce la violencia propia de cualquier clasificación ordenadora sin dejar de cuestionarla.

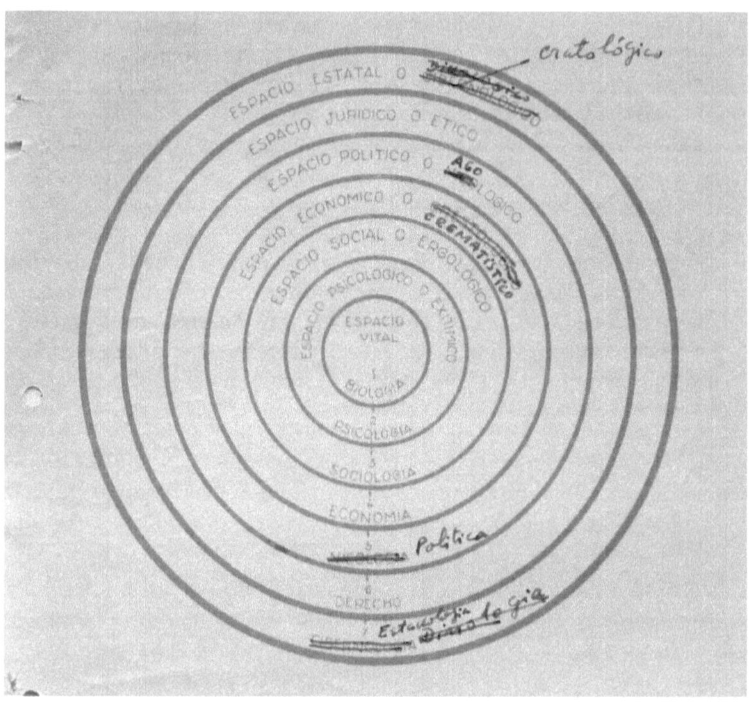

Esquema de los espacios del hombre. Gráfico perteneciente al manuscrito hallado en el Archivo General de la Nación. Como puede observarse, algunos nombres están tachados. Encima de ellos, Carrillo anota nombres alternativos a sus espacios del hombre y ciencias respectivas.

Veamos entonces la descripción de cada espacio del hombre. En primer lugar se ubica el espacio vital, dominado por la necesidad, *"fenómeno vital y primero que aparece desde el alba de la prehistoria del hombre"*. Según Carrillo, sólo cuando el hombre satisface sus necesidades alcanza el equilibrio biológico, siendo este equilibrio lo que debe llamarse *salud*. Aduce que las necesidades han sido estudiadas predominantemente por los economistas, quienes no están lo suficientemente preparados para ello: *"a lo sumo, saben los economistas medir o justipreciar sus efectos, no su génesis, su estructura, su íntima naturaleza"*. Cabe en cambio a los biólogos hacer el estudio de las necesidades:

> "Tengo la impresión de que si hubiese sido considerada la biología como punto de partida para el análisis de las necesidades humanas, se hubieran evitado muchos errores. El camino del hombre hacia una organización racional de la sociedad y del Estado, habría sido menos sinuoso y menos penoso".

La necesidad genera al instinto (un *"automatismo psíquico"*). Pero el derecho también se origina en la necesidad. Carrillo arriba así a la máxima peronista: *"allí donde hay una necesidad existe un derecho"*:

> "Allí donde hay un niño, un anciano, un desvalido o un enfermo, la cibernología descubre un derecho: el derecho del niño, el derecho del anciano, el derecho del enfermo a la protección del Estado. Especialmente los llamados derechos sociales que son tan fuertes y legítimos como el derecho individual de propiedad o de comerciar libremente".

El cibernólogo clasifica a las necesidades en cuatro tipos: las *intrabiológicas*, referidas al bienestar fisiológico, como el alimento; las *peribiológicas*, referidas al bienestar somático y a todo lo que protege al cuerpo humano, como la vivienda y el vestido; las necesidades *metabiológicas*, referidas al bienestar moral o psíquico y a las apetencias espirituales (trabajo, distracciones, cultura); por último, las necesidades *parabiológicas*, aquellas llamadas superfluas, que *"no obstante el calificativo subestimativo"*, desempeñan en la vida del hombre un importante papel, *"tales como el juego, las carreras, el café, el billar y otras distintas maneras de derrochar tiempo y dinero"*. El hombre necesita de lo superfluo, siempre y cuando no sea en desmedro de necesidades más fundamentales. De aquí, Carrillo extrae una enseñanza fundamental para el arte de gobierno:

> "El hombre de un país hipotético, donde no se jugara al billar, ni se perdiera tiempo y dinero en las carreras o en la lotería, protestaría sin dudas enérgicamente contra el gobierno por haber suprimido lo que él consideraría una parte importante de su felicidad, o por lo menos de su expansión espiritual. Porque choca contra esas necesidades parabiológicas o superfluas, que por ser adquiridas más recientemente en la filogenia, no tienen el poder avasallador de las necesidades vitales. Sin embargo pueden influir en la conducta y en las decisiones. Por ejemplo: un pueblo juzga que un gobierno es bueno o malo, no en la medida que este subviene a sus necesidades vitales, sino a sus necesidades superfluas, de lujo o de confort. Sería un error de los economistas despreciar la fuerza instintiva de las necesidades parabiológicas".

Este fragmento cobra aun mayor significación cuando recordamos que el Ministerio de Salud Pública se financió con impuestos a los juegos de azar, operación que había logrado extraer un beneficio productivo de una actividad improductiva y dispendiosa, tal como aquí se enseña que un gobierno puede beneficiarse del estímulo a las necesidades superfluas del pueblo.

A continuación, Carrillo afirma que durante largo tiempo supuso que las necesidades intrabiológicas eran los principales factores determinantes de la organización social. Pero aclara que estaba tan equivocado como

Malthus (o como la Unesco de su época, según anota), al considerar que el aumento de la población mundial traería un gran problema de carestía:

> "la solución al problema demográfico no consiste en la restricción de los nacimientos, sino en el aumento del brazo mecánico, productor de alimentos, de vestidos y de viviendas y también de confort y de super-ficialidades, o sea, en el aumento de la cantidad de energía disponible, por individuo, dentro de la población mundial".

Así como Carrillo observaba que el espacio del hombre se reduce por obra de los avances en las tecnologías de transporte y comunicación, ahora advierte que la evolución tecnológica permite producir cada vez más ener-gía: *a este vertiginoso aumento del rendimiento de las máquinas, le debemos el fracaso de Malthus y de sus lúgubres previsiones".* El incremento exponen-cial de la capacidad energética permitiría, a cada vez más personas, cubrir sus necesidades *metabiológicas* y *parabiológicas*, así como *"el perfecciona-miento científico de la agronomía"* permitirá aumentar la producción de alimentos, satisfaciendo todas las necesidades *intrabiológicas*. A la luz de estas observaciones, Carrillo llega a la conclusión de que el espacio bioló-gico no está congelado, sino que es agrandable por obra de la ciencia y de la técnica. Así confirma sus diferencias con la geopolítica alemana:

> "Por eso, la Biopolítica, al propiciar el aumento técnico del espacio bio-lógico para asegurar la vida del hombre, se opone al principio geopo-lítico que considera que la única forma de ampliar el propio espacio vital consiste en arrebatárselo a los demás. Los espacios del hombre se dilatan en la medida que su capacidad científica y técnica aumenta".

A continuación, Carrillo pasa revista al segundo espacio del hombre: el espacio *extímico* o psicológico. Su conexión con el espacio biológico sería evidente, ya que toda necesidad se traduce, de inmediato, en algo que mueve al hombre, *"desde el subcortex, como dirían los anatomistas o desde el subconsciente como dirían los psicoanalistas".* El conjunto de los instintos inferiores (agrupados en tres: instinto de conservación; instinto sexual o de reproducción; instinto de sociabilidad o gregarismo) son elaborados y manejados por el espacio psicológico, determinando la conducta humana y los instintos superiores (agrupados en cuatro: instinto de posesión de bienes, cosas o riquezas; instinto de la lucha; instinto de la justicia; instinto del orden). Pero la conducta humana, *gobernada* por el psiquismo inferior y el superior, no sólo es motivada por instintos sino también por "ideas". Según Carrillo, las ideas son generadas por los instintos y no, como lo creían Locke y los empiristas ingleses, representaciones pasivas o meras imáge-nes. Aquí, nuevamente, Carrillo se referencia en Comte:

"Ya Comte, fundador del positivismo, afirmó en su tiempo que las ideas son fuerzas que gobiernan y trastornan el mundo. En realidad, las ideas son fuerzas dinámicas, son una forma muy particular de la energía, aun cuando no se miden en ergios ni en calorías, y escapan a todos los instrumentos detectores de la física. Son las ideas las que trabajan en las máquinas de nuestras plantas industriales, puesto que las realizaciones tecnológicas no son sino objetivaciones de las ideas de sus creadores. Una máquina no es, al fin y al cabo, más que una idea convertida en materiales armónicamente combinados".

Hay un auténtico poder de las ideas, una verdadera energía mental que, según hipotetiza Carrillo, también debe tener un peso o masa, como demostró Einstein acerca de todos los tipos de energía. El pensamiento religioso y el pensamiento científico son las fuerzas más poderosas de toda la Historia, gracias a las cuales las grandes religiones han puesto en movimiento *formidables masas humanas",* dando origen a instituciones que sobreviven a los siglos y encauzan la evolución. Del mismo modo, científicos como Hipócrates, Arquímedes, Pasteur y Einstein han podido modificar el ámbito del hombre más eficazmente de lo que es capaz de hacerlo la suma del poder político. Pero Carrillo advierte que no hace falta irse demasiado lejos para comprender el poder de las ideas:

"La actual realidad argentina nos ofrece a la vista una tangible prueba del poder físico de las ideas, de otra clase de ideas que las científicas. El sistema de ideas político-sociales creado por Perón se convirtió, de pronto, delante de nuestros ojos, en una arrasadora fuerza dinámica y dio origen al mayor movimiento de masas que registra la historia de la Argentina, materializándose en innumerables reformas, instituciones y obras del justicialismo".

El siguiente apartado explica el tercer espacio del hombre: el sociológico o "ergológico". Una vez domesticado su instinto, el hombre tiende a asociarse. La convivencia, que es un efecto del instinto gregario, *"crea una escala de valores económicos, y la búsqueda de estos valores para satisfacer necesidades da origen al trabajo".* Por eso, el fenómeno esencial de la sociabilidad es el trabajo, que ennoblece los instintos, y el espacio fundamental de la sociología es el "ergológico".

"Así, gracias a la acción orientadora del vector 'convivencia' (gregarismo u hormokonía) los impulsos instintivos, dirigidos y ennoblecidos, dan origen a las instituciones sociales, las cuales, paradojalmente, son instrumentos para gobernar esas mismas impulsiones instintivas. Por ello, es lícito aseverar –como acabamos de hacerlo– que el papel del vector convivencia es admirable; convierte impulsos primarios, instintivos en el individuo, en fenómenos del espacio ergológico, en hechos sociales, que reobran sobre las impulsiones originarias. De aquí, la seguridad de las instituciones sociales; están fundadas sobre instintos primarios. De aquí también su caducidad; si la reacción de las instituciones sobre los impulsos no funciona satisfactoriamente, las bases mismas de las instituciones son sacudidas y se origina un estado revolucionario".

Carrillo reconocía el carácter forzosamente inhibitorio de la civilización, como en la dialéctica freudiana, donde el Yo se encuentra dividido entre la potencia pulsional del Ello y la fuerza inhibitoria del Superyó, provocando el insuperable "malestar en la cultura". La cibernología, que no solo tendría el cometido de asegurar la felicidad pública, sino también evitar los estados de agitación revolucionaria, se encuentra, de pleno, en la órbita de la lógica inmunitaria: para proteger al organismo social y pilotearlo hacia la felicidad es preciso evitar que los impulsos individuales se desbanden, vigilando el movimiento continuo e interminable de la civilización. El peligro de una regresión social siempre está latente.

A continuación, se afirma que las necesidades, en lugar de disminuir, aumentan a medida que son satisfechas. Por eso, dan lugar a luchas sociales que, a su vez, hacen nacer al Estado. Carrillo instintiviza las luchas sociales y les adjudica su causa a unas *"tendencias de pugnacidad"*, subsistentes siempre en el Homo sapiens, observables tanto entre los niños de corta edad, que luchan por luchar, como en los adultos deportistas. Está en la órbita del Estado *"reglamentar y encauzar la acción disolvente y negativa de las impulsiones pugnaces"*. De modo semejante, Carrillo, como recordando el deseo de apropiación hobbesiano, explica el surgimiento de las instituciones económicas por obra de un *"instinto de apropiación y posesión de bienes"*, presente en el hombre y aun en otras especies zoológicas, de donde se plantea el problema de racionalizar esos instintos, organizando la propiedad. Nuevamente, aquí asoma la lógica inmunitaria: no se trata de reprimir instintos, sino de neutralizarlos o malograrlos.

Todo el derecho, según Carrillo, está *"traspasado de sentido agonístico"*. El derecho existe siempre contra alguien y a favor de alguien. Alguien lo aprovecha y alguien lo sufre, ya sea en la relación acreedor y deudor, ya sea en la relación propietario y causante. Retomando una larga discusión a la que ya hemos aludido, Carrillo niega que el derecho se oponga a la fuerza. Como refiriéndose al desprecio de Marx hacia toda "robinsonada", Carrillo reafirma el derecho a que el derecho se imponga a través de la fuerza y se haga respetar:

"El derecho, en verdad, no se opone a la fuerza, se opone a la libertad. Puede inclusive decirse que donde hay libertad no hay derecho y donde hay derecho no hay libertad. Esto ya ha sido dicho por otros y acaso el ejemplo que con más claridad explica la situación es el ejemplo de Robinson, libre en su isla, pero privado de todo derecho. ¿Por qué? Porque Robinson aislado no tiene contrincantes. Porque no tiene siquiera la posibilidad de sujetar a otro por una obligación o de sujetarse a sí mismo o subordinarse a otro por un contrato".

Como el *munus* que constituye a la *comunidad* y a la *inmunidad*, el derecho es la exposición al otro como vínculo de sujeción, obligación mutua y reparto del trabajo, definido por Carrillo como la actividad que produce bienes, los cuales sirven para satisfacer necesidades. Cuanto más diversas sean las necesidades, más diversos serán los bienes. De este modo, Carrillo, como en modo geométrico, cierra el círculo evolutivo que conduce desde los instintos primarios a la sociedad organizada:

"Los instintos crean las necesidades; las necesidades, para ser cubiertas, exigen por una parte el trabajo, por otra determinan la convivencia y la convivencia impone la división del trabajo que entraña la estructuración de la sociedad".

Este esquema permitiría que la sociología abandone, por fin, su carácter de disciplina indeterminada, sin límites ni objetivos precisos. Carrillo dice tener la impresión de que los sociólogos, después de Comte, han perdido el rumbo. Han construido un *"avión de transporte o un ómnibus"* donde cabe cualquier cosa. Sin embargo, nuestro cibernólogo aporta una solución. Indica que si se excluye de la sociología el estudio del poder, esto es, lo que él llama *"nicología";* si se excluye de la sociología el estudio del Estado y del gobierno, concernientes a la ciencia cibernológica, entonces los fines de la sociología, así despejada, se limitan con mayor precisión. La tarea de la sociología debe centrarse en el estudio del origen y los mecanismos de la convivencia, la cual *"nace de la necesidad de protección, del instinto gregario, y termina en la organización del trabajo"*, de lo que se desprende un elogio a Marx y hasta su mención honorífica como influencia de la cibernología:

"De lo único que no se ocupa la sociología es del tema del trabajo humano, tema que le ha sido hurtado por la Economía; muchas veces he dicho que Marx, con sus ideas, produjo las mayores transformaciones en la sociedad por haber penetrado en el núcleo específico de lo social; ejemplo, la organización del trabajo humano y el estudio de la esclavitud. Marx fue un sociólogo más que un economista; sus ideas pudieron extenderse a campos comunes con otras ciencias, la economía, la política y la cibernología. Igualmente, las ideas de la física atómica han gravitado y gravitarán sobre la química y la biología sin que por esto anexemos a la física la química y la biología".

Evidentemente, Carrillo no está conforme con la vaguedad de la sociología, pero de lo que se trata, sobre todo, es de diferenciarla de la cibernología:

"pues existen algunos sociólogos que pretenden que la sociología es o puede ser también planificación de Gobierno, es decir taxología. La confusión de la sociología con la cibernología es imprudente e injustificada. De donde la conveniencia de definir los fines de cada una de las ciencias del hombre, que conducen a la concepción cibernológica; entre ellas, principalmente, la sociología".

A continuación, el manuscrito se traslada al cuarto círculo: el "crestológico" o económico. Para Carrillo, el objeto de la economía no debería ser la producción, como se cree y como él mismo confiesa haberlo creído durante mucho tiempo. El fin de la economía sería el consumo, *filogenéticamente* anterior a la producción: aparece anteriormente, en el niño, que es un puro consumidor antes que un productor. A partir de esta observación, Carrillo menciona su cálculo estatal del costo de cada trabajador:

"Sólo después de la mayoría de edad es cuando el hombre comienza a producir. ¿Cuánto le cuesta al Estado educar y conservar sano a un niño desde que nace hasta que llega a ser productor y útil a la colectividad? Miles de pesos. En crudas palabras, hasta que comienza a producir, el hombre es un parásito de lo que producen para él, porque es sólo un consumidor".

Como los sociólogos, los economistas han padecido también de una cierta nebulosidad en sus definiciones teóricas, aunque su contacto directo con el espíritu de lucro y con los hombres de negocios los ha vuelto más prácticos, obligándolos a desarrollar una verdadera técnica. Para Carrillo, el consumo es un hecho esencialmente biológico, ya que refiere a la esfera de las necesidades. Los economistas más perspicaces a este respecto han sido los provenientes de la biología, como François Quesnay:

"médico fundador de la escuela de los fisiócratas e introductor de la palabra economía, por simple homologación organicista con lo que en su tiempo se decía de los seres vivos y en especial cuando se hablaba de 'economía humana' refiriéndose a la anatomía y la fisiología".

Carrillo atina a reconocer, en la figura de Quesnay, la imbricación entre medicina, biología y economía, señalando el gran pasaje operado en la Modernidad, donde el ámbito del *oikos* y el ámbito de la *polis* ya no pueden ser claramente diferenciados (muy significativamente y en sintonía con los propósitos de la cibernología, la economía política, en tiempos de Quesnay, también era conocida como "ciencia del orden").

Seguidamente, el manuscrito pasa revista al quinto círculo: el espacio político, allí donde se ubica el problema de la lucha por el poder. De este problema se ocupa otra ciencia inventada por Carrillo: la *nicología*, ciencia de los modos históricos en que los grupos sociales se imponen y apoderan del botín que concede la victoria (*nike* en griego) y que estudia también los medios de *"conquistar, ejercer y mantener el mando"*.

Desde el principio de esta sección, y sin dobleces, Carrillo escribe: *"se verá la importancia que tienen los médicos en la génesis del poder"*. Así como los sacerdotes primitivos se atribuían una relación personal y directa con el tótem, había uno en especial, el "taumaturgo", que con yerbas y palabras había logrado curar una epilepsia. Carrillo continúa enhebrando un gran relato del origen del poder, donde advierte la fuente común al sacerdote y al brujo:

"De inmediato es el curandero el que está en relación más íntima con las fuerzas invisibles que rigen la salud y la enfermedad y que se encarnan en el tótem. Por ese camino el curandero llega a alcanzar mayor influencia en el clan. Se explica entonces que los curanderos –los médicos de entonces, naturalmente– sean quienes centralizan el poder, hasta que viene el hombre de la espada, el guerrero. Su misión originaria era cuidar las instalaciones tribales, las tiendas y el ganado, al lado de las mujeres y de los niños, mientras los otros hombres del clan salían de saqueo o en expediciones de venatería. Pues bien, el guerrero, el custodio del clan, se apoderó un día del poder, sencillamente, sin necesidad apenas de volver las armas contra los suyos, por la mera tenencia de ellas; porque las armas, de suyo, representan poder. Después vino la legitimación de este poder en el tótem, en la fuente mágica. El guerrero se atribuye la misión del médico, que, como sabemos, es un hechicero. El rey sale de esta triple combinación del guerrero, el sacerdote y el médico. Con el rey aparece, rudimentario, el Estado.

El Egipto de los faraones es el primer Estado organizado que la historia conoce. El Faraón posee, entre los atributos del poder real, el del médico. Incluso es el responsable de la salud de su pueblo. El Faraón resume en sí el poder de curar las epidemias. Claro está que no quedó muy bien cuando vinieron las famosas plagas que devastaron a su país".

En este notable fragmento, Carrillo pareciera aludir a la teoría dumeziliana de la estructura trifuncional de la ideología indoeuropea. De acuerdo a esta teoría, y tal como lo muestran innumerables sistemas mitológicos, las sociedades indoeuropeas han ordenado al hombre y al mundo según tres funciones fundamentales: los sacerdotes o magistrados, los guerreros o guardianes, y los trabajadores artesanos, a cargo de la riqueza y la economía. Pero si según Georges Dumézil la primera función ha ocupado históricamente la cúspide de la jerarquía, Carrillo introduce una versión propia donde, *in illo tempore*, los guerreros se habrían hecho del poder soberano por la pura tenencia de las armas (como recordando el célebre apotegma de Mao según el cual "el poder nace de la boca del fusil"). Más allá del rigor histórico de esta especulación, Carrillo parece más bien pensar en la figura faraónica de Perón, el soberano que reúne al militar-guerrero, al sacerdote que propicia un nuevo culto, al médico que cura al pueblo de sus miserias y al primer trabajador que encarna la ascendencia del tercer estado. No obstante, este relato sobre los orígenes del poder deja subsistir un resto de rivalidad entre el hechicero y el guerrero, es decir, entre el médico y el rey militar taumaturgo, al recordar que el curandero ha sido el que estaba en relación primera con las fuerzas invisibles de la salud y de la enfermedad, desposeído ilegítimamente por el guerrero a través de la pura fuerza de las armas. Sin embargo, la labor de Carrillo se daba en el ámbito de lo profano (ámbito que en la Modernidad ha absorbido casi la totalidad de los asuntos humanos), cuya ley, a diferencia del abismal ámbito de lo sagrado, es la de la seguridad y la comodidad,[320] objetivos fundamentales de la cibernología.

Carrillo deja apenas esbozada su arqueología del Estado y, a continuación, observa que, a lo largo de la Historia, la extensión del poder político se ha agrandado. Desde las ciudades-estado o municipios a las provincias, hasta la nación. Sin embargo, con el advenimiento del capitalismo, el gobierno ya no pudo ser ejercido sólo desde el Estado:

> "los grandes consorcios de capitales decidían en ellos, y deciden todavía hoy, muchos actos de gobierno, o por lo menos, los condicionan. En algunos casos, pues, los gobiernos no son libres en esas naciones libres; son gobiernos 'quislings', del capitalismo, de la banca, de los grandes monopolios, de los 'holdings', de los 'cartels'.
>
> Al lado de esa fuerza que en todos los países del mundo representaba y representa el capitalismo y que en el hecho le disputa el poder al Estado, se va levantando ahora otra fuerza opuesta, creciente, avasalladora y tan o más disciplinada que aquélla, la de las organizaciones obreras, la de los sindicatos, la enorme masa del proletariado. El Estado tiene que conciliarlas a ambas y sobreponerse a una y a otra.

320 Roger Caillois, *El hombre y lo sagrado*, pág. 59, FCE, 1984. En este ensayo, Caillois observa que el sentimiento religioso, los ritos de purificación, la separación entre el ámbito de lo sagrado y el ámbito de lo profano, han ejercido en todas partes la función de proveer a los fieles de un sentimiento salvífico de salud e inmunidad. La adquisición de pureza, la eliminación de una mancha terrible, constituyen la esencia de toda religión. El arte de levantar barreras protectoras ha sido largamente desarrollado, antes que por las ciencias médico-biológicas, por las religiones, tal como Carrillo asocia al médico con el hechicero. A su vez, Caillois retoma la teoría de *la ambivalencia de lo sagrado* sostenida por buena parte de la antropología moderna desde Robertson Smith: fenomenológica o psicológicamente, lo sagrado se ha presentado siempre como una fuerza ambigua, a la vez atrayente y repelente, bendita y maldita, muy difícil de manejar, de una gran carga contagiosa y contaminante, frente a la cual es preciso tomar toda clase de recaudos.

La aparición de esta nueva fuerza, no lo ha debilitado, más bien lo ha fortalecido, lo ha colocado en el fiel de la balanza.

Los que se han debilitado son los llamados partidos o banderías políticas, apendiculares al antiguo régimen, aún aquéllos partidos organizados para combatirlo, pero que no han tomado buena nota del avance del mundo en los últimos tiempos y que no han modernizado su repertorio de ideas, sus métodos, sus tácticas, ni su estructura.

La declinación del arisco espíritu municipal ha sido anticipado por síntomas muy claros. En los días que vivimos ya no hay, en efecto, partidos políticos municipales ni provinciales y pronto también parecerán caducos aquellos partidos afincados en ideas estrechamente regionalistas o puramente políticas.

Las naciones y los partidos políticos tendrán que encolumnarse continentalmente, siguiendo la línea cultural, para defender ideales de vida comunes e intereses comunes.

Llegaremos así a los verdaderos superestados, después del fracaso de las ligas y sociedades entre naciones, que, sin embargo, han preparado el camino para una solución más estable y amplia.

Entre tanto, lo que más nos interesa destacar es que el centralismo y el estatismo no son fenómenos artificiales y de poco momento. Responden a circunstancias mundiales, que aunque sean de interregno, no desaparecerán tan pronto como querrían los políticos de viejo cuño, y desde luego no desaparecerán para regresar a l'antico.

El Estado-Nación es hoy, en todas partes, fuerte. A sus antiguas funciones políticas ha agregado funciones de ejecución y/o de control en materia económica, financiera, monetaria, industrial, comercial y social. Modernamente, el Estado hasta comercia, compite, funda industrias y monopoliza las actividades bancarias. Nadie se extraña de ello, pero todo el mundo teme; teme el hombre que el Estado lo devore o lo reduzca a un número, a una ficha.

Cuando el Estado sean tan fuerte que en su ceguera comience a devorar, como Saturno, a sus propios hijos, entonces, ¿cómo se establecerá otra vez el equilibrio?

Lo restablecerá, contestamos, el hombre desde fuera del sistema, actuando antientrópicamente, pero ya no como hombre masa, sino como ser esencial, culto, libre, individualista, escapando de la caverna y del juego de sombras, de que hablaba Platón.

A la nicología le interesa centralmente esta lucha del hombre por el poder y del hombre contra el poder. Esta última es una empresa descomunal, de dioses, que sólo el hombre puede realizar para escapar de su robot, del Estado, que lo ha aprisionado y lo ha hecho su esclavo".

Un fragmento apabullante, que produce el vértigo sublime de lo demasiado grande y de lo demasiado difícil de medir. A la manera de una visión apocalíptica, Carrillo concibe a los grandes poderes mundiales como titanes monstruosos que han ocupado el puesto de lo divino, en lucha por la supremacía. Una "empresa descomunal" donde la cibernología alimenta al Estado robot y a la vez aboga, de manera ambivalente, por el hombre libre que actúa anti-entrópicamente, contra el Estado que lo ha esclavizado.

El sexto ámbito, el espacio jurídico, tiene como vector principal a la justicia, *"una idea moral".* Ya no estamos ante un *"modo de ser",* como en los espacios anteriores, donde los vectores eran: necesidad, instinto, trabajo, consumo, y lucha por el poder. Frente a la justicia, estamos ante *un "modo de deber".* Un modo de ser es como es. Es *"impuesto por la naturaleza".* La moral, en cambio, *"nos la imponemos nosotros mismos".* ¿Por qué lo hacemos?, pregunta Carrillo, agregando que no hay una respuesta fácil a esta cuestión, la de la fundamentación de la moral:

> "La raíz primordial de la moral es probablemente el descubrimiento hecho por el hombre paleo o neolítico, de que más ventajoso que matar y devorar a otro ser humano, es dejarle la vida y explotar sus fuerzas. Esta idea, que una vez realizada dio origen, en el alba de la historia, a la institución de la esclavitud, es la que se expresa más tarde en forma del siguiente precepto moral: 'No matarás a tu prójimo' y conduce por camino muy largo y sinuoso, a ese otro precepto sublime: 'Amarás a tu prójimo como a ti mismo', que está en la base de toda moral, está presente en forma más o menos directa en todo sistema de derecho y dará, hasta el fin de los tiempos, la roca sillar para todo sistema de justicia".

Pese a la sublimidad de la ley moral, esta hunde sus raíces en el egoísmo. Como aludiendo a la génesis de la conciencia hegeliana en la dialéctica del amo y el esclavo, el hombre paleolítico encontró que era más ventajoso esclavizar que matar a otro ser humano. Mejor que hacerlo morir era dejarlo vivir para explotar sus fuerzas. Pero el egoísmo no es ni bueno ni malo: *"el hombre no puede no ser egoísta. Es egoísta como es mortal, pues el egoísmo es un hecho biológico, es una mutación del instinto de conservación".* El egoísmo no es una fuerza de destrucción, sino de construcción y preservación, pues *"todo cuanto ha hecho el hombre en el mundo, lo ha hecho su egoísmo".* Como los espacios aquí clasificados, el egoísmo forma una espiral que comienza en el individuo, pero pronto abarca a la familia, luego al pueblo, a la comarca, a la patria, al continente, a la raza, a la especie, y por fin, al mundo, haciendo que el hombre se vuelva generoso y amistoso, pero por obra de la genética del egoísmo:

> "Podemos entonces decir sin paradoja, que gracias al egoísmo, el hombre es amigo, compañero, patriota, esto es, generoso, si bien se trata de una generosidad extensiva, no de una generosidad pura y absolutamente desinteresada de sí mismo. Por lo demás, esta última especie de generosidad no existe más que como idea, como abstracción".

El hambre y el amor son los ejes coordenados de toda vida, y los dos sirven al egoísmo, que Carrillo retrata como una suerte de *"jefe de Estado Mayor de todas esas fuerzas menores"*. A través del hambre, el hombre se conserva individualmente, a través del amor, conserva a la especie. En los dos frentes, al igual que todo ser vivo, tiene que luchar. Su destino es agonal. Hasta en el amor hay lucha, hay una *lid* (y, como en el odio, *"hay abrazo"*). El amor también mata, como en el desfallecimiento que se produce en la *"cópula carnal"*: *"No se puede dar la vida a otro sin sacrificar algo de la suya propia"*. El hambre, por su parte, impulsa a la lucha y a la devastación. Los pueblos hambrientos forman imperios. El hombre hace estragos para alimentarse, matando animales y vegetales. Pero los animales no escapan a esta ley universal *"que tiene por teatro todo el mundo, así el suelo y el subsuelo, como los mares y el aire"*. Todo es lucha en la vida. Incluso dentro de nuestro ser descubrimos una *"lucha fratricida de los elementos que estamos formados"*, lucha intracelular, molecular, atómica: *"se ve, entonces, a las claras, que es más importante hablar de la lucha de la vida que de la lucha por la vida"*. Y el derecho, como la vida, como el hambre, como el amor, representa también una pugna: la libertad de opinión garantiza el medio de discrepar; la de culto, el derecho de bienquistarse con el dios propio, *"para estar bien protegido o ser más fuerte"*. Todo en el derecho es lucha, pero *"una lucha reglada, con policías, con abogados, con legisladores y con jueces"*.

Por último, Carrillo arriba al séptimo círculo de los espacios del hombre: el espacio estatal, bajo dominio de la cibernología. En este apartado comienza haciendo una importante aclaración: desde los griegos, creemos que la ciencia del gobierno es la política. Pero el gobierno es distinto de la política. Por eso, para circunscribir perfectamente los hechos que debe estudiar la ciencia de la política, Carrillo creó la *nicología*, ciencia de la lucha y del triunfo. La cibernología es "una ciencia futura", pero:

> "aún no está ni esbozada; a lo más, ha sido vagamente vislumbrada por algunos utopistas del pasado. Si bien en todo tiempo hubo estadistas que anhelaron sustraer los destinos de los gobernados al azar de la historia y buscaron una forma del Estado conforme a principios filosóficos, o siquiera económicos, estos intentaron quedar aislados o no llegaron a concretarse en sistemas con valor duradero. Parece que sólo nuestra época ha de realizar la organización científica del gobierno".

La cibernología es una ciencia futura que, sin embargo, con Perón se estaría haciendo presente:

> "Debemos reconocer que Perón es el hombre de Estado que, por primera vez en América, ha introducido en el gobierno la ciencia de la organización, es decir, ha buscado la tecnificación de las diversas ramas

del gobierno. El primer ensayo de transformar el gobierno en una organización científica, es el primer plan quinquenal argentino".

Aunque Perón en su manual de conducción política afirmase que la conducción no es una ciencia sino un arte, Carrillo superpone conducción, ciencia y gobierno, de ahí el nombre de *cibernología* como alusión al conductor de barcos:

"Siendo la organización del gobierno una disciplina científica, conviene darle un nombre; yo llamo a esta ciencia 'cibernología', que en griego quiere decir el timón, el arte de conducir, de gobernar. Gobierno y conducción son, en este orden de ideas, la misma cosa, o parte de una misma cosa".

La política no debe confundirse con la cibernología, ni esta con una ciencia puramente cuantitativa:

"Esencialmente, la política es una ciencia en la que los factores cuantitativos –masas, números, votos– juegan exclusivamente. Pero en el gobierno, esos factores cuantitativos gravitan en forma mucho menos decisiva, porque al gobierno le interesa, principalmente, lo cualitativo. El gobierno –en principio– se hace con los mejores. La democracia, teóricamente, es el gobierno de los mejores, de los más capaces. Y para ello se elige".

Al estar dos círculos por encima de la política entendida como *"lucha por el poder"*, la cibernología se preocupa exclusivamente por el mantenimiento del orden, dado que, una vez conquistado el gobierno:

"aparece un grupo triunfante que impone su ley a los otros, por lo menos durante un tiempo. Ya hay una dirección; hay un comando que busca una cosa inmediata: el orden que es, como quien dice, la negación de la política, que es lucha".

Puesto que *"el manejo científico del gobierno constituye el objeto de la cibernología"*, ésta *"compagina"* las ideas generales provenientes de los círculos previos: la biología, la psicología, la sociología, la economía, la política y el derecho. Las compagina en función de varios objetivos, principalmente *"cuidar el caudal biológico del pueblo, lo que llamamos la Biopolítica"*. Por eso, la cibernología tendría una afinidad profunda con el peronismo:

"En diversas conferencias, Perón explicó cómo había logrado invertir la economía argentina para transformarla de economía capitalista en economía social. Según sus ideas, trata de promover una nueva situación en que el consumo no esté al servicio del capital y la producción, sino que éstos, capital y producción, estén al servicio del consumo. Y por consiguiente, al servicio del hombre. Y afirmó reiteradamente que las necesidades del hombre son la base para la regulación de toda la producción y de toda la actividad económica de un país. Perón, en otras palabras, criticando la economía capitalista y construyendo la economía social, definía, en verdad, la economía biológica. Todo lo suyo es para el hombre, porque éste es el eje alrededor del cual giran todas su preocupaciones de gobernante. Su política tiende, al mismo tiempo, a servir al hombre y ponerlo en condiciones de vida tales que satisfaga sus necesidades fundamentales y pueda ser feliz".

Por un lado, el gobierno garantiza el orden y supera el estado político de lucha o *"pugilístico"*. Pero lo hace con miras a que el hombre pueda luchar *"por sí mismo"*, liberado de la opresión que significa no satisfacer sus necesidades básicas:

"Por supuesto que el Estado no es una agencia de felicidad, ni mucho menos. De lo que en realidad se trata es de desembarazar al hombre de sus inmemoriales opresores: el hambre, la miseria, la ignorancia, la incertidumbre del mañana, y dejarlo en las mejores condiciones para luchar y resolver por sí mismo el problema de su felicidad".

Entonces, dado que el objetivo final de la cibernología es organizar científicamente el Estado con miras a limitar el poder del mercado capitalista, logrando el bienestar y la felicidad de los pueblos, debe *"estudiar la génesis de las guerras y de las revoluciones para evitarlas y no para hacerlas"*. En este sentido, también se trataría de aplicar una suerte de medicina preventiva a las relaciones sociales. Si el desorden, las guerras y las revoluciones son factores que conspiran contra la felicidad de los pueblos, se trataría, como con los microbios, de llevar a cabo una suerte de "guerra preventiva" o "guerra larvada" contra la guerra.

En el capítulo final del manuscrito, titulado: *"Definiciones finales y subdivisiones de la cibernología"*, Carrillo anota que, hasta ahora, en el curso de la historia universal, los Estados se han estructurado en base a creencias, a ideologías, a doctrinas filosóficas más o menos racionales, *"cuando no por la fuerza, con una simulación del derecho al sólo fin de servir al grupo social dominante y más poderoso"*. Pero sólo con la cibernología se arribaría al punto de partida para un verdadero gobierno científico del Estado:

"La prueba de que los hombres hemos encauzado muy mal al Estado y a los pueblos, la prueba de que se han elaborado los gobiernos sobre bases erróneas y anticientíficas, la tenemos en el fracaso de la civilización occidental. Si toda nuestra cultura y civilización nos conduce inevitablemente a una guerra tras otra, al caos económico y político, ha llegado el momento de pensar seriamente que algo anda mal, porque la situación del mundo contemporáneo, sin lugar a dudas, no es un exponente de cordura. Todo está clamando por algo que se deba hacer. Creemos que un camino sería configurar una ciencia del gobierno, una técnica del manejo del Estado que debe estar en manos de expertos y no de aficionados e improvisados, como ocurre generalmente, los cuales, una vez que han aprendido algo son desplazados o expulsados del poder. Para curar se debe estudiar seis años; para sacar dientes otro tanto. Sin embargo, para dirigir el Estado nadie estudia, cualquiera puede asumir el gobierno, dentro de los sistemas actuales, en cualquier parte del mundo. Todo depende del azar”.

Imposible pasar por alto que en este fragmento resuenan las diferencias entre Carrillo y los mecanismos por los que el gobierno peronista seleccionaba a sus cuadros técnicos y políticos, haciendo prevalecer la obediencia por sobre la idoneidad. En cambio, un Estado cibernológicamente concebido desembocará en una sociedad planificada por *“sociólogos, psicólogos, arquitectos, higienistas, juristas y verdaderos economistas”*, con el fin de regular los instintos del *“hombre-masa”*, transformando profundamente su educación y vida cotidiana, para perfeccionar su salud y su *“vida útil”*, ubicando a las masas en *“ciudades urbanísticas y sanitariamente concebidas”*, creando viviendas confortables y legislando *“con respeto de las leyes naturales”*. Se arribará entonces a un orden *“adaptado exactamente en las necesidades biológicas, peribiológicas, metabiológicas y parabiológicas”*. Un medioambiente tan propicio que *“nuestros descendientes nos superen por su salud, su fuerza y su alegría vital”*, ya que:

> “El dolor, la tristeza y el sufrimiento, no son sino fenómenos de inadaptación; la salud, el bienestar y la alegría, florecen normalmente allí donde el medio ambiente, los círculos y los espacios del hombre, reúnen las condiciones requeridas para la conservación y progreso de la vida”.

Para ello, debe desterrarse la idea del hombre aislado, un *“artificio filosófico”*. El hombre individual no sólo piensa con su cerebro, también con su cuerpo. Y no sólo con su cerebro y su cuerpo propios:

> “también piensa y siente con el cerebro y el cuerpo de otros hombres. Dependemos de todos los que nos rodean, incluso de los muertos que nos han legado su espíritu y sus obras. En este sentido, tenía razón Comte cuando afirmaba que los muertos mandan. La sociedad está compuesta de muertos y de seres vivientes, sus herederos, en este escalar eterno del espíritu humano. Robinson Crusoe, teóricamente, el hombre más solitario que se pueda concebir, sin embargo afrontó a la naturaleza gracias a lo que aprendió de los demás y gracias a los pocos instrumentos y herramientas que consiguió retener. De lo contrario, no hubiera sobrevivido en la isla”.

Este es el pasaje donde acaso más resuenan, a la vez, el joven Marx y la obsesión positivista con la sangre y la herencia biológica. Este sentir con los cerebros y los cuerpos de otros hombres se asemeja al concepto marxiano de "cuerpo genérico de la especie". También la apelación al mando o al mandato de los muertos podría vincularse con la constante invocación marxiana de los espectros. Sin embargo, por el acento biologicista de la teoría carrilleana (acento más bien ausente en Marx) y por la invocación de Comte como un espectro positivista que manda recordar que los muertos mandan, aquí, la apelación a los muertos bien podría remitir a la solidaridad sanguínea con los antepasados, con la etnia y con la tradición.

A continuación, Carrillo escribe que *"bienestar y civilización son términos correlativos"*. El bienestar, entendido como la adecuación entre el medioambiente biofísico a las necesidades biológicas del hombre, depende de la civilización, definida como progreso material y dominio de las fuerzas de la naturaleza. Pero Carrillo también reconoce que la ciencia y la técnica son *"bipolares"* y que *"no tienen moral"*. Pueden servir tanto para la destrucción como para el cuidado de la vida, tal como la energía atómica. Como si superase la antítesis entre *kultur* y *zivilisation*, Carrillo plantea que, así como la civilización garantiza el bienestar del hombre a través del progreso material, la cultura garantiza la felicidad del hombre a través del progreso espiritual. Pero la cultura no se conquista mediante la ciencia y la técnica, sino mediante el arte, la religión, la filosofía y la sabiduría, a través de *"la conquista de lo bello, de lo verdadero, de lo sagrado; es la sabiduría, es la gracia divina; es profundamente moral y no tiene la bipolaridad de la civilización"*. En la cibernología, la cultura somete a la ciencia y a la técnica para destruir uno de sus polos, *"el inmoral"*, dándole *"sentido humano"* al progreso material y evitando *"que nos conduzca al suicidio"*, en defensa de la vida y del coraje de vivir, ya que *"la cibernología tiende a regular la ciencia y la técnica para ponerlos exclusivamente al servicio del bienestar"*.

El apartado concluye con una pintura terrible acerca de la civilización realmente existente, una civilización hedonista y decadente, a la que la cibernología se opone con todas sus fuerzas:

"Como consecuencia de una sociedad desplanificada, dirigida por gobiernos empíricos y por Estados artificiales, que vulneran constantemente las leyes naturales, la mayor parte de los hombres han sido conducidos a un régimen de infelicidad e infortunio. No se empeñan en conquistar la alegría, la fuerza y la salud, por la vía auténtica de la voluntad, del valor y de la disciplina, sino que las masas son empujadas por un ordenamiento materialista hacia el placer físico, hacia la satisfacción de apetitos primarios, enorgulleciéndose de una libertad biológicamente incontrolada, que se confunde con bienestar, con el auténtico bienestar que resulta del equilibrio biológico y psíquico y no del desorden vital. Y estos goces, llamados de la civilización, alejan también al pueblo de la cultura, del placer de la acción, es decir del trabajo y del esfuerzo creador de la disciplina espiritual, del arte y de la plegaria, es decir, de Dios. A eso estamos llegando con las ficciones estatales y jurídicas de la civilización y la cultura occidentales".

Hacia el final del manuscrito, Carrillo realiza una última taxonomía, esta vez referida a la cibernología, la cual, *"como toda ciencia"*, tiene dos aspectos: uno teórico y otro práctico, con *"las mismas relaciones que entre la Física Teórica y la Electrotecnia".* Así como a la técnica cibernológica se la ha llamado biopolítica, a la cibernología teórica hay que dividirla en tres especialidades diferenciadas:

1) *La Espaciología o "Topología"*
2) *La Biocronología o "Topocronología"*
3) *La Ataxiología*

Si la topología es la ciencia que trata de las leyes que regulan el contenido y la amplitud de los espiralados espacios del hombre, la *topocronología* es la ciencia de la Historia que considera, a la vez, los espacios del hombre y el *"tiempo del hombre".* Por su parte, la ataxiología, como ya se había adelantado, es la ciencia que tiene como objeto el estudio de cómo, cuándo, dónde y por qué se produce el desorden en las organizaciones humanas: *"las guerras, las revoluciones, el caos económico, las convulsiones sociales, la decadencia y muerte de los Estados y de los imperios".* Aquí retorna la cuestión energética postulada al principio y que sólo ahora cobra entera dimensión:

"Estos estudios tienen como fundamento una ley entrópica, que a nuestro juicio domina –por su universalidad– la dinámica de la historia. La enunciamos de la siguiente manera: <u>Toda organización humana tiende naturalmente al desorden: para mantener el orden debe actuar una fuerza externa al sistema, constante y regularmente, a fin de compensar los factores de desorden e impedir o demorar la desintegración de la estructura'.</u> La 'fuerza externa al sistema' sería, en relación a la sociedad, el Estado; en el caso del Estado, el Gobierno; en el del Gobierno, el Poder Ejecutivo".

A esta ley universal de la entropía le corresponde otro principio, igual de importante:

"Un corolario de esta ley sociológica es que <u>el orden no existe sin el desorden previo</u>. Mejor dicho, no hay orden sin desorden, o en otros términos el orden no es más que el desorden organizado. Para la Cibernología, el desorden, como fuerza creadora, debe ser estudiada tan cuidadosamente como la organización y el orden. El orden puro, químicamente puro, no existe: siempre habrá un porcentaje mayor de desorden, energéticamente tan fecundo, a veces, como el mismo orden".

La biopolítica carrilleana adquiere así una mayor definición. En tanto cibernología práctica tiene por objeto luchar contra la ley natural de la desorganización, o *"ley ataxiológica"*. La biopolítica *"quiere poner orden en el sistema, implantando la disciplina"*, identificando, previamente, los elementos entrópicos, como la tendencia natural del hombre, dejado a su suerte, a la molicie, la comodidad, el hedonismo y *"el menor esfuerzo"*. La biopolítica crea fuerzas capaces de conducir al hombre *"de acuerdo a las leyes antientrópicas de la conservación de la vida, de la especie, de la sociedad y del espíritu (educación pública, cultura sanitaria, etc)"*. Y el orden sólo puede existir en equilibrio, *"el equilibrio entre el orden y el desorden"*, dos dimensiones cualitativamente diferentes, *"de ahí que la Biopolítica sea la ciencia del equilibrio social"*.

Aquí, la cibernología comienza a mostrar su aspecto más inquietante, su cercanía extrema con la eugenesia, la segregación y hasta la eutanasia. Dado que la alternativa es entre orden y desorden, la biopolítica debe actuar contra las fuerzas entrópicas dominantes, *"con una técnica estatal adecuada"*. Carrillo enumera las siguientes fuerzas *ataxiológicas*, tendientes al desorden, la decadencia o la muerte:

1) *La corrupción de las costumbres y de la moral.*
2) *El pauperismo y la miseria con su cortejo de enfermedades y muerte.*
3) *El aumento de los débiles mentales y de las neurosis y de los enfermos mentales en general.*
4) *La degeneración prematura de las vísceras, la senilidad precoz, y la prolongación –paradojal– de vidas inútiles.*
5) *El aumento de la criminalidad.*
6) *La reducción de la natalidad y el aumento de la mortalidad infantil.*
7) *La esterilidad de la raza.*
8) *El envejecimiento de las poblaciones cultas, por dominio de la población adulta, en contraposición con el desarrollo y natalidad en menos civilizados, pero más cultos, porque respetan las leyes naturales.*
9) *La exacerbación de las luchas sociales y dentro de estas, de las de clases; la revolución y el levantamiento de las masas.*
10) *La guerra entre los pueblos y la lucha entre los hombres.*
11) *El aumento de los suicidios.*
12) *La atonía política por desaparición o silencio de las aspiraciones populares, etc.*

Suspendamos momentáneamente el análisis de esta peligrosa lista de problemas. Veremos en el manuscrito que, a estos males, debe contraponerse la acción de la biopolítica, o sea, la cibernología práctica, dividida, como la cibernología teórica, en tres ramas:

1) *La taxología o ciencia de la organización.*
2) *La demología o ciencia de la población.*
3) *La mesología o ciencia del medio-ambiente.*

La taxología es definida como la ciencia de distribuir las cosas, los hombres y los medios, *"de manera que rindan al máximo, dentro del mayor orden y el menor desgaste de personas, materiales y tiempo".* La demología, que es la *"ciencia que hemos desarrollado en el Ministerio de Salud Pública en grado tal que actualmente constituye una Dirección Nacional"*, tiene por objeto la sanidad de la población, *"considerada como un conjunto o como un todo",* y se divide en las siguientes ramas:

1) *Bioestadística.*
2) *Demopatología.*
3) *Eugenesia.*
4) *Demogenética (incluido migraciones).*
5) *Antropología y antropometría.*
6) *Etnografía.*
7) *Biotipología.*
8) *Medicina Social, etc.*

Volvamos a poner en suspenso el análisis de estas ramas de la demología. Pasemos, en tercer lugar, a la mesología, definida como la ciencia de los medio-ambientes naturales o artificiales, su influencia sobre el ser humano y sobre los seres vivos en general. Así, se obtiene las tres patas de un triángulo perfectamente balanceado: del continente se ocupa la mesología; del contenido, es decir, de la población, se ocupa la demología; del ordenamiento, estático y dinámico a la vez, tanto del continente como del contenido, se ocupa la taxología o ciencia de la organización, la cual proporciona una estructura a fin de que la población sea *"científicamente dirigida y conducida a su destino".*

Dado que *"los grandes males de la humanidad, proceden, entre otras causas, de la estratificación del hombre que invirtió los términos naturales de la ecuación: el Estado al servicio del hombre y no viceversa"*, debe acentuarse la noción vital de la biopolítica para así orientar, cibernológicamente, al Estado. No es extraño entonces que el tratado concluya con una apelación a la *República* de Platón, *"el más antiguo diseño de un Estado organizado y gobernado de acuerdo con principios científicos. Es lo que podría llamarse la cibernología filosófica".* Carrillo menciona el mito de la caverna y escribe que los que allí viven encadenados, en nuestro tiempo, serían:

"discípulos de Unamuno, serían tal vez existencialistas, porque viven interpretando sombras, en un 'Dasein-inder-Welt', terriblemente angustioso, precursor de la desesperación y el suicidio. Felizmente, en la alegoría de Platón, uno de los prisioneros rompe sus cadenas, ve la luz, escapa de la caverna y discierne las cosas en su deslumbrante y esencial realidad. Embriagado por la luz del verdadero conocimiento, el hombre comprende que, hasta entonces, había sido engañado con sombras y recuerda contristado a los prisioneros de la cueva, a los cavernícolas".

Pero, ¿qué son esas sombras de la caverna platónica? Para Carrillo, son las meras palabras, como la palabra "virtud", la cual Robespierre creyó que había que llevar por la fuerza a los no virtuosos, implantando el terror. O la palabra "justicia", enarbolada por Marat, que en su nombre mandó a matar a millares de hombres considerados injustos. Carrillo percibe las antinomias que arrastran las categorías políticas modernas y pretende vacunarse de ellas atendiendo a los hechos:

"Yo creo que la ciencia del gobierno, la cibernología, consiste, no en dirigir el Estado con palabras y conceptos abstractos, que son sombras, sino con realidades y hechos concretos. Y lo concreto es el hombre y su biología en donde nacen y germinan todas las necesidades y se originan todas las ciencias del hombre y de la sociedad humana. Para la cibernología, como para Protágoras, el hombre es la medida de todas las cosas".

Para Carrillo, los existencialistas eran cavernícolas. Pero podría haber dicho, como Sartre, que *la cibernología es un humanismo*. Una ciencia humanista que conduciría hacia la luz del bienestar y la felicidad, más allá de la caverna donde habitan, a sus anchas, la angustia, la agonía y la desesperanza. Para Carrillo *"la solución natural"* a los problemas de la condición humana no es la aceptación de la muerte y de la nada, sino *"la voluntad de vivir y sobrevivir a nuestra minúscula y limitada existencia"*, una voluntad de vivir que no es sólo individual, sino que depende de la vida con otros, del *"salvador instinto gregario"*. Carrillo concluye este tratado olvidado afirmando que, sobre todo, tiene fe en la naturaleza humana.

◆ —————— ◆

Esta *Introducción a la Cibernología y a la Biopolítica* constituye un verdadero programa de gobierno integral que, hasta hoy, yacía oculto entre los escombros archivados del Estado argentino. La apelación inicial al espacio biológico como principio y como fin del gobierno, el alegato final a favor de la fe en la naturaleza humana, pintan "de cuerpo entero" el edificio teórico carrilleano. Se trata de una enorme empresa tendiente a biologizar todos los ámbitos de la vida colectiva, acrecentando, enormemente, el poder de los médicos, que así encuentran una justificación superior para avanzar en ámbitos antes reservados a otros expertos. Como en la biopolítica moderna analizada por Foucault, la vida en cuanto tal queda sometida a una gran lógica preventiva, biologizando el *nómos* y normativizando al *bíos*.[321] La autoconservación de la vida biológica se vuelve el presupuesto fundamental del que se derivan todas las categorías jurídicas y políticas.

Sorprende, sobre todo, la auto-conciencia de Carrillo al dar con nombres y neologismos que describen, con gran precisión, las principales prácticas de poder de la Modernidad. Pero también aterra que, ente los peligros entrópicos que propone combatir, mencione *"el aumento de los débiles mentales", "la esterilidad de la raza",* o *"la prolongación –paradojal– de vidas inútiles",* y que entre las soluciones "antientrópicas" enumere a la *eugenesia,* la *biotipología* y la *antropometría.* Estos aparentes problemas y soluciones son algunos de los mismos que los identificados por el nazismo en su campaña mortífera. Esto no quiere decir que toda biopolítica conduzca al nazismo (la prueba es que la biopolítica sobrevivió a la autodestrucción nazi), pero sí que el nazismo resulta incomprensible sin el análisis de una versión extrema de la biopolítica.[322]

Aunque Carrillo no acentúa tanto la cuestión de la herencia racial, adhiere a la concepción de la vida biológica como un destino y un estrato natural del que es imposible escapar. Una verdad inicial, pero también una verdad última, donde la vida de cada cual está expuesta a la posibilidad de ser perseguida o interrumpida al considerarse una "vida inútil" (denominación ominosa que se asemeja mucho a las "vidas sin valor" o "vidas indignas de ser vividas" de los nazis[323]), por no servir o por ser una amenaza al cuerpo biologizado del Estado. Afirma, con Perón, que *"allí donde hay una necesidad hay un derecho",* pero al sostener el edificio del gobierno sobre el cálculo utilitario de la vida biológica, también sugiere que el Estado posee ciertas necesidades que bien pueden estar por encima de ciertos derechos. Incluso, cuando llama a tener fe en la naturaleza humana, esto es, en los hechos biológicos, está *espiritualizando la vida biológica,* tal como analizó

---

321 Roberto Esposito, *Bíos,* pág. 225.

322 Ibíd., pág. 228.

323 Como señala Giorgio Agamben, la categoría jurídica de "vida sin valor" o "indigna de ser vivida", formulada por el jurista alemán Karl Binding en 1920 y retomada por los nazis, se corresponde puntualmente con la vida desnuda del *homo sacer:* una vida que es insacrificable y puede ser eliminada impunemente sin que sea considerado homicidio, fundando el poder soberano. Ver: Giorgio Agamben, *Homo Sacer I.*

Emmanuel Lévinas sobre el hitlerismo.[324] O, como escribió Ágnes Heller: *con la biopolítica, el alma se vuelve la cárcel del cuerpo*.[325] De ahí el tono casi religioso de muchas de las afirmaciones de Carrillo, su tendencia a endiosar al hombre, enarbolando una suerte de humanismo tecnocrático o una tecnocracia humanista. En la teoría de Carrillo, el hombre ocupa el centro de una sucesión de círculos, pero también queda cercado en ellos, corriendo el riesgo de que los círculos se conviertan, más que en concéntricos, en concentracionarios, sin posibilidad alguna de evasión.

La biopolítica de Carrillo, como toda la biopolítica moderna, persigue la protección del cuerpo social. En su teoría, gobierno y biopolítica corren juntos, de modo semejante al hecho de que, en las sociedades modernas, el derecho soberano se superpone con el régimen biopolítico, dando lugar ya no tanto a la facultad de hacer morir, sino a la eliminación por anticipado de las vidas inútiles, peligrosas o "desordenadoras". Al distanciarse de la "higiene de la raza", la versión carrilleana de la biopolítica no hace tanto hincapié en las metáforas demasiado reales del parásito que infecta al pueblo y al que urge exterminar. Su teoría no alienta el genocidio, pero justifica la programación de políticas sanitarias vinculadas a la eugenesia negativa. En contra del maltusianismo, no propone políticas de desnatalización, sino que, para enfrentar el problema demográfico, pone el énfasis en el incremento de la tasa de natalidad, el aumento de los *brazos mecánicos* y la cantidad de energía disponible, pero haciendo del elemento demográfico un asunto enteramente a disposición del Estado.

En esta biologización o medicalización total de lo político, la cibernología adquiere una intensa tonalidad inmunitaria, fundada en la conservación reproductiva de la vida como tarea central. Y como toda lógica inmunitaria, está condenada a correr el riesgo de reproducir, intensificados, los riesgos que quiere evitar, haciendo que los opuestos se confundan, provocando que la defensa se vuelva ataque, que la paz se vuelva guerra, y que la vida se vuelva muerte.[326] En este sentido, lo espiral de los espacios del hombre podría interpretarse también como una espiral en el sentido de una escalada, un "ascenso hacia los extremos" o una progresión violenta. De ahí el sugerente pasaje sobre el Estado saturnino que devora a sus hijos, el "Estado robot" que terminará devorando al hombre que debería proteger, como si se tratase de un exceso de defensa:

"A la nicología le interesa centralmente esta lucha del hombre por el poder y del hombre contra el poder. Esta última es una empresa des-

---

324 Roberto Esposito, *Bíos*, pág. 226.

325 Ágnes Heller, *Biopolíticas*, artículo publicado en el diario El País, 12/12/1991.

326 Roberto Esposito, *Bíos*, pág. 238.

comunal, de dioses, que sólo el hombre puede realizar para escapar de su robot, del Estado, que lo ha aprisionado y lo ha hecho su esclavo".

Ese hombre que restablece el equilibrio después de la catástrofe quizá sea el atisbo de la acción política que la propia cibernología cancela cuando postula que los expertos, y no los políticos, deberán hacerse cargo del Estado. El hombre-masa es un hombre que solo se asegura la continuidad de su vida y la de su familia, conducido por la ciencia de gobierno. Es un hombre necesariamente despolitizado porque así lo requiere el programa carrilleano. Pero si su teoría conduce conscientemente a la despolitización, el término "biopolítica" carece de sentido, o debería ser reemplazado por otro neologismo, del que la palabra política no forme parte. Quizá, el nombre comteano de "biocracia" podría ser más adecuado. Sin embargo, en ese restablecimiento del hombre esencial contra el hombre-masa devorado por el Estado-robot, puede atisbarse el renacer de lo político, contra su aplastamiento en nombre del gobierno de la vida biológica. Así interpretado, el pasaje quizá indique que la biopolítica de Carrillo puede llegar a invertir, aun contra sí misma, la configuración tanatológica que la biopolítica asumió con el nazismo.

El otro aspecto, entre muchos, que llama la atención de este manuscrito es que prácticamente no menciona a la cibernética, excepto en una breve nota al pie cuando presenta su concepto de cibernología, donde la vuelve a diferenciar de la ciencia de Wiener. En la otra introducción, la versión breve publicada en *Hechos e Ideas*, Carrillo había planteado sus diferencias a las claras, a pesar de que la ley de la entropía fue también fundamental para la cibernética, con el mismo afán de evitar el desorden. Hoy sabemos que la ciencia sintética que terminó triunfando fue la cibernética y no la cibernología. A pesar de que parece ser una teoría de avanzada, la cibernología se mantiene en la órbita conservadora de la biopolítica, la geopolítica y la eugenesia de la primera mitad del siglo XX, muy influyentes en el desarrollo de la geografía humana.[327] En muchos aspectos, el gesto teórico de Ramón Carrillo es más semejante al de Rudolf Kjellén que al de Norbert Wiener, lo que mantiene abierta la sospecha acerca de si no lo habría leído. Kjellén, en su libro *El Estado como forma viviente*, publicado en 1916 y donde utilizó

---

327 La preocupación de Carrillo por definir "los espacios del hombre" coincide también (al menos en el tiempo) con la *geohistoria* de Fernand Braudel y con el "giro espacial" que se dio en los estudios historiográficos después de la Segunda Guerra Mundial, sin embargo alejados de todo determinismo biológico y de toda *naturalización* de la conquista estatal de territorios, para en cambio poner la atención en la articulación de lo geográfico con la historia económica, política, social y cultural. Estas investigaciones a su vez influirán en Deleuze y Guattari, al dar con el concepto de "geofilosofía", es decir, el análisis de los movimientos de territorialización, desterritorialización y reterritorialización, así como la vinculación inmanente entre ciudad, pensamiento y política.

por primera vez la palabra *biopolítica*, también proponía nuevos términos para organizar el estudio del Estado, dividido en ramas y sub-ramas,
cada una con su ámbito de competencia específico, acuñando neologismos
tales como "*demopolítica*", "*sociopolítica*", "*cratopolítica*", "*ecopolítica*", y por
supuesto, "*geopolítica*", entre otros.[328]

Justo cuando una etapa de la biopolítica estaba llegando a su fin, Carrillo la sistematiza, la propone como una ciencia futura o jovial, y de hecho
da con su nombre, redescubierto y reinventado por Foucault veinte años
después para mostrar los modos en que la vida biológica, en la Modernidad,
se vuelve objeto de gobierno. Pero será precisamente la cibernética la que
abra el camino para una nueva etapa de la biopolítica, renovada a través de
la teoría de sistemas y las tecnologías de la información, en una creciente
integración biotecnológica entre los cuerpos y las máquinas.

El rechazo de la cibernética por Ramón Carrillo resulta aun más incomprensible cuando recordamos que su teoría del hospital, para ser aplicada,
demandaba grandes capacidades de cálculo que sólo las computadoras
estarían desde entonces en condiciones de proveer. Él mismo reconoce
que la cibernética, gracias a sus capacidades de automatización, permitiría economizar esfuerzo y tiempo a escalas inéditas. Sin embargo, afirma
que la cibernética bien puede ser una ciencia anti-cibernológica, puesto
que conduce hacia *"la maquinización de la actividad humana, es decir, la
deshumanización del hombre"*. En esto, Carrillo parece coincidir con Heidegger, quien, en una nota al pie de 1949 a su *Carta sobre el humanismo*,
y advirtiendo sobre el mayor peligro al que se enfrentaba el mundo de la
posguerra, escribió:

> "La recaída del pensar en la metafísica adopta una forma nueva: es el
> final de la filosofía en el sentido de su total y completa disolución en las
> ciencias, cuya unidad se despliega a su vez de nuevo en la cibernética".[329]

Pero este fragmento bien podría aludir a la pretensión cibernológica,
simétrica a la de Wiener, de dar con una unidad de las ciencias que finalice
a la filosofía. Heidegger realizó una deconstrucción crucial de la noción de
humanismo, definiéndolo como lo que rebaja la humanidad del hombre.
Carrillo, en cambio, se opone a la cibernética en la medida en que la cibernología no se propone la mecanización del Estado, no pretende dar con
"un autómata capaz de resolver problemas de gobierno", sino *"humanizar
al Estado y al gobierno mediante recursos científicos"*. Al mismo tiempo, es
Carrillo mismo el que parece confrontar con Heidegger cuando escribe
que los nuevos prisioneros de la caverna platónica serían los existen-

---

328 Edgardo Castro, *Lecturas foucaulteanas*, pág. 21, UNIPE, 2011.
329 Martin Heidegger, *Carta sobre el humanismo*, pág. 55, Editorial Alianza, 2006.

cialistas, porque *"viven interpretando sombras, en un 'Dasein-inder-Welt',*
terriblemente angustioso, precursor de la desesperación y el suicidio". La
referencia al heideggeriano ser-en-el-mundo resulta aquí insoslayable.[330]
Fue Heidegger el primero en polemizar contra la reducción del humano a
"animal racional", mero ser viviente al que se le añade algo como la razón
o el *lógos*. Contra todo biologicismo, Heidegger pensaba que la pura vida
biológica no tiene preeminencia sobre el ser-en-el-mundo. El fenómeno de
vivir nunca se da sólo, sino siempre "con", "en" o "entre". Pero el mundo no
es un mero receptáculo, no es el "ambiente circundante" de von Uexküll,
no es un mero entorno para el despliegue biológico de la vida, sino el
horizonte ontológico donde la vida, para el ser-ahí, se vuelve accesible y
con sentido, en la proximidad extática del ser. Allí se encuentra el núcleo
de las diferencias esenciales que separan a Heidegger del nazismo,[331] con
el que sin embargo se asoció, en un entrecruzamiento trágico que aún
resulta perturbador.

Carrillo quería fundar su ciencia de gobierno sobre suelo firme, un
suelo plenamente objetivado, irreductible a los "conceptos abstractos"
de la filosofía moderna, como Virtud y Libertad, exteriores a los "hechos
concretos", es decir, a la vida biológica, *"donde nacen y germinan todas*
las necesidades y se originan todas las ciencias del hombre y de la sociedad
humana". Con su afán de delimitación y trazado de fronteras, Carrillo
planta un espacio del hombre o un espacio para el hombre. Para trazar esos espacios, donde el hombre se hace hombre, apela a una figura
geométrica, la de los círculos en espiral (siendo la espiral, curiosamente
también, la figura en doble hélice del ADN, como fue descubierto en 1953
por Watson y Crick). De este modo, la cibernología reúne el espacio vivido
de la experiencia con el espacio geométrico y calculable de la ciencia. A la
vez extensión abstracta o cartesiana y espacialidad vivencial e histórica.

En el esquema topográfico de Carrillo, cada espacio concéntrico es más
grande que el que lo antecede, abarcándolo, como la provincia al municipio
y la región a la provincia, o mejor, como partes del cuerpo que son *incor-*
poradas en un cuerpo más grande, componiendo una totalidad orgánica

---

330 Es preciso recordar que Heidegger fue el principal invitado al Primer Congreso Nacional
de Filosofía de 1949 que tuvo lugar en Mendoza, el cual, entre otros invitados, recibió
a Hans-Georg Gadamer y a Karl Löwith. Heidegger no pudo asistir porque su situación
aún seguía condicionada por el proceso de desnazificación de las cátedras alemanas, pero
Carlos Astrada le dedicó su ponencia. Pese a la repulsa que en ese congreso generaba el
ateísmo (uno de los principales disertantes fue el sacerdote integrista Julio Meinvielle),
el existencialismo de Sartre, a quien no se invitó, fue el que centró la mayoría de los
debates. Es muy probable que la polémica de Carrillo con los existencialistas estuviese
influida por los ecos de aquel congreso.

331 Roberto Esposito, *Bíos*, pág. 245.

o una estructura de carácter totalizante, si no totalitario. A su vez, a cada círculo le corresponde un lugar concreto tanto como una ciencia o un discurso específico. El círculo último, o círculo más abierto, es el espacio estatal, objeto de la cibernología, que incluye y pone en comunicación a todos los espacios anteriores. De este modo, Carrillo muestra que, para ejercer el gobierno, de lo que se trata, como para la geopolítica de Friedrich Ratzel, es de la intervención simultánea sobre dos factores fundamentales: una población y el espacio que habita. El poder, para Carrillo, no se ejerce de forma directa, sino mediante la creación de espacios o medioambientes donde individuos y grupos pueden nacer, gestarse, transitar, actuar y desarrollarse, al interior de ciertos límites dispuestos por el gobierno.

Como sostuvo Carl Schmitt: *"no existen ideas políticas sin un espacio al cual sean referibles, ni espacios o principios espaciales a los que no correspondan ideas políticas"*.[332] Por eso, por la ubicación de su pensamiento en los límites espaciales de la Argentina, Carrillo puede reivindicar el concepto biologicista de "espacio vital" despojado del afán de conquista del espacio propio del *Lebensraum* alemán: en un país de grandes extensiones y baja densidad poblacional, la cuestión de la conquista de otros territorios resulta impropia, fuera de lugar, y hasta *foránea*. La cibernología, ciencia que aspira a la universalidad pero que ha nacido en suelo argentino, propone resolver los problemas de gobierno de manera endógena, buscando las soluciones dentro del propio círculo, *"por aprovechamiento racional del potencial humano y de los elementos naturales"*, en una suerte de versión benigna de la geopolítica. He aquí otra diferencia crucial con Heidegger, para quien lo originario, en el *Dasein*, no es el espacio, sino el mundo. Así lo define en *Ser y tiempo*:

> "El espacio no está en el sujeto, ni el mundo está en el espacio. El espacio está, más bien, 'en' el mundo, en la medida en que el 'estar-en-el-mundo', constitutivo del Dasein, ha abierto el espacio".[333]

Aquí, Heidegger podría estar confrontando también con los teóricos alemanes de la geopolítica y del espacio vital. El espacio no es, como lo pensó la Modernidad desde Descartes, lo que está frente al sujeto o a su alrededor, sino lo que se abre en la propia actividad del *Dasein*, único ente "configurador de mundos". Sólo los animales, los meros seres vivientes, vivirían "aturdidos" en un "ambiente circundante", y serían "pobres de mundo". Como invirtiendo los términos del nazismo, donde la existencia equivalía a vida descalificada destinada a la muerte y la vida biológica a

---

332 Citado en: Andrea Cavalletti, *Mitología de la seguridad. La ciudad biopolítica*, pág. 284, Adriana Hidalgo editora, 2010.

333 Martin Heidegger, *Ser y tiempo*, pág. 136, Editorial Trotta, 2003.

vida calificada que debía protegerse y expandirse, Heidegger considéraba que los vivientes no mueren sino que perecen, y que los existentes, a los que les ha sido dado el lenguaje, son los únicos que mueren, siendo la muerte lo que desde el principio otorga sentido a la existencia. Para los animales, puros seres vivos que no están a la altura del existente, el mundo es inaccesible, están fuera de su horizonte. La *diferencia ontológica* entre ambiente y mundo es insalvable. Pero en este movimiento, y como señaló Roberto Esposito, Heidegger, que llevó a cabo un gran proyecto de *"descentramiento del hombre y de recentramiento del ser"*, se reencuentra, en un giro de trescientos sesenta grados, con ese humanismo del que había tomado distancia. Aunque, a diferencia de Ramón Carrillo, Heidegger rechaza todo modelo filosófico antropocéntrico, restablece una distancia absoluta entre la *animalitas* y la *humanitas*, reconsagrando así la metafísica occidental, conservando un "resto teológico" en su concepción del *Dasein*.[334] Al no haber entrado en la dimensión del *bíos*, política de por sí, Heidegger dejó la cuestión en manos de la antifilosofía nazi, que politizó la vida biológica hasta su estallido. Por eso, también con Heidegger, *la caja negra de la biopolítica permaneció cerrada*.[335]

◆ ———————— ◆

La solución autárquica o endógena que propone Carrillo para los problemas de gobierno produce un cierre de la nación sobre sí misma, evitando que entre lo nocivo y dejando que pase lo beneficioso. El gran espacio perimetral del Estado circunda y circunscribe a todos los otros espacios y lugares, como si se tratase de un barco donde viaja la vida entera de los ciudadanos y al que es preciso saber conducir. El sistema mismo está en movimiento, navegando en un equilibrio móvil o meta-estable, como en la metáfora del timonel.

Esta tendencia a la clausura inclusiva encontró su plena plasmación programática en otro documento yacente entre los archivos apilados en el Archivo General de la Nación, junto a la versión extendida de la *Intro-*

---

334 Peter Sloterdijk, *La domesticación del ser*, en *Sin salvación*. Significativamente, también en Peter Sloterdijk se halla una especial preocupación por pensar "los espacios del hombre". Sloterdijk, reclamando algún tipo de articulación entre la *animalitas* y la *humanitas* (o entre la antropología filosófica y la ontología fundamental), llama "esferas" a aquellos espacios transicionales, entre el ambiente circundante y el mundo, que hacen de catalizador para la antropogénesis. Zonas intermedias entre el denso estar envuelto del animal y el éxtasis del ente abierto al mundo. Nichos ecológicos, incubadoras o invernaderos acondicionados que posibilitan la emancipación de los grupos humanos respecto de sus condiciones climáticas y biogeográficas, sin librarse nunca completamente de ellas.

335 Roberto Esposito, *Bíos*, pág. 249.

ducción a la Cibernología y a la Biopolítica. Mecanografiadas sobre papel oficial, con el membrete del Ministerio de Salud Pública de la Nación, se encuentran, entre los papeles olvidados que para la Fiscalía no tenían ninguna importancia, las bases para un "Instituto de la Alegría". Este breve pero sorprendente documento comienza también con una introducción que intenta historizar el sentido del proyecto:

"Los estudios sistemáticos realizados por la medicina psicosomática han comprobado la veracidad del proverbio 'La alegría es salud', en el cual se condensa una vez más la sabiduría de los pueblos, que suelen adelantarse a los conocimientos científicos con sus observaciones empíricas.

En los luctuosos años de la última guerra mundial se comprobó que el ánimo contrito predispone al organismo para ser víctima de toda clase de males; a la inversa, un espíritu alegre crea posibilidades de defensas orgánicas que superan todo cálculo, toda estadística especializada.

Ya en la remota antigüedad fue tratada la tristeza como enfermedad; los griegos mantenían el culto de Esculapio paralelo al del gran dios Pan, es decir, hacían de la salud pariente mística del buen humor. Los romanos trataban a la tristeza como gravísimo mal con el nombre de 'Tedium vitae', y los médicos se valían de juglares y comediantes como medicina. Posteriormente, en el medioevo, los padres de la iglesia la estudiaron no sólo como enfermedad sino como pecado grave con el nombre de accedia".

De la acedia, según los teólogos medievales, nacerían el rencor, la amargura y la desesperación. Por eso, aclara Carrillo, en la Edad Media los bufones no eran nombrados por mero capricho, sino que fueron seleccionados por los médicos. Eran *"alegradores profesionales"* que tenían la importante misión de contrarrestar las tristezas acarreadas por la cosa pública. De este breve compendio de observaciones históricas se deriva un programa de Estado para la Argentina peronista:

"Al Ministerio de Salud Pública de la Nación le corresponde por las conclusiones logradas por estudios históricos, psicológicos, psicoanalíticos y psicosomáticos, abocarse al problema de readaptar el ánimo ciudadano a la transformación integral que ha traído al país la revolución del 17 de octubre.

El justicialismo ha cambiado fundamentalmente el 'standard' de vida moral y material del pueblo de la República, dando a los habitantes de la Argentina, seguridad en el trabajo y en la justicia, salarios equitativos y leyes sociales que les permiten vivir sin angustias, ni tribulaciones en un presente fecundo. Y para su futuro sabias leyes de previsión social que aseguran una vejez tranquila a todos los que trabajan por la Patria.

El justicialismo es una realidad que se proyecta hacia un mayor bienestar del pueblo, y al perfeccionamiento del individuo en los órdenes físico y moral, todo lo cual demuestra que no existe razón alguna para que nuestro pueblo sea triste y arrastre la pesadumbre de otros tiempos, cuando era frecuente la explotación del hombre por el hombre y la injusticia borraba la alegría de todos los rostros.

Al Ministerio de Salud Pública corresponde readaptar a la población conduciéndola a la nueva alegre realidad, y por lo tanto es su obligación desterrar los hábitos de desolación y pesimismo adquiridos en épocas pretéritas afortunadamente superadas, y de dar a la Argentina su verdadero carácter, demostrando que éste no es un pueblo triste, sino un pueblo que vivía entristecido.

Por lo tanto el Ministerio de Salud Pública de la Nación resuelve nombrar al señor....... para que en el término de sesenta días redacte la planificación y organización que regirá el Instituto de la Alegría, que funcionará en el local de la Avda. Quintana 569, conjuntamente con el Instituto de las Ciencias del Hombre".

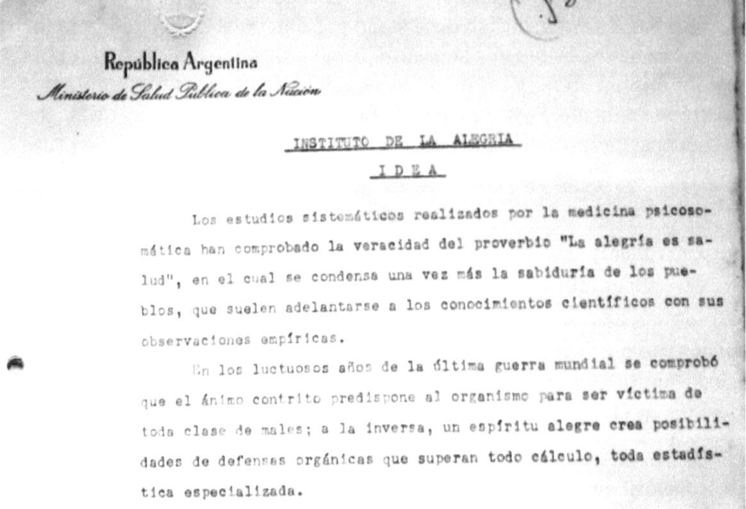

República Argentina
Ministerio de Salud Pública de la Nación

INSTITUTO DE LA ALEGRIA

I D E A

Los estudios sistemáticos realizados por la medicina psicosomática han comprobado la veracidad del proverbio "La alegría es salud", en el cual se condensa una vez más la sabiduría de los pueblos, que suelen adelantarse a los conocimientos científicos con sus observaciones empíricas.

En los luctuosos años de la última guerra mundial se comprobó que el ánimo contrito predispone al organismo para ser víctima de toda clase de males; a la inversa, un espíritu alegre crea posibilidades de defensas orgánicas que superan todo cálculo, toda estadística especializada.

*Programa para el Instituto de la Alegría, hallado en el
Archivo General de la Nación.*

El nombre de la persona encargada de redactar la planificación del Instituto de la Alegría figura vacío. No sabemos a quién se le encomendó, aunque está enteramente inspirado en la directrices de Ramón Carrillo. Probablemente fue redactado en el marco del Departamento de Cibernología y puede ayudarnos a darnos una noción acerca del tipo de diseños institucionales que allí se esbozaban.

El documento continúa con unas *"Bases Sintéticas para el Funcionamiento del Instituto de la Alegría (IDEA)"*. En su interior, lo primero que se dibuja es un organigrama del instituto, compuesto de nueve secciones especiales: 1) Alegría visual; 2) Auditiva; 3) Gusto; 4) Tiempo libre; 5) Biológica; 6) Cortesía; 7) Atuendo; 8) Niñez; 9) Ingenio absurdo. También contempla la apertura de una sección llamada *"La ciencia del hombre"*, donde se muñiría al Instituto de *"informes propios y foráneos"* así como la apertura de un *"Archivo general de la alegría"*, donde se compilarían *"chistes políticos a favor y en contra del P.E. para dar material técnico a la Sección Ingenio Absurdo"*.

Las estrategias del Instituto se orientaban a intervenir sobre la afectividad sensorial del pueblo. Así lo indica la descripción de la primera sección, Alegría Visual: *"Preponderá a la transformación cromativa de los pueblos y ciudades, demostración del 'renacimiento' que trae al país el Justicialismo"*. Para ello, se propone la creación de grandes equipos de artistas plásticos encargados de pintar murales y de la *"policromización de las capillas, iglesias, frentes de casas particulares, fábricas, hospitales, estaciones, edificios públicos, etc."*. Los artistas plásticos serían como *"imagineros"* que deben *"volver a ser utilizados en el culto y en la creación de obras recordatorias de los hechos impulsados por la revolución"*. También se propone la realización de *"esplendorosas procesiones religiosas"* que *"superen a los españoles"*; estímulos a la floricultura barrial bajo el lema *"En cada ventana una flor"*; y el embellecimiento de los lugares de trabajo. Pero no todo son rosas en este programa de estímulo de la alegría del pueblo. Con respecto al cine, se indica: *"apoyo oficial únicamente a las películas optimistas; en caso de restricción de títulos por falta de divisas, dar entrada a las optimistas y de aventuras"*. También se indica: *"Prohibición de historietas dramáticas en las revistas de niños"*. La sección cierra reforzando la necesidad fomentar las artes visuales y los teatros obreros con un recordatorio final: *"Recordar que Florencia, bajo los Medici en treinta años produjo el Renacimiento Italiano"*.

En la sección dos del Instituto, la correspondiente a Alegría Auditiva y Rítmica, se propone: *"música y canto en las fábricas"* y la *"supresión de ruidos innecesarios"*; un gran plan de *"resurrección del Carnaval"* para que llegue a ser *"una atracción de turismo como en Brasil"*. A su vez, se promueve la *"supresión de trabas municipales a bailes y cantos, que se baile donde se quiera"*. La división de la hora ya no debe ser entre música folklórica y no folklórica, sino entre música nacional y extranjera: *"Si es música nacional no importa el ritmo"*, facilitando el aprendizaje de instrumentos que permitan cantos, especialmente la guitarra y el acordeón. Como en la sección Alegría Visual, también se promueve la censura alegre: *"Prohi-*

bir letras pesimistas: a las alegres permitirlas hasta que arruinen el idioma (lunfardía)".[336]

En la sección tres, Alegría del Gusto, se proyecta el fomento de la buena nutrición y especialmente el uso del maíz, con recetas centroamericanas: *"Cada restaurante debe tener obligatoriamente un plato de maíz"*. También el fomento de la pesca, por su mayor baratura con respecto a la carne, la cual debe estar sujeta a un coordinado cálculo de recursos alimentarios, con el fin de no desperdiciar ninguna víscera.

En la sección cuatro, Alegría del Tiempo Libre, se aboga por el acrecentamiento del tiempo libre del pueblo. Para ello, *"el tiempo perdido en transporte es una resta a la producción y a la cultura"*. También se propone un *"ataque a las rémoras burocráticas"* ya que *"el postulante no puede ser un nómade tras un expediente"* y *"el empleado público debe dedicarse a ahorrar tiempo ajeno"*. Sugiere la *"creación de un consejo estudiador de trámites y simplificador"*, para que *"toda gestión comience y acabe en un mismo sitio"*. Al final, se indica: *"Problema de las colas; la mayoría son susceptibles de eliminación. Estampillas"*.

La quinta sección, Alegría Biológica, propone un estudio a fondo de la cuestión sexual, con especial atención a la *"ley de profilaxis, onanismo y tristeza"*, e incluye el siguiente pasaje: *"Solución concorde con la Iglesia. Proteger el libre arbitrio de la mujer, facilitar el ejercicio de la prostitución por medios policiales. Persecución del explotador. Defensa de la mujer que desea rehacerse; la fórmula ya está estudiada"*.

La sexta sección, Alegría de la Cortesía, propone el *"Saludo gentil obligatorio en oficinas públicas"*, y también, entre los transportistas: *"la falta de cortesía motivo de exoneración"*. También un *"Premio a las empresas de personal más atento, servicial y optimista (publicidad gratuita)"*. A su vez, se indica: *"Respecto a la mujer; reforma del Código Penal agravando las penas de los atentados al pudor, etc"*.

En la sección siete, Alegría del Atuendo, se propugna el *"embellecimiento popular"*, por caso: *"Dar más importancia a la Sección Cosméticos y no aprobar los que están fuera de las economías populares"*, o bien: *"Los uniformes de trabajo deben ser cromáticamente bellos"*, y *"concursos con premios a jóvenes que en menos tiempo y con menos costo se confeccionen el mejor traje"*. Al final, se indica: *"Suprimir prendas innecesarias en verano; la camisa bien puede sustituir al saco (policías)"*.

---

336 Aquí, Carrillo parece retomar una antiquísima tradición médica según la cual la música posee virtudes curativas y terapéuticas (tradición de la cual deriva la reciente *musicoterapia*), y que durante la Edad Media y el Renacimiento funcionó como tratamiento antimelancólico y consolatorio. Pero como con la risa y la bufonería, históricamente al servicio de la salud del monarca, Carrillo amplía estas recetas al plano del gobierno anímico del pueblo.

En la sección ocho, Alegría de la Niñez, se recomienda fomentar las calesitas municipales, los circos, los espectáculos de títeres, la floricultura infantil y la ornitología. También el *"Estudio de los juguetes; suprimir los malsanos, herramientas y semillas por armas. Pedir colaboración a Fabricaciones Militares; pueden ayudar a abaratar el juguete herramienta, propendiendo a la educación industrial y agraria".* Luego, se propone la *"Colaboración infantil en el cuidado de las plazas. Zonas libres para pequeñas huertas. El placero facilitará enseñanza, semillas, herramientas".* También: *"todos los cines y teatros deben tener matinés infantiles a bajo costo",* así como facilitar los transportes gratuitos a menores, porque de este modo *"facilitaremos las vacaciones infantiles y ayudaremos a la Gran Familia".*

La novena y última sección, Ingenio Absurdo, sugiere: *"<u>Contrarumores</u>: atacar con gracia y con iguales medios a los que difunden rumores cavilosos. <u>Mingitorianas</u>: Versos ridículos a favor de… pero con resultados contraproducentes. <u>Epigramas</u>: campañas equivocadas a favor de… con resultados erróneos".*

Al final del documento se indica que el Instituto de la Alegría dará *"todo el caudal de sus conocimientos especializados, colaborando a pedido de instituciones públicas y privadas, cobrando o no las tasas que se fijarán".* Como cierre, y con un chiste admonitorio, se indica la acción general del Instituto:

> "Dentro de sus recursos actuará, ya sea en forma de propaganda o con la creación de equipos constructores, ya sea de artistas plásticos, músicos, humoristas, hasta crear la conciencia de que la tristeza es una rémora de épocas pasadas.
> Recordar que la risa es un atributo exclusivo del hombre.
> No sea hipopótamo, las bestias no se ríen; si usted no se ríe, puede ser bestia".

Si para Perón *la fuerza es el derecho de las bestias*, para Carrillo la risa es el derecho de los hombres. Pero, paradójicamente, se trata de un derecho que debe ser impuesto por la fuerza. Una suerte de afirmación negativa de la alegría, a través de mecanismos autoritarios y censores, que se imponen sobre el estado de ánimo de la población.

La propia idea del Instituto de la Alegría mueve a risa, una risa bergsoniana, donde lo mecánico adquiere vida y lo vivo se vuelve mecanizable. Pero también causa la gracia de un contra-sentido o un *nonsense*. La aporía de este proyecto de estímulo negativo de la alegría (tan parecido al *felicific calculus* de Bentham) se muestra en el chiste final que cierra el documento. Carrillo parece reconocer que en la risa siempre hay un componente de agresividad. Este era el punto de vista de Hobbes, para quien la risa era algo políticamente peligroso, por eso la definía como una "gloria súbita": *"La risa no es otra cosa que una gloria súbita que surge de una concepción repentina de cierta eminencia nuestra en comparación con la debilidad de otros".*[337] En la risa, un súbdito se glorifica a sí mismo, por encima de los demás. Afirma la razón individual por encima de la razón de Estado y, por lo tanto, abre las puertas a la guerra civil.[338] También para Baudelaire, que escribió un tratado sobre la caricatura, lo que provoca risa es lo que los alemanes llaman *schadenfreude*, el gozo que produce la idea de la propia superioridad, como cuando reímos de la pena de alguien que resbala y cae frente a nosotros, que nos hemos mantenido en pie. La risa, para Baudelaire, es satánica, es un Mal, y no, como se suele creer, el principio del Bien. A través de lo cómico, el ser humano es inundado por un sentimiento de superioridad, no sólo frente a otros congéneres, sino también frente a los animales, objetos muchas veces de la risa bufa de los hombres.[339] Este antropocentrismo de la risa lo expresa bien Carrillo cuando escribe que el que no ríe puede ser bestia.

Pero el Instituto de la Alegría parece invertir los términos, pese a que en su *Introducción a la Cibernología y a la Biopolítica* Carrillo había afirmado que *"el Estado no es una agencia de felicidad, ni mucho menos".* Con el Instituto de la Alegría, en cambio, el Estado parece poder volverse cómico o humorista. Las tendencias disgregadoras que arrastra la risa buscan ser neutralizadas por medio de su incorporación al cuerpo de la soberanía para producir, desde arriba, un "nuevo Renacimiento", a la vez cultural y biológico, donde la promoción de la floricultura barrial representa la ambición de cultivar a la población, a la manera de un invernadero para humanos. En este sentido, el Instituto de la Alegría guarda una inquietante relación de semejanza con el *Kraft durch Freude* (Fuerza a través de la alegría), la institución creada por los nazis para organizar el ocio del pueblo o de la *Volksgemeinschaft* (la "comunidad popular", concepto que, a su vez, guarda no pocas relaciones con el de "comunidad organizada").[340]

---

337 Citado en Francis Grose, *Principios de la caricatura*, pág. 115. Introducción de José Emilio Burucúa y Nicolás Kwiatkowski, Editorial Katz, 2012.

338 Vale recordar que ya la Ley de las XII Tablas, base jurídica de la Antigua Roma, fue el primer código de la Antigüedad que contuvo reglamentación sobre censura, al decretar la pena de muerte con motivo de poemas satíricos.

339 Ver al respecto: Gabriel Muro, *La gloria súbita de Charlie Hebdo*, revista Espectros, nro. 1, 2015.

340 Como con el término biopolítica, Carrillo no menciona el antecedente de la *Kraft durch Freude* (KdF), probable modelo para su Instituto de la Alegría. La KdF nazi promovía una gran variedad de actividades "alegres" en el campo de la cultura, los deportes y el turismo de masas, para así alegrar a la *Volksgemeinschaft*. También "embellecía" los espacios de trabajo y, durante la guerra, se ocupaba de divertir a los soldados y hasta a los guardias de los campos de concentración. A su vez, estaba inspirada en la *Opera Nazionale Dopolavoro*, institución creada en la Italia fascista para organizar la recreación de los trabajadores "después del trabajo". Las dos instituciones, orientadas a la "producción de alegría cotidiana", eran deudoras de las concepciones sobre el mantenimiento de

Si para Freud el chiste da gracia y placer porque produce un levantamiento pasajero de la represión psíquica, para Carrillo, el chiste, el "ingenio absurdo", los espectáculos cómicos, pueden ser utilizados para reprimir las pasiones negativas y conservar el orden político, tal como en la "desublimación represiva" de Herbert Marcuse. Dado que el objetivo de la biopolítica es organizar científicamente el Estado con miras a lograr el bienestar y la felicidad del pueblo, la represión de la tristeza constituye una tarea de suma importancia, tanto como la incitación a la alegría. La paradoja radica en que, para conseguir el bienestar, se apela a la censura de los espectáculos pesimistas o sombríos. Carrillo propone arribar al bienestar mediante los mismos mecanismos que, según Freud, producen malestar en la cultura, como si el Instituto de la Alegría constituyese un dispositivo para extraer plus de goce, o una ingeniería social para neutralizar el ingenio del chiste.

Entre los factores "ataxiológicos" que Carrillo listaba en su manuscrito y a los que había que combatir mediante *"una técnica estatal adecuada"*, estaban el aumento de las neurosis y de *"los enfermos mentales en general"*. Enfrentándose con Heidegger y con los existencialistas, la angustia, el tedio, la desesperación, no serían el modo propio del *Dasein* de estar en el mundo, no posibilitarían la apertura al ser. Para Carrillo, estas afecciones son meros síntomas de inadaptación y decadencia biológica, contra las que es preciso vacunarse, evitando el desorden, las revueltas o la entropía.[341]

---

la fuerza (*kraft*) del motor humano, así como de las preocupaciones que vimos aparecer con la biotipología. Sin embargo, y muy significativamente, las actividades realizadas por la KdF eran generalmente voluntarias y no obligatorias. Sus funcionarios advertían que volverlas coactivas encerraba la contradicción de forzar la alegría, cuando esta debía ser la fuente de la fuerza. Lo cual revela que aun los Estados totalitarios requieren crear espacios de adoctrinamiento suave que sean funcionales a la regimentación totalitaria de la sociedad, consiguiendo así que los individuos se adapten mejor a ella, suscitando la ilusión de que lo hacen espontáneamente. Ver al respecto: Julia Timpe, *Hitler's Happy People: Kraft durch Freude's Everyday Production of Joy in the Third Reich*, M.A., Brown University, 2007. Para tomar dimensión de la eficacia de la KdF, este trabajo menciona una encuesta hecha en Alemania en 1949, la cual arrojó que una de las cosas que más extrañaban los alemanes del nazismo era la KdF. En este sentido, bien vale recordar a Wilhelm Reich: *las masas desearon el fascismo*.

341 A su vez, una de las tentativas más impresionantes de nacionalizar y planificar el arte desde el Estado se dio con la Revolución Francesa, que en esto también sirvió de modelo a muchos movimientos políticos posteriores. En 1793, la Convención fundó el Instituto Nacional de Música, que funcionó como conservatorio a la vez que como fábrica de himnos revolucionarios. Su cometido era controlar la producción ideológica de climas festivos, musicalizando la celebración de la República en las fiestas públicas, sacando la música de los palacios para hacérsela llegar al pueblo. En palabras del compositor François-Joseph Gossec, director del Instituto, se trataba de *"regular toda la música, por todas partes, para excitar el valor de los defensores de la patria y multiplicar en los departamentos los medios de dar pompa y atractivo a las fiestas cívicas"*. Sin embargo, este sueño revolucionario de nacionalizar la música para impedir que sea dirigida por

Como en el *mundo feliz* de Aldous Huxley,[342] con el Instituto de la Alegría no se trata solamente de adaptar a los ciudadanos a las exigencias del medio: el medio también debe ser meticulosamente acondicionado para producir la felicidad de los ciudadanos y obtener un estado de homeostasis lo más perfecto y duradero posible.

En lo que sigue veremos que la vacunación del pueblo contra los *malos humores,* así como la obtención de fuerza mediante la producción de alegría, no aparecieron por única vez, sino que constituyeron preocupaciones centrales en la máquina gubernamental de Ramón Carrillo.

el comercio se vino abajo muy pronto: desde 1795, el Instituto, convertido en el Conservatorio Nacional, fue desvalorizado y privado de recursos. Ver al respecto: Jacques Attali, *Ruidos. Ensayo sobre la economía política de la música*, Siglo XXI, 2017.

342 En su *Introducción a la Cibernología y a la Biopolítica* publicada en *Hechos e Ideas*, Carrillo menciona al pasar esta obra de Huxley, considerándola una "utopía científica brillante" que ha representado, como pocas, ese estadío "posthistórico" al que conduciría la automatización y el aumento de la entropía social. Sin embargo, en esta obra también es posible encontrar una fabulosa parodia acerca de las tecnologías de gobierno que Carrillo auspiciaba: el fordismo, la división de castas entre alfas, betas, gammas, deltas y epsilones (tan semejante a la biotipología), la escuela de ingenieros de emociones, la *hipnopedia*, y, más aun, las técnicas de condicionamiento en la alegría y la felicidad por medio del *soma,* el *cine sensible* y el control centralizado de los medios de comunicación.

III

Clima de guerra

omo mostró Michel Foucault, si en las guerras tradicionales los estados conservaban el derecho de matar a sus ciudadanos en nombre de requerimientos colectivos superiores como el patriotismo o la defensa del soberano, lo novedoso de la biopolítica es que la guerra se inscribe en una visión biomédica. Sólo en la guerra moderna se masacra con un fin terapéutico, para la salvación vital del propio pueblo. Con el nazismo, esta lógica eutanásica alcanzó su máxima concreción, haciendo del racismo la función histórica que justificó el ejercicio de matar en nombre de la vida.[343] Como señaló Roberto Esposito, allí reside la "caja negra" de la biopolítica, el hecho enigmático de que la política de la vida siempre amenaza con volverse política de la muerte, al punto de haber arrastrado al suicidio y a la destrucción autoinmunitaria de los nazis.

Pero "caja negra" es un concepto proveniente del lenguaje de las tecnologías de la comunicación. Caja negra, como la definió Norbert Wiener, es todo dispositivo diseñado para realizar una función sin que se sepa cómo funciona su interior. "Caja blanca", en tanto, es aquélla donde el diseñador especifica también su funcionamiento interno. Cuanto más sofisticados sean los mecanismos de *feedback* internos al dispositivo, menos sabrá el diseñador cómo funciona su propia creación y más opaca será la caja.

En 1945, apenas terminada la guerra, Norbert Wiener, junto al matemático von Neumann y el ingeniero computacional Howard Aiken, entre otros científicos eminentes, crearon un *think tank* al que llamaron la Sociedad Teleológica. Su propósito consistía, precisamente, en poner los cimientos para una ciencia general de los seres y objetos capaces de moverse de acuerdo a propósitos. La inspiración para estas investigaciones se encontraba en el éxito obtenido durante la guerra en el desarrollo de sistemas electromecánicos basados en el *feedback*, como misiles guiados, torpedos

---

343 Roberto Esposito, *Bíos*, pág. 215.

sensibles a los blancos y radares de búsqueda. Para la naciente cibernética, el comportamiento humano y animal podía estudiarse bajo los mismos términos que los comportamientos de las máquinas, en base a un esquema conductista de inputs y outputs. Bajo esta óptica, la intencionalidad humana no diferiría, sino cuantitativamente, de la autorregulación de los aparatos automáticos, en posesión ya de una cierta intencionalidad. Si Darwin había cuestionado las fronteras entre el humano y el animal, la cibernética cuestionaba las fronteras entre estos y las máquinas.

La experiencia de la guerra había signado por entero el nacimiento de la cibernética a través de la puesta en funcionamiento de una nueva generación de armas capaces de auto-regularse. Entre los operadores de estas máquinas, la autorregulación producía un efecto de siniestro, una borradura de los límites entre lo vivo y lo mecánico, así como entre lo animado y lo inanimado. De ahí que en plena guerra haya crecido, entre los pilotos aliados, la creencia en que los aviones estaban habitados por unas criaturas llamadas *gremlins*, demonios traviesos o genios malignos conocedores del equipamiento tecnológico de las naves y responsables de toda mala navegación a través de los aires. Los aviones, en tanto máquinas autorreguladas, capaces incluso de funcionar en "piloto automático", se les aparecían a los aviadores como habitados por seres monstruosos, culpables de su desgobierno.

Durante la Segunda Guerra Mundial, los soldados mecanizados se enfrentaban a sus enemigos como si se enfrentasen con máquinas, y las máquinas se manifestaban como seres vivos. Pero esta visión alienada era científicamente validada por los cibernéticos, para quienes el piloto de un avión enemigo no se presentaba como un otro radicalmente diferente, bárbaro o racialmente inferior, sino a la manera de una entidad cibernética que se comportaba como un servomecanismo. En el fragor de la batalla, resultaba imposible determinar los estados psicológicos internos del piloto enemigo, y por lo tanto, anticipar sus intenciones, ya sea de caza, de escape o de engaño. Sus intenciones permanecían opacas, como en una caja negra, pero podían deducirse mediante la observación de sus patrones móviles de auto-corrección. La identificación del enemigo ya no se producía mediante una afirmación oposicional de lo propio. Ya no se concebía como un proceso dialéctico, sino como una operación técnica de integración iterativa. Ya no importaba qué era, en esencia, el enemigo, sino a qué juego jugaba. Los cibernéticos hicieron de esta figura del enemigo bélico la imagen de todo comportamiento. Y al tomar el modelo del piloto de avión enemigo como paradigma de todo *feedback*, la cibernética concebía al cerebro y a la naturaleza humana en general como una caja negra.

Esta concepción del humano sobrevivió a la guerra, como si se tratase de su continuación en la política por medios no tan distintos. La guerra programaba una nueva era: la de la información y el control. En su libro *Cybernetics*, Wiener planteaba que, en la era cibernética, ni el reloj ni las máquinas a vapor serían ya los autómatas que servirían de modelo para pensar al humano, sino el autómata teleológico que apunta sus armas hacia el lugar donde el haz del radar señala un avión enemigo.[344] En tiempos de paz, es decir, del frágil "equilibrio dinámico" de la guerra fría, el desafío, como con los aviones bombarderos, será predecir el comportamiento auto-correctivo del enemigo. Conductismo psicológico y tecnologías de la información se aunaban en el propósito de predecir acciones futuras formalizando acciones pasadas. De este modo, el Este y el Oeste (esos dos grandes imperialismos según Perón) contrabalancearían sus fuerzas titánicas, disuadiéndose de entrar en guerra directa. Pero para preservar el equilibrio mundial, muchos aspectos de la política debían conservarse en secreto, protegidos del ojo público.

Según Norberto Bobbio, el secreto ha sido siempre esencial para el arte de gobernar.[345] Tácito, el historiador y gobernante romano, lo llamó *"arcana imperii"*, a la vez secretos de Estado y misterios sagrados al acceso sólo del poderoso. Hobbes rechazaba la democracia asamblearia por presentar el inconveniente de exhibir las decisiones públicas. El poder soberano, en cambio, es eficaz en la medida en que sorprende al enemigo y no deja en manos del vulgo ignorante lo relativo a la razón de Estado. De ahí también el nexo metonímico entre *mynisterium* y *misterium*, ministerio y misterio. Además, el secreto del poder permite combatir mejor contra el secreto de los que complotan contra el poder. Junto a los *arcana dominationis* están los *arcana seditionis,* los secretos de los sediciosos o los sediciosos secretos, que conspiran sin descanso contra el poder dominante. Todo poder autocrático precisa de estas conjuras, que, cuando no las tiene, las inventa, para poder justificar su propia existencia secreta. El poder es siempre poder de ver sin ser visto, acción que puede lograrse también mediante otro medio fundamental: el uso de máscaras, que convierten al político en actor y a la representación política en representación teatral: *"nada puede confundir más al adversario que el no poder reconocer el verdadero rostro de quien se tiene enfrente".*[346]

---

344 Peter Galison, *The Ontology of the Enemy: Norbert Wiener and the Cybernetic Vision*, pág. 253, Critical Inquiry, Vol. 21, nro. 1, 1994.

345 Norberto Bobbio, *Democracia y secreto*, Editorial Fondo de Cultura Económica, 2013.

346 Ibíd.

El poder humano, concebido a imagen y semejanza de Dios, es omnipotente en la medida en que puede verlo todo sin ser visto, como en el panóptico, que era también un espacio esférico con un centro omnivigilante. Pero Bentham, enemigo de todo secreto de Estado, desplazaba el poder soberano hacia una arquitectura del poder más difusa, más descentralizada, más impersonal. De ahí que pretendiese resolver la clásica pregunta de la filosofía política, *quis custodiet ipsos custodes?* (¿quién vigilará a nuestros vigilantes?), mediante la expansión de la esfera de la opinión y la multiplicación de las instancias de visibilidad como derecho de todos a inspeccionarlo todo. Ya Kant, en contra del mantenimiento de los *arcana imperii* fundados en los *arcana dei* (y por lo tanto en contra del poder de todos los *mistagogos*), había planteado que, para hacer uso público de la razón y alcanzar la mayoría de edad, es necesario que el ciudadano tenga un conocimiento completo de los asuntos de Estado. Sólo la publicidad del poder puede proporcionar este conocimiento, de otro modo, el uso público y el uso privado de la razón se vuelven indecidibles, anulándose mutuamente.

El liberalismo hará de este ideal de visibilidad total un ideal ya no referido al poder del Estado, sino al poder del mercado autorregulado. Primero Mises, y después Hayek, se propusieron asestar un golpe definitivo a la planificación socialista cuando argumentaron que la única forma racional de cálculo económico es la que proporcionan el dinero y la formación competitiva de los precios. Los precios, para los austríacos, son sistemas de transmisión de información que informan sobre las variaciones en las preferencias de los consumidores y los costos de producción de las mercancías. Sólo asegurando la transparencia de estas señales mediante la no interferencia del Estado sería posible sentar las condiciones para que los capitalistas decidan, con racionalidad, dónde y cuándo hacer inversiones.[347] Para liberales y neoliberales, no puede haber soberano económico, ya que resulta imposible acceder a un punto de vista totalizador sobre la economía.

Pero así como los austríacos concibieron la economía como análoga a un sistema espontáneo de telecomunicaciones, reemplazando la mano secreta del Estado por la mano invisible y automática del mercado, pasaron completamente por alto el problema del secreto en el ámbito de la tecnología. También la tecnología tiene sus *arcana*, incompatibles con la soberanía popular y con la ignorancia del vulgo. El saber técnico también es un saber de élites, esotérico y críptico. Sienta las bases para la formación de una verdadera tecnocracia u oligarquía criptopolítica. La criptografía, base de las ciencias de la telecomunicación, forma un saber en clave, un saber hermético, donde los criptógrafos se vuelven equivalentes a los

---

347 Paul Cockshott y Maxi Nieto, *Ciber-comunismo. Planificación económica, computadoras y democracia*, pág. 35, Editorial Trotta, 2017.

escribas del medioevo y a los descifradores de jeroglíficos. En Wiener, ese conocimiento último era el del *feedback*, al que definía como *el secreto de la vida*. La cibernética de mercado de los liberales no alcanza a dar cuenta de la cibernética real, para la cual la criptografía es un problema de primer orden, tanto como el de los misterios encerrados por las cajas negras. Impedir que el enemigo acceda a los sistemas de información propios, para la cibernética nacida durante la Segunda Guerra Mundial, es tan importante como hallar los medios para encriptar las señales eléctricas, posibilitando su transmisión rápida y segura.

Como vio Karl Polanyi, también las sociedades de mercado conducen a una serie de aporías insuperables, haciendo del secreto algo inextirpable. La democracia liberal excluye, por principio, el secreto de Estado, ya que interfiere con las señales de los precios. Pero en muchas ocasiones, el uso del secreto, ya sea por los servicios secretos de seguridad o ciber-seguridad, ya sea por las empresas de capital a través del secreto comercial, se halla justificado. Muchas veces, la acción secreta es justificada como si constituyese el secreto para la defensa inmunitaria de la democracia, la propiedad privada y la libre empresa. De igual modo, la expansión cada vez mayor de las tecnologías de la comunicación (valga recordar que el dios griego Hermes era a la vez el dios de las comunicaciones y de todo ingenio "hermético"), en su capacidad de interceptarlo y registrarlo todo, ponen en cuestión la distinción entre el ámbito de lo privado y el ámbito de lo público, tanto como entre el ámbito de la seguridad interior y el de la seguridad exterior. Por obra de la *ubicuidad* de las nuevas criptografías, donde los problemas de seguridad informática se vuelven redobladamente acuciantes, ni el ámbito público se ha vuelto enteramente transparente, ni el ámbito de lo privado está protegido de las violaciones al derecho a la privacidad y al secreto de la vida privada. ¿Cómo distinguir entonces entre la salud y la enfermedad, si es necesario enfermar para curar? ¿Cómo distinguir entre la guerra y la paz cuando es necesario hacer la guerra para conservar la paz?

◆ ———————— ◆

En 1950, Ramón Carrillo dictó un curso de tres clases magistrales ante los jefes y oficiales de la Escuela de Altos Estudios del Ejército. Una versión mecanografiada ha sobrevivido hasta nuestros días y se encuentra publicada en la web.[348] Una vez más, Carrillo, que aquí habla a la vez como funcionario público y como psiquiatra militar, muestra gran interés por

---

348 Publicada en *Electroneurobiología*, vol. 2, noviembre 1995, pp. 1-100.

sistematizar, divulgar y poner en práctica las más avanzadas tecnologías de gobierno de su tiempo, haciéndolas pasar por su interpretación personal. El tema de este curso fue el conocimiento y utilización de la psicología como arma de guerra, cuestión que, según señala Carrillo en su presentación, era enteramente desconocida por los militares argentinos de entonces. ¿En qué consiste esta *"arma novísima"*?: *"No es sino el suscitar en el adversario un clima mental, una atmósfera, diríamos así, consciente o inconscientemente, de prederrota, de inevitable fracaso de todos sus propósitos".*

Ya desde el comienzo se destaca la importancia de la atmósfera y del clima en la guerra moderna. Un clima, es decir, algo que flota en el aire y rodea a las personas, como un vaho morboso. Carrillo plantea que la guerra psicológica, también llamada "guerra de nervios", es conocida desde el fondo de los tiempos. Todos los jefes militares han apelado siempre a recursos tales como el engaño y el camuflaje como armas para confundir y difamar al enemigo. Pero todos estos recursos se han usado de forma sólo instintiva y desorganizada. Su sistematización sólo habría comenzado durante la Segunda Guerra Mundial, entre los alemanes y los estadounidenses, cada cual con su estilo propio. Su contracara habría sido *"la pésima moral de las tropas combatientes francesas e italianas".*

Con su habitual espíritu clasificador, Carrillo advierte que la guerra psicológica tiene dos facetas: una ofensiva y otra defensiva, y que para ser verdaderamente eficaz requiere del trabajo conjunto entre médicos y militares. Aunque existan pocas referencias oficiales debido a que sus métodos permanecen ocultos en el ámbito de los manuales secretos, para Carrillo, el estilo norteamericano es más superficial, y se ha apoyado sólo en la propaganda, mientras que el estilo alemán (del que el soviético estaría más cerca) sería *"más profundo, más doctrinario, y llega por lo tanto más hondo al espíritu de las masas, combatientes o no".* Prueba de ello sería el hecho de que, entre los alemanes, el frente interno mantuvo su cohesión anímica hasta el último minuto de la guerra, *"aun frente al derrumbe mismo".* Con admiración, Carrillo expone:

> "El cómo aconteció esto no es baladí. Respondió a una técnica, a una labor psicológica fundamentalísima cuyo secreto no nos ha llegado. Pero sí sabemos, como dato incontrovertible, que la Wermacht tenía adscripto un cuerpo de cinco mil hombres de ciencia, todos ellos altamente especializados en materia psicológica y que el Ministerio de Propaganda trabajaba en coordinación con ese cuerpo, hasta que factores eminentemente políticos, de mero prestigio, rompieron la 'unidad de acción'".

Como desencriptando la máquina de guerra que dio la clave para la fortaleza anímica de los nazis, Carrillo compendia sus métodos con las informaciones que ha logrado reunir. Probablemente, las informaciones no hayan sido pocas, ya que, al mando de la Coordinación de Informaciones de Estado (CIDE), servicio de inteligencia creado en 1946, había estado "Rudi" Freude, que organizó, junto a la Dirección General de Migraciones, la entrada ilegal de emigrados nazis a la Argentina. Entre ellos, Jacques Marie de Mahieu, así como Branko Benzon, el ex embajador croata en la Alemania nazi que se convirtió en médico personal de Perón y que también fue ubicado como asesor en Migraciones, desde donde hizo entrar, a su vez, a Josef Mengele.[349]

A continuación, Carrillo observa que las guerras modernas ya no oponen ejércitos: son luchas integrales que ponen a guerrear pueblo contra pueblo. Por eso, la guerra psicológica no sólo requiere del conocimiento íntimo de la psicología colectiva, sino también *"el aprovechamiento íntegro de la información",* mediante el uso y control de todos los medios de difusión, *"prensa, radio, cine, comunicaciones, televisión".* Sólo la coordinación más estrecha entre el conocimiento del *"alma humana"* y el control de la información puede dar la clave para la victoria psicológica en las guerras totales. A su vez, el conocimiento del alma humana puede contribuir a desarrollar técnicas eficaces para la interrogación de los prisioneros: *"los cuales deben ser interrogados minuciosamente. La información que de ellos se obtiene es siempre la mejor".*

Carrillo realiza un breve recuento histórico de los antecedentes en el uso de los *"resortes psicológicos"* para ganar guerras. Remontándose a los tiempos bíblicos, menciona a Gedeón, el juez y guerrero hebreo en combate contra los madianitas que seleccionó a trescientos soldados de entre los

---

349 Así como desde la década del treinta se había intensificado la preocupación por la selección étnica de inmigrantes con el fin eugenésico de preservar la pureza del "tipo nativo", desde 1946 el peronismo intentó implementar políticas de selección a raíz de la reapertura de la inmigración europea de posguerra. Aunque la política no llegó a tener la coherencia de un pensamiento racial, en 1946 se creó el Instituto Étnico Nacional para estudiar estas cuestiones. El instituto funcionó bajo la dependencia de la Dirección General de Migraciones dirigida por Santiago Peralta, un conocido antropólogo fascista y antisemita que estuvo a su cargo hasta 1947, cuando fue apartado por Perón a raíz de la repercusión internacional que habían tenido las denuncias sobre sus prácticas discriminatorias. Peralta trabajó palmo a palmo con "Rudi" Freude en la importación de criminales de guerra. Ver: Uki Goñi, *La auténtica Odessa: la fuga nazi a la Argentina de Perón*, Paidós, 2002. Sobre cómo el peronismo dio preferencia a la entrada de italianos y españoles católicos no comunistas debido a sus "afinidades étnicas" con la "población receptora", ver: Leonardo Senkman, *Etnicidad e inmigración durante el primer peronismo*, Estudios Interdisciplinarios de América Latina y el Caribe, Universidad de Tel Aviv, Vol. 3, nro. 2. Cabe mencionar también que, en 1947, la Secretaría de Salud Pública contrató al médico danés Carl Værnet, que había huido de Europa y durante la Alemania nazi realizó experimentos humanos atroces con el fin de hallar la cura a la homosexualidad. Hasta el día de hoy no está clara cuál fue su relación con Ramón Carrillo.

40.000 que tenía a su disposición, haciéndolos pasar por dos pruebas. Los ejemplos abundan: desde la conquista de Asia entera por el ejército de sólo 30.000 hombres de Alejandro, hasta la victoria de Pizarro, acompañado de solo 300 hombres, sobre el imperio incaico. Pero todos estos casos refieren a la concepción clásica de la moral combatiente, constituida por el arrojo, el valor y la decisión. Aunque a lo largo de la historia ha prevalecido la opción por el número de combatientes y su constitución física, las guerras totales del siglo XX han vuelto a poner en primer término no la capacidad orgánica de los soldados, no tanto su anatomía, sino su espíritu y su psiquis.

El gran antecedente histórico del que se enorgullece Carrillo es el de San Martín, quien se refería a la guerra psicológica como "guerra de zapa", y a quien habría que considerar uno de los creadores de la guerra psicológica moderna, *"tanto es así que en la Escuela de Altos Estudios, de Berlín, fueron estudiadas las campañas emprendidas por el Libertador bajo este punto de vista"*. San Martín entró en Lima sin disparar un solo tiro, gracias a su manejo del factor psicológico. Habría sido quien mejor comprendió que a una multitud no se la mueve sino *"magnificando sus temores o alentando sus esperanzas"*. Apenas llegado a Perú, San Martín montó su imprenta móvil e inundó de proclamas al pueblo peruano, haciendo que, en palabras del Libertador: *"el espíritu público empiece a ilustrarse"*. Así habría sacado a ese pueblo de su letargo, ofreciendo *"una nueva concepción de la vida futura, en un clima de autodeterminación política, de gobierno propio y felicidad para todos"*. Simultáneamente, San Martín consiguió otro *"triunfo psicológico"*: fomentó la enemistad entre los realistas, divididos en monárquicos y liberales, debilitando su capacidad de dar respuesta.

Carrillo observa que lo primero que ocurre cuando se declara una guerra es el desajuste psicológico entre el hombre y la colectividad, alterando las jerarquías sociales, ya que el que en tiempos de paz era patrón, puede volverse el subordinado de quien era su obrero. Todo los vínculos humanos se trastocan, produciendo entre la población *"una desconfianza recíproca colectiva"*, sustituyendo las formas evolucionadas de la vida social por otras más primitivas. Hay una reprimitivización irreversible de la civilización y *"la fuerza, naturalmente, sustituye poco a poca al derecho"*. El *"hombre de ciencia"* debe tener esto muy en cuenta, ya que lo que puede inclinar la balanza de la victoria es mantener la capacidad de producción del pueblo. Pero en la guerra integral *"sobreviven los más débiles"*, dado que *"los hombres físicamente deficientes no combaten"*. Extraño trastrocamiento entonces, considerando que si en la guerra la fuerza sustituye al derecho, sin embargo produce la sobrevivencia, *contra natura*, de los más débiles.

Al retumbar los tambores de guerra se produce una *"neurosis colectiva"* o una *"revolución social interna"*. La sociedad bélica ya no es la misma que en tiempos de paz. Los más débiles se trastornan rápidamente y *"el sólo anuncio de la guerra llena los hospitales de alienados".* Los más fuertes, que según Carrillo son el 90% de la población, sufren un estado particular de ansiedad que puede caer en el temor o en el furor. Cuanto más tiempo pasan los hombres en guerra, más se *"despersonalizan",* ya que las normas militares son iguales para todos, sin importar lo que los hombres han sido antes. Para Carrillo, esta despersonalización trae una cantidad de *"desadaptados"* que pueden ser un factor de perturbación dentro del ejército: *"estos son los que hay que eliminar de allí, y con presteza, y neutralizar afuera, porque son focos de indisciplina, de desorientación y de contagio".*

Toca a los gobernantes y hombres de ciencia compensar y adaptar al pueblo al estado bélico aplicando la técnica psicológica defensiva, *"al crear en las masas la ilusión de un porvenir superior",* para que la población pueda vivir normalmente en guerra. Pero en este nuevo estado se producen nuevos efectos psicológicos y nuevas descompensaciones. El primero es la fatiga: *"la gente ya no tiene preocupaciones",* reina el *"qué me importa".* El segundo es el miedo, que exaspera el instinto de autoconservación pero hace perder toda capacidad efectiva de defensa, arrastrando hacia el pánico, el terror y la parálisis. Para prevenirse de este terrible mal, el ejército debe neutralizar los efectos de alarma, evitando la sensación, entre la población, de carencia de mando: *"lo que posiblemente originó la gran fortaleza del frente interno alemán fue la seguridad y la precisión de las informaciones, que trasuntaban seguridad en el comando".* Otra de las causas que contribuyen a acrecentar el miedo es *"el misterio de la situación",* como el rumor de un arma secreta, que sugestiona a la población. También aquí, explica Carrillo, los alemanes hicieron una gran propaganda sobre los efectos mortíferos de sus armas, aun antes de utilizarlas. Además, *"pusieron en práctica el sistema de los estímulos anormales, consistentes en ruidos y otros procedimientos".*

La rabia es el sentimiento que permite neutralizar la acción del miedo. Es un estado reflejo *"que se puede controlar"* y que se produce cuando a un pueblo se le coarta el cumplimiento de una acción, un deseo o un objetivo. De hecho, comenta Carrillo, los alemanes explotaron este aspecto con su propaganda sobre el espacio vital, difundiendo la idea de que padecían de necesidades biológicas, psicológicas y morales que no podían satisfacer (indicando Carrillo así que el espacio vital es una ficción, contrariamente a lo que aducía en la introducción a la cibernología). Pero antes de llegar a la rabia se pasa por estados intermedios: el resentimiento, que no se exterioriza; el enojo, que se traduce en palabras y críticas violentas; la cólera, la agresividad, y el estado intermedio e ideal, al que Carrillo denomina "elación":

"El hombre se muestra agresivo, pero su agresividad va acompañada
por un componente de seguridad, de confianza en sí mismo; y cree
firmemente que, sobre todo, está defendiendo una causa justa contra un enemigo odioso y odiado. Ese estado se llama 'elación'. La obra
maestra de la psicología militar consiste en llevar a los combatientes
al mencionado estado anímico. (...) La elación no es, entiéndase bien,
la rabia instintiva, inconsciente, sino la rabia consciente razonada".

Para alcanzar ese estado ideal debe realizarse una larga preparación.
Carrillo menciona que, en México, los guerrilleros de Pancho Villa fueron
los primeros en usar marihuana, que les producía *una euforia agresiva,
cercana a la rabia; una excitación homicida".* El alcohol se ha empleado
siempre con el mismo objetivo, pero *"la ciencia psicológica nos ha llevado
ya mucho más lejos y más eficazmente que todo ello".* Sólo la rabia, mante-
nida controladamente en el estado de elación, conseguiría *"la fanatización
en el ejército y de los no combatientes, en base a una doctrina".*

Desde el punto de vista ofensivo o agresivo, la guerra psicológica tiene
como propósito crear en el enemigo una serie de sentimientos que lo lle-
ven a la derrota, utilizando como medios la *"propaganda negra",* el agobio
mediante informaciones falsas y la introducción de una *"quinta columna"*
que desconcierta por medio del espionaje y el contraespionaje:

"El periodismo juega aquí su papel más importante. Tiene que polemizar con el adversario y destruirle toda su argumentación de guerra, para destruir su doctrina. Recuerden ustedes que Goebbels llegó
a convencer a millones de que el mundo debía optar entre el fascismo
o el nacionalsocialismo, y el comunismo".

Desde el punto de vista defensivo se trataría de crear, en el medio propio, *"un clima neutralizador de esos sentimientos",* mediante la *"higiene mental"* y la *"profilaxis del miedo",* detectando y destruyendo los rumores y las
dudas de la población. Nuevamente se destaca el carácter atmosférico de
la guerra psicológica. Por una parte, debilitar al adversario, creándole un
clima de pre-derrota y pesimismo, como si se tratase de un clima siniestro
o de un aire enrarecido que lo invade y lo captura. En simultáneo, exaltar
a la tropa propia, creando un clima de victoria, suministrándole el sentimiento de rabia, antídoto contra el desánimo. La preparación del pueblo
para la guerra, la creación de una *"conciencia popular antebélica",* se realiza
preventivamente, con antelación al estallido de las conflagraciones, como
hicieron tanto los alemanes como los estadounidenses, creando un clima
o un ambiente donde se explica al pueblo por qué se va a luchar:

"El objetivo de la lucha es siempre noble, generoso, elevado y contesta
algún acto enemigo que evidencia lo contrario. Y ya en guerra, el pueblo y el combatiente deben estar perfectamente informados. Todo les

debe ser comentado, explicado, clarificado. Si se dejan al pueblo y al ejército librados a sus propias reacciones se pierde el control psicológico sobre ellos. Un sistema de difusión permanente de los medios y fines de la guerra es absolutamente imprescindible. Tanto más se ajustará el pueblo al orden de la guerra, cuanto más amplio sea ese sistema de difusión".

Se debe informar siempre tanto de los triunfos como de las derrotas, éstas *"con la mayor habilidad posible para lograr la tonificación del espíritu público"*, explicando sus razones para convertirlas en circunstanciales, no obstaculizadoras de la victoria final. El objetivo es lograr la perspectiva de un *"porvenir halagüeño"*, en contraposición a un pasado ignominioso que no volverá jamás y a un presente intolerable. Pero como en el don de la ubicuidad según Perón, no basta con conocer los principios generales de la guerra psicológica, del mismo modo que no alcanza con conocer los principios generales de la conducción política. Los pueblos, *"como los hombres en particular"*, tienen reacciones o modos de ver que les son propios (*"como quien dice, un carácter nacional"*). Es preciso convencer *"mediante una doctrina lo más concorde posible con la psicología y los ideales del propio pueblo"*:

> "Los comandos militares deben tener una información completa y total sobre la psicología propia del pueblo adversario. Hay una psicología de los japoneses, otra de los rusos y alemanes, otra de los franceses, que condicionan lo inespecífico universal con lo específico local".

El soldado debe comprender que lucha por una causa justa, acorde al carácter de su pueblo. Para ello, debe estimulársele el sentimiento patriótico, *"latente en todo hombre normal"*. Esta tarea incumbe menos a los militares que a los psicólogos, nuevos guardianes del orden inapelable traído por la guerra. Por eso, Carrillo le advierte a su audiencia castrense: *"No olviden ustedes que los psiquiatras somos técnicos en materia de reacciones psicológicas del ser, tanto como en materia de las relaciones psicológicas entre los hombres, como así entre éstos y la comunidad entera".*

Una vez que estalla la guerra, y aun antes, los *"cuerpos de psicólogos"* deben ser distribuidos en todos los sectores para *"alentar al pueblo y orientarlo hacia la lucha victoriosa"*, y también para separar a los desadaptados y a los que han enloquecido. Pero la organización de la guerra psicológica debe aprovechar todo el material humano a su disposición, incluso a los no aptos para luchar en el frente. En una hipotética oficina de guerra psicológica, al servicio de las fuerzas armadas, Carrillo afirma que los asesores serán de vital importancia, pues son los que proveen las doctrinas en base a las cuales se desarrollará el "arma nueva": *"Este cuerpo de asesores tiene que estar integrado por intelectuales, periodistas, hombres de ciencia, filósofos, aprovechándose así también la poca aptitud de los mismos para la lucha en el frente de batalla".*

La guerra psicológica es una materia donde *"está todo por hacerse".* Pero Carrillo da una fórmula sintética para su mejor comprensión: la suma del concepto de nación en armas *"más el caudal de la ciencia psicológica".* Se *"enseña a todos a vivir en paz, pero en actitud de soldado, es decir, con espíritu de sacrificio, con espíritu de deber"* y con *"respeto profundo a las jerarquías".* Carrillo insiste con que la mejor referencia es la escuela alemana, con su Instituto de Psicología Militar, que reunía a los *"maestros psicólogos alemanes",*[350] creadores del concepto de *"Soldatemtum",* cuyo equivalente castellano sería *"espíritu militar",* una actitud donde el *"hombre-soldado"* vive *"para dar todo por su patria".* El *"espíritu militar"* debe ser fructificado en la tropa propia y obstaculizado en el ejército enemigo, *"dificultando que sus hijos desarrollen cualidades similares".*

El Instituto de Psicología Militar de los nazis habría estudiado la psicología de los grandes *"conductores",* dando con la *"piedra filosofal"* para deducir el *"prototipo ideal"* del jefe miliar alemán. Las virtudes de este prototipo serían: *"1º Completo dominio de sí mismo; 2º Poder de sugestión sobre los demás; 3º Decisiones reflexivas y rápidas; 4º Tendencia heroica y 'amor a los valores puros'; 5º Capacidad de sacrificar las propias comodidades".* Entre los argentinos, su mayor exponente sería San Martín, por lo que Carrillo reclama un estudio, aún no realizado, de la psicología del Libertador, para dar con el *"prototipo ideal del militar argentino",* del que debería ocuparse un Instituto Argentino de Psicología Militar.

Un instituto de tales características también deberá ocuparse de seleccionar y obtener el *"material humano"* con el que se hará dicho prototipo. Los principios fundamentales de selección serán dos: de conformación y de reacción. En cuanto a la conformación, Carrillo plantea, con clara influencia biotipológica, que *"la personalidad humana es un compuesto de 3/4 de dotes congénitas y de 1/4 de dotes adquiridas (por la educación y la cultura)".* Los examinados por el instituto deberán ser observados en su *"conducta natural",* aplicando un método de observación directa. En una segunda etapa, deberán ser examinados por medio de tests, los cuales *"miden los sentidos, las reacciones sensorias del ser",* aunque Carrillo advierte que *"son un poco mecánicos",* dado que *"la psicología es la medida de la fuerza del espíritu,*

---

350 Ramón Carrillo, que aquí se refiere a los *"maestros psicólogos alemanes"*, fue discípulo de Christofredo Jakob, neurobiólogo de origen alemán radicado en Argentina desde 1899, fundador de la *escuela neurobiológica argentino-germana.* Además de neurólogo, Jakob era un polímata que realizó investigaciones en campos como las ciencias geológicas y paleontológicas, así como en filosofía, música y poesía. Debemos dejar para otra ocasión el análisis en detalle de la relación entre Carrillo y Jakob.

y que el espíritu es algo más complejo y grande que los sentidos". Tanto la observación natural como los tests permitirían determinar *"las principales aptitudes del ser, esto es, lo que el individuo ya sabe hacer",* a lo que deberían sumarse pruebas que estipulen lo que el individuo *"puede llegar a saber y realizar".* A continuación, Carrillo lista un conjunto de pruebas psicotécnicas, grafológicas, de expresión corporal, de expresión verbal, así como tests de inteligencia, de eficiencia, de voluntad, de audacia y de mando. Carrillo añade que los alemanes llaman a las prueba de mando *"Führer-probe",* y que deben complementarse con una revisión minuciosa de la biografía de los candidatos. El objetivo, para el psicólogo examinador, es elaborar un informe reservado a la superioridad.

Estos exámenes recuerdan a los fichajes y tests de orientación vocacional de los biotipólogos. Es más: Carrillo reclama incorporar, a las fichas de salud de los soldados argentinos, una *"ficha psicológica",* para así evitar la incorporación a las filas del ejército a *"jóvenes que fracasarán indefectiblemente".* La selección de la tropa debe ser tan rigurosa como la de los jefes. Se trata de vigilar a los miles de jóvenes que todos los años son forzados a prestar servicios al Ejército, eliminando a aquellos que presentan *"ciertas rarezas",* que no son sino índices de enfermedad mental:

"El conscripto normal entra en vereda, como se dice vulgarmente, con dos o tres castigos. El raro, a medida que se le castiga, se pone peor y casi siempre va a terminar su conscripción alargada en algún lugar de castigo, como Martín García. Otra 'rareza', bien susceptible, es la del soldado taciturno y solitario. A los veinte años, un joven triste no existe, ni menos un solitario. Las penas, a esa edad, se evaporan fácilmente. Ni el alejamiento del centro familiar que supone la conscripción pone taciturno a nadie a esa edad. La causa es otra y es, simplemente, psíquica. El solitario es por lo común también un enfermo. La tartamudez suele señalar, asimismo, una enfermedad no puramente física, igual que la tendencia de muchos conscriptos que sobrellevan iguales trabajos que sus compañeros a dormirse, aunque sea en un banco o de pie.

La ebriedad o alcoholismo habitual a los veinte años supone una tara; las dificultades en la marcha –aparte cualquier dolencia pasajera– lo mismo. Exactamente igual que ante un conscripto negligente o un conscripto agresivo, hay que pensar siempre en una anormalidad psíquica. Otra tara, por fin, es encontrarse ante jóvenes sospechosos de prácticas sexuales antinaturales, aunque algunas de ellas, como el bestialismo (uso de ovejas o vicuñas), pueden venir conformadas por su cultura de origen.

Todas estas observaciones de las anomalías o rarezas que, repito, ante un cuerpo de oficiales y suboficiales especializados no pueden durar más de un mes, permiten confeccionar la ficha psicológica del nuevo conscripto, previo a la eliminación de tales 'anormales' de las filas. No quiere esto decir que esos 'anormales' deban abandonar la conscripción, sino que dentro mismo de las funciones del cuartel pueden tener otro destino más adecuado para ellos y para la Patria".

La gran tarea de selección previa tiene como objetivo cuidar del estado psicológico sano de la tropa, apartando a los que perturban su moral. Y como se lee en este fragmento, se empieza por vigilar las prácticas sexuales de los conscriptos, drenando sus energías libidinales hacia el Ejército según su grado de normalidad.

La guerra total, concepto acuñado por el general prusiano Erich Ludendorff, también se vuelve un "espacio del hombre", rodeando a todos los involucrados en círculos concéntricos y atmosféricos. Como en la topografía cibernológica, Carrillo dedica la segunda lección del curso a la descripción de las zonas militares en las que debe dividirse una nación en guerra, fundamentalmente cinco. En cada una de estas zonas deberá ubicarse a un elemento específico de la población, según su sanidad, su capacidad de lucha y su moral psicológica. Si en las dos primera zonas se ubican los elementos mejor cohesionados y más aptos para el combate, a partir de la tercera zona, la de *retaguardia inmediata*, se ubican los abastecimientos, la sanidad hospitalaria, las mujeres, los niños, los ancianos, los enfermos, los inaptos para el combate, los *"cobardes camuflados"*, los agentes secretos y los quintacolumnistas depositados por el enemigo. El acceso a las tres zonas se realiza a través de mujeres (dactilógrafas, empleadas, enfermeras), por lo que, en primer lugar, debe vigilarse a ese *"elemento femenino"* que lleva y trae informaciones y rumores: *"versiones que pueden causar cambios psicológicos en el hombre que está en el frente"*. Carrillo también menciona que resulta extremadamente útil depositar, en medio de la tropa, a *"psicólogos camuflados"* que estudien todo lo que pasa entre los soldados. Esos psicólogos son *"los sismólogos del estado psicológico de los combatientes"*. Simultáneamente, debe ponerse en marcha el contralor o censura de la correspondencia, dando instrucciones para que, en ningún caso, se mencione información que pueda ser útil al enemigo.

A continuación, Carrillo propone un esquema de la conducta humana, dividida en tres actitudes fundamentales: la actitud de defensa, guiada por el miedo; la actitud de ataque, guiada por la rabia; y la actitud creadora, guiada por el amor o *"por una convicción fuertemente arraigada, por una esperanza"*. Con arreglo a estas tres actitudes, los principios de la guerra psicológica imponen llevar hacia la tropa cuatro ideas fundamentales. En primer lugar, la tropa no debe entregarse viva, ya que *"la entrega al enemigo supone la tortura, la vejación y el fusilamiento, es decir, la muerte. Es más honroso y mejor, desde todo punto de vista, morir en el campo de bata-*

lla". En segundo lugar, las órdenes del comando se dan no para sacrificar al combatiente, sino para protegerlo. Pero las órdenes deben ser cumplidas ciegamente, *"aunque parezcan erróneas, pues el comando y el jefe saben perfectamente por qué ordenan algo".* En tercer lugar, inculcar el odio al enemigo: *"El enemigo es 'perverso'. Siempre el enemigo debe ser odiado, en combate. Además, el enemigo es débil, no tiene dirección, ni abastecimientos, ni protección. Por ello, concluirá derrotado aunque momentánea, circunstancialmente, puede obtener algunas ventajas".* En cuarto lugar, la creación de una utopía posbélica, suscitando la esperanza de una nación mejor: *"La guerra es dura: el pasado ha sido duro. Lo que seguirá a la guerra, después del triunfo, siempre será mejor. El porvenir resplandecerá más rico y feliz, para el soldado, su hogar y su patria. Hay que crear, pues, la esperanza de la postguerra: la utopía postbélica".* La tarea de crear esta esperanza pertenece a la *"farmacopea propagandística"* y a los *"laboratorios de ideas"* creados por el poder militar, en alianza con el poder político.

Así como hay tres actitudes y cuatro conceptos que deben llevarse a la tropa, Carrillo clasifica tres formas fundamentales de conducir a los seres humanos e incidir sobre sus conductas: la persuasión, que se dirige a la razón *"y que es eficaz cuando se actúa sobre hombres inteligentes y cultos"*; la sugestión, que se dirige a los sentimientos y *"actúa sobre los seres sensibles, sobre los temperamentos artísticos y religiosos"*; y la compulsión o coerción, que se dirige a la voluntad de la persona y a su concepto de deber: *"Es eficaz frente a seres poco ilustrados, que son la mayoría, y poco sensibles. La compulsión es el arma de la policía y de la ley".* Lo psicológicamente ideal, tanto en la paz como en la guerra, es combinar estas tres formas de conducción de los otros, utilizando, con la mayor pericia técnica, los medios disponibles. La propaganda, difundida en las zonas militares, debe ser primero persuasiva, y *"como decimos los criollos, 'entradora'".* Debe hacerse de cifras y estadísticas, *"en forma altamente sugestiva",* dirigida a *"los mejores sentimientos"* del pueblo. Pero también debe ser compulsiva, *"porque no hay que dejar jamás de lado el concepto de que la violación de la disciplina es pasible de los más serios castigos".* Otro de los medios mencionados, y que recuerdan al Instituto de la Alegría, es la ridiculización del enemigo, así como su menosprecio, los cuales: *"tienen que ser difundidos incansablemente y por todos los medios, desde los más dramáticos a los puramente humorísticos".* Entre las medidas estimulantes se mencionan: *"la igualdad y la justicia en el trato a todos los ciudadanos, como así el contacto de los combatientes con las más altas personalidades de todos los sectores de la inteligencia o la popularidad: autores, actores y actrices, conferencistas, sabios, periodistas de nota, deportistas, etc.".* Se trata de emplear todos los medios disponibles para *"mantener y fortalecer la moral combatiente, que es la alegría sana del que lucha por un alto ideal".*

En las tres zonas de retaguardia deben implementarse métodos de exploración continua de la opinión pública, siguiendo el principio ordenador de toda acción psicológica: *"nadie es vencido hasta que cree estar vencido"* (como en la máxima criolla de Alma-fuerte). Para ello *"el método estadístico es de una importancia extraordinaria"*. Todo dato es valioso: la mayoría, ¿cree en la victoria o en la derrota? ¿Cuántos desertores hay? ¿Por qué desertan? Los permisos por enfermedad, ¿aumentan o disminuyen? Pero también pueden llevarse a cabo *"experimentos ampliatorios"*, como publicar diariamente avisos clasificados de una empresa que ofrece dejar el país hacia tierras lejanas y a bajo costo. Las solicitudes que lleguen al diario constituirán un *"índice sugestivo"* dado que *"en una población de sano espíritu, no pueden darse jamás muchos casos de estos "desertores" que, al fin y al cabo, son gente que huye del hogar, de su medio de vida, de sus afectos, hasta de sus negocios y trabajos"*. Apelando nuevamente al humor controlado y al control de los humores, Carrillo sugiere: *"ciertos chistes exploradores, por radiotelefonía, y su mayor o menor aceptación en las masas, constituyen también un aporte para el análisis psicológico de la masa"*.

El estado anímico de la retaguardia, o *"masa pasiva"*, se divide en tres tipos: el *"estado psicológico excelente"*, cuyas exteriorizaciones van del aporte espontáneo de dinero para los fines de la guerra, la orgullosa exhibición de banderas, los vítores a los representantes de las fuerzas armadas, hasta los chistes despectivos sobre el enemigo o el amplio crédito a las informaciones de carácter oficial: *"La tónica no puede ser mejor, ni para el desarrollo, ni para la prosecución de la contienda"*. En segundo lugar se ubica el *"estado psicológico mediocre"*, caracterizado por el cansancio colectivo. Se exterioriza por la creación de mercados negros, la indiferencia por las noticias, el aumento creciente de la *"chismografía"*, *"el disconformismo, sarcástico o humorístico, sobre las fallas de la organización nacional política y aun militar, la aparición de los 'pacifistas', el estallido progresivo de diversas neurosis, los 'slogans' desalentadores, como por ejemplo: 'esta guerra no se concluye nunca'"*. Esta tónica es precursora del que ya está *"medio vencido"*. Hay que *"levantarla"* con todos los recursos disponibles si no se quiere caer en el último estado: el *"estado psicológico malo"*, cuya tónica es la fatiga y el estupor. Sus exteriorizaciones más generales son: desborde del agio y la especulación, déficit de la producción, falta de reacción ante la propaganda de guerra, la *"aparición desembozada de los pacifistas"*, el aumento en la actividad de los partidos políticos antinacionales, de la delincuencia, los suicidios y *"el aumento inusitado y como repentino, del número de alienados"*. Este estado psicológico, el de la derrota, es irremediable e insalvable. Contra esta tendencia no debe esperarse al derrumbe de la moral de la tropa, sino adoptarse, cuanto antes, *"métodos preventivos drásticos"*, especialmente crear *"substitutos"* de la vida normal para el hombre combatiente, cuya vida anterior ha sido trastornada por la guerra. Para empezar, la organización del reposo y la distracción de la tropa, *"porque ya se sabe que la felicidad humana consiste en una perfecta distribución de los períodos de trabajo, de diversión y de reposo"*. Los deportes constituyen distracciones que son a la vez *"excitantes y sedantes"*, haciendo olvidar las penurias del frente de batalla, tanto como la realización de espectáculos artísticos y la *"instalación de lugares de esparcimiento como cabarets, bares, salas de juego, etc."*.

De especial importancia es tener en cuenta que el mando, en la guerra, es un problema psicológico, ya que se debe asegurar la obediencia ciega de los subalternos sin destruir el respeto, el cariño y el sentimiento de camaradería:

> "una cosa es el 'poder' proveniente del grado y de la jerarquía y otra cosa es la 'autoridad'. La autoridad, más que un concepto meramente disciplinario y jerárquico, más que una imposición, es una emanación de la propia personalidad; vale decir, es un concepto moral".

La autoridad solo surge de arriba desde el punto de vista profesional, pero en verdad surge de lo que piensan los de abajo: *"El prestigio del jefe, el afecto al jefe, parten de sus soldados"*. Si esto es cierto en tiempos de paz, lo es en grado mayor en tiempos de guerra. Y no en cualquier momento histórico. Carrillo capta un cambio de época: *"han variado en las últimas décadas las ambiciones del ser humano, tanto en el orden civil como en el militar"*. El soldado ya no quiere ser sólo una máquina, tiene sus virtudes y sus defectos, tiene una personalidad, la cual *"debe ser tenida en cuenta principalmente por los conductores militares, con tacto y con inteligencia"*. Del mismo modo que las modernas conquistas pedagógicas referentes al niño se han basado en el respeto a su personalidad, dejando en el pasado la máxima antipsicológica según la cual *"la letra con sangre entra"*, así también debe actuar el mando militar, *"más que nunca"*, con más conocimiento de esa personalidad *"que constituye el ser integral –y que no se pierde porque el ser pacífico se convierta en ser guerrero"*. Además, por la mayor extensión de los medios de información, los soldados ya cuentan con un cierto dominio, aún parcial, de cuestiones psicológicas. Oficiales y soldados son más conscientes que antes de las condiciones de la guerra, lo que impone, entre los altos mandos, una mayor flexibilidad.

> "Nosotros mismos, psicólogos y psiquíatras, hemos adoptado nuevos conceptos para el trato con el alienado y el delincuente. Ya no tenemos delante nuestro un anormal o un culpable, sino una 'personalidad', extraviada o perversa, pero personalidad al fin. La autoridad violenta, en todos los órdenes de la vida, ha dado paso a la autoridad persuasiva y razonadora. Indiscutiblemente es mejor que sea así, pero todos

debemos adaptarnos a este concepto y la autoridad militar lo mismo. La clásica disciplina rígida se ha hecho, y tiende cada día más a tornarse, flexible, sin perder nunca el dominio del subalterno".

Como anticipándose al paradigma del *management*, Carrillo advierte que las sociedades disciplinarias estarían llegando a su fin y que una nueva economía del poder, más flexible, estaría tomando su lugar. Ya no se puede hacer marchar al ejército de la misma manera que en el pasado. Al cuerpo de soldados también hay que tratarlo en su multiplicidad, *omnes et singulatim*, a todos y a cada uno.

Durante la tercera y última lección, Carrillo pasa revista a lo que llama el análisis práctico de la guerra psicológica: lo que un oficial debe saber, mínimamente, sobre psiquiatría militar, para vigilar el estado mental de la tropa. Carrillo menciona que, cuando formó parte de las filas del ejército en calidad de médico asesor en psiquiatría, tuvo muchas oportunidades de asistir a agresiones de conscriptos hacia oficiales, todas causadas por la acumulación de castigos. Pero como ya había señalado antes: *"un soldado normal se corrige a los dos castigos"*. La acumulación de reprimendas crea reacciones patológicas solo en el soldado *"con alguna tara"*, hasta el estallido inevitable. El anormal no tolera la dureza propia de la normalidad disciplinaria. Por eso, si el oficial se halla instruido en materia de psiquiatría, ya no insistirá en castigar al conscripto que se insubordina continuamente: lo enviará al consultorio psiquiátrico para que sea examinado.

Carrillo relata que muchos soldados indisciplinados que le tocó atender eran enviados como castigo a la isla Martín García. Luego de haberlos examinado uno por uno elevó un reporte al Ministerio de Guerra, alertando que lo que se estaba formando en la isla era *"un verdadero manicomio"*. Esos conscriptos no debían estar castigados, sino asilados en un sanatorio de enfermedades mentales que la institución armada debería tener. Adjudica este problema a una falla en el Código Militar, el cual, a diferencia del Código Civil, no reconoce a la locura como eximente y desconoce que las perturbaciones no se corrigen con castigos, *"sino con los auxilios de la ciencia"*. Si se implementara un régimen de selección psicológica de los conscriptos, la tropa ya no se dará cuenta, demasiado tarde, que tiene bajo su órdenes a *"anormales"*, *"indominables"*, *"raros"*, *"inútiles"*, *"locos de atar y de encerrar"*, sino justo a tiempo.

Es necesario observar al soldado durante al menos treinta días, antes de que manifieste reacciones violentas, ya que el enfermo mental no exterioriza de inmediato su locura, ni se lo identifica enseguida mediante tests, excepto a los *"insanos notorios"*. Carrillo observa que la mayoría de la gente cree que el loco es el loco exaltado. Pero ese tipo de loco constituye un mínimo porcentaje de los casos de insania. Aun más peligrosos son los *"anormales invisibles a primera vista", "los locos que andan sueltos, con aspecto de normalidad, pero que, en su fuero íntimo, acumulan procesos psíquicos tremendos".* Para ello, Carrillo propone la creación de unidades especiales dentro de los cuarteles. Allí, los jefes de unidad harán trabajar a los locos y verán cuáles puede servir: *"Sabiéndolos dirigir, son útiles y hasta se los adapta mejor para la futura vida civil. Atendiéndolos y conteniéndolos se les presta un servicio y ellos prestan un servicio".* Hasta el loco tiene una personalidad que debe ser tenida en cuenta, y no sólo eso: *"de los enfermos mentales, un 60% sana totalmente",* por lo que el Ejército puede llegar a curarlos.

Por todas estas razones, los conocimiento de psiquiatría elemental son sumamente útiles para los oficiales, que tienen que estar atentos a las reacciones psicopatológicas de sus soldados. Carrillo presenta entonces una nueva clasificación, esta vez de los enfermos mentales, dividida en cinco grupos: dementes; psicóticos; instintivos o peligrosos; retardados; y fronterizos o neuróticos.[351] Para ilustrar esta clasificación, Carrillo mandó a confeccionar unas láminas con dibujos copiados del reglamento militar norteamericano, unas láminas *"sencillas y pintorescas",* que representan, de forma caricaturesca, estados mentales mórbidos o patológicos.

Carrillo establece cinco funciones cerebrales fundamentales: la memoria, la voluntad, la afectividad, la ideación o asociación de ideas, y el razonamiento. La normalidad vendría dada por la realización armónica de estas cinco funciones. En el demente, que es *"el loco irreversible",* ninguna de estas funciones queda indemne, todas funcionan mal. En la psicosis sólo declina una o algunas de las funciones mentales: *"Así, por ejemplo, el llamado esquizofrénico pierde la facultad, la función del afecto. Pero solamente el afecto".* Es un alienado, palabra que *"viene, etimológicamente, de*

---

351 Esta clasificación en cinco tipos se basa en la clasificación de enfermedades mentales que Carrillo llevó a cabo como ministro de Salud Pública, a la que llamó *clasificación sanitaria de las enfermedades mentales*. Su objetivo era homogeneizar criterios y llevar a cabo estadísticas sobre el estado mental de la población para así actuar preventivamente, decidiendo tratamientos y la construcción de nuevos hospitales psiquiátricos. En palabras de Carrillo: *"queremos tratar a los enfermos mentales antes de que cometan el crimen, dilapiden su fortuna, trastornen a su familia o alteren el orden público"*. Para ello, cada tipo de enfermedad mental se relacionaba con un tipo específico de sociabilidad patológica: las "afrenias" (dementes) serían a-sociales; las "disfrenias" (psicóticos), in-sociables; las "kindinofrenias" (instintivos o peligrosos), anti-sociales; las "oligofrenias" (retardados), pseudo-sociales; y las "peirofrenias" (fronterizos o neuróticos), semi-sociales. Diagnosticando adecuadamente su grado de peligrosidad, el sistema sanitario podría decidir, con precisión, a qué tipo de *hospital, colonia psiquiatra, sanatorio-prisión, "kindinocomio"* o *sanatorio de reposo* enviar a cada tipo de paciente, rehabilitando a los curables y aislando, profilácticamente, a los incurables. Ver: Roberto García Novarini, *Ramón Carrillo. Una perspectiva sanitaria de la psiquiatría*, revista *Temas de historia de la psiquiatría argentina*, nro. 8, 1999.

alienos, que quiere decir extraño, ajeno. El alienado es un extraño al ambiente normal". Otro caso es el del melancólico: *"en éste hay una depresión. En su cerebro sólo se altera la facultad de la voluntad y declina la de afectividad".* Pero los psicóticos son curables, también en un 60% de los casos, aunque si no son atendidos decaen en la demencia irreversible y definitiva, como si se tratase, en la guerra, del estado psicológico malo o de derrota.

Los del tercer grupo, los enfermos mentales instintivos o peligrosos (también llamados perversos instintivos), conservan sus facultades intactas, pero tienen pervertido alguno de los instintos fundamentales (de conservación, de reproducción o de sociabilidad). Si tienen desordenado el instinto sexual, realizan el estupro; si tienen desordenado el instinto de sociabilidad, son delincuentes. A diferencia del psicótico y del demente, el instintivo es consciente de su mal, sufre por él, no obstante vuelve a caer en su patología, que lo supera. En el paranoico o delirante, que es un tipo de psicótico fronterizo, la capacidad de razonamiento está muy desarrollada, son *"lógicos en exceso",* pero sus conceptos son falsos, y por lo tanto *"razonan de forma patológica", "se halla desordenada su inteligencia",* lo que los hace *"peligrosísimos",* especialmente el tipo de *"los santones",* los que se dejan crecer la barba y proclaman *"Yo soy San Andrés",* y que con su poder de persuasión convencen a mucha gente. Según Carrillo, esos casos de psicosis se presentan en una forma aguda sobre todo en la guerra, y da un ejemplo que le es familiar, tanto a él como a su audiencia:

> "Tal el episodio del 4 de junio de 1943, entre nosotros, frente a la Escuela de Mecánica de la Armada, allí donde hubo una pequeña acción militar. Yo vi en ese momento, por lo menos, 6 ó 7 soldados que enloquecieron súbitamente. Cuando terminó todo, uno de éstos, destacado como centinela, empezó a disparar contra unas vacas. Había enloquecido y tuve que tratarlo. Era, como los demás, un hombre predispuesto; ya había hecho cosas raras. Ningún oficial enloqueció y sólo un suboficial perdió allí sus facultades mentales. Es esta clase de psicóticos la que hay que eliminar de las filas".

El cuarto grupo reúne a los insuficientes o débiles mentales, vulgarmente conocidos como *"retardados",* entre quienes las facultades mentales existen, pero en muy pequeña escala. Así como el psicótico es más frecuente entre los oficiales, el débil mental predomina entre la tropa:

> "De ahí que un famoso psiquiatra dijera del demente que es un pobre que había sido antes rico. Esto es: nació rico, inteligente, con voluntad, con ideas, con afectos, y lo perdió todo luego. Mientras que el débil mental es un pobre que ha nacido pobre. Tal la diferencia entre psicótico y retardado. Entre los psicóticos, repito, hay gente muy inteligente. Desequilibrada, sí, desordenada; pero muy inteligente. Entre los retardados, absolutamente no".

Según Carrillo, en Estados Unidos, de acuerdo a *"muy serias estadísticas militares"*, el 18% de la tropa tiene un retardo mental de 14 años. En cuanto a los locos, la proporción sería de cuatro locos por cada mil miembros de la población civil. Pero *"nosotros –por fortuna– tenemos menos. Según nuestras estadísticas, apenas llegan a 1,93 por mil".* De todo esto se deriva una contabilidad médica de los locos donde se expresa, con claridad, la estrecha relación que había para Carrillo entre prevención sanitaria y clasificación puntillosa de cada individuo según su tipología y sus predisposiciones físicas:

"Pero lo que ocurre no es que tengamos menos locos, sino que posiblemente los tenemos mal contados. Quizás nuestra organización psiquiátrica no nos permite descubrirlos e identificarlos a todos. Eso ocurre con todas las enfermedades. No es que ahora, por ejemplo, haya más enfermos de cáncer que antaño. Es, simplemente, que ahora se los identifica mejor y previamente, porque los médicos tienen los medios necesarios para ello (...) Si hoy se establecieran centros neuropsiquiátricos en toda la República, con su observación, con el fichaje de las personas, con sus censos y comprobaciones, de seguro tendríamos entre nosotros una proporción igual a la de Estados Unidos. Actualmente pocos se ocupan de ello, pero hay que preocuparse. Sólo así obtendremos resultados prácticos de suma importancia".

El retardado es el más fácilmente identificable de entre los enfermos mentales. Es el soldado que no entiende bien las órdenes que le dan, o el que las cumple mal. Además, es olvidadizo, no recuerda lo que aprendió el día anterior, *"sólo tiene vigilante su instinto de conservación".* Por sus incapacidades de aprendizaje retarda la organización de la tropa, no sirve para las filas, pero puede destinársele a trabajos auxiliares, como la cocina, la limpieza y aquellos otros trabajos que no exijan esfuerzo intelectual, *"pues en tal caso fracasaría, sería un inútil".*

En el quinto grupo de la clasificación se encuentran los fronterizos o neurópatas, *"primos hermanos de los psicóticos"*, pero más peligrosos. Si los instintivos conforman personalidades criminales, los neurópatas o neuróticos se encuentran en la *"zona de transición"* entre el hombre normal y el que empieza a ser anormal. Se los reconoce por su nerviosismo constante y por estar siempre preocupados por pequeñeces. Al producirse la acción militar, su estado se puede agravar, por eso resulta fundamental identificarlos a tiempo. Luego, Carrillo hace una sugestiva observación, a la vez didáctica y autobiográfica:

"En psiquiatría, hay un concepto que es el del terreno o la constitución psicopática. Todos tenemos una personalidad psicopática, una manera de ser determinada, que nos acompaña desde nuestro nacimiento y se refuerza o debilita según lo que nos toca vivir y cómo decidimos encararlo, pero siempre persiste, como un fondo. (…) Los que somos normales estamos en la forma ordinaria o natural de vida y de ser, pero cuando esa característica se agudiza de modo notable, estamos locos. Lo curioso es que cada uno llega a loco de acuerdo con su propia condición. Yo, por ejemplo, que soy un ciclotímico, en el supuesto de que me volviese loco tendría períodos en que estaría sumamente excitado, gesticularía, arrojaría cosas y luego rápidamente entraría en un ciclo de depresión, poniéndome triste, con deseos de llorar –es decir, tendría reacciones completamente opuestas– y luego volvería nuevamente al estado anterior. Sería, pues, el mío un caso de psicosis maniacodepresiva o locura circular; un ciclo de una manera y un ciclo de otra".

Así, un individuo que no para de hablar, al enloquecer se convertiría en un maníaco. Aquel con tendencia a la depresión se volverá un melancólico agudo, y el que tiende a mentir en un mitómano. Nunca se es el enfermo mental que se quiere, sino el que se puede. La locura es la versión extrema de determinadas constituciones hereditarias. Carrillo, que había mostrado caricaturas para ilustrar cada tipo de loco, afirma: *"La locura es la caricatura del retrato psicológico de cada uno de nosotros"*. Así como todo organismo humano tiene un órgano que es débil (*"algunos sufren del hígado, de los pulmones, otros de los riñones y, en fin, todos poseemos un talón de Aquiles"*), en la vida psíquica todos tenemos un flanco débil, *"y cuando perdemos el estado de salud, la enfermedad ataca por ese lado"*. Influido por la biotipología, Carrillo sostiene: *"Hasta por la constitución anatómica se puede predecir hacia dónde irá esa persona. Como en el caso de la constitución física, hay también una determinada condición mental que predispone a tal o cual desviación psíquica"*.

Otro tipo de neurópatas sería el que Carrillo, como siguiendo a José Ingenieros, agrupa bajo el rótulo de "simuladores". Existen los simuladores inconscientes, que son causa de la histeria, y los simuladores conscientes, que simulan para eludir alguna responsabilidad. La simulación del *"vivo"* es más fácil de notar que la simulación inconsciente, ya que *"resulta muy difícil aparentar una enfermedad mental"*, excepto para un psiquiatra preparado. Aun así, Carrillo menciona diversos métodos para develar al simulador consciente. Primero, un estudio realizado en Estados Unidos y Alemania, donde se le inyecta al sospechoso de simular una dosis de cardiazol, *"que produce espectaculares convulsiones"*. El neurópata verdadero soporta la inyección sin reacciones. El simulador, acosado por la inyección, *"confiesa instantáneamente su farsa. Se le acabó la locura, aunque a cambio de un procedimiento brutal"*. También hay un grupo dentro de los simuladores fronterizos llamado "automutiladores": los que se cortan un dedo o se producen una herida con tal de no seguir en el ejército. Este tipo especial, sin embargo, da el mejor material humano para formar, en tiempos de guerra, la quinta columna: *"Son los más audaces y los más decididos, ya que tienen un gran desprecio por su propio físico (...) a esa gente, que antes era castigada en la guerra, se ha encontrado el modo de convertirla en elementos eficaces"*.

Las debilidades de las personas hacen crisis en dos situaciones bien definidas: los cambios bruscos en la vida, y los cambios convulsivos que supone la guerra: *"Los estadounidenses llaman shell-shock a la eclosión, en la guerra, de ciertas perturbaciones mentales que en la paz pasan más o menos inadvertidas"*. Para prevenir estos males, Carrillo vuelve a insistir con la importancia de la selección psicológica, ahora basándose en los tipos psicológicos descriptos. Es preciso apartar de las filas a los enfermos mentales y elegir a los oficiales psíquicamente estables, imperturbables y fríos. Pero hay algunas causas de la eclosión psicopatológica de la tropa que son perfectamente evitables. La vida en el cuartel es en sí misma una vida monótona, estandarizada, que reúne a hombres muy distintos, por lo que no deben agregarse dificultades innecesarias. Carrillo recomienda al jefe estar atento a todos aquellos problemas de índole doméstica que afectan a sus soldados. Debe convencerlos para que le cuenten sus problemas, *"tal como lo haría un sacerdote o un psicoanalista"*: si su esposa le sigue siendo fiel, si su madre está bien o si le embargarán una pequeña propiedad. El jefe puede conceder una licencia al soldado para que visite a un familiar, pero *"aun en el caso de que no pudiera remediar nada con su intervención, el recibir la confidencia del soldado será un paso hacia su curación. Éste es todo el fundamento del psicoanálisis y de ahí la gran sabiduría de la confesión"*. El jefe debe ser un padre de familia sustituto y escuchar las confidencias de sus soldados. Esto le confiere no solamente poder de jefe, sino también autoridad moral. Para ello, es preciso trabajar a los soldados uno por uno, *"de modo que el jefe pueda tenerlos a todos con él"*. Si el oficial, *"a pesar de las conversaciones mantenidas, no saca en claro nada sobre el estado mental del soldado, debe enviarlo al psiquíatra"*.

El jefe tiene que dar ánimo a sus soldados, debe tocar sus sentimientos, ya que *"un hombre preocupado por problemas íntimos, no es un buen soldado"*. Por eso, es preciso eliminar o suavizar al *"oficial cretino"*, aquel que realiza constantemente críticas agrias a sus soldados. El suboficial *"fanfarrón o mandón"* es un factor muy perturbador, *"tanto, que en Estados Unidos se ha hecho una campaña contra el bulling, como se lo denomina en su jerga militar. Es contraproducente la actitud del bulling desde el punto de vista psicológico"*. El bulling, *"lo que aquí se conoce por cretinismo"*, debe reemplazarse por un mejor concepto del mando. El jefe debe evitar las injusticias en la asignación del trabajo y la insensibilidad por los problemas domésticos de cada soldado, ya que: *"es indudable que el corazón humano guarda gratitud para el jefe que así se comporta",* lo que se pone especialmente de relieve en tiempos de guerra, cuando la dirección del material humano pasa a primer plano.

Los norteamericanos, *"gente ingeniosa",* han presentado gráficamente estos problemas (de donde Carrillo tomó el modelo para sus dibujos), y han enseñado que las doctrinas de guerra deben inculcarse a la tropa no de forma descarnada, sino con un contenido emocional, desarrollando el prestigio de los jefes. Solo así el soldado logrará controlar su miedo, manteniendo en alto su moral y su confianza ciega en el mando. Si bien todo ser humano es susceptible de atemorizarse, no se trata de eliminar el miedo, sino de temer con cierto dominio de sí mismo:

> "Así como no vamos a combatir el alcoholismo prohibiendo a la gente que beba, como quiso hacerse en Estados Unidos, hay que enseñarle al soldado a tener miedo en forma moderada, a no perder el control por el miedo".

También es preciso seguir inculcando símbolos en los soldados, como slogans, escudos, banderas e himnos, que contribuyan a provocar *"esa emoción positiva que es el patriotismo".* Pero ya no alcanza con esos símbolos para crear un estado emocional apropiado. La última guerra mundial ha dejado en claro que *"el viejo concepto de disciplina"* fue sustituido por un nuevo sistema, *"que es un poco más elástico",* ya que *"sin ello, debido a la mayor conciencia de las masas, el mecanismo del funcionamiento del ejército se hará muy difícil":*

> "Hay que complementar esos símbolos haciendo conocer a todos los ciudadanos los motivos de una lucha porque, si no, no la van a aceptar. Debe configurarse una doctrina que acompañe a esos símbolos. Puede que no coincida con la doctrina verdadera del estado mayor, pero debe existir de todas maneras una doctrina para consumo de la tropa y de la población civil".

El curso concluye reforzando esta intuición de que la Segunda Guerra Mundial trajo consigo una gran transformación:

> "Algo ha cambiado en el mundo, después de las dos últimas contiendas bélicas. Algo se va cristalizando en el mundo entero; tal vez tenga vistas a un porvenir más venturoso. Los médicos lo intuimos, los militares lo saben y el ciudadano común –el soldado de la guerra– lo presume. Estudiemos todos los problemas que tengan relación con el hombre, su personalidad y su destino. Estemos ojo, oído, mente, corazón avizores en nuestra patria, preservada hasta hoy de las más tremendas calamidades. Nada, por grosero que sea o por sutil que sea, en el desarrollo de los acontecimientos, en el progreso de las ciencias, debe sernos ignorado".

Algo ha cambiado después de la Segunda Guerra Mundial. Ese algo que Carrillo capta con agudeza es la sociedad disciplinaria, que entró en crisis justo cuando se llevaron al extremo sus mecanismos internos de funcionamiento. Así como Napoleón operó la conversión de las sociedades de soberanía a las sociedades de disciplina, la Segunda Guerra Mundial operó la conversión de las sociedades disciplinarias a las sociedades de control.[352]

◆───────◆

Estas lecciones de guerra psicológica (que son como un archivo secreto que resume otros archivos secretos) deben leerse a la par que la teoría cibernológica de Ramón Carrillo. Constituyen una vuelta más en la espiral de los espacios del hombre, a pesar de que en el manuscrito sobre cibernología y biopolítica se afirmaba que la cibernología debe *"estudiar la génesis de las guerras y de las revoluciones para evitarlas y no para hacerlas".* Pero aquí, hacer la guerra aparece como tema excluyente y puede ser considerado, junto a la biopolítica, la otra vertiente práctica de la cibernología, como si se pretendiese sentar las bases de un complejo industrial-militar argentino y peronista. Si la Segunda Guerra Mundial había sido la partera de la cibernética, la teoría cibernológica nace entre quienes observaban y hasta admiraban la guerra total desde la periferia de los centros de poder, esperando el estallido de la tercera guerra mundial. En este sentido, la guerra psicológica sería una *Wunderwaffe*, un arma maravillosa o milagrosa, tal como el Ministerio de Propaganda nazi llamaba a sus superarmas.

Más aun, si la cibernología es esencialmente una ciencia de gobierno estatal, las lecciones sobre guerra psicológica muestran que no sólo se debe estudiar las génesis de las guerras para evitarlas, sino que la génesis del Estado está íntimamente ligada a la guerra. La guerra es algo alternativamente producido por el Estado y lo que lo produce,[353] así como lo que puede llegar a aumentar la productividad de un país. La práctica de la guerra, como la burocracia y la empresa, involucra la capacidad de organizar grandes grupos humanos, destinando todas las fuerzas productivas de una nación a las tareas de destrucción o de protección contra la destrucción, incentivando el gasto público. De ahí que la figura de San Martín, a la vez padre de la patria y guerrero supremo, ocupe un lugar tan destacado en estas lecciones.

La "guerra de nervios" es una guerra biopolítica, hecha para defender la vida de un pueblo, al que se conduce hacia la victoria. Es una *masacre*

---

352 Gilles Deleuze, *Posdata sobre las sociedades de control.* En: *Conversaciones*, Editorial Pre-textos, 1999.

353 Roger Caillois, *La cuesta de la guerra*, pág. 8, Editorial Fondo de Cultura Económica, 1973.

vital que actúa sobre la vida psíquica, sobre el sistema nervioso, mediante estímulos eléctricos, efectos especiales y montajes informativos. Un dispositivo gubernamental que interviene sobre el *sensorium* de la población, haciéndolo oscilar entre el miedo y la esperanza, así como, en tiempos de paz, la biopolítica gobierna con arreglo a dos polos ordenadores: la infelicidad y el bienestar. Gobernar las sociedades modernas, concebidas como campos de energía que oscilan entre las polaridades dinámicas del bienestar y el dolor, lo normal y lo patológico, lo peligroso y lo seguro, la norma y la excepción, significa guiar las acciones de los individuos haciendo que tiendan al placer, bajo el impulso de una amenaza maligna. Que cierto temor suscite un deseo preciso, acorde con los fines del gobierno.[354]

En tanto biopolítica, la guerra psicológica abreva en la lógica inmunitaria. Aquí también se persigue vacunar a la población, en una protección de la vida que protege haciendo probar la muerte, esto es, adaptándola a vivir en guerra y hasta haciéndola aceptar la posibilidad de matar y morir por la patria. Las mismas técnicas que refuerzan la voluntad del bando propio permiten destruir la voluntad del bando enemigo. Una misma sustancia puede servir para provocar anestesia e hiperestesia, solo se requiere variar la dosis.[355]

La guerra psicológica es una "guerra médica", extremadamente semejante a las estrategias para combatir la peste. El psicólogo de guerra debe actuar, preventivamente, sobre la atmósfera, pero sobre una atmósfera mental. Se asola al pueblo enemigo derramando una suerte de epidemia sugestiva, una peste artificial, un clima de opinión insoportable, produciendo efectos psicógenos. Pero el "técnico en reacciones psicológicas" también debe evitar el contagio del propio pueblo por medio de una adecuada profilaxis, interviniendo sobre su imaginación. Se trata de inducir a creer en una alarma pestilente, diseminando la posibilidad de un gran dolor, que dispone la esperanza de una cura definitiva ofrecida por el gobierno. También al pueblo combatiente se le inocula un delirio paranoico, sistematizado y pseudológico. O como sentencia Carrillo: *"a una multitud no se*

---

354 Andrea Cavalletti, *Sugestión. Potencia y límites de la fascinación política*, pág. 30, Adriana Hidalgo editora, 2015. Ibíd., pág. 51.

355 Aquí es muy preciso mencionar que, originalmente, la palabra *pharmakós* designaba a la víctima sacrificial de un rito de purificación (*katharsis*) practicado en la Grecia arcaica. El rito consistía en expulsar de la ciudad o matar a una persona (un esclavo, un criminal, incluso un tullido) para ahuyentar los males que aquejaban a la *polis*. La peste, el hambre o la sequía se encarnaban temporariamente en el *pharmakós*, cuya expulsión o asesinato purgaba a la ciudad (como el *phármakon*, que significaba a la vez remedio y veneno). En este sentido, según la *farmacopea militar* y propagandística de Carrillo, los soldados sacrificados en la guerra y en aras de la felicidad futura de la nación serían como *pharmakós* o *chivos expiatorios* a los que convencer de volverse tales.

la mueve sino magnificando sus temores o alentando sus esperanzas". Pero de este modo, el enemigo político deja de ser una amenaza existencial concreta, como en Carl Schmitt, y se convierte en un enemigo imaginario, alucinatorio o engañoso. Transmite un *aire falso* y ficticio.

La guerra psicológica involucra toda una semiotecnia conductista.[356] Busca crear un orden inapelable que emana un aire asfixiante y hasta embriagante, impidiendo todo punto de vista claro y distanciado. Para defender la salud psicofísica del pueblo, se le produce una peste psíquica, ya sea formas alteradas del sentido crítico, como en la paranoia, o haciendo de las masas un ente sugestionable, como en la histeria. Todo lo cual recuerda las técnicas de "lavado de cerebro" que obsesionaron a la CIA durante la guerra fría. Se trataría de borrar la memoria de individuos y grupos humanos enteros, haciéndolos olvidar la vida en tiempos de paz, reprogramando las mentes para hacerlas desear vivir en guerra. Así desubjetivado, el deseo llegaría a ser, literalmente, deseo del Otro, del "maestro psicólogo" que ajusta los estados mentales de la tropa mediante implantación de recuerdos y simulaciones propagandísticas, generadas por control remoto.

La acción psicológica, hecha a distancia y a través del aire, parece una acción casi inmaterial, movilizando o paralizando a los soldados mediante sentimientos inducidos y rumores contagiosos. Pero esta "arma nueva" confirmaría algo que Carrillo ya señalaba en su introducción a la cibernología: las ideas son fuerzas materiales, energías mentales capaces de movilizar *"formidables masas humanas".* Hay un poder físico de las ideas (que Carrillo había ejemplificado mencionando el veloz avance del peronismo), aserto que recuerda la *idéologie* de Destutt de Tracy. Esta potencia ideodinámica, capaz de producir pasajes al acto, es de tipo eléctrico o magnético, como los medios electrónicos de información que utiliza como soporte. Actúa sobre el sistema nervioso y forma una gran campo eléctrico-social, con sus dos polos fundamentales: el miedo y la rabia.

Si las fibras de la guerra psicológica están recorridas por energías mentales, el deber del psicólogo de guerra será poner en marcha verdaderos *mecanismos de defensa.* Pero que la prioridad sea dada a la administración de las energías psíquicas no significa que la guerra psicológica postule una sustancia fija del poder. Al contrario, lo que su estudio revela es que las energías son inestables y están siempre en movimiento. Solo pueden ser gestionadas mediante una economía del poder flexible y un juego de guerra complejo. A su vez, el paradigma del motor humano, que tanto había influido sobre la biotipología, revela aquí una nueva utilidad, de tipo *psicofísica.* Dado que la guerra es algo que, sobre todo, se trata de ganar (como

---

356 Friedrich Kittler, *The Truth of the Technological World. Essays on the Genealogy of Presence*, pág. 212, Stanford University Press, 2013.

en la economía, pero también en muchos juegos), el caudal energético de los soldados y de la población que se conduce debe ser puesto a resguardo de toda pérdida y de todo gasto excedentario. Al centrarse más en los *movimientos del alma* que en los movimientos del cuerpo, la guerra psicológica psicologiza el paradigma del motor humano, operando como pasaje histórico de la explotación centrada en la fuerza de trabajo física a la fuerza de trabajo mental o cognitiva. En este sentido, y como lo captó Carrillo, la Segunda Guerra Mundial habría sido catalizadora de nuevas tecnologías de poder, en el pasaje del fordismo al posfordismo.

Simultáneamente, la guerra psicológica está *atraída* o *influida* por el magnestismo de Franz Anton Mesmer, el médico alemán que, durante el siglo XVIII, postuló que el cuerpo humano está habitado por un fluido, al que llamó "magnetismo animal", regido por las leyes del magnetismo eléctrico. Para Mesmer, las enfermedades eran efecto de obstáculos en la circulación del fluido, y solo podían romperse mediante crisis inducidas con tratamientos hipnóticos que desataban convulsiones en sus pacientes. La "guerra de nervios", verdadera continuación del mesmerismo por otros medios, también se basa en la atracción del sistema simpático, la parte del sistema nervioso encargada de preparar al organismo para responder, fisiológicamente, a una estimulación externa (ésta sería otra de las afinidades entre la cibernología y la cibernética, que también había mostrado un especial interés en el estudio del sistema nervioso como sede vital del *feedback*).

Continuando al mesmerismo, la psicología de las multitudes de fines del siglo XIX descubría, en todo lugar donde los hombres se hallan reunidos, fenómenos miméticos de "contagio moral" y "sugestión hipnótica", ya sea en un teatro donde el público aplaude unánime, en el frenesí de la bolsa de comercio o entre los miembros de una secta criminal. Las muchedumbres serían movidas, esencialmente, por obra de la imitación, y ésta, por su poder de irradiación, imitaría a las enfermedades virales. Para Le Bon: *"las ideas y los sentimientos de las multitudes tienen un poder de contagio tan intenso como el de los microbios"*; para el psicólogo Paul Joly: *"La imitación es un verdadero contagio, que tiene su principio en el ejemplo, como la viruela tiene su contagio en el virus que la transmite"*; para Gabriel Tarde: *"el contagio se da por imitación"*.[357] De este principio general también se derivaba una clasificación de los caracteres humanos: las personas de constitución más débil serían los más sugestionables, como los niños y las mujeres. Les seguirían los que son un poco más fuertes, hasta el genio, que es quien crea el modelo a imitar. En todos los casos, la imitación social, cuya teorización coincidió con la aparición de la bacteriología de Pasteur y Koch, aparecía como una epidemia de ideas, pero la imitación no sería solo contagiosa:

---

357 Citados en: Andrea Cavalletti, *Sugestión*, pág. 51.

sería la fórmula pura de todo contagio.[358] Adecuadamente neutralizada, sin embargo, la imitación también podía representar un principio útil para la educación de las masas y la conservación del orden social.

En la guerra, la imitación se magnifica. Como mostró René Girard, la guerra es en sí mimética.[359] A medida que una guerra progresa, el objeto de disputa inicial, ya sea político, ideológico, económico o territorial, pasa a un segundo plano, mientras el centro de atención se coloca sobre el adversario, vuelto un rival obsesionante y especular. La guerra lleva al paroxismo la condición imitativa del deseo, por la que el otro es a la vez modelo y obstáculo del que imita, engendrando la lógica polar del ataque y la defensa, así como la especulación siempre incierta sobre las intenciones del enemigo. Además, la actividad bélica, como ninguna otra actividad humana, muestra que no se imitan solamente otros seres, sino también ambientes y entornos, como en el camuflaje, en sí semejante a los mecanismos por los que los animales adoptan el color de su medio para protegerse de sus "enemigos naturales".

Pero Clausewitz también insistió con que la guerra es, esencialmente, un fenómeno violento y peligroso. La guerra pone en juego, sobre todo, la fuerza física, con el fin de doblegar la voluntad del adversario. Por eso, no hay "arte de la guerra" que pueda suplir el esfuerzo de la reciprocidad violenta:

"La fuerza, para enfrentarse a la fuerza, recurre a las creaciones del arte y de la ciencia. (...) Muchos espíritus dados a la filantropía podrían fácilmente imaginar que existe una manera artística de desarmar o abatir al adversario sin un excesivo derramamiento de sangre, y que esto sería la verdadera tendencia del arte de la guerra. Se trata de una concepción falsa...".[360]

La técnica de la guerra psicológica parece contradecir este principio fundamental. Con su acción a distancia y sus efectos de sugestión magnética, ambiciona, como San Martín en Perú, desarmar al enemigo sin disparar un solo tiro, *de una manera artística*, inventiva o ingeniosa. Así lo concibe Carrillo en otro pasaje de sus lecciones:

"El artista es el que logra manejar, combinar, amalgamar, todos los factores, artísticos y científicos, de la guerra, y ponerles el acento que corresponda al medio y al tiempo en que actúa. La psicología de la guerra, en fin, es un arte nuevo y atractivo, de inmensurable gravitación en los tiempos venideros".

---

358 Ibíd. pág. 50.

359 René Girard, *Clausewitz en los extremos*, Editorial Katz, 2010.

360 Carl von Clausewitz, *De la guerra*, Biblioteca Virtual Universal, 2010.

Si bien Clausewitz reconocía que la guerra es un fenómeno *camaleónico* y cambiante, ya que *"en cada caso concreto cambia de carácter"*, a la vez le adjudicaba una esencia universal e inmutable, conformada por la "extraña trinidad", referida a sus tres estratos sociales fundamentales: al odio le corresponden el pueblo y la táctica; al juego de azar y las probabilidades le corresponde el jefe militar y la estrategia; al carácter subordinado de la guerra como instrumento político le corresponde el estadista y el gabinete político. El jefe político, aquel que decide, está por encima de los jefes militares, así como ellos están por encima de la masa de los soldados. La política se sitúa en el vértice de un esquema basado en los sentimientos de hostilidad, pero subordinados a la razón política.

Carrillo, en cambio, parece observar que no hay una fórmula universal de la guerra, y que los tipos de guerra expresan las características de las sociedades que las practican. No es lo mismo la guerra que hace luchar a tribus en forma rudimentaria (y que se emparentan más bien con la caza), que las guerras imperiales, hechas por grandes formaciones estatales para anexar pueblos vecinos menos organizados. Tampoco son equiparables las guerras de tipo feudal, semejantes a torneos hechos por el honor aristocrático, con las guerras totales modernas, movilizadas por grandes Estados, simétricamente poderosos.[361] Tan grande es la diferencia entre los tipos de guerra que Carrillo, al comienzo de su primera lección y refiriéndose a la creciente importancia de la psiquis por sobre la constitución física de los soldados, menciona que en el tratado de Clausewitz no se encuentra ni una página sobre la guerra psicológica:

> "Acabo de hojear un tratado del famoso estratego von Klaussewitz, bien conocido por los jefes y oficiales que me escuchan. Busqué en él elementos actuales sobre el factor psicológico de la anteguerra y de la guerra propiamente dicha. No encontré nada sobre el tema. Y si en los textos modernos, y en los magistrales como el de von Klaussewitz, prologado por von Schliessen, no hay nada, difícilmente los encontremos en parte alguna. Por ello andamos un poco a tientas".

Aquí radicaría otra diferencia fundamental con la teoría de Clausewitz, para quien la pasión de las masas debe estar ya ahí, debe existir un pueblo, depositario del odio o de la violencia primitiva, dispuesto a hacer la guerra, fórmula que Perón traducía al arte de la conducción política afirmando que para conducir debe ya haber un grupo humano dispuesto a ser conducido. Debe existir un sentimiento popular de hostilidad que anteceda a la guerra. Este había sido uno de los grandes hallazgos de Clausewitz, teórico del siglo XIX, absolutamente *tomado* por el modelo de Napoleón y de las guerras

---

361 Roger Caillois, *La cuesta de la guerra*, pág. 15.

napoleónicas. Pero Carrillo, siguiendo a los maestros en guerra psicológica del siglo XX, sostiene toda su enseñanza en la posibilidad cierta de actuar, de arriba hacia abajo, sobre la psiquis y las pasiones populares, *"al crear en las masas la ilusión de un porvenir superior"*, fabricando la fanatización del ejército y de los no combatientes en base a una doctrina.

Clausewitz llamó "fricciones" a aquellas circunstancias imprevistas que influyen sobre el curso de la guerra sin que puedan ser tomadas en cuenta de antemano. Estas dificultades son lo que hace que la guerra, que en los papeles parece algo simple, en la práctica se vuelva de lo más difícil, abriendo un abismo entre la concepción y la ejecución, deprimiendo a los comandantes y alejándolos de sus propósitos. Entre estas dificultades, Clausewitz menciona el estado del tiempo, la hora del día y el terreno:

> "Un ejemplo de ese azar lo constituye el tiempo. Aquí la niebla provoca que el enemigo sea descubierto a destiempo, que un fusil se dispare en el momento menos oportuno, o que un informe no llegue a manos del general en jefe; allí, la lluvia impide la llegada de un batallón y hace que otro no aparezca en el momento exigido, porque tal vez ha tenido que marchar ocho horas en lugar de tres, o no deja que la caballería ataque eficazmente, porque la pesadez del terreno la tiene como anclada en el suelo".[362]

Como se ve, ya en Clausewitz el clima constituía una preocupación central. Pero neblinoso es también todo aquello que vuelve confusa la información sobre la posición y las intenciones del enemigo, como los rumores, los informes falsos y toda bruma que impida un punto de vista prístino desde lo alto del puesto de comando. En la guerra, la mayor parte del tiempo se está frente a lo desconocido:

> "La guerra implica una incertidumbre; tres cuartas partes de las cosas sobre las que se basa la acción bélica yacen ofuscadas en la bruma de una incertidumbre más o menos intensa. Por tanto, aquí se precisa, antes que nada, un entendimiento fino y penetrante que perciba la verdad con un juicio atinado".[363]

La guerra produce una atmósfera densa e impenetrable que obliga a tomar resoluciones a ciegas, o bien, por medio del conjetural *coup d'œil* (golpe de vista), sin certezas ni seguridades, llenando de un humo espeso el teatro de operaciones:

> "La gran incertidumbre que rodea los datos disponibles en la guerra constituye una dificultad característica, porque, hasta cierto punto,

---

362 Carl von Clausewitz, *De la guerra*, Biblioteca Virtual Universal, 2010.
363 Ibíd.

la acción debe ser dirigida prácticamente a oscuras, lo que, por aña-
didura, como la niebla y la luz de la luna, otorga con frecuencia a las
cosas un contorno exagerado y una apariencia engañosa".[364]

Según el general prusiano, ningún arte o ciencia de la guerra puede hacer
evitar estos imponderables. Sólo el talento individual del genio militar, su
buen juicio y su *"poderosa voluntad de hierro"*, pueden superar las fricciones y pulverizar los obstáculos, lo que demuestra que, para Clausewitz,
el "factor psicológico", entre los comandantes, era de gran importancia,
relativizando la aseveración de Carrillo sobre la ausencia de elementos de
psicología en su tratado.

Si Clausewitz aseguraba que la guerra es en última instancia incierta,
riesgosa y azarosa, tal como Perón sobre la política, Carrillo, en cambio,
muestra un gran afán por volverla previsible y calculable, gracias a los auxilios de la ciencia psicológica, así como la cibernética aspiraba a suministrar
información casi perfecta sobre la posición del enemigo, disipando toda
bruma de guerra. Pero el clima, para Carrillo, no representa una "fricción",
sino el medio mismo en el que se despliegan las batallas fundamentales.
Si el Carrillo sanitarista afirmaba que había que combatir a los microbios
como si se tratase de ejércitos enemigos, el Carrillo militar afirma que los
climas mentales de los ejércitos deben ser tratados como microbios, por
su gran poder de contagio.

En otro pasaje de sus lecciones, Carrillo, en sintonía con las observaciones de Perón sobre la conducción política moderna, donde la radiotelefonía
había venido a facilitar la tarea del jefe político, observa que el conductor militar, con las guerras totales, se encuentra muy alejado del contacto
directo con sus hombres:

"Hoy, como ayer, un conductor guerrero puede llegar a ser el ídolo de
sus hombres, pero este caso no es sino excepcional. Los comandos de
ahora están muy alejados de la masa de combatientes, de modo que
su contacto es más difícil. La atracción magnética de un gran estratego
queda reservada a sus más directos colaboradores. El valor personal,
que tanto influye siempre como ejemplo, ese valor que galvanizaba
antes a los soldados, hoy no tiene reflejos sobre los mismos. La tras-
misión de las ideas se realiza de modo indirecto y complicado. Los
estados mayores no están forzosamente en la línea de fuego".

Si para Perón las tecnologías de la información representaban una ventaja con la que el caudillo de antaño no contaba, para Carrillo, las guerras
totales presentan la desventaja de hacer perder a los soldados el contacto
directo con los comandantes. Pero las técnicas de guerra psicológica ofrece-

____

364 Ibíd.

rían compensación, inoculando en los combatientes una moral de la tropa lo suficientemente fuerte como para prescindir del ejemplo directo de los altos mandos e inmunizar contra la *mala influencia* desplegada por el enemigo.

Carrillo se refiere a la acción del *"gran estratego"* como una *"atracción magnética"* que *"galvaniza"* a los soldados, pero que hoy no tiene *"reflejos"* sobre ellos. Todos estos términos provienen del lenguaje del magnetismo animal y de la teoría de la sugestión, indicando que el marco teórico que sustenta a la guerra psicológica es una actualización de la psicología sugestionadora del siglo XIX y, por lo tanto, de un paradigma pre-psicoanalítico. De hecho, entre su clasificación de las tres formas fundamentales de conducir a los seres humanos, Carrillo mencionaba a la sugestión, que se dirige a los sentimientos. Pero fue Freud el que afirmó que la historia del psicoanálisis solo comenzó con la "innovación técnica" constituida por la renuncia a la hipnosis. Freud descubrió que el hipnotismo desplaza y encubre el problema de la represión a través de la orden dada por el médico hipnotista al paciente hipnotizado. Hay una violencia ejercida por un polo de la relación magnética sobre el otro, una aspiración a vencer las resistencias del que se niega a ser sugestionado, hasta volverlo un objeto pasivo y una especie de esclavo.

En la guerra psicológica, el psicólogo militar ocupa el lugar del médico sugestionador (también conocido, en el siglo XIX, como "operador") con el fin de volver a hacer del conductor guerrero *"el ídolo de sus hombres".* Se propone inducir la parálisis del bando enemigo y *galvanizar* a la tropa propia, adiestrada en una serie de reflejos condicionados. Todo ello lo logra apelando a una suerte de telehipnosis, transmitida por los medios de información. Por eso, la referencia de Carrillo al psicoanálisis es engañosa, cuando afirma que el oficial debe ser como un psicoanalista que escucha los problemas domésticos de sus soldados. En el psicoanálisis, la relación analista-analizante se basa en un un "contrato terapéutico" que sustituye la sugestión que imparte órdenes por la interpretación y la transferencia[365] (aunque la libido, como el flujo de Mesmer, era conceptuada como una sustancia energética biopsicológica, y el término *transferencia* guardase relación con la transmisión eléctrica, lo que deja abierta la pregunta acerca de si en el psicoanálisis no persiste un resto de fuerza hipnógena).

Así como en la *Introducción a la cibernología y a la biopolítica* Carrillo comparaba al médico con el curandero arcaico (*"el que está en relación más íntima con las fuerzas invisibles que rigen la salud y la enfermedad"*), despojado del poder por el guerrero en poder de las armas, ahora el médico hace de la psicología un arma de guerra. El psiquiatra embruja a los sol-

---

365 Andrea Cavalletti, *Sugestión. Potencia y límites de la fascinación política*, pág. 106.

dados por medio de una electroterapia masiva, volviéndolos sonámbulos a los que guiar en forma telepática. Unos sonámbulos "con personalidad", a los que el médico y el oficial les *dan ánimos*, los *animan*, como si se tratase de autómatas. De hecho, para los hipnotistas, sonambulismo y personalidad no se excluían. Por el contrario, las huellas del carácter o de la personalidad del sonámbulo revelaban los movimientos de resistencia y contrasugestión que el terapeuta debía tener en cuenta para hacer durar el estado hipnótico. Así lo observaba Hippolyte Bernheim, el médico al frente de la Escuela de Nancy, en 1884: *"Cada sonámbulo, lo repito, tiene su propia individualidad. Autómata dirigido por una voluntad ajena, actúa con su mecanismo y responde a las sugestiones como las entiende, como puede, como las interpreta"*.[366]

No obstante, las diferencias entre Freud y Carrillo son menos insalvables de lo que parece. Si bien Freud se había rebelado contra la sugestión individual, ceñida a la relación analista-analizante, seguía sosteniendo su influjo en la psicología social, ya que, como había enseñado Le Bon, las defensas intelectuales del individuo disminuyen cuando se sumerge en la masa. En su *Psicología de las masas y análisis del yo*, Freud distinguía a las masas transitorias de lo que llamaba "masas artificiales", es decir, las formaciones colectivas estables, organizadas y fuertemente protegidas contra la disgregación, en especial el Ejército y la Iglesia. En las dos instituciones reina *"la ilusión de la presencia visible o invisible de un jefe (Cristo, en la iglesia católica, y el general en jefe en el Ejército), que ama con igual amor a todos los miembros de la colectividad"*.[367] Este sería el "factor libidinoso" que mantendría tan unidas a esas instituciones. Según Freud, la falta de atención a este lazo afectivo puede constituir no sólo un error teórico, sino un error práctico:

> "El militarismo prusiano, tan antipsicológico como la ciencia alemana, ha experimentado quizá las consecuencias de un tal error, en la gran guerra. Las neurosis de guerra que disgregaron el Ejército alemán, representaban una protesta del individuo contra el papel que le era asignado en el Ejército (...) la rudeza con que los jefes trataban a sus hombres, constituyó una de las principales causas de tales neurosis".[368]

Sorprende que, para Freud, el militarismo prusiano y la ciencia alemana hayan sido particularmente "antipsicológicas", considerando que Carrillo admiraba, sobre todo, la acción psicológica de los alemanes. Pero su

---

366 Citado en: Ibíd., pág. 159.

367 Sigmund Freud, *Psicología de las masas y análisis del yo*. En: *Obras completas*, vol. 18, Editorial Amorrortu, 1975.

368 Ibíd.

admiración se refería a los nazis, que habrían perfeccionado la psicología del Ejército, casi como tomando en cuenta, ominosamente, el consejo de Freud.[369] Carrillo también planteaba que el oficial debe ser como un padre para los soldados, evitando toda forma de "bulling" o cretinismo, afianzando los lazos libidinosos entre los soldados y el jefe, así como de los soldados entre sí. Pero para Freud no sería tanto la rabia, la inoculación de una causa justa o el odio al enemigo lo que protegería a los soldados del miedo. Para Freud, el rendimiento psíquico más perfecto de los miembros del Ejército se alcanza afianzando la estructura libidinosa de la masa por medio de la identificación con un caudillo:

> "basta la pérdida del jefe –en cualquier sentido– para que surja el pánico. Con el lazo que les ligaba al jefe desaparecen generalmente los que ligaban a los individuos entre sí y la masa se pulveriza como un frasquito boloñés al que se le rompe la punta".[370]

Para Freud (un pacifista que no creía que el hombre fuese bueno por naturaleza), a diferencia de Schmitt, ni el origen de la guerra, ni el origen de la política, se encontrarían en la enemistad, sino en la amistad, el amor y los enlaces libidinales (al principio estaría el principio de placer), de donde se derivaría todo odio y toda hostilidad hacia aquél que no pertenezca al grupo catectizado. Por eso, el ser humano no sería un animal gregario, sino más bien un "animal de horda", conducido por un jefe al que adora:

> "En el desarrollo de la humanidad, como en el del individuo, es el amor lo que ha revelado ser el principal factor de civilización, y aun quizá el único, determinando el paso del egoísmo al altruismo. Y tanto el

---

369 En un estudio dedicado a la psicologización creciente de las artes de gobierno, Nikolas Rose destaca que fue en la Alemania de entreguerras donde se alcanzó el mayor desarrollo en el estudio de la psicologización de la guerra, especialmente a partir de 1936, con la creación de un laboratorio de psicología en el Ministerio de Guerra. Pero así como Carrillo indicaba que fueron *"factores eminentemente políticos"*, *"de mero prestigio"*, los que rompieron la unidad de acción entre el laboratorio de piscología de la Wehrmacht y en Ministerio de Propaganda (primando en esto también la disciplina partidaria por sobre la disciplina productivista), Nikolas Rose precisa: *"Por conflictos con los criterios de los militares o por las disputas sobre algunos candidatos a oficiales favorecidos por Goering y von Rundstedt, pero no por los psicólogos mismos, el crecimiento de la psicología militar alemana sufrió un repentino revés. Todas las secciones psicológicas del ejército y la fuerza aérea alemanas fueron disueltas por una orden del alto comando en diciembre de 1941; todos los documentos relevantes fueron recolectados y destruidos; los psicólogos fueron reclutados para el servicio militar o encontraron nuevas ocupaciones. Pero a pesar de su destino, la maquinaria de pre-guerra de la psicología alemana sirvió como una suerte de ejemplo para los ingleses y los norteamericanos, y regularmente invocada por los defensores de un dominio experto sobre la psique"*. Nikolas Rose, *El gobierno del alma. La formación del self privado*, Routledge, 1990.

370 Ibíd.

amor sexual a la mujer, con la necesidad, de él derivada, de proteger todo lo que era grato al alma femenina, como el amor desexualizado, homosexual sublimado, por otros hombres, amor que nace del trabajo común".[371]

En un capítulo de *Psicología de las masas* titulado "Enamoramiento e hipnosis", Freud sostiene que en todo enamoramiento hay una "sobreestimación" del objeto amado, al que se sustrae de toda crítica. El yo del enamorado se postra ante el objeto, se vuelve humilde, muestra una tendencia a la propia minoración que limita su narcisismo. El yo enamorado desarrolla una fascinación y una *"servidumbre amorosa"* en todo semejante a la *"docilidad sugestiva"* que muestra el hipnotizado frente al hipnotizador, a no ser porque, en la hipnosis, las tendencias sexuales han sido coartadas de su fin, lo que no deja de darle una *"coloración erótica"* a la relación. La entera semejanza entre el enamoramiento y la hipnosis se completa con la semejanza entre el amor de la masa hacia el caudillo. Por eso, para Freud, la *"credulidad del amor"* es la fuente originaria de toda autoridad.

En *Más allá del principio de placer*, publicado en 1920 (un año antes que *Psicología de las masas y análisis del yo*), Freud, sin embargo, indicaba que había otra región y otra cara de la psique, agazapada al otro lado del principio de placer como principio rector y al gobierno de la vida anímica. Freud notaba que ciertas experiencias traumáticas son repetidas de manera compulsiva, suscitando verdaderos "automatismos de repetición". Si la tópica anterior había defendido *el principio económico* (toda tensión displacentera orienta al psiquismo a buscar una disminución de esa tensión para reencontrar la *homeo-stasis*), desde 1920, y a partir de la observación de los sueños recurrentes de los soldados sobrevivientes a la Primera Guerra Mundial que sufrían neurosis de guerra (los mismos neuróticos de guerra que habrían sido víctimas del antipsicologismo prusiano), Freud descubría que los sueños no necesariamente llevan a cabo la tendencia que antes les había adjudicado, es decir, la realización de un deseo. Por el contrario, pueden hacer revivir experiencias displacenteras. Postulaba, entonces, la existencia de una "pulsión de muerte" que llevaría al sujeto a buscar el mínimo de tensión energética posible, un equilibrio perfecto, un principio de Nirvana, una regresión de lo vivo hacia lo inorgánico, que Freud asociaba también con la termodinámica y con la muerte entrópica. De aquí se derivaba un nueva orientación para el psicoanálisis: hacer que el principio de placer, que es una pulsión de vida, prevalezca sobre la pulsión de muerte, que es el nombre psicoanalítico de la auto-inmunidad. Pero también se trataría de hacer que el paciente tolere el displacer causado por

---

371 Ibíd.

la invocación del principio de realidad revelado por el análisis, como un "mal menor" frente al "mal mayor" del placer perjudicial aportado por el mantenimiento de la represión.

Hay, por lo tanto, al interior del aparato psíquico, que es un aparato termodinámico, una serie de procesos sumamente análogos a los de un aparato militar, o más bien, a los de una "guerra de policía": en el aparato psíquico, constituido por fronteras entre el mundo exterior y el mundo interior (y éste a su vez dividido en distintas "provincias psíquicas"), se producen *mecanismos de defensa*, *censuras* que enmascaran los deseos, *represiones* ejercidas por el yo, *ataques* provenientes del inconsciente y *desalojos* de conflictos. Todas estas batallas son en buena medida producto de la tensión entre la cultura y las inclinaciones agresivas de los individuos, neutralizadas y vigiladas por la cultura interiorizada. Pero, ¿es Freud el que explica la guerra? ¿O es la guerra la que explica a Freud?[372] Todo ocurre como si el cuerpo y el alma fuesen los dos bandos de una lucha interior, o bien, como en el escrito de Ernst Jünger, la guerra se vuelve *una experiencia interior*. Mientras el aparato psíquico se militariza, la guerra se psicologiza, se vuelve embriagante, en una excitación provocada por los maestros psicólogos.

Lo atestigua la trayectoria de Enrst Jünger, desde el culto de *la guerra como experiencia interior* hasta su invención, en la posguerra, de la figura del "psiconauta", un navegante de la mente que *viaja* por estados alternativos de conciencia mediante el consumo de drogas, reuniendo la figura del *kybernetes* con la del psicólogo de sí mismo, como si el psiconauta fuese aquel capaz de autogobernarse experimentando con alucinógenos. A diferencia de Freud, que se había rectificado de su temprano entusiasmo con la cocaína por sus riesgos de provocar sobredosis, reemplazándola (influido por Charcot y Bernheim) con la hipnosis y la sugestión, de las que luego también se rectificaría, Jünger se volcará a la experimentación con drogas como inductoras de una peligrosa aventura visionaria para la que se requiere valor e intrepidez aristocráticas. En cualquier caso, sorprende que Carrillo casi no mencione el uso de estupefacientes que potenciaban la atención de los soldados y evitaban su fatiga, drogas como el pervitin y la benzedrina, usadas masivamente tanto por nazis y japoneses como por británicos y estadounidenses. Si durante las guerras napoleónicas se había promovido la vacunación de los soldados, las anfetaminas, en la Segunda Guerra Mundial, servirán para inmunizar del miedo, aunque acabarán provocando toda clase de desórdenes nerviosos entre los combatientes.

◆ —————— ◆

---

372 Pregunta lanzada por Michel Foucault en *Enfermedad mental y personalidad*, pág. 99, Editorial Paidós, 2008.

En la Modernidad, no ha sido solo entre los pacientes donde se ha hallado una "pulsión de muerte". Si bien la medicina siempre fue capaz de matar, solía hacerlo, predominantemente, por ignorancia o por error, ya sea del médico o de la propia medicina. Pero desde principios del siglo XX, la medicina, a medida que acrecienta su saber, se vuelve peligrosa ya no sólo por ignorancia o falsedad, sino en la medida de su cientificidad. Michel Foucault llamó a esta nocividad no accidental, no dependiente de una "mala praxis" sino de lo que la intervención médica tiene de racional, "iatrogenia positiva".[373] Por ejemplo, al aumentar la eficacia de los antibióticos, se han alterado las defensas biológicas de la especie humana, incrementando la exposición a los ataques de nuevas variaciones de los agentes infecciosos. O bien, el aumento de la expectativa de vida, que puede provocar senilidad o agonía prolongadas. No menos considerables son los riesgos implícitos en la manipulación genética de células, bacilos o virus, que permite curar enfermedades que de otro modo no podrían sanarse, y a la vez elaborar nuevos agentes agresores del organismo humano: *Se pudo forjar un arma biológica absoluta contra el hombre y la especie humana sin que simultáneamente se desarrollaran los medios de defensa contra esta arma absoluta*.[374]

Este "riesgo médico", estos efectos negativos de la acción médica, pero sobre todo esta capacidad de crear armas absolutas, despertó también la atención de Ramón Carrillo. Dirigiéndose nuevamente a un público castrense, en 1952 pronunció una conferencia ante el Círculo Militar, de título "La guerra bacteriológica".[375] Como las lecciones sobre guerra psicológica, tenía el fin de informar a los militares sobre nuevas formas de guerrear. Esta puesta en guardia es justificada por Carrillo al principio de la ponencia, afirmando que *"nadie quiere la guerra, ni la guerra soluciona nada, como lo ha dicho tantas veces Perón. Pero hete aquí que la guerra existe y que incluso es considerada por muchos como ineluctable".* A esta afirmación le sigue una nueva definición de la guerra moderna en general:

> "La guerra no resulta del hambre, la miseria o las necesidades, sino, al contrario, de la abundancia de las riquezas materiales y espirituales y del exceso de energías. La guerra es una consecuencia del poderío y no de la debilidad. Especialmente las grandes guerras.
>
> Es curioso señalar que en la historia nunca se ha registrado el hecho lógico de que los Estados usaran al máximo toda su capacidad

---

373 Michel Foucault, *La crisis de la medicina o la crisis de la antimedicina*. En: *La vida de los hombres infames*, Editorial Caronte, 1996.

374 Ibíd.

375 Ramón Carrillo, *La guerra bacteriológica*, Electroneurobiología 2004; 12 (2), pp. 148-164.

de violencia. El uso de la violencia es, pues, sólo una manifestación de esa voluntad de poderío de la que nos hablan los filósofos alemanes: un exceso de poder que lleva al Estado a luchar para imponer ciertas y determinadas aspiraciones".

Siguiendo esta definición de la guerra como gasto dispendioso, el objetivo de las acciones bélicas sería destruir al enemigo *"eliminando a los hombres o las cosas que acrecientan o mantienen ese poderío"*. Este debilitamiento de la vida del enemigo puede tomar dos formas: por un lado, el debilitamiento espiritual, es decir, los elementos de agresión que destruyen *"no la vida, sino los finos resortes que dan fuerza o valor a la vida"*. Se trata de la guerra psicológica, cuya importancia y eficacia Carrillo aquí sintetiza en los siguientes términos: *"Reduce en efecto mucho más el poderío de un Estado un gran número de hombres despojados de energía espiritual, vencidos, agotados, que si ese mismo número de hombres estuvieran muertos y enterrados"*. Junto a la *"guerra psíquica"* como *"nueva concepción de la violencia"* se encuentra la violencia física, que actúa directamente sobre la materialidad de los cuerpos, de manera *"objetiva"* y donde habría que ubicar a la guerra bacteriológica, también llamada, muy significativamente, *"guerra biológica"*: un procedimiento bélico aún no empleado abiertamente, cuyos secretos, como los de la guerra psicológica, permanecen guardados en los institutos de investigación de los países centrales. Precisamente porque se sabe muy poco sobre ello, Carrillo afirma que no pretende develar los secretos de la guerra bacteriológica, sino conjeturar sobre sus efectos, presentando los problemas que puede traer una guerra con armas gérmicas desde el punto de vista de la defensa ante un ataque y la organización de un *"frente interno sanitario"*. Pese a todo, Carrillo no teme hablar de este asunto en público:

> "Ningún hombre de Estado se atreve a hablar de las armas bacteriológicas aun sabiendo mucho acerca de ellas, o, mejor dicho, en este caso con mucha razón. No es este mi caso, por cierto. Nuestro país, nuestro gobierno, nuestro pueblo, son pacifistas. Nosotros, los argentinos, no fabricamos armas secretas, no tenemos laboratorios de guerra, no preparamos saboteadores ni planes de evasión".

Según Carrillo, el pueblo argentino es pacifista, pero no puede bajar la guardia, debe permanecer alerta ante la eventualidad real de la guerra bacteriológica, aunque sea una hipótesis, una amenaza espectral aún no corroborada en los hechos. De ahí la necesidad de aprender sobre ella, ya que, con el tiempo y *"con el progreso"* crecerá el empleo de gérmenes como armas de ataque. Con su habitual estilo clasificador, Carrillo plantea que la guerra biológica puede ser llevada a cabo con los siguientes propósitos ofensivos:

1- Matar o inutilizar soldados en los frentes de batalla.
2- Matar o inutilizar obreros en los lugares de producción.
3- Matar animales de utilidad bélica.
4- Matar animales de consumo alimentario.
5- Destruir sembrados destinados a la alimentación.
6- Producir por otros medios el desánimo, la angustia o el pavor colectivo.

Carrillo observa, con precisión, que en la guerra biológica el objetivo es desarrollar formas de vida incompatibles con la subsistencia del hombre. A diferencia de la *stásis* antigua, ya no se mata al enemigo como si se tratase de un animal, sino que se fabrica una epizootia intencional para dejar sin alimento a los seres humanos:

"La guerra biológica es la destrucción de la vida por medio de otras vidas, vidas animales y vegetales. Vegetales también. Vale decir, que puede llegar el día en que el silencioso y quieto mundo de las plantas podrá intervenir activamente en una guerra humana".

Carrillo destaca que las epidemias siempre han seguido a las guerras *"como sombras trágicas ineludibles"* y que en las guerras del pasado fueron más los muertos por enfermedades pestilenciales que los caídos en combate: *"en la antigüedad no podía pensarse en la guerra sin su fiel compañera, la peste".* Sin embargo, con la Segunda Guerra Mundial las cosas habrían cambiado. Los progresos en medicina sanitaria, bacteriología e inmunología impidieron, por primera vez, el estallido de grandes epidemias. La invención de nuevos compuestos químicos, sobre todo las sulfas, operaron *"verdaderos milagros terapéuticos"*, preparando el camino para la introducción de los antibióticos, haciendo que queden pocas cosas que sean invulnerables a los *"recursos profilácticos"* de la humanidad: *"cada día cae un reducto más de los gérmenes patógenos vencidos por una nueva 'magic bullet'".* Pero justo en el momento en que la medicina moderna ha comenzado a despreocuparse de las epidemias, toma cuerpo en la mente de los estado mayores militares la idea de una posible guerra bacteriológica. Carrillo, que entrevé esta situación paradójica, prefiere sin embargo no detenerse en ella: *"Pero no nos detengamos en esta aparente incongruencia; ahora hemos de estudiar las posibilidades de que la guerra bacteriológica pueda realizarse o no y, a todo evento, los medios de evitarla, contrarrestarla o atenuarla".*

A continuación, entonces, Carrillo vuelve a recurrir a su concepción militar de las estrategias sanitarias: *"pues ocurre que los microbios y las bacterias se presentan como verdaderos ejércitos, con la agravante de ser invisibles y de contarse por millones y millones, en legiones mejor organizadas, por lo pronto, que las unidades sanitarias".* Frente a una epidemia ocurrida en tiempos de paz, lo primero que debe determinar el médico a cargo de las operaciones es quién es el enemigo, qué poderío tiene, cuáles son sus fuentes de abastecimiento, sus aliados y las circunstancias que facilitan su ataque. Ningún eslabón de la cadena bacteriológica debe ser descuidado, ya que, utilizando un proverbio náutico: *"la cadena tiene la resistencia de su eslabón más débil"*. Tres son los eslabones determinantes en la cadena epidémica: el germen patógeno (*"cuya vida se desarrollará a expensas de otras vidas útiles"*), el *"hombre receptivo", "hombre no inmunizado", "no vacunado"* o *"propenso a enfermarse",* y el camino que sigue el germen patógeno desde el hombre enfermo al sano, medios de propagación que son muy variados, como el aire, *"las gotitas de Flügge"* que la tos o el estornudo del enfermo pulveriza en su entorno, insectos vectores, ropas contaminadas con secreciones patógenas o animales portadores. Cuando todas las piezas se conjugan se produce el estallido epidémico humano. Basta en cambio la ausencia de un eslabón, *"de una pieza del puzzle biológico"*, para que la epidemia no se produzca. Como si citara a Clausewitz y su distinción entre la guerra en los papeles y la guerra real, Carrillo advierte: *"esto, dicho así, de modo esquemático; el fenómeno, el proceso, es, en la realidad, mucho más complejo. Factores de más fina interpretación, de más difícil identificación, intervienen y complican el proceso de la transmisión bacteriológica, alejando o dificultando la fiscalización sanitaria"*. De ahí la necesidad imperiosa de contar con datos sobre la población, que el médico recoge y analiza:

> "Los servicios de estadística epidemiológica son el 'inteligence service', el espionaje a los microbios cuyo objetivo es conocer los planes operativos del agresor. Pero desgraciadamente, en la mayor parte de los casos, los estallidos epidémicos son bruscos y muy sorpresivos.
>
> La tarea de la medicina sanitaria consiste precisamente en debilitar o destruir uno o varios eslabones para evitar la eclosión de la epidemia en tiempos normales, de paz y, sobre todo, en los de guerra".

Pero, ¿por qué no se ha empleado hasta ahora el recurso a la guerra bacteriológica? Carrillo responde que no puede deberse a *"miramientos humanitarios o caballerescos corrientes en la guerra de antaño",* siendo que el hombre ha sido tan *"desalmado"* y ha tenido el *"desparpajo"* de utilizar gases tóxicos condenados por todos los pactos internacionales así como bombas nucleares que han arrasado ciudades enteras. Deben existir otras razones, que nada tienen que ver ni con la ética ni con el honor militar.

"No es tan fácil convertir las epidemias en cañones", afirma Carrillo. Tanto los alemanes como los aliados estaban en condiciones de hacerlo, pero se abstuvieron. Es que la producción de epidemias artificiales puede volverse incontrolable. La utilización de gérmenes patógenos puede ser un arma que se vuelva en contra de las tropas que los producen. Además, es muy pro-

bable que *"los institutos dedicados a esa clase de investigaciones no hayan encontrado el o los gérmenes con las características de diseminación fácil y efectiva como se necesita".* De lo cual se deriva la necesidad, para *"un país pacifista"* como la Argentina, no de desarrollar armas de agresión nueva, sino de adoptar con antelación las medidas conducentes a defenderse de un posible ataque bacteriológico.

Como ya se dijo, los objetivos de un ataque bacteriológico pueden resumirse en dos tipos: o bien matar humanos (soldado u obreros), o bien sembrar el pánico y el terror en el territorio enemigo, en cuyo caso el ataque bacteriológico sería una variante de la guerra psicológica, cuyo fin es producir la *"crisis espiritual"* del frente interno. En todos los casos, habría que contar con gérmenes patógenos *"útiles"*: *"fácil lanzamiento, rápida diseminación, cultivo sencillo"*, de *"patogenicidad alta"* e *"incubación corta"*, con gran resistencia para sobrevivir en condiciones ambientales adversas, difíciles de contrarrestar vacunando a las posibles víctimas, pero posibilitando, a la vez, que las fuerzas armadas atacantes queden preservadas de ellos, y no caigan víctimas de sus propias armas. A poco que se estudien estos requisitos, se comprueba que son muy escasos los gérmenes que cumplen al menos con la mayoría de ellos. Y quizá sea por eso que en la última guerra mundial no se usó este procedimiento bélico. Son pocas las posibilidades de éxito para las ofensivas bacteriológicas, excepto para crear pánico y terror, o para sabotear infraestructuras básicas, como la provisión de aguas corrientes. Aun así, su eficacia duraría poco tiempo:

> "pasado el primer momento en que la epidemia se manifiesta explosivamente, los procedimientos de higiene pública, los métodos terapéuticos modernos y la inmunización en masa, dominarían con rapidez la epidemia y el pánico desaparecería en poco tiempo".

En materia de guerra biológica, *"guerra sanitaria"* o *"guerra contra la salud"*: *"es más lo que se ignora que lo que se sabe o, mejor aun, no sabemos lo que posiblemente otros ya saben, en especial aquellas naciones que están en estado de pugnacidad bélica".* Las armas bacteriológicas pueden ser utilizadas como parte de un conjunto más vasto de ataques, combinándolas con bombardeos, gases tóxicos y hasta bombas atómicas. Con ese terrible escenario en mente, Carrillo plantea que deben generarse organismos de defensa médico-militares, capaces de tratar con urgencia cualquier epidemia, evacuar a la población civil y desarrollar un sistema de divulgación popular en permanente acción, *"para adiestrar al público en la técnica de ayudarse a sí mismo"*, y donde los sanos ayuden a los enfermos. Como en la guerra psicológica, la preparación previa de todos estos esfuerzos debe empezar en tiempos de paz.

Al final de la conferencia, Carrillo, que había dejado de lado la discusión sobre la eticidad del tema, cita a Hegel, *"austero y sagaz pensador que levantaba con asombrosa facilidad gigantescas construcciones en el vacío de la razón pura".* Menciona que el filósofo alemán era hostil a la ciencia experimental por ser indiferente y neutral en la *"titánica lucha entre las dos potencias antagónicas del Cosmos, lo bueno y lo malo",* permaneciendo ajena a los valores éticos, *"guías soberanos de la humanidad".* Hegel habría mostrado que no hay ningún descubrimiento científico que no ostente el doble aspecto, el bueno y el malo, de la ciencia: *"las mismas leyes de la mecánica que sirven para tender un puente destinado a unir dos países, sirven para establecer la trayectoria del proyectil del cañón que destruirá dicho puente".* En medicina, la cuestión es aun más clara: *"He aquí una sustancia química, la ciencia puede transformarla en una droga salvadora o en un mortal veneno".* Sin embargo, comenta Carrillo, cuando Louis Pasteur y Robert Koch fundaron la bacteriología, iniciaron la lucha contra los microbios patógenos y arrancaron de la muerte a millones de vidas humanas. Entonces:

> "las previsiones del filósofo alemán parecían radicalmente desmentidas. He aquí, dijeron los antihegelianos, una hazaña de la ciencia experimental, benéfica y salvadora, que jamás podrá ser invertida para volverse un instrumento de destrucción.
>
> Hasta la fecha, a pesar de todos los proyectos y preparativos de guerra bacteriológica, los hechos han dado la razón a los antihegelianos.
>
> Quiera Dios que el arma bacteriológica jamás sea dirigida contra el hombre, y ojalá –en este terreno al menos– Hegel no tenga razón.
>
> He dicho".

Como se ve, Carrillo entrevió la antinomia de la ciencia moderna, pero siempre que lo hizo la eludió apelando a la fe (fe en el Hombre, fe en Dios, fe en la Naturaleza), como si se negase a reconocer que no se trata de un problema de "neutralidad científica", sino todo lo contrario: la ciencia no mata ni destruye por ser neutral y caer en las manos equivocadas, sino porque, en cada momento histórico, elabora valoraciones muy concretas, que pueden incluir la consideración de vastos grupos humanos como vidas indignas de ser vividas.

Carrillo acierta en observar que la eficacia de la guerra bacteriológica es incierta. Lo prueba el hecho de que, desde la Segunda Guerra Mundial, no se ha llevado a cabo. Por sus riesgos de salirse de control (o, en términos de Clausewitz, por su excesiva propensión a provocar "fricciones" imprevistas), sirve de poco como arma de guerra, pero puede suministrar la sensación de una amenaza ubicua, capaz de poner en marcha grandes programas de biodefensa gubernamental, que extraen un beneficio derivado de la sensación colectiva de inseguridad, tal como ha ocurrido en los últimos tiempos con la llamada "guerra al terrorismo" e incluso con la "guerra contra las drogas". La duplicidad de la ciencia, su doble filo, también implica a la guerra: esta puede servir para la destrucción más cruel de la vida, pero también para reactivar una economía deprimida, incentivando el gasto público y aumentando aceleradamente la producción de "medios de protección", haciendo que una potencia económica ascendente desplace, del centro del poder mundial, a una potencia económica establecida.

Si bien la guerra bacteriológica (aún) no ha tenido lugar, la relación entre política y enfermedades infecciosas se ha vuelto cada vez más determinante. Ante peligros reales como el HIV, la gripe aviar y ahora el coronavirus (que de hecho ha vuelto a poner en un primer plano las hipótesis de guerra bacteriológica), el saber biológico aparece como una fuente de poder político y económico, como un elemento de presión sobre otras naciones y como un factor capaz de moldear el comportamiento de las personas, tanto a nivel público como privado.[376] Además, la "iatrogenia positiva" derivada del saber médico no ha hecho sino seguir aumentando su potencial de muerte. Cada vez son más las bacterias y virus que pueden ser desarrollados mediante manipulación genética, tanto como las "enfermedades de diseño" provocadas por la biotecnología. Las armas biológicas de nuevo tipo incluso pueden tener como objetivo no tanto matar personas, sino dañar o interferir algún proceso vital, como la cognición, la reproducción, el desarrollo e incluso la herencia,[377] realizando, de manera artificial, el fantasma de los nazis: la creación de grupos humanos "degenerados" que engendrarán una descendencia "defectuosa". La guerra bacteriológica es, a todas luces, "biología aplicada", tal como el genetista nazi Fritz Lenz definía a su partido.

Según Foucault, el no saber médico se ha vuelto mucho menos peligroso que no saber lo que puede el saber: *No se sabe aún si el hombre es capaz de fabricar un ser vivo de tal naturaleza que toda la historia de la vida, el futuro de la vida, se modifique*.[378] El saber ya no actúa solo sobre los individuos y su descendencia, sino sobre la historia de la vida en la Tierra. Foucault llama a esta dimensión de posibilidades médicas la "biohistoria", una situación que lleva al paroxismo todo el desarrollo médico iniciado desde el siglo XVIII, cuando surgieron la economía política de la salud y la medicalización generalizada de la sociedad, provocando una situación de crisis permanente (siendo *crisis*, como vimos, un concepto de raigambre médica).

---

376 Emilio Mordini, *Biowarfare as a Biopolitical Icon*, Poiesis & Praxis, 3(4): 242-255, 2005.

377 Ibíd.

378 Michel Foucault, *La crisis de la medicina o la crisis de la antimedicina*, Editorial Caronte, 1996.

No es casual que, a fines del siglo XIX, hayan nacido, casi al mismo tiempo, la bacteriología y la psicología de las multitudes. Lo que las vinculaba estrechamente era la cuestión del contagio, la misma cuestión que aquí *hermana* a la guerra psicológica con la guerra bacteriológica. Por eso, aún no desplegada, la guerra bacteriológica muestra un poder sumamente sugestivo. No sólo puede actuar materialmente sobre la atmósfera, infectándola. Como la guerra psicológica, también crea pesadas atmósferas de pánico y terror, *capturando* la imaginación. Al suscitar el temor de un peligro espectacular, cercano y contagioso, demanda la puesta en marcha de grandes medidas preventivas y aseguradoras.

Carrillo, en su triple clasificación de las formas fundamentales de conducir a los seres humanos, distinguía entre la persuasión, la sugestión y la coerción. Pues bien, tanto con la guerra psicológica como con la guerra bacteriológica se muestra que toda amenaza de castigo coactivo, todo poder que para hacerse respetar exhiba un peligro de muerte o sufrimiento, es también una forma de persuasión sugestiva que, como toda sugestión, se dirige a los nervios como sustrato de la voluntad. Acaso todo gobierno y toda forma de conducción sea sugestiva, instalándose en el lugar donde nacen los miedos, las voluntades y los deseos. Y tal vez toda pasividad sea el inicio de todo lo que resiste, en un movimiento de contra-sugestión.[379]

La duplicidad *pharmakológica* de la ciencia, el hecho de que sea posible hacer a la vez un uso civil y un uso militar de un mismo conocimiento, conlleva también una inseguridad insuperable. Ante esta ambigüedad, las distinciones colapsan y la dialéctica hegeliana no aporta ningún alivio. Imposible saber dónde empieza la salud y dónde la enfermedad, dónde la paz y dónde la guerra, así como, con el *phármakon*, no se sabe dónde empieza el remedio y dónde el veneno. Esta indeterminación de la ciencia es lo que arrastra hacia la inestabilidad constitutiva de la biopolítica, un poder que defiende la vida mientras la expone a la muerte y que, en tanto responde a la lógica inmunitaria, está condenada a correr el riesgo de reproducir, intensificados, los riesgos que quiere evitar. Bien lo atisba Carrillo cuando define a la guerra bacteriológica como *el uso de la vida contra la vida*, aunque acto seguido lo oculta: en el cibernólogo siempre prevalece la fe en el Estado como fuerza o violencia estabilizadora, como si la combinación entre lo pendular del peronismo y el carácter ambiguo de la ciencia pudiese garantizar un equilibrio perfecto. ¿Se trata entonces solamente de una cuestión de dosificación, como en el célebre dicho de Paracelso: *sola dosis facit venenum* (sólo la dosis hace el veneno)?

---

379 Andrea Cavalletti, *Sugestión*, Adriana Hidalgo editora, 2015.

El principal mecanismo de seguridad por medio del cual Carrillo conjura el peligro de esta duplicidad inestable se basa en un par primordial que ordena toda la serie de polaridades: lo normal y lo anormal. Su clasificación esquemática de los diferentes tipos de enfermedades mentales al final de las lecciones sobre guerra psicológica era fundamentalmente negativa. Se limitaba a describir funciones mentales abolidas por el estado mórbido. Por eso, el rasero con el que las medía era el de la personalidad sana. Pero la clasificación de Carrillo no era solo descriptiva sino, más aun, prescriptiva: lo normal debe mandar y lo anormal debe obedecer. Lo normal, que es ya producto de una automatización, debe normalizar y automatizar a lo anormal, para así curarlo o asignarle tareas útiles dentro del ejército. Sobre todas las cosas, la inspección de lo normal permite, como en la máxima positivista de Comte, *"ver para prever"*, posibilitando la detección preventiva de desvíos no queridos y aún no ocurridos. Este era ya el caso de la biotipología, donde todos los caracteres debían adaptarse a cuatro biotipos fundamentales, reduciendo la diversidad de la vida humana a unas hormas tan arbitrarias como tiránicas.

Aquí reemergía también la gran cuestión de la simulación y del camuflaje mental. Tanto entre los positivistas como en Ramón Carrillo se trataba de reconocer a los que simulan la locura para escapar del servicio militar, o bien de descubrir si el trabajador que se ausenta del trabajo está realmente enfermo. En todos los casos, el problema de la simulación era remitido a una cuestión de utilidad: el que simula lo hace con el fin de conseguir algún beneficio propio o escapar de un requisito social que encuentra displacentero. Entraba, entre los cálculos de utilidad del Estado, la puesta en marcha de mecanismos de identificación de anormales para hacer prevalecer la utilidad colectiva por sobre las ventajas individuales. Sin embargo, en la guerra psicológica, es el propio médico el que simula o el que contribuye a la creación de simulacros capaces de excitar al bando propio e inhibir al bando enemigo. Pero se trataría de una simulación "benigna", organizada en aras de los intereses superiores del Estado en guerra. Tal es así que, para Carrillo, ciertos tipos de simuladores, como los "automutiladores", pueden ser aprovechados para engrosar la quinta columna depositada en la retaguardia enemiga.

Toda esta disposición a reconocer lo normal formaba parte del gran proceso de medicalización de la sociedad. Con la medicina moderna, como observó Foucault, los médicos ya no responden solo a la demanda del enfermo. Con mucha más frecuencia, la medicina, dotada de un poder autoritario, se impone al individuo como un acto de autoridad. Esta medicalización general no tiene como fin gobernar la sociedad a través de códigos jurídicos, sino mediante la distinción entre lo normal y lo patológico, en una gran empresa de restitución perpetua del sistema de la normalidad. Por eso, desde el siglo XIX, los tribunales no llaman al perito psiquiatra para que dictamine si el acusado fue responsable del delito, sino para dictaminar su grado de anormalidad patológica y, por lo tanto, su peligrosidad.[380] Con las guerras psicológicas y bacteriológicas estos procesos alcanzan la medicalización del ejército y de la guerra en general. Carrillo, de hecho, reclamaba considerar al soldado indisciplinado ya no como culpable de una infracción, sino como un anormal peligroso al que es preciso dejar en manos de los psiquiatras militares.

Pero, ¿en qué consiste lo normal? La definición más frecuente, y por lo tanto la más normal, lo define como la reunión de un conjunto de datos frecuentes. Normal es aquello que conforma una regularidad estadística, un tipo medio, un compuesto de caracteres estables y equilibrados. Lo anormal, lo patológico, lo enfermo, sería, por la negativa, todo lo que se aleja del tipo medio y se desvía de la norma. En medicina, esta teoría según la cual los fenómenos patológicos son variaciones sólo cuantitativas de los fenómenos fisiológicos normales muestra su concreción semántica cuando lo patológico es designado a partir de lo normal y según un más y un menos, recurriendo a prefijos como *a, dis, hiper o hipo*.[381] Para la fisiología del siglo XIX, especialmente desde Claude Bernard, lo normal y lo patológico son cualitativamente idénticos y cuantitativamente disímiles. Lo mismo sostenía Auguste Comte. Ya sea en medicina o en sociología, el conocimiento de lo normal sería primero con respecto al conocimiento de lo patológico. Curar una enfermedad, entonces, sería restablecer la salud perdida según un proceso de renormalización. De esta identidad cualitativa entre lo normal y lo patológico se deriva también la fascinación recurrente de médicos y biólogos con lo mórbido y lo teratológico. No se trata de una mera atracción por lo monstruoso: lo patológico sería una ampliación y una exageración de lo normal que permitiría estudiarlo con mayor claridad.

Sin embargo, Georges Canguilhem ha mostrado que no puede establecerse, *a priori*, ninguna distinción rigurosa entre lo normal y lo patológico. Ni Claude Bernard, ni Auguste Comte lograron nunca medir con precisión ningún estado normal. La normalidad se ha vuelto más un ideal prescriptivo que un hecho objetivo. Para Canguilhem, cabe dudar de la identidad cualitativa entre lo normal y lo patológico. Por ejemplo, frente a un caso de hipertensión, no es sólo la presión sanguínea la que se desvía de una norma. Los pulmones, el corazón, el bazo, comienzan a funcionar de un modo diferente al estado normal. La enfermedad produce nuevas formas de vida,

---

380 Michel Foucault, *La crisis de la medicina o la crisis de la antimedicina*, Editorial Caronte, 1996.

381 Georges Canguilhem, *Lo normal y lo patológico*, pág. 20, Editorial Siglo XXI, 2005.

crea una nueva relación entre el individuo y su medio, relación que no se reduce a una ruptura cuantitativa. El enfermo experimenta la enfermedad como *"otro modo de andar de la vida"*.[382] Es la enfermedad, entonces, la que revela a la salud, la que la hace hablar, la que hace atender los problemas. Sólo mediante la pérdida de la inocencia, que es la enfermedad, es posible acceder al conocimiento.[383]

Para Canguilhem, el hombre sano no es el hombre normal, sino el hombre normativo, capaz de variar sus propias normas. La enfermedad, por el contrario, sería menos la ausencia de normas que la incapacidad de crear nuevas normas, el quedar fijado a una forma de vida monótona, llena de precauciones, necesitada de dominar su medioambiente para no sufrir malas reacciones. Lo patológico, así, puede volverse una especie de normalidad y la ciencia de lo normal puede ser patológica. Pero aun la enfermedad puede crear formas de vida, ser expresión de la fuerza innovadora del ser, produciendo unas normas nuevas, adecuadas al estado enfermo. La gravedad de una enfermedad puede medirse entonces por la mayor o menor reducción de esas posibilidades de innovación.

Como observó Roberto Esposito, esta otra noción de norma excede al paradigma inmunitario.[384] Mientras la normatividad implica capacidad de la vida para auto-deconstruirse, la normalización biopolítica tiende hacia la auto-destrucción del organismo que extrema sus defensas. La salud, según Canguilhem, no consistiría en impedir enfermedades sino en integrarlas en una trama normativa distinta, donde la vida ya no sea interpretada bajo una perspectiva dominada por el instinto de conservación, sino por el lujo y la prodigalidad:

"La salud es un conjunto de seguridades y aseguramientos (aquello que los alemanes denominan *Sicherungen*), seguridades en el presente y aseguramientos para el futuro. Así como existe un aseguramiento psicológico que no es una presunción, existe un aseguramiento biológico que no es un exceso y que es la salud. La salud es un volante que regula las posibilidades de reacción. Habitualmente la vida está más acá de sus posibilidades, pero cuando es necesario se muestra superior a la capacidad que se le calculaba. Esto es patente en las reacciones de defensa del tipo inflamatorio. Si la lucha contra la infección fuese victoriosa inmediatamente, no habría inflamación. Si las defensas

---

382 Ibíd., pág. 61.

383 Ibíd., pág. 70. Aserto que, llevado al plano de lo jurídico-político o de la biopolítica, podría vincularse con la relación entre la norma y la excepción: al decir de Carl Schmitt, la excepción es más interesante que el caso normal: no solo confirma la regla, sino que *"la hace vivir"*. Ver su *Teología política*, Editorial Trotta, 2009.

384 Roberto Esposito, *Bíos*, Editorial Amorrortu, 2005.

orgánicas fuesen inmediatamente superadas, tampoco habría inflamación. Si hay inflamación es porque la defensa anti-infecciosa es al mismo tiempo sorprendida y movilizada. Estar en buen estado de salud significa poder enfermarse y restablecerse, es un lujo biológico".[385]

La naturaleza es pródiga y habría dispuesto un poco demasiado de cada órgano. El ser humano cuenta con una sobre-abundancia de medios, de los que siempre está tentado de abusar. Desde esta óptica, el móvil del organismo sano ya no es la conservación de la vida, sino la capacidad de experimentar lo imprevisto y superar las crisis. Para el organismo vivo, el mayor índice de salud es la posibilidad de superar la norma que define lo momentáneamente normal, y el mayor riesgo es el de no poder afrontar riesgos. La enfermedad, vista así, no sería solo una deficiencia de defensas, sino un exceso de autoconservación. Desde este punto de vista, y como señaló Kurt Goldstein, el instinto de conservación ya no aparece como una ley general de la vida, sino de una vida retratada por la enfermedad.[386]

Bajo esta óptica también colapsa la relación entre anormalidad, desviación y patología. Un miembro desviado de una especie puede poner en peligro a sus congéneres, pero puede ser también el inventor de nuevas formas de vida.[387] Ya no puede decirse, por anticipado y como ha hecho la eugenesia, que una mutación sea necesariamente maligna. Ni el individuo, ni el medio ambiente, natural o social, son normales por separado, sino sólo en su relación. Y la relación es normal en la medida en que permite una variedad de formas que, llegado el caso de una variación ambiental, pueda la vida hallar en una de esas formas la solución al problema de adaptación que se ve compelida a resolver.[388]

En su primer libro (que es también su libro más marxista), Foucault advirtió que cada cultura crea sus propias normas, haciéndose una imagen de la enfermedad según se aleje de esas normas. Enfermo mental sería aquel cuya conducta no se integra a la cultura que habita, como si se volviese *un extranjero en su propio país*[389] (literalmente: un *alienado*). Pero esta ilusión ha sido llevada hacia el paroxismo en las sociedades modernas, que en un doble movimiento reconocen la personalidad humana del loco y recusan todos sus derechos y personalidades jurídicas. Si el humanismo burgués concibe al anormal como aquel ser alejado de la norma es porque se niega a reconocerse en el enfermo que aparta en las instituciones de encierro.

---

385 Georges Canguilhem, *Lo normal y lo patológico*, pág. 151.

386 Roberto Esposito, *Bíos*, Editorial Amorrortu, 2005.

387 Georges Canguilhem, *Lo normal y lo patológico*, pág. 105.

388 Ibíd. pág. 106.

389 Michel Foucault, *Enfermedad mental y personalidad*, pág. 17.

Las enfermedades mentales son siempre reacciones defensivas frente a las contradicciones del mundo, y no meramente frente a las contradicciones familiares del enfermo. Contra Freud, la guerra moderna no se explica solamente por la identificación de masas y la supervivencia de la horda primitiva. La crueldad de los conflictos, la lucha de clases, la competencia económica, la explotación de la vida humana, son lo que arrastra positivamente hacia la locura, a la manera de un escape que redobla las contradicciones objetivas por medios subjetivos, alejando toda posible superación.

Algo semejante sucede con nuestro técnico en reacciones psicológicas, que en estas conferencias aparecía como una suerte de experto en seguridad. Carrillo se declara a la vez pacifista y a favor de la interrogación violenta de los prisioneros. Se considera humanista mientras enseña a manipular a los hombres. Afirma que la guerra es un fenómeno que resulta del exceso de energías, a la vez que demanda su cuantificación normalizadora. Pero el interés de Carrillo por los mecanismos de la guerra psicológica no puede ser entendido solo como una prevención frente al posible estallido de una nueva conflagración mundial. Es el producto de unas contradicciones profundas que atravesaban a la sociedad argentina, a pesar de que Carrillo, obsesionado con la guerra, insiste una y otra vez con que es *"un país pacifista"*. El cibernólogo se proponía dar con el antídoto o el anticuerpo para curar las crisis recurrentes de la Argentina, sin reconocer en ellas el rostro de la cibernología. De hecho, entre 1946 y 1955, todos los servicios de inteligencia del Estado fueron puestos a disposición del espionaje y la obtención de información sobre opositores y sospechados de serlo, para así evitar el contagio de la propaganda comunista o anti-peronista. Los mecanismos "profilácticos" de la guerra psicológica fueron aplicados al interior de la nación durante los dos primeros gobiernos de Perón y extremados, como veremos a continuación, durante el período posterior.

En estas conferencias sobre las guerras médicas, donde la vida queda atrapada en los dispositivos biopolíticos, pueden verse, magnificados, todos los temas de la cibernología. Así como, según Carrillo, la locura es la caricatura de la personalidad normal, la locura de la guerra revela los mecanismos normales de gobierno en tiempos de relativa paz, o bien, en tiempos de "guerra larvada".

IV

La Nación incalculable

Un cántico nacido al calor del 17 de octubre de 1945 decía: *"¡La Patria sin Perón / es un barco sin timón!"*. Tempranamente, las masas reconocieron en Perón al auténtico gobernante, es decir, al *kybernetes*, el único piloto capaz de enderezar la nave argentina, siempre a la deriva o a punto de perder el rumbo. Sin embargo, también los planes de Perón naufragarán al arreciar las tormentas que azotaban a su gobierno.

Nuevamente en la Plaza de Mayo, pero el 15 de abril de 1953, la CGT organizó un acto en defensa del plan de austeridad. Dos bombas puestas por antiperonistas estallaron en las inmediaciones de la plaza mientras Perón hablaba desde el balcón de la Casa Rosada. El ataque dejó seis muertos. En medio del pánico y la exaltación de los asistentes, Perón, enfebrecido, pronunció las siguientes palabras:

> "Es menester velar en cada puesto con el fusil al brazo. Es menester que cada ciudadano se convierta en un observador minucioso y permanente porque la lucha es subrepticia. No vamos a tener un enemigo enfrente: colocan la bomba y se van. Aumentan los precios y se hacen los angelitos. Organizan la falta de carne y dicen que ellos no tienen la culpa. (…) Todo esto nos está demostrando que se trata de una guerra psicológica organizada y dirigida desde el exterior, con agentes en lo interno. Hay que buscar a esos agentes, que se pueden encontrar si uno está atento, y donde se los encuentre, colgarlos en un árbol".

Perón sostenía que todos los problemas que empañaban la buena marcha del gobierno se debían a una guerra psicológica dirigida desde el exterior. Una campaña subrepticia hecha de rumores, inflación, desabastecimiento y hasta de atentados terroristas. La multitud, con ánimo de venganza, comenzó a cantar *"¡Leña!, ¡Leña!"*, ante lo que Perón contestó: *"Eso de la leña que ustedes me aconsejan ¿por qué no empiezan ustedes a darla?"*. Como respuesta y al terminar el acto, una columna de manifestantes prendió fuego la sede del Partido Socialista, que contaba con la mayor biblioteca obrera del país. A la medianoche, los incendiarios se trasladaron hacia el Jockey Club de Buenos Aires, para también hacerlo arder en llamas. Mientras Perón afirmaba que el lema de la hora era *"producir, producir y producir"* para enfrentar la crisis económica, los manifestantes se entregaban a un frenesí nocturno de puro gasto dispendioso. Durante los días siguientes, el gobierno decretó el estado de sitio y encarceló a muchos dirigentes opositores con el argumento de descubrir a los autores de los atentados.

Estos hechos dramáticos y espectaculares llenaron la atmósfera de un clima denso y persistente, que se propagó como en un contagio. Las rivalidades facciosas escalarán cada vez más hasta alcanzar su pico el 16 de junio de 1955, cuando aviones de la Marina bombardearon la Plaza de Mayo, asesinando a más de trescientas personas y dejando más de mil heridos, la enorme mayoría de ellos civiles. Esa misma noche, muchos peronistas salieron a quemar iglesias como si se tratase de un banquete anarquista. Pocos meses después, Perón, que había pronunciado que *"a la violencia le hemos de contestar con una violencia mayor"*, y que *"cuando uno de los nuestros caiga, caerán cinco de los de ellos"*, sin embargo decidió eludir el enfrentamiento armado, dejando la violencia mayor en manos de los golpistas, e iniciando su largo exilio mientras la llamada Revolución Libertadora se hacía del gobierno.

Cuando sucedieron estos hechos luctuosos, Ramón Carrillo ya no se hallaba en el país. Había renunciado a su puesto como ministro de Salud Pública un año antes, en julio de 1954. Como vimos, desde 1949, su *espacio de poder* se había visto cada vez más menguado, primero por el recorte presupuestario que trajo aparejada la irrupción de la crisis, y segundo por la preponderancia de la Fundación Eva Perón. Otras circunstancias que decidieron su alejamiento fueron la progresiva verticalización del peronismo, que toleraba cada vez menos márgenes de autonomía relativa entre los funcionarios del Estado y un conflicto creciente con los sindicatos por el reparto de recursos provenientes de los servicios de salud. Todos factores que conspiraban contra el gran proyecto de planificación centralizada del sistema sanitario. Como excusa para su renuncia, el ministro de Salud Pública adujo un problema de salud personal (una hipertensión arterial maligna que efectivamente sufría) y asumió en su lugar el doctor Conrado Bevacqua, perteneciente a los incondicionales que rodeaban al almirante Alberto Teisaire, uno de los escuderos del general, quien asumirá como vicepresidente en 1954 y traicionará a Perón apenas fue derrocado, cuando hizo una declaración filmada sobre los delitos del peronismo, la cual fue exhibida en todos los cines del país como parte de la campaña propagandística contra el gobierno derrocado.

Poco después de su renuncia, Carrillo viajó a Estados Unidos en busca de tratamiento para su enfermedad y en donde dio también algunas conferencias. Con el golpe del 55 y la apertura de la fiscalía investigadora, los bienes de Carrillo fueron confiscados y quedó imposibilitado de volver al país. Con cada vez mayores dificultades económicas, consiguió un trabajo en la empresa Hanna Mineralization and Company, que tenía un emprendimiento a unos kilómetros de Belem do Pará. Carrillo se trasladó al Amazonas pero su enfermedad se agravó y ya no pudo seguir trabajando en la compañía minera. Consiguió un empleo *ad honorem* en el Hospital Universitario de la Santa Casa de la Misericordia y redactó en portugués su último tratado, *"Teoría geral do homen"*, el cual envió a Desiderio Papp, su principal colaborador en el Departamento de Cibernología. A fines de 1956 sufrió un accidente cerebro-vascular. Al poco tiempo, el 20 de diciembre de 1956, Carrillo falleció, con 50 años de edad. Fue sepultado en Brasil hasta que, en 1972, sus hijos repatriaron sus restos para enterrarlo en Santiago del Estero. Desde su muerte, la cibernología, en la que trabajó hasta sus últimos días, quedó en el olvido.

Perón siempre se había colocado por encima de los conflictos internos a su movimiento para así *terciar* y sacar rédito político cuando le conviniese. La renuncia de Carrillo había sido un resultado de esos juegos de manos. Pero al acrecentarse la violencia, Perón se vio obligado a dejar su juego momentáneamente de lado. Ya no podía interpretar el papel del árbitro y mediador. Su flexibilidad táctica le había jugado en contra al enfrentarse con la Iglesia, conflicto de todos modos inevitable ya que en la comunidad organizada no podía haber lugar para dos poderes supremos ni para dos cultos oficiales. El enfrentamiento unificó a buena parte de la oposición que, al fin, encontraba una nueva consigna detrás de la que encolumnarse: ya no "Braden o Perón", sino "Cristo o Perón".[390]

Sin embargo, la sociedad argentina quedará indeleblemente marcada por las transformaciones llevadas a cabo durante sus diez años de gobierno. En el largo interregno entre su derrocamiento y su vuelta, se forjó, al decir de Halperin Donghi, un "consenso subterráneo"[391]: ninguno de los gobiernos que lo sucedieron, ya sean civiles o militares, ni se propusieron ni pudieron desarticular las bases de la Argentina peronista. Con diferencias más o menos marcadas, todos ellos intentaron mantener el ritmo de crecimiento, preservar el pleno empleo, proteger las empresas estatales y atraer inversiones convocando a las empresas extranjeras a participar de los privilegios de una política proteccionista con rentas de

____

390 Joseph Page, *Perón. Una biografía*, pág. 356.
391 Tulio Halperín Donghi, *La larga agonia de la Argentina peronista*, Editorial Ariel, 2006.

monopolio bien establecidas. El peso del Estado en la concesión de negocios creció cada vez más y el sindicalismo se consolidó como una fuerza política insoslayable.[392] Aun agotado el proceso industrializador sustitutivo de importaciones de manufactura liviana, se prolongó la estructura de un capitalismo semi-industrial asistido por el Estado, aunque cada vez más extranjerizado en lo económico y cada vez más difícil de sostener por la pérdida de coherencia de ese mismo Estado, corroído por la inestabilidad política y por la *prohibición de actividades peronistas.* Como en la lógica inmunitaria, el exceso de defensa frente a Perón acrecentaba los riesgos que se pretendían combatir.

Al *consenso subterráneo* en lo económico lo acompañaba, palmo a palmo y también por lo bajo, una *guerra civil larvada* en lo político. Mientras los militares montaban un gran sistema defensivo para mantener a Perón a distancia, las rivalidades se multiplican por todos lados: no sólo entre clases dominantes y clases dominadas, sino también al interior del mundo empresario, al interior de las fuerzas armadas y al interior del propio peronismo. Como analizó Juan Carlos Portantiero, todos estos enfrentamientos eran el producto de una "crisis orgánica" crónica, una situación de estancamiento que no se resolvía ni con una nueva hegemonía política por parte de la fracción capitalista, ni con una "crisis revolucionaria" llevada a cabo por las clases dominadas. Se producía un "empate hegemónico" donde cada grupo tenía la suficiente energía como para vetar los proyectos del otro, sin que ninguno logre reunir las fuerzas necesarias para vencer y dirigir al país.[393]

Esta situación pendular quiso ser resuelta en 1966 durante la llamada "Revolución Argentina" liderada por Juan Carlos Onganía. En esa etapa, el capital extranjero logró liderar un bloque integrado por el capital industrial nacional, la burguesía agraria, la tecnocracia empresarial y la burocracia sindical, arrasando con el sistema de partidos que había llevado primero a Frondizi, y luego a Illia, a ofrecer soluciones de compromiso a las disputas entre las distintas fracciones del capital, buscando satisfacer a todas al mismo tiempo, y por eso mismo no satisfaciendo a ninguna. La *crisis de autoridad* a la que fue inevitablemente arrastrado el fracasado sistema proscriptivo de partidos facilitó el intento de sentar las condiciones para el desarrollo acelerado del "capitalismo monopolista dependiente". Sin embargo, este proyecto también se mostró extremadamente vulnerable por el acrecentamiento de varias contradicciones, especialmente dos: el perjuicio que la política de shock de Krieger Vasena generaba tanto a

---

392 Ibíd.

393 Juan Carlos Portantiero, *Clases dominantes y crisis política en la Argentina actual*, Pasado y Presente, nro. 1 nueva serie, abril-junio, 1973.

la pequeña y mediana burguesía industrial nacional como a la burguesía agraria; y la resistencia cada vez más impetuosa de la clase trabajadora, que en 1969 haría estallar el Cordobazo, acrecentando tanto la movilización popular como la violencia insurreccional.

¿Qué significa *stásis*? Su etimología griega es doble. Por un lado, denota el acto de levantarse, de ponerse firmemente en pie,[394] o bien, posicionarse en tensión, de donde deriva el significado sedicioso de *tomar posición* contra otro bando de la ciudad. Pero *stásis,* filosóficamente, también significa inmovilidad, estabilidad, o lo que se opone al movimiento, como el Ser en reposo de Parménides. En Grecia, el término parecía tener un sentido para los historiadores y otro para los filósofos. Esta aparente duplicidad, donde *stásis* denota a la vez lo estable e inmóvil y el movimiento de una guerra sediciosa, se resuelve al descubrir que la palabra también puede significar la anulación mutua de dos movimientos opuestos, produciendo un equilibrio mortífero y un estado de estancamiento.[395] La palabra *homeo-stasis*, acuñada a principios del siglo XX por el fisiólogo estadounidense Walter Cannon, alude, precisamente, a la capacidad de los seres vivos para autorregular sus condiciones internas respondiendo a cambios en las condiciones del ambiente. No es extraño que la cibernética haya hecho de este término parte importante de su léxico, encumbrando al *homeo-stato* de Rosh Ashby al rango de modelo de todo aparato cibernético. Siempre que hay *feedback* existe para mantener la *homeo-stasis* de un organismo vivo o de una máquina.

En Argentina, la palabra *levantamiento* ha estado siempre asociada con los levantamientos militares, y estos, en casi todas las ocasiones en que se llevaron a cabo, se autodenominaron "revoluciones", ya sea Libertadora o Argentina. Pero una revolución no es lo mismo que una guerra civil, por más que las dos sean hechos violentos. Corresponde a Hannah Arendt haber señalado que las revoluciones, que no han existido antes que la Edad Moderna, buscan instaurar un orden completamente nuevo, una nueva forma de gobierno o un nuevo origen, a diferencia de las guerras civiles, existentes desde antiguo y que, o bien representan el mayor peligro al que tiene que hacer frente un Estado, o bien sirven para conservan el orden amenazado por una insurrección.[396] En este sentido, las revoluciones militares argentinas, que han sido siempre respuestas conservadoras o reaccionarias a situaciones de inestabilidad política, se parecen más al girar

---

394 Giorgio Agamben, *Stásis*, pág. 20, Adriana Hidalgo editora, 2018.
395 Nicole Loraux, *La guerra civil en Atenas*, pág. 138, Editorial Akal, 2008.
396 Hannah Arendt, *Sobre la revolución*, pág. 35, Editorial Alianza, 2013.

repetitivo de la *anaciclosis* sistematiza por Polibio que a las revoluciones modernas lanzadas hacia la conquista de una nueva libertad.

Habíamos mencionado, al recapitular las guerras civiles argentinas del siglo XIX, que *stásis*, para los griegos, se diferenciaba de *pólemos*, y que la guerra intestina se asociaba con el *oikos*, el ámbito doméstico, y por lo tanto, con la guerra familiar. Pero como ha mostrado Giorgio Agamben, la *stásis,* en Grecia, no sólo se asociaba con al ámbito del *oikos*: era, antes bien, lo que confundía todas las topografías. Al arreciar la guerra civil, se confunden el *oikos* y la *polis*, lo íntimo y lo ajeno, la ciudad y la casa, la familia y las facciones políticas, lo público y lo privado.[397] Si la *stásis* confunde las fronteras, volviendo a todas la relaciones más ambiguas, entonces una "guerra civil larvada" confunde por partida doble: politiza lo impolítico y despolitiza lo político, a la vez que, por ser larvada, enmascarada o espectral, confunde la paz con la guerra. Además, por su carácter ambiguo, la *stásis* es un dispositivo que funciona de manera muy similar a la suspensión del derecho. Incluye al *oikos* en la *polis* tal como, en el estado de excepción, la *zoé* es incluida en el orden jurídico-político a través de su exclusión. Todo lo cual indica que no hay una sustancia de lo político, sino un campo incesantemente recorrido por la tensión entre politización y despolitización. Pero se trata de una tensión que no puede resolverse a no ser temporariamente. La *stásis*, como el estado de excepción, siempre puede retornar. Nunca puede ser dejada definitivamente atrás. No hay, para las sociedades y los Estados, reconciliación final y definitiva.[398]

El objetivo de la Revolución Argentina era asegurar a la vez el desarrollo industrial y la seguridad interior. De este modo, el enemigo prioritario ya no venía del extranjero: se había interiorizado, ocultándose dentro de las fronteras nacionales.[399] Aunque en el contexto bipolar todo subversivo era considerado también un representante local del comunismo que combatía Estados Unidos, lo que importaba era el modo en que boicoteaba, obstaculizaba o conspiraba contra el desarrollo capitalista nacional subordinado al capital extranjero. Cuando el proyecto económico de la Revolución Argentina comenzó a resquebrajarse, perjudicando tanto a los trabajadores como a las fracciones más subordinadas del bloque de poder, la "guerra contra la subversión" pasará a ocupar el primer plano de las preocupaciones oficiales, confundiéndose con una "guerra de policía".

En estas condiciones, donde ninguna de las fuerzas que se enfrentaban lograba imponerse, Perón volvía a aparecer como el único remedio

---

397 Giorgio Agamben, *Stásis*, pág. 24.

398 Ibíd., pág. 29.

399 Juan Carlos Portantiero, *Clases dominantes y crisis política en la Argentina actual*, Pasado y Presente, nro. 1 nueva serie, abril-junio, 1973.

para el restablecimiento del orden. Pero a las rivalidades internas se le sumaba otro enfrentamiento faccioso: el que oponía al peronismo de derecha y al peronismo de izquierda. Ese duelo, que primero le fue muy útil a Perón para asegurar su retorno triunfal, no pudo ser desactivado por su genio político. El enfrentamiento intraperonista también se expresaba como una persecución de los *simuladores*. Si los montoneros acusaba a la ortodoxia peronista de *traidores*, estos acusaban a los jóvenes combativos de *infiltrados* y se ofrecían como los custodios del cuerpo sagrado del general, a la manera de lictores romanos, o bien, como anticuerpos contra microbios. El enfrentamiento elevó su temperatura durante la masacre de Ezeiza, donde el peronismo de derecha se encargó de la seguridad del acto de recibimiento de Perón, considerándose los "defensores del palco". Minutos antes que por los tiros, los rivales se enfrentaron en un duelo de cánticos. Mientras la izquierda cantaba *"Perón, Evita, la patria socialista"*, la derecha respondía: *"Perón, Evita, la patria peronista"*.[400]

Pocos meses después, Perón ganó las elecciones presidenciales con el sesenta por ciento de los votos. Gracias a su gran talento político había logrado vencer a todos sus enemigos, desde la Iglesia y el Ejército, hasta las clases medias y altas que lo habían proscripto durante dieciocho años. Fue una victoria asombrosa que sin embargo no alcanzó para asegurar la unidad nacional y el retorno al orden legal que Perón ahora anunciaba como tarea prioritaria. De hecho, en su primera conferencia de prensa después de retornar al país, transmitida por cadena nacional de radio y televisión el 21 de junio de 1973 y al día siguiente de la masacre de Ezeiza, Perón aseguró que:

"Estamos viviendo las consecuencias de una posguerra civil que, aunque desarrollada embozadamente, no por eso ha dejado de existir. A lo que se suman las perversas intenciones de los factores ocultos que desde la sombra trabajan sin cesar tras designios no por inconfesables menos reales. (…) Los que ingenuamente piensan que pueden copar nuestro movimiento o tomar el poder que el pueblo ha reconquistado, se equivocan. Ninguna simulación o encubrimiento, por ingeniosos que sean, podrán engañar a un pueblo que ha sufrido lo que el nuestro, y que está animado por una firme voluntad de vencer. Por eso, deseo advertir a los que tratan de infiltrarse en los estamentos populares o estatales que por ese camino van mal. (…) A los enemigos embozados, encubiertos o disimulados, les aconsejo que cesen en sus intentos. Porque cuando los pueblos agotan su paciencia, suelen hacer tronar el escarmiento. Dios nos ayude, si somos capaces de ayudar a Dios".[401]

---

400 Joseph Page, *Perón, una biografía*, pág. 554.

401 Discurso pronunciado por el General Juan Domingo Perón en cadena oficial de radio y televisión al día siguiente del retorno definitivo al país (21/6/1973). Disponible en YouTube.

Perón reconocía que se había producido una guerra civil larvada, aunque, de acuerdo con su mentalidad paranoica, esa guerra habría sido orquestada por lo que en muchas otras ocasiones denominó, ominosamente, la "sinarquía internacional". Como toda teoría de la conspiración, sostenía que el enemigo exterior actuaba a través de un enemigo interior "embozado". No obstante, durante los años anteriores a su regreso, el conductor esgrimista también había avanzado enmascarado, enviando mensajes a la juventud donde encomiaba sus luchas y sus métodos. Perón instrumentó a los jóvenes guerrilleros como parte de su propia acción psicológica, exhortándolos a que luchen para que él vuelva. Sembrar el desconcierto, dar mensajes contradictorios como en un *double bind* esquizofrenizante, formaba parte de su arte de la conducción.

Recordemos que, en el manual de conducción política, Perón diferenciaba al conductor moderno del caudillo en tanto aquel contaba con medios de comunicación que le posibilitaban comunicarse al instante con las masas. Pero uno de los mayores perjuicios de la proscripción y del exilio había sido bloquear las vías de comunicación directas con sus seguidores, obligando al conductor a apelar a intermediarios y a formas de contacto indirectas, como las cartas, métodos de los que supo sacar gran provecho. No obstante, una vez retornado, el general recuperará el control sobre los sistemas de comunicación. Perón quería volver a ocupar la cabeza del cuerpo peronista, rol cefálico que no admitía competidores. Así, los que antes eran llamados jóvenes maravillosos o idealistas, ahora eran considerados infiltrados a los que se amenazaba con escarmentar, como un padre severo frente a unos hijos díscolos.

En esta voluntad de volver a hacer prevalecer al conductor sobre las masas se volvía a revelar la extrema proximidad entre Perón y Clausewitz. Como ya señaló León Rozitchner en su pionera interpretación crítica del peronismo pasado por el rasero del estratega prusiano, lo que *hermanaba* a Perón y Clausewitz era la fórmula de la *extraña trinidad*, donde el pueblo emanaría la pura impetuosidad sin conciencia, pasible de ser instrumentalizada por el jefe militar y el gabinete político, únicos depositarios de la razón. Entre las masas ciegas y el conductor genial se crea una relación de "dependencia infantil"[402] que, como vimos, en Perón también tomaba la forma de una relación amorosa de domesticación y cría de animales. Esta relación de dependencia sería el sustento y el objetivo de la acción psicológica, que en Rozitchner se centraba en la equivalencia entre la *extraña trinidad* de Clausewitz, la tripartición del aparato psíquico según Freud y la triangulación edípica. Pero, como hemos visto y seguiremos viendo a

---

402 León Rozitchner, *Perón: entre la sangre y el tiempo*, pág. 163, Ediciones Biblioteca Nacional, 2012.

continuación, más que por una suerte de edipización espontánea, la relación de dependencia entre el conductor y las masas se forjó gracias a una acción psicológica planificada y tecnificada, en la confluencia entre el uso de los modernos medios de información, la guerra psicológica, la biopolítica y la "fuerza superior" del conductor inspirado.

Perón opinaba que era necesario hacer el mal para protegerse del mal. El mito comunitario de la comunidad organizada era una concepción somática que pensaba a la nación como un cuerpo con funciones bien delimitadas. De ahí la tonalidad inmunitaria del decir y del hacer de Perón. Considerar a los traidores como beneficiosos por producir anticuerpos equivale a considerarlos un veneno necesario para vacunar al cuerpo en forma preventiva. Era *como si* Perón hubiese tomado nota de Maquiavelo, quien, en nombre de la razón de Estado y siguiendo el principio según el cual el mal menor es preferible al mal mayor (es decir, la lógica según la cual el fin justifica los medios), escribía: *"que la patria se debe defender siempre con ignominia o con gloria, y de cualquier manera estará defendida"*. Este célebre pasaje de los *Discursos sobre la primera década de Tito Livio* no justifica la pura amoralidad de la política. Significa que el fin supremo de la república es el condensado en un lema ciceroniano, de resonancias médicas y hasta biopolíticas: *Salus populi est suprema lex* ("La salud del pueblo es la ley suprema", siendo *salus* traducible también como felicidad, bienestar, salvación, seguridad e incluso inmunidad).[403] Pero Maquiavelo no se representaba la enfermedad del cuerpo político como el opuesto absoluto de su salud. Contemporáneamente a Paracelso, pensaba que lo similar cura lo similar y que el veneno cura el veneno. Por eso podía considerar al desorden como políticamente productivo, al punto de aconsejar hacer uso de sediciones para justificar el aparato represivo de la república. O incluso, producir revueltas *con ingenio*, infiltrando agentes secretos en grupos subversivos. Para Maquiavelo, ningún remedio es mejor que un mal artificial y dominado para reforzar al cuerpo político que lo alberga.[404]

Perón apelaba a la acción psicológica para hacer frente a la acción psicológica de sus rivales. Simulaba para confundir a los que simulaban en su contra. En 1973, mientras anunciaba la entrada del país en un período de posguerra civil, a la vez amenazaba con el escarmiento a los jóvenes que ya habían sido escarmentados en Ezeiza y a los que antes había llenado de elogios. De este modo, no hacía sino volver a atizar el fuego de la violencia intestina. Si bien Perón no había creado la violencia revolucionaria,

---

403 Alicia Schniebs, *El Estado soy yo: salus rei publicae e identidad en Cicerón*, revista Minerva, Universidad de Valladolid, nro. 16, 2003.

404 Roberto Esposito, *Immunitas*, pág. 176.

la había aprobado y estimulado desde España, aunque ahora se proponía erradicarla, ofreciéndose como el salvador o sanador, a la manera del *sóter* griego, título honorífico que se le concedía a aquel gobernante que lograba vencer al enemigo público que amenazaba la salud del Estado.

Si uno de los objetivos fundamentales de los antiperonistas había sido dañar la reputación de Perón y de los peronistas (como se ve en la fiscalía armada por la Revolución Libertadora para desprestigiar a Carrillo), Perón, al retornar y hacerse de la presidencia, recomponía su fama, palabra que deriva de *fides*, es decir, la confianza que se tiene hacia uno o la confianza de la que se es acreedor. Desde la antigüedad grecorromana, el exilio ha sido considerado una de las situaciones más ignominiosas que puede sufrir un ciudadano, toda vez que genera presunción de culpabilidad y de traición a la patria. En Roma, términos como *exsul* y *exsilium* despertaban vergüenza y temor.[405] En Argentina, los antiperonistas no habían perdido ocasión de llamar a Perón un cobarde, un "tirano prófugo" que había eludido la lucha y que había huido del país para salvar su propio pellejo o, en palabras de Alejandro Lanusse, alguien a quien "no le daba el cuero" para volver.[406] Sin embargo, Perón también invirtió el sentido del exilio y lo convirtió en una oportunidad para reconstruir su fama y su influencia, al punto de transformar su imagen para hacerla aparecer como la de un líder revolucionario, satisfaciendo las expectativas de una nueva generación de peronistas.

Pero una vez concluida su *operación retorno*, Perón volverá a transformar su imagen. Una vez vuelto, se presentaba como aquel que venía a poner fin a la *stásis*, situación que, desde la Antigüedad, se ha relacionado con la peste, con la anomia y con la forma más virulenta de guerra: la guerra entre hermanos enemigos. Para ello, y como si se tratase de un médico, Perón debía lograr que la sociedad lo obedeciera y se dejara cuidar. Perón, que siempre se destacó por su habilidad en el uso de la ambigüedad política, ahora pretendía acabar con la peste de la violencia *espiralizada* que él mismo había alentado. La guerra civil larvada desorganizaba a la comunidad organizada, disolviendo todas las fronteras y confundiendo todas las identidades. Ya no se podía saber quién era leal y quién era traidor, quién era el conductor y quiénes los conducidos, cuál era la violencia legítima y cuál la ilegítima (confusiones que llevaron a Perón a reformular una de sus veinte verdades peronistas: ya no *"para un peronista no hay nada mejor que*

---

405 Alicia Schniebs, *El Estado soy yo: salus rei publicae e identidad en Cicerón*, revista Minerva, Universidad de Valladolid, nro. 16, 2003.

406 Si originariamente la palabra *phármakos* designaba a la víctima sacrificial de un rito practicado en la Grecia arcaica donde al chivo expiatorio se lo expulsaba de la ciudad para curarla de sus males, Perón, condenado al ostracismo, había devenido *phármakos*, como antes lo habían devenido Rivadavia, Rosas e Yrigoyen.

otro peronista", sino *"para un argentino no hay nada mejor que otro argentino"*). A las contradicciones económicas se sumaban contradicciones políticas que no podrán ser resueltas por ningún "gran acuerdo nacional". Era precisamente la ficción del pacto social lo que la *stásis* ponía en cuestión. La crisis ya no podía ser pensada como un momento resolutorio donde se decide el rumbo de la enfermedad o donde se sale de un empate, sino algo que se extendía indefinidamente, prolongando el estancamiento estructural que el triunfo de Perón se suponía había venido a superar.

Aquí es preciso hacer una importante aclaración metodológica. La relación entre lo que los antiguos conceptuaron como *stásis* y lo que los modernos llaman guerra civil no es de equivalencias lineales. Para los griegos, la unidad de la ciudad estaba sobre todas las cosas. Por eso simetrizaban a los bandos cada vez que estallaba una conflagración interna. En un fragmento, Demócrito afirma: *"para vencedores y vencidos la ruina es la misma".*[407] La sedición arruinaba también a los que se habían impuesto. Pero al mismo tiempo, según la ley de Solón, todos los ciudadanos debían tomar las armas a favor de uno de los dos bandos en caso de división intestina. Quienes no lo hacían debían ser considerados infames y eran castigado con la *atimia* (exclusión de la ciudadanía).[408] Esta ley paradójica parece indicar que, para los griegos, solo llevando los enfrentamientos facciosos al extremo, sin que quede ningún neutral, era posible acelerar su resolución. Simultáneamente, y por ser la *stásis* el peor de los males, la cuestión de la amnistía constituía un asunto de vital importancia. Una vez finalizada la guerra, se imponía un interdicto tan importante como el que prohibía la neutralidad: *"no recordar en ningún caso los acontecimientos pasados",* o *"no hacer un mal uso de los hechos pasados".* Así, no formar parte de la *stásis* era políticamente culpable. Olvidarla cuando había terminado era un deber político.[409]

Sin embargo, aun entre los griegos, la asimilación de los bandos podía encubrir tomas de posición por parte de los ciudadanos privilegiados, que repudiaban a los que se rebelaban exigiendo condonaciones de deudas o distribución de tierras. Muchas luchas civiles griegas en verdad enfrentaban a democráticos contra oligárquicos, como en la guerra civil de Córcira. Aun así, toda *stásis* debía tener lugar con vistas a la reconciliación de las partes (según Platón: *"los griegos combaten entre ellos como si estuvieran destinados a reconciliarse"*[410]). De hecho, el juramento de "no recordar los males del pasado" fue prestado por primera vez en Atenas, en el año 403

---

407 Nicole Loraux, *La guerra civil en Atenas*, pág. 68.

408 Giorgio Agamben, *Stásis*, pág. 26.

409 Ibíd., pág. 29.

410 Ibíd., pág. 112.

a.C., por los demócratas que habían vencido al régimen oligárquico de los Treinta.[411] De ahí que no pueda decirse, en todos los casos, que la tendencia griega a simetrizar a los bandos se debiese a una suerte de subterfugio ideológico esgrimido por los estamentos más privilegiados de la ciudad contra los más subalternos.

Si bien las guerras civiles modernas se diferencian en muchos aspectos de las antiguas (en primer lugar por la preeminencia que en la Modernidad adquiere la lucha de clases), hay entre las dos, al decir de Nicole Loraux, un "aire de familia" innegable.[412] El análisis de la conceptualización griega de la *stásis* puede contribuir a aclarar las luchas civiles modernas y a diversificar las preguntas que les hacemos, a partir de dos problemas esenciales: las implicaciones del discurso que simetriza y la relación de oposición entre guerra civil y guerra contra un enemigo extranjero. De este modo, el *uso controlado del anacronismo* deja de ser la *"bestia negra de los historiadores"* y puede ser plenamente justificado: se trata de acercarse al pasado con preguntas del presente, para volver a un presente enriquecido con lo que se ha comprendido del pasado.[413] Especialmente si ese pasado es el grecorromano, del que provienen no sólo las primeras sistematizaciones del orden jurídico-político occidental, sino también muchas expresiones lingüísticas referidas a la ligazón entre el poder y las pasiones, ligazón que, como las *pathosformeln*, retorna siempre, de manera inactual, al presente (y los historiadores profesionales, que han hecho del anacronismo un tabú, han sido también los mayores despreciadores de las pasiones, en función

---

411 Además, el horror ante el enfrentamiento interior a una comunidad no es patrimonio de los griegos. Entre los indígenas norteamericanos, donde las tribus se componían de dos grupos rivales y asociados (llamados por los etnógrafos precisamente *fratrías* por su semejanza con los clanes griegos), era considerado sacrílego asesinar a un miembro del propio clan. El asesinato era considerado lícito sólo cuando se lo hacía por venganza y con un miembro del clan opuesto y complementario, según la lógica exogámica y la economía retributiva típica de las sociedades tribales (en las tribus, cada *fratría* aportaba a la otra lo que le faltaba). Al que mataba por venganza a un miembro del propio clan ni siquiera se lo castigaba con la muerte, ya que asesinarlo implicaba contagiarse con la impureza de su sangre. En cambio, se lo declaraba "sagrado" (la institución romana del *homo sacer* es paradigmática de este proceder) y se lo expulsaba de la comunidad, quedando expuesto a la muerte en manos de extranjeros o de animales salvajes. Ver al respecto: Roger Caillois, *El hombre y lo sagrado*, pág. 92. Por su parte, el cibernetista Gregory Bateson, observando a los pueblos iatmul de Nueva Guinea, llamó "cismogénesis" al estudio de sistemas sociales donde surge un cisma en su seno. Pueden ser *cismogénesis simétricas* (dos grupos se enfrentan entre sí en una espiral ascendente), o *complementarias* (un grupo es dominante y el otro es sumiso). Los dos tipos amenazan con llevar a la comunidad a una crisis irreversible si no se introduce algún mecanismo que compense su *"feedback positivo"*. En el caso iatmul: el ritual naven.

412 Nicole Loraux, *La guerra civil en Atenas*, pág. 81.

413 Ibíd., pág. 207.

de un pretendido análisis histórico objetivo vaciado de afectos o donde la única pasión que cuenta es la de la posesión económica).

Toda vez que se piensa a la comunidad política a la manera de un cuerpo social o una unidad orgánica cabe esperar un retorno intempestivo de los temas y aporías de la *stásis*. Pero la diferencia entre la *stásis* antigua y la *stásis* moderna estaría marcada por otro dato esencial: la centralidad que en la Modernidad adquiere la lógica inmunitaria. Si la *stásis* antigua era percibida como una enfermedad por trastornar a la *polis*, su solución provenía de la obligación de formar parte de ella, *ascendiendo a los extremos* de la crisis interna para resolverla y dejarla atrás. En cambio, el remedio moderno a la convulsión del cuerpo social consiste en una protección negativa de la vida, tal como la definió Roberto Esposito. Lo que caracteriza a la biopolítica moderna es su exigencia de profilaxis, su tendencia a actuar antes de que el mal se expanda. Protege la vida de la población (fuente de todas las riquezas) al cuidar preventivamente de su salud biológica. Y el mayor riesgo que se debe afrontar es el riesgo de contagio. Como vimos, tanto la cibernología como la biopolítica de Ramón Carrillo estaban orientadas en este sentido. Pero la lógica inmunitaria siempre corre el riesgo de acrecentar los peligros que quiere prevenir, por caso, al aplicar una vacuna demasiado fuerte, desatando crisis incontrolables de tipo autoinmune, volviendo la opción entre salud y enfermedad una opción indecidible.

A poco de iniciar su tercer gobierno, Perón comenzará a entrar en contradicción consigo mismo. Mientras la guerrilla continuaba llevando a cabo acciones armadas aún después del triunfo electoral, Perón, al día siguiente del fallido copamiento de la guarnición militar de Azul por el ERP, presionó por la aprobación de una modificación del Código Penal para reforzar la legislación represiva. Entonces, ocho diputados de la Juventud Peronista amenazaron con renunciar si se aprobaba esa ley. Perón los recibió junto a López Rega y dispuso de cámaras de televisión para hacer público el encuentro, donde declaró:

"Es un problema bien claro. Queremos seguir actuando dentro de la ley y para no salir de ella necesitamos que la ley sea tan fuerte como para impedir esos males. Si no contamos con la ley, entonces tendremos también nosotros que salirnos de la ley y sancionar en forma directa como hacen ellos. (...) ¿Y nos vamos a dejar matar? Lo mataron al secretario general de la Confederación General del Trabajo, están asesinando alevosamente y nosotros con los brazos cruzados, porque no tenemos ley para reprimirlos. ¿No ven que eso es angelical? El fin es la sustentación del Estado y de la Nación. (...) Si no tenemos la ley, el camino será otro, y les aseguro que puestos a enfrentar la violencia con la violencia, nosotros tenemos más medios posibles para aplastarla, y lo haremos a cualquier precio porque no estamos aquí de monigotes. (…) Nosotros vamos a proceder de acuerdo con la necesidad, cualesquiera sean los medios. Si no hay ley, fuera de la ley también lo vamos a hacer y lo vamos a hacer violentamente. Porque a la violencia no se le puede oponer otra cosa que la propia violencia. Eso es una cosa que la gente debe tener en claro, pero lo vamos a hacer, no tenga la menor duda".[414]

Si desde el exilio Perón había proclamado que *"la fuerza es el derecho de las bestias"* y antes había enseñado que *"no se vence con violencia, se vence con inteligencia y organización",* al volver al país relativizará esos eslóganes, pero en los hechos.[415] Por un lado, anunciaba la necesidad de llevar a cabo un gran pacto social, es decir, un compromiso basado en las leyes y en los juramentos. Por otro lado, amenazaba con el empleo de la fuerza bruta para acabar con los que ahora consideraba meros sediciosos.

En su seminario *La bestia y el soberano*, Jacques Derrida recuerda que, para Maquiavelo, se puede combatir de dos maneras: con las leyes y con la fuerza. Significativamente, Maquiavelo agregaba que combatir con las leyes es lo propio del hombre, mientras que combatir con la fuerza es lo propio de las bestias: *"Es preciso pues que un príncipe sepa actuar oportunamente, no sólo como hombre sino como bestia".*[416] Cuando la ley no alcanza, especialmente cuando hay una amenaza de guerra, es preciso que el príncipe deba conducirse *como si* fuese bestia. Perón, que en esta etapa se presentaba como un "león herbívoro", dará pelea de las dos maneras al mismo tiempo. Será como el centauro Quirón, aquel preceptor de Aquiles que menciona Maquiavelo como ejemplo para el príncipe. Un animal híbrido o un animal doble que, sobre todo, enseña que para ejercer el poder es preciso desdoblarse o poseer dos naturalezas, una educada y otra bestial. Y en este dramático encuentro entre el conductor y los jóvenes diputados de la Tendencia, Perón ejercía también una cierta pedagogía, una pedagogía cruel, sin dudas, enseñando que a la violencia no se le puede oponer otra cosa que la violencia, y que para él ya no era posible atarse las manos a la hora de combatir a su propio *brazo armado*.

Pero Maquiavelo profundizó aun más en la analogía entre el príncipe y la bestia. El soberano no sólo debe ser mitad humano y mitad animal. Su parte animal también debe dividirse en dos. La parte del león representa

---

414 Fragmentos textuales reproducidos por el diario *Noticias*, editado por Montoneros, el 21 de enero de 1974, en un artículo titulado: *"Perón: aplastar la violencia con o sin ley".* Reproducido por el Diario *Perfil* el 14/1/2007.

415 A partir de esta disociación constante entre lo que Perón decía y lo que Perón hacía puede comprenderse mejor su célebre apotegma: *"mejor que decir es hacer",* el cual puede *querer decir:* no crean en lo que digo, puede que diga algo y haga otra cosa.

416 Citado en: Jacques Derrida, *La bestia y el soberano*, pág. 111.

la fuerza que permite "espantar a los lobos". La parte del zorro representa la astucia, el saber engañar y el saber conocer las trampas. En cuanto león, es preciso poder "aterrorizar a los terroristas",[417] hacerles ver que el soberano puede enloquecer o perder el control y mostrarse más fuera de la ley que cualquier fuera de la ley. Bien puede ser que el soberano no ejerza la violencia pero se muestre capaz de hacerlo con el fin de meter miedo a los que dan miedo, tal como en la guerra psicológica. En ese caso, el soberano se vuelve más bien un zorro astuto que simula o que finge ser lo que no es y no ser lo que es, precisamente como un león herbívoro.[418] Y para Maquiavelo, lo más sagaz, lo más zorro en política es no quedar atado a ninguna promesa:

> "Un príncipe bien sagaz no debe en modo alguno cumplir su promesa cuando ese cumplimiento le sea nocivo y las razones que le llevaron a prometer ya no existen; este es el precepto que hay que dar. Sin duda, no sería bueno si los hombres fuesen todos gentes de bien; pero como son malvados y seguramente no mantendrían en modo alguno su palabra, ¿por qué tendríamos que mantener la nuestra?".[419]

¿Fue Perón quien rompió la promesa de traer la Patria Socialista? ¿O fue la Tendencia la que se equivocó con Perón, confundiéndolo con alguien que no era? En cualquier caso, Perón ya no lograba hacerse obedecer. Ya no podía poner a sus subordinados *en su sitio*. No podía hacerlos *entrar en razón*. Su prestigio no parecía tener suficiente ascendiente sobre sus soldados. La energía del general no alcanzaba para lograr el consentimiento esperado. El tiempo, que era a lo que había apostado Perón en contra de la sangre, también lo había gastado y extenuado. El conductor, al que llamaban "el viejo", efectivamente había envejecido. Cada día que pasaba se deterioraba más y no había hecho nada para prever su sucesión después de morir. Pero, ¿cómo podría haber designado a un digno sucesor si, según su teoría de la conducción política, el conductor es un individuo inspirado y singular, dotado de un don especial e intransferible?

---

417 Jacques Derrida cita aquí una expresión de Charles Pasqua, ministro del Interior de Jacques Chirac. Citada en ibíd., pág. 117.

418 Como escribió Horacio González, esta figura del león herbívoro también puede interpretarse como la de aquel que canibaliza bibliotecas militares, para luego inculcárselas a las masas. Perón se basó en lo que consumió (Clausewitz, von Schlieffen, von der Goltz) para transmitirlo en las aulas de la Escuela Superior de Guerra y luego, como retórica, en la plaza pública. En el proceso de deglución, las citas se fundieron con los apotegmas peronistas. Ver: Horacio González, *Perón: reflejos de una vida*, pág. 382, Colihue, 2007. Todo ocurre "como si" Perón operase por transubstanciación eucarística, pretendiendo volver incruento el consumo de carne o haciendo un uso pacífico de las lecciones de guerra.

419 Citado en: Ibíd., pág. 120.

El crucial episodio de febrero de 1974 quizá fue el verdadero punto de no retorno en la relación de Perón con la Tendencia, meses antes de que los expulse de la plaza llamándolos *imberbes*, es decir, infantes. Una vez sancionada la reforma del Código Penal, los ocho diputados presentaron su dimisión ante el Consejo Superior del Movimiento Nacional Justicialista, que emitió un comunicado donde los acusaba de suprema deslealtad hacia el jefe. En uno de sus párrafos, el comunicado decía lo siguiente:

> "Que en esta circunstancia de acuerdo a una antigua norma muy cara al Movimiento Nacional Justicialista y a su jefe, es gravísima traición estar en los dos bandos y no estar en ninguno. Que el caso de los señores diputados (...) esos eternos principios de conducta han sido violados con singular contumacia".[420]

Si Lonardi, a poco de derrocar a Perón y en una suerte de parodia del juramento griego de amnistía, había proclamado que *"no hay vencidos ni vencedores"*, aquí la antigua norma a la que se hacía referencia era la ley de Solón, que ordenaba formar parte de uno de los bandos cuando la *stásis* se desencadenaba. Pero a su vez, los enfrentamientos cada vez más sangrientos entre las facciones peronistas provocaban lo que Agamben señaló acerca de la *stásis* griega: era una suerte de reactivo que revelaba la naturaleza política o impolítica de cada persona.[421] Si el enfrentamiento confundía todas las identidades, también permitía revelar quién estaba de un bando y quién del otro. A la vez que provoca una *metá-stasis* social de la violencia, es decir, un desplazamiento incontrolable de todas las *posiciones* conocidas, la *stásis* funciona como una suerte de mecanismo de fichaje.

La violencia insurreccional había sido legítima en el contexto de la clausura militar de todos los canales de expresión popular, aunque Perón *tenía la razón* en reclamar su cese al haber triunfado en elecciones democráticas. Sin embargo, se habían desencadenado fuerzas que ni él mismo había podido conducir, como si la inclusión del asesinato se hubiese vuelto una práctica política aceptable en todo contexto.[422] Los montoneros, autonomizados tanto de Perón como del sentir de las masas, habían descubierto el poder que les confería su disposición a dar muerte y se mostraban especialmente audaces a la hora de arrojar cadáveres sobre la mesa como mecanismo de negociación. Para los jóvenes que tomaban las armas, la violencia no sólo servía para liquidar a tal o cual rival. Se había convertido también en un instrumento de guerra o de guerrilla psicológica. Un medio para dar men-

---

420 Citado en: Sergio Bufano y Lucrecia Teixidó, *Perón y la Triple A: Las 20 advertencias a Montoneros*, Editorial Sudamericana, 2015.

421 Giorgio Agamben, *Stásis*, pág. 22.

422 Tulio Halperin Donghi, *La larga agonía de la Argentina peronista*, pág. 66.

sajes y hacer "propaganda por el acto". En términos de Halperín Donghi y que recuerdan la lógica inmunitaria, en los años setenta se creó un *"clima de autointoxicación ideológica"* [423] que producía un acostumbramiento progresivo al asesinato político.

Al morir, Perón se reveló como un "dios mortal", a la manera del Leviatán según Hobbes, una figura saturnina o, al decir de John William Cooke, *"un gigante invertebrado y miope".* Muchos de sus adeptos habían exagerado sus rasgos de salvador o sanador que venía a restablecer la salud del pueblo. Pero será su propia salud la que acabó deteriorándose. En lugar de vivificarlo, el regreso al país lo fatigó y lo acercó a la muerte. La edad de oro que para muchos representaba imaginariamente el primer peronismo no había podido actualizarse. Desde entonces, recrudecerá la acción mortífera de la Triple A comandada por López Rega, el brujo que se había introducido en el espacio de poder de Perón.

El ciclo de venganzas entre el peronismo ortodoxo y el peronismo de izquierda ocasionará un nuevo estancamiento y un nuevo empate, esta vez catastrófico, es decir, una situación caracterizada por Gramsci como aquella donde dos fuerzas se enfrentan de una manera tal que conducen hacia la destrucción recíproca.[424] O bien, podríamos decir, un *feedback de violencia* que no puede ser resuelto mediante lo que Ramón Carrillo llamaba *nicología* o la ciencia de la victoria. Según Gramsci, este tipo de situaciones suelen ser las óptimas para el advenimiento de una tercera fuerza, a la que llamó *cesarismo,* y que realiza el desempate, logrando soluciones de compromiso entre las fuerzas en pugna, aunque haciendo prevalecer una u otra tendencia. No obstante, lo que caracterizaba a esta etapa era que el empate catastrófico se había acentuado después y no antes de la muerte del *César* o *Bonaparte* argentino que había vuelto para dirimir el empate. El 24 de marzo de 1976 serán las Fuerzas Armadas las que desempaten la letal partida, extremando la catástrofe.

◆ —————— ◆

Resulta una simplificación sostener que las guerras convencionales involucren sólo a soldados y dejen *en paz* a la población civil, mientras las guerras revolucionarias o partisanas buscan, sobre todo, conquistar a la población. Como queda claro en las lecciones dictadas por Ramón Carrillo, las guerras del siglo XX han borrado toda frontera entre los combatientes y los civiles. De ahí, como vimos, la utilidad de la acción psicológica, que actúa

---

423 Ibíd., pág. 105.

424 Antonio Gramsci, *El cesarismo.* En: *Notas sobre Maquiavelo*, pág. 71, Editorial Nueva Visión, 2003.

sobre el ánimo de la población, la cual debe mantener el ritmo de producción industrial en tiempos de guerra. Las guerras del siglo XX, simétricas o asimétricas, revolucionarias o contrarrevolucionarias, internas o externas, persiguen, en primer lugar, la influencia sobre la población a través de la propaganda, esto es, una masiva exposición de hechos simplificados. La fuerza propagadora de la propaganda consiste en proveer visiones simplificadas de los problemas, reduciendo toda complejidad a términos binarios, reforzando prejuicios y creando estereotipos.[425] El problema es que nunca puede haber información pura, ya que sería irrelevante o abrumadora. Siempre que la información es seleccionada y organizada para darle una coherencia, queda sujeta a la intervención propagandística.

Pero como advirtió Jacques Ellul, conviene evitar juzgar a la propaganda como una mera construcción de falsedades. Si bien toda información debe simplificarse para alcanzar al público masivo, no hay propaganda ni operación de desinformación que no deba apoyarse en datos e informaciones, que son lo que proveen a la propaganda de los problemas a los que pretenderá aportar soluciones. Por eso, la propaganda sólo puede propagarse, como por contagio, allí donde hay medios de comunicación masiva y una población necesitada de informarse, formando aquella entidad resbaladiza llamada opinión pública. Antes de la aparición de estos fenómenos, es decir, antes de la Modernidad, no podía haber propaganda sino respuestas locales a situaciones determinadas.[426] Bien lo reconocía Carrillo cuando constataba que, por la creciente extensión de los medios masivos de comunicación, los soldados ya cuentan con un dominio, aún parcial, de las noticias de la guerra y de sus causas. Por eso afirmaba que sólo la coordinación más estrecha entre el conocimiento de la psicología colectiva y el control de la información pueden dar la clave para la victoria en las guerras totales. Todo buen gobierno biopolítico, ya sea en la paz o en la guerra, debe gestionar las informaciones por medio de una suerte de epidemiología propagandística, haciendo de una inseguridad presente la promesa de una seguridad futura. Para que este tipo de intervenciones psicológicas tengan éxito, no alcanza con la represión y la censura. Más importante aun es crear explicaciones sencillas, impidiendo que el público se vea abrumado por una marea de informaciones incomprensibles y adhiera a las soluciones que la propaganda propone para resolver los problemas.[427]

Quizá el primer hecho propagandístico de la dictadura liderada por Videla fue no autodenominarse "revolución" sino "proceso de reorganiza-

---

425 Jacques Ellul, *Propaganda*, pág. 205, Vintage Books, 1973.
426 Jacques Ellul, *Información y propaganda*, revista Diógenes, nro.18, 1957.
427 Ibíd.

ción nacional", como si se tratase de un mero procedimiento administrativo. Esta denominación estaba indicando que su propósito no consistía solamente en derrotar a la insurgencia armada, sino en terminar con la era del caos, imponer un nuevo orden y regenerar a la Nación. La dictadura, en alianza con sectores empresariales, tecnocráticos y eclesiásticos, se propuso desbaratar el proceso de sustitución de importaciones oponiéndole una política liberal de apertura y financiarización económica, si bien matizada por la "vocación empresarial" de los militares, que buscaban hacerse de la dirección de las empresas públicas. En cuanto a la restitución del orden, su acción fue doble: por un lado, apeló, clandestinamente, a la desaparición y exterminio de personas. Por otro lado, que no por más visible era menos clandestino, actuó sobre la opinión pública mediante técnicas de comunicación social.

En verdad, la activación de la "acción psicológica" había empezado en 1975, durante el gobierno de Isabel Martínez de Perón, cuando se emite la "Directiva del Consejo de Defensa nro 1/75 (Lucha contra la subversión)", inmediatamente después de la aprobación por parte del Poder Ejecutivo del decreto de "aniquilación de la subversión". Por entonces se formó un Consejo de Defensa formado por todas las fuerzas de seguridad, con el fin de detectar y aniquilar a las organizaciones armadas. Para ello se estipulaba la necesidad de obtener grandes cantidades de información sobre los movimientos guerrilleros, a la vez que operar sobre la opinión pública *"a fin que tome conciencia que la subversión es un enemigo indigno de esta patria"*,[428] aislando a los "elementos subversivos" de los medios de comunicación para evitar su propia acción psicológica. Junto a la SIDE, el Estado Mayor Conjunto creó un "Sistema de Comunicación Social" (SICOS) que contaba con una "Junta de Acción Psicológica", la cual debía asesorar al Consejo de Defensa en la planificación de la comunicación social mediante un Departamento de Investigación en Opinión Pública destinado a establecer la información correspondiente a la *personalidad social básica nacional"* y a medir los efectos logrados en el público por el accionar represivo. También se debían incorporar una serie de asesores: psicólogo, sociólogo, licenciado en ciencias políticas y técnico en publicidad.[429]

En agosto de 1976, una vez implantada la dictadura, el Ejército emitió la "Instrucción de lucha contra elementos subversivos RC-9-1", firmada por el general Viola. Para aniquilar a la subversión, el Ejército especificaba que se debía actuar sobre la psicología del combatiente. No solo adiestrarlo

---

428 Julia Risler, *Propaganda y acción psicológica durante la última dictadura cívico militar (1976-1983): Construcción de estrategias discursivas para el consenso hegemónico*, Seminario "Estado, Sujeto e Ideología. Marx, Althusser y Foucault", UBA, 2010.

429 Ibíd.

físicamente sino también en "cuestiones morales" a través de una educación que lo lleve al convencimiento de la misión que cumple y a profundizar su fe en Dios. Esta instrucción incluía una *"Guía para la programación de la educación contra la subversión"* en donde se esbozaban las pautas para preparar a las tropas durante un período mínimo de dos meses, a fin de *"identificarlo con la causa",* desarrollarle una *"vocación por la Patria"* y fomentarle *"los preceptos morales y cristianos"* para encuadrarlo en el *"Ser nacional"* y la institución militar.[430]

En 1977 se emite la "Directiva del Comandante en Jefe del Ejército N° 504/77 (Continuación de la ofensiva contra la subversión durante el período 1977/78)" donde se especifica que el Ejército ejecutará *"una oportuna, continuada, coordinada, coherente e intensa comunicación social (AS) en apoyo de la Lucha Contra la Subversión, incidiendo sobre la población, el oponente y las propias fuerzas".* La *"comunicación social preventiva"* tendrá como principal objetivo *"esclarecer a la población sobre la agresión que sufre la Nación para restar la adhesión a la subversión y cortar el reclutamiento".* Deberá contemplar la *"desmoralización del oponente y la consolidación del frente interno".* También procurará *"explotar los hechos para destruir la moral del oponente, quitarle la voluntad de lucha y provocar su deserción, o bien cuando ello sea necesario, prevenir o neutralizar situaciones conflictivas que se presenten a lo largo de la lucha".* El objetivo es *"lograr la adhesión, apoyo y participación de dicha población"* y que el Ejército

> "desarrollará una política de acercamiento, asesoramiento y apoyo a las autoridades culturales, educativas y de ciencia y tecnología en su jurisdicción, con la finalidad de lograr la adopción de medidas político-administrativas, tendientes a erradicar la subversión en sus distintas manifestaciones y promover el desarrollo, divulgación y consolidación de los valores éticos, morales, espirituales e históricos como modo de reafirmar la esencia del ser nacional".[431]

Estas directivas también pertenecían al ámbito de los archivos secretos, también eran *arcanos,* desclasificados años después de terminada la dictadura. Guardan una inquietante relación de proximidad con las lecciones de guerra psicológica dictadas por Ramón Carrillo veinticinco años antes. Pero si aquéllas lecciones referían a la guerra contra un enemigo exterior en el contexto de las guerras totales, estos reglamentos referían a la guerra interior e irregular. Sin embargo, ya Perón había hecho imposible distinguir entre guerra exterior y guerra interior, toda vez que identificaba al enemigo interior con un enemigo subrepticio, que actuaba desde afuera.

---

430 Ibíd.

431 Ibíd.

Lo mismo sucedía con estos documentos, siendo que los militares estaban entrenados por fuerzas militares del extranjero y muchos de estos reglamentos eran copias de manuales sobre "lucha contrainsurgente" elaborados en Estados Unidos para combatir en Vietnam. Con todo, también aquí se trataba de influir en la opinión pública, producir miedo en el bando enemigo y rabia o "elación" en el bando propio. Pero a diferencia de Carrillo, la acción psicológica de los militares adquiría una fuerte impronta teológica: debía lucharse en defensa del "ser nacional" y de la "civilización occidental y cristiana". El biotipo argentino ya no era solo un ente psicobiológico, sino también una entidad espiritual.[432]

En todo caso, se trataba de una mezcla de teología y biología. Los militares que tomaron el poder en 1976 llevaron al extremo la metáfora real del cuerpo social. La nación debía purgarse, expulsando con la muerte a los gérmenes infecciosos encarnados por los movimientos guerrilleros, que aparecían como un chivo expiatorio cargado de todos los males. La dictadura montó una máquina infernal cuyo fin consistía en circunscribir y exterminar el peligro, en una radicalización de la lógica higienista. De hecho, en un reglamento titulado "Operaciones contra elementos subversivos", fechado

---

432 Otro importante antecedente fue el "Reglamento RC-5-1 del Ejército Argentino sobre Operaciones Sicológicas", dictado en 1968 por el entonces general Alejandro Lanusse, que no llegó a aplicarse de modo sistemático como sucederá desde 1975. En ese reglamento, el acento en lo instintivo era aun más marcado y definía la acción psicológica como: *"toda acción que tienda a motivar conductas y actitudes por apelaciones instintivas, actuará sobre el instinto de conservación y demás tendencias básicas del hombre, lo inconsciente* (sic). *La presión insta por acción compulsiva apelando casi siempre al factor miedo. La presión sicológica engendrará angustia, la angustia masiva y generalizada podrá derivar en terror, y eso basta para tener al público (blanco) a merced de cualquier influencia posterior. La fuerza implicará la coacción y hasta la violencia mental (...) la fuerza y el vigor reemplazarán a los instrumentos de la razón. La técnica de los hechos físicos y los medios ocultos de acción sicológica transitarán por este método de acción compulsiva".* A su vez, se mencionan métodos de acción psicológica defensiva: *"las fuerzas militares legales podrán contribuir a aislar a las fuerzas irregulares enemigas, apelando a su función de protectores y guardianes de la paz. Las demostraciones en masa, el contacto personal entre soldados y pobladores civiles, la participación en deportes comunes y las reuniones de todo tipo contribuirán a crear fe en el gobierno legal y evitar el apoyo a los elementos irregulares. La tropa deberá estar perfectamente instruida a efectos de lograr un impacto sicológico positivo en la población".* Este manual también hace una clasificación de los tipos de acción psicológica, pero se los divide fundamentalmente en tres: naturales, técnicos y ocultos. Como medios de los primeros dos tipos menciona el *"cara a cara, agentes visuales y orales, actos públicos, altavoces, la radio y la televisión".* Entre los medios ocultos, incluye: *"compulsión física: torturas de tercer grado. Compulsión síquica: anónimos, amenaza, chantaje, seguimiento físico, persecución, secuestros, calumnias, terrorismo, desmanes, sabotaje, toxicomanía, alcoholismo y drogas. Lavado de cerebro".* Citado en: *Un manual para represores*, artículo de Adriana Meyer publicado en el diario Página/12 el 26/8/2009.

en diciembre de 1976, se dejaba asentado que *"el concepto es prevenir y no curar"*.[433] Para lograrlo, se *programaba* el siguiente *modus operandi*:

> "(Los activistas) deben ser capturados de inmediato en el lugar en que se encuentren, ya sea en el domicilio, la vía pública o el trabajo (fábrica, oficina, establecimiento de enseñanza, etcétera). El ataque permite aniquilar la subversión en su inicio y mostrar a la población que las tropas son las que dominan la situación".[434]

Una vez capturados, los secuestrados eran brutalmente torturados con picanas eléctricas para ser convertidos en informantes, mientras la población era sugestionada a través de la propaganda, a cargo de la Secretaría de Información Pública, donde de hecho funcionaba un Departamento de Acción Psicológica. Esa Secretaría fue también la encargada de llevar a cabo una serie de campañas nacionales difundidas por los medios masivos de comunicación, como la "Campaña Nacional Derechos y Obligaciones" y la "Campaña por la Familia".

Como se sabe, el momento apoteótico de esta estrategia llegó con el mundial de fútbol de 1978, donde se ideó una gran campaña publicitaria para contrarrestar lo que a su vez se llamó la "campaña antiargentina", es decir, el supuesto intento de boicotear el mundial desde el exterior a través de las denuncias realizadas por exiliados sobre violaciones a los derechos humanos. De esta gran campaña profiláctica, muy copiosa en slogans publicitarios, participaron los principales medios masivos de comunicación y las principales agencias de publicidad del país. El slogan más célebre, reproducido a través de millones de stickers que se pegaban en la parte trasera de los autos, fue: *"los argentinos somos derechos y humanos"*. El mundial, organizado y ganado por Argentina, quiso ser conocido por los creativos publicitarios como *"la fiesta de todos"*.

Toda esta producción de un clima festivo orientado a prevenir por la fuerza de los malos humores recuerda las acciones propuestas por el Instituto de la Alegría diseñado por el Departamento de Cibernología. La dictadura producía desapariciones, vuelos de la muerte y apropiaciones de niños, a la vez que aspiraba a gestionar la vida de la población, inculcándole el respeto al orden. Como en la biotipología de Nicola Pende, cada cual debía ocupar su justo lugar. Pero esta fiesta de todos, esta recurrencia propagandística a hablar en nombre de todos los argentinos, negaba u ocultaba la lucha intestina, vuelta cacería de los enemigos interiores.

---

433 Citado en: Nora Veiras, *Cuando un hallazgo puede ser un boomerang*, diario Página/12, 11/3/2000.

434 Julia Risler, *Propaganda y acción psicológica durante la última dictadura cívico militar (1976-1983)*, Seminario "Estado, Sujeto e Ideología. Marx, Althusser y Foucault", UBA, 2010.

En la primera parte de nuestra pesquisa recordábamos que la antigüedad grecorromana distinguía entre el enemigo público y el enemigo privado. Mientras que se podía ser enemigo privado (*inimicus*) por razones morales o económicas, sólo aquel que representaba una amenaza para el Estado romano era considerado un enemigo público (*hostis*). Pero corresponde a Émile Benveniste haber revelado un aspecto *verdaderamente extraño* del término latino *hostis*. Este término deriva de la noción de huésped (*hospes*) y de extranjero. Originariamente, *hostis* no denominaba un extranjero en general. A diferencia del *peregrinus* que habitaba fuera de los límites del territorio, *hostis* era *"el extranjero, en tanto que se le reconocen derechos iguales a los de los ciudadanos romanos"*,[435] implicando una relación de igualdad y reciprocidad, *"lo cual puede conducir a la noción precisa de hospitalidad"*.[436] El *hostis* era aquel extranjero que compensaba la hospitalidad donada por el autóctono con una contradonación referida a las obligaciones que tenía que cumplir para no ser considerado enemigo (*naturalmente*, todo extranjero era considerado enemigo). Pero con el tiempo, y *"por un cambio, cuyas condiciones precisas no conocemos"*,[437] el término habría evolucionado desde "huésped extranjero" a "huésped hostil". El enemigo público, entonces, no es solamente un enemigo extranjero: es aquel al que se le han abierto las puertas del hogar y súbitamente amenaza con destruir a su anfitrión, al señor de la casa o al *dominus*. En la época tardorrepublicana, *hostis* designaba a aquel que se había vuelto enemigo de Roma, alguien mucho más ajeno a la romanidad que un extranjero (*alien*), ya que carecía hasta de los derechos que se le concedían a los visitantes extranjeros. Así, el *hostis* se volvía un enemigo absoluto, más otro que todo otro, pero no por ser lejano, sino por amenazar desde el interior, allí donde se confunden intimidad y extrañamiento.

La relación semántica que une al enemigo público y al huésped se vuelve aun más inquietante desde el punto de vista biopolítico. En biología, y contrariamente a su sentido habitual, *huésped* no designa a un organismo que se introduce en otro, sino al que hospeda un parásito en su interior. En biología, el *huésped* es en verdad el *hospedero* del parásito, el *hábitat* que posibilita la continuación de la vida del microbio a costa de la muerte o la infección del cuerpo que lo recibe (preciso es recordar que, en los albores de la bacteriología, Paul Ehrlich llamó "balas mágicas" a los fármacos antiinfecciosos capaces de matar a los microorganismos patógenos *sin dañar al huésped*). Tanto en esta anfibología del término *huésped* como en la super-

---

435 Émile Benveniste, *Vocabulario de las instituciones indoeuropeas*, pág. 62, Editorial Taurus, 1983.

436 Ibíd.

437 Ibíd., pág. 63.

posición entre huésped extranjero y enemigo extranjero en el término *hostis*, las figuras se confunden, poniendo en crisis, como en la *stásis*, todo sentido de la *hospitalidad*, es decir, todas las fronteras entre el *anfitrión* y el *huésped*, entre el *autóctono* y el *extranjero*, entre el *amigo* y el *enemigo*, pero también entre el *enemigo público* y el *enemigo privado*.

Para los militares argentinos, *anfitriones* del mundial 78, los llamados subversivos se correspondían con la figura antigua del *hostis*: un enemigo absoluto que se había introducido dentro de la casa nacional y que complotaba para destruirla. En un giro siniestro, el enemigo público era también un huésped hostil en el sentido del *rehén* al que se secuestraba, se lo torturaba para extraerle información y finalmente se lo desechaba, desapareciéndolo. Era también un enemigo patógeno, monstruoso o infecto, que, como un virus o un tumor, ponía en peligro al ser nacional. Precisamente, un enemigo que no era considerado ni derecho ni humano, sino zurdo e inhumano.[438]

Otro sonado slogan de la dictadura fue: *"achicar al Estado para agrandar a la Nación"*. En el seno del régimen *de facto* convivían el liberalismo y el nacionalismo más cerril. A la vez una defensa encendida de la libertad económica y una suspensión de todas las libertades políticas y civiles. Un régimen que podría denominarse "liberal conservador", opuesto a las medidas estatales redistribucionistas pero a favor de una acción estatal represiva al servicio de los derechos de propiedad. En este sentido, no es extraño que la dictadura haya hecho homenajes a la Generación del 80. En una y otra época se creyó preciso suspender el orden democrático durante un largo período de tiempo para preparar el advenimiento de un nuevo orden jerárquico, depurado de amenazas demagógicas, donde al ciudadano reeducado, disciplinado, aterrorizado o vuelto obediente se le concediese la posibilidad de participar en los asuntos públicos, ya superado el "período crítico". Arribado ese segundo tiempo, los militares ejercerían el rol de vigilantes de un orden democrático tutelado, sin bajar la guardia ante posibles recaídas en el marxismo o el populismo.

---

438 En muchas culturas indoeuropeas, la oposición entre el lado derecho y el lado izquierdo tenía el sentido de distinguir entre los dos polos de lo sagrado: el puro o fasto y el impuro o nefasto. La mano derecha representaba la mano del cetro y de la autoridad, mientras que la mano izquierda representaba la mano del fraude y de la traición. La "zurdería" se ha asociado con lo torcido, lo inestable, lo que conduce a la derrota, mientras lo derecho con el lado de lo recto y la destreza que alcanza su fin (Roger Caillois, *El hombre y lo sagrado*, pág. 41). Algunos restos de este ordenamiento simbólico sobreviven en el lenguaje coloquial cuando se dice que "hacer las cosas por derecha" es hacerlas de manera legal o "en buena ley", mientras que "ir por izquierda" sería ir por el camino de lo oblicuo y lo ilegal.

El Proceso de Reorganización Nacional se proponía realizar las tareas que la Revolución Argentina no logró cumplir. Como aquel intento, pero de manera aun más radicalizada, se orientaba a la restitución de lo nacional y al ordenamiento de la economía por la vía de su desnacionalización. Por el lado económico, combatía toda tendencia "estatizante". Por el lado político, aspiraba a restaurar un orden perdido ejerciendo, desde el Estado, una venganza histórica contra la clase trabajadora, liquidando definitivamente a sus sectores más activos.[439] En una primera etapa, el poder autoritario del Estado debía reforzarse al extremo, metiendo miedo a sus enemigos, pero para achicarse o auto-limitarse en una segunda etapa permisiva y librecambista.

Como en el título del *best-seller* de Ricardo Zinn, uno de los principales asesores económicos del régimen, la dictadura se proponía *la segunda fundación de la República*.[440] Si la Generación del 80 había logrado fundar una primera república como corolario de las guerras civiles del siglo XIX, la dictadura se proponía hacerlo de nuevo, llevando a su término las *guerras civiles larvadas* del siglo XX. Simultáneamente, los altos mandos del Proceso estaban convencidos de que en el país se estaba librando una de las batallas más importantes de la tercera guerra mundial o de la guerra fría, donde Argentina estaba destinada a combatir contra el comunismo, del lado de Occidente y junto a Estados Unidos. La batalla decisiva era por la seguridad y por la defensa de la propiedad privada de los medios de producción. Un Estado fuerte, entonces, permitiría sentar las bases de un Estado débil, al servicio del libre mercado.

Pero las inconsistencias internas de ese grupo de autoconsiderados refundadores llevarán rápidamente a la crisis económica de principios de los años ochenta. El régimen *de facto* amenazaba con desmoronarse por una creciente pérdida de consenso. Entonces, en 1982, surgirá la ocurrencia de recuperar las Islas Malvinas. Esa invasión funcionaría como un estimulante energético que reactivará, en forma acelerada, el apoyo de la población a la Junta Militar.

De acuerdo a la teoría de la guerra justa, toda agresión es injusta por definición. Un Estado tiene derecho a declarar la guerra cuando responde a la agresión de otro Estado. O, como postulaba Carrillo sobre la guerra psicológica, el primer paso para producir *elación* en la tropa propia es convencerla de que la nación se encuentra amenazada por un enemigo odioso y perverso. Sin embargo, y como ha mostrado René Girard, no siempre es

---

439 Sergio Morresi, *El liberalismo conservador y la ideología del Proceso de Reorganización Nacional*, revista Sociohistórica, nro. 27, UNLP, 2010.

440 Ibíd.

fácil discernir quién ha sido agredido y quién es el agresor o, en todo caso, siempre el agresor aduce haber sido agredido primero para justificar su acción agresora.[441] La agresión a la que respondían los militares argentinos en 1982 consistía en la ocupación de las Islas Malvinas por Gran Bretaña desde 1833. Pero para los ingleses, la defensa de las islas también se presentaba como una causa justa, argumentando que sus habitantes, los *kelpers*, deseaban permanecer bajo la órbita británica.

Eliminada la amenaza del enemigo interior contra el que habían librado una *guerra sucia*, los militares se aprestaron a librar una *guerra limpia* contra un enemigo externo y poderoso, aunque poco antes de tomar las islas confiaban en que no habría guerra y que Estados Unidos brindaría apoyo a un régimen que había colaborado en la lucha internacional contra el comunismo. Pero el 2 de abril de 1982, el Consejo de Seguridad de la ONU emitió la resolución 502 que, con la anuencia de Estados Unidos, exigía a Argentina retirar sus fuerzas militares de las islas. La Junta hizo caso omiso a esta exhortación creyendo, contra todo pronóstico, que, en caso de ganar la *guerra limpia*, podría encubrir, dar una justificación o lavar la *guerra sucia* que había tenido lugar al interior de la fronteras nacionales. Si la guerra interior se había llevado a cabo en aras de la guerra internacional contra el comunismo, la guerra exterior contra Gran Bretaña se libraba para contrarrestar el malestar que el régimen provocaba fronteras adentro. La confusión entre *pólemos y stásis*, pero también entre *guerra y sacrificio*, así como entre ejército nacional y ejército de ocupación extranjero, no podía ser mayor.

Por la rapidez en la que se precipitaron los hechos, la guerra improvisada estaba perdida de antemano. Recordemos que Ramón Carrillo insistía con que resulta de vital importancia iniciar las acciones psicológicas mucho antes que se inicien los enfrentamientos, poniendo en marcha la *"farmacopea propagandística"* y los *"laboratorios de ideas"* para crear una *"conciencia popular antebélica"* y fomentar la rabia de los soldados. En este sentido, el Informe Rattenbach, elaborado bajo la dictadura de Bignone a fines de 1982 para evaluar el desempeño de las fuerzas armadas en Malvinas fue lapidario. En un apartado especialmente dedicado a las acciones psicológicas, el informe concluía que los recursos de la Secretaría de Información Pública no habían sido lo suficientemente explotados. Al igual que otros aspectos militares de la guerra, como la inadecuada formación de los soldados, la mala logística y la ineptitud de los mandos, la acción psicológica fue mal planificada y mal ejecutada, sin siquiera poder hacer un control adecuado de la información, lo que proporcionó datos valiosos al enemigo.[442]

---

441 René Girard, *Clausewitz en los extremos*, Editorial Katz, 2010.

442 *Informe Rattenbach III Parte - Evaluación y análisis crítico. Capítulo VII - El accionar*

Según este informe, el excesivo ambiente triunfalista emanado por los principales medios de comunicación fue un *"desborde periodístico"* producto de un mal manejo de la información. Las expresiones masivas de triunfo no habrían sido resultado de la acción planificada del Estado, sino un fenómeno espontáneo que confundió a los conductores militares, *"induciéndoles a adoptar posturas excesivamente inflexibles y contradictorias que fueron cerrando, progresivamente, los caminos de la negociación"*.[443] Sorpresivamente, la euforia belicista no habría sido un hecho bien previsto por la acción psicológica del Estado, sino una atmósfera que se difundió de manera descentralizada. La sugestión imitativa, la creencia en que se podía ganar la guerra, se contagió en forma difusa. Pero la misma muchedumbre que llenó la Plaza de Mayo el 2 de abril de 1982 para ovacionar a Galtieri repudiará la dictadura tan sólo un año después, como si se hubiese despertado de un sueño autoinducido.[444]

Si según Foucault la función del racismo en la economía del biopoder consiste en justificar el derecho soberano a dar muerte, en Argentina esta función *necropolítica* fue cumplida por el discurso de la guerra interna y preventiva. La dictadura afirmó el poder soberano decidiendo sobre un estado de excepción, llamado "guerra sucia". Pero una vez realizado ese "trabajo sucio" de inoculación preventiva del mal, los militares se reencontraron con las contradicciones irreductibles de la sociedad argentina, que no podían ser dominadas por medio de ninguna voz de mando, ni por ninguna extracción de información a través de la tortura. Esa radical impericia para gobernar llevó a la tentación de perpetuarse en el poder mediante otra guerra, esta vez *limpia* por responder a determinadas reglas básicas del enfrentamiento entre Estados, cuyos resultados, como lo expuso el Informe Rattenbach, fueron directamente autodestructivos.

La democracia recuperada en 1983 no fue fruto de ninguna gesta cívica. Nació como resultado de la crisis autoinmunitaria del poder civil-militar.

---

de las fuerzas propias. Anexos VII/18 y VII/19. Citado en sitio web de CESCEM Corrientes (Centro de Ex Soldados Combatientes en Malvinas de Corrientes).

443 *Informe Rattenbach, III Parte - Evaluación y análisis crítico. Capítulo VIII - Las causas de la derrota*. Citado en sitio web de CESCEM Corrientes (Centro de Ex Soldados Combatientes en Malvinas de Corrientes).

444 Que haya sido desbordada por la recepción eufórica que encontró en los medios masivos de comunicación no significa que la Junta Militar no haya comandado ninguna acción psicológica. En plena guerra prohibió la transmisión radial de música en inglés, dando prioridad a la música argentina, medida que recuerda las recomendaciones del Instituto de la Alegría, que, en la sección Alegría Auditiva y Rítmica, proponía prohibir la música extranjera y promover la música nacional. También se organizaron "recitales solidarios" donde las personalidades de la cultura se mostraban apoyando la causa de la guerra. Organizar este tipo de eventos era algo ya recomendado también en las lecciones de Carrillo, ya que permiten afianzar *"la alegría sana del que lucha por un alto ideal"*.

La democracia volvía, pero producto de una doble derrota: primero, como corolario de la aventura suicida en Malvinas. Segundo, como una democracia condicionada por los efectos destructivos ocasionados por el terrorismo de Estado y el exorbitante endeudamiento externo dejado por los funcionarios a cargo de la política económica. Se arribó entonces a una frágil paz democrática, horrorizada con las violencias de las que provenía. Los militares enjuiciados durante el gobierno de Alfonsín ahora se defendían aduciendo que habían peleado, legítimamente, en una guerra interna, y que la habían ganado. Pero si hubo una tal guerra, ¿cómo justificar las desapariciones, el robo de niños y los campos de concentración? El discurso perverso de los gobernantes *de facto* consistía en justificarse, *ex post facto*, en nombre de la guerra civil, la cual habían denegado cuando tuvo lugar y donde habían violado todo derecho de guerra, mientras ocultaban la vergüenza de haber sido apabullantemente derrotados en Malvinas, siendo, a la vez, un ejército que, para llevar a cabo la guerra interna, se había sometido a todos los requerimientos imperiales. Por eso, el círculo vicioso o auto-inmunitario en el que quedaron presos los militares oscilaba entre el asesinato y el suicidio, pero un suicidio que era también asesinato y sacrificio de soldados en el altar de una guerra exterior perdida de antemano.

No obstante, tampoco puede decirse que no hubo ninguna guerra. No solamente los movimientos guerrilleros se autopercibían como soldados y se organizaban a la manera de ejércitos revolucionarios en pie de guerra popular, sino que efectivamente recibían apoyo militar del exterior, aunque en menor medida que las fuerzas armadas. En este sentido, la teoría de los dos demonios era otra mala solución de compromiso que sólo servía para calmar consciencias y aliviar culpas. La teoría teológico-política de los dos demonios afirmaba que habían habido dos bandos enfrentados y una sociedad civil inocente que quedó atrapada en medio del fuego cruzado. Lo que esta teoría negaba era la vasta red de complicidades civiles que perpetuaron, durante décadas, la *guerra civil larvada* que confundió todas las certezas tranquilizadoras y que fue resuelta no a través de una lucha abierta y frontal, sino clandestinamente, a través del exterminio y el terrorismo de Estado. Por la despiadada forma en que el poder civil-militar desempató la situación de estancamiento previa a su toma del poder, los bandos no pueden ser simetrizados como en la *stásis* antigua. Por el contrario, era la teoría de los dos demonios la que simetrizaba a bandos disimétricos mientras pretendía permanecer neutral.[445]

____

445 Como indica José Pablo Feinmann, una de las diferencias cruciales entre la guerrilla y los militares, y que hace imposible su simetrización, es que la guerrilla atacaba blancos militares, evitaba atacar a la población civil (aunque, desde el punto de vista de la *acción psicológica*, sus acciones sí se dirigían a la población civil), y no torturaba a los que

Finalmente, todas estas intervenciones siniestras sobre los nervios de la población, que fueron *in crescendo* durante décadas, dejaron como saldo una situación de estrago mental y de trauma histórico. La dictadura exasperó los mecanismos de la "guerra de nervios" descriptos por Ramón Carrillo, pero al ser aplicados para neutralizar una situación de conflicto interno, la población a la que había que vencer y la población a la que había que defender resultó ser la misma. La *stásis*, al confundir todas las fronteras, por empezar las fronteras entre combatientes y civiles, entre el adentro y el afuera, entre lo propio y lo extranjero, derivó en una situación de crisis autoinmunitaria por exceso de defensa. El remedio acabó siendo mucho peor que la enfermedad.

Por ser la *stásis* un fenómeno donde se politiza lo familiar y se familiariza lo político, no es extraño que las Madres de Plaza de Mayo hayan sido quienes tomaron la delantera en la exigencia de justicia. Las Madres de la Plaza, esto es, una figura contradictoria para los estándares de la política clásica, ya que reúne a las madres, asociadas con el ámbito privado del *oikos*, y a la plaza, el espacio público de la *polis*. Las Madres de Plaza de Mayo constituyen el gran paradigma de una biopolítica afirmativa o de la vida, contra la biopolítica negativa o sobre la vida ejercida por los militares al apropiarse de recién nacidos con el fin de detener la propagación familiar de la subversión. Imposible entonces simetrizar a los bandos como en la *stásis* antigua. Imposible también considerar legítimo o deseable un juramento de amnistía bajo nuevas condiciones, dado que, a diferencia de la *stásis* antigua, los contendientes no combatieron entre ellos como si estuvieran destinados a reconciliarse, sino todo lo contrario: los militares, con su doble mensaje denegador, impartían el terror al mismo tiempo que hacían desaparecer su acción del ojo público, reduciendo a sus enemigos a la categoría de criminales infrahumanos, sin derecho alguno a defensa, sin siquiera derecho a sepultura. En esas condiciones, donde la vida política se despolitizó en nombre de un naturalismo biologicista que pensaba a la nación como un cuerpo que debía ser protegido preventivamente, sólo la solidaridad familiar de las madres y los hijos podía reconstruir el derecho de ciudadanía. Allí donde los objetivos de la acción psicológica habían consistido en silenciar toda disidencia, desrealizando lo real del terror que los militares impartían, la amnistía, o la amnesia, no podían funcionar. Para sanar y superar la catastrófica crisis se necesitaba ir en sentido contrario a la autoprohibición de recordar los males pasados.

---

hacía cautivos para extraerles información. Ver: José Pablo Feinmann, *Peronismo. Filosofía política de una obstinación argentina*, clase 94: *Contrainsurgencia, "sin tortura no hay información"*, Editorial Planeta, 2010.

El duelo faccioso, que degradó en la producción de miles de desaparecidos, arrasó con toda posibilidad de *hacer duelo*, en el sentido de la necesidad psíquica de despedir a los muertos. De ahí las ideas y venidas que tuvieron lugar durante las décadas siguientes con respecto al enjuiciamiento a los responsables de la represión, oscilaciones que fueron desde el inicial apoyo a la autoamnistía de los militares por parte del candidato peronista Ítalo Luder, el juicio a las juntas seguido de las leyes de Obediencia Debida y Punto Final de Alfonsín, pasando por los indultos de Menem y la reapertura de los juicios durante los gobiernos de Néstor Kirchner y Cristina Fernández. Estas idas y venidas han sido luchas por ocultar y desocultar que la paz democrática lleva inscripta el hecho de que una parte de la población fue previamente supliciada, atormentada, vejada y desaparecida por el Estado.

Por los efectos también devastadores que el Proceso de Reorganización Nacional dejó en la economía, el Estado argentino de la etapa democrática fue achicándose cada vez más, pero sin agrandar a la Nación. Si no mortalmente herido, el Estado de Bienestar heredado de la Argentina peronista salió muy maltrecho de la dictadura. El endeudamiento externo, las pujas sectoriales, la hipertrofia de los subsidios a los llamados grupos económicos, la fuga de divisas, los fracasos de los planes de estabilización monetaria, condujeron a la hiperinflación de 1989, momento dramático que dejó expuesto el hecho de que el Estado argentino había perdido toda capacidad para evitar las catástrofes.[446]

Desde entonces, más allá de marchas y contramarchas, recuperaciones y recaídas, la población argentina sufrirá una profunda transformación. La pobreza estructural, el desempleo y el subempleo crónicos, el rezago de las fuerzas productivas, la degradación urbanística, la privatización de la salud, configurarán un escenario de estancamiento endémico, una democracia con cada vez más población excedente, sin acceso o con acceso precario a la salud, a la educación y al empleo. Un biopoder ineficaz, incapaz de gobernar y potenciar el *caudal biológico* de la población.

◆ ——————— ◆

Como hemos visto, la Argentina, a lo largo de su breve e intensa historia, experimentó con diversas artes de gobierno, como si reflejaran los tres tipos de dominación célebremente descriptos por Max Weber. Vimos que, durante la *"feliz experiencia"* de Rivadavia y con la asesoría de Bentham, se intentó gobernar de acuerdo a la dominación legal-racional, proyecto prolongado y profundizado durante los gobiernos liberal-conservadores.

---

446 Tulio Halperin Donghi, *La larga agonía de la Argentina peronista*, pág. 148.

En la época de Rosas, se puso a prueba la dominación tradicional junto a la carismática, reunidas por el *despotismo popular*. En cuanto al peronismo, una de sus particularidades consistió en abrevar en los tres tipos de dominación, formando otra *extraña trinidad*, una que *arcaizaba lo moderno y modernizaba lo arcaico*.[447]

Hay, sin embargo, un cuarto tipo de dominación del que Max Weber no supo pero que Ramón Carrillo entrevió y que hoy asoma como modalidad hegemónica de gobierno. Se trata de la "legitimidad técnica", tendiente a desbordar la monopolización estatal de la fuerza legítima. Las empresas tecnológicas, las telecomunicaciones, las virtualidades, ya acaparan enormes masas de datos y suministran múltiples servicios, deconstruyendo en la práctica todas las categorías de la política moderna al desestabilizar los límites territoriales, de soberanía y de ciudadanía, es decir, todas las categorías que hicieron posible la operatividad del peronismo clásico. Corresponde al sociólogo alemán Heinrich Popitz haber llamado a este cuarto tipo de dominación: "poder definidor de datos", una forma de poder donde los seres humanos actúan sobre sí a través de objetos técnicos que determinan sus condiciones de vida, sustituyendo las fuerzas de la naturaleza por un mundo de artefactos.[448]

Con la aparición de las computadoras, el "poder definidor de datos" se tornará decisivo. En verdad, este tipo de poder es un sub-producto de la dominación legal-racional. Es una consecuencia del crecimiento de la

---

447 Históricamente, la tradición liberal-conservadora ha sido la que más ha invocado (aunque no necesariamente practicado) la racionalidad y la eficiencia en el ejercicio del poder. Pero, como vimos, con Ramón Carrillo una parte del peronismo también disputaba y reivindicaba para sí esos valores (la parte del peronismo que no era "la parte maldita", sino la otra parte o la otra dimensión, la del cálculo, la medición, la racionalización y la planificación). De hecho, Ramón Carrillo tenía en muy alta estima la obra de Rivadavia. En una conferencia sobre urbanismo e higiene dictada en 1951 en la Facultad de Medicina, comentó: *"Es sorprendente la visión de Rivadavia como hombre de Estado. Hace más de un siglo, en 1827, propuso que el límite de Buenos Aires fuera una línea trazada desde el Tigre hasta lo que es hoy la ciudad de La Plata. Naturalmente, la idea fue computada como una locura más del genial gobernante; (…) Ciento veinte años después, nos reunimos aquí para darle la razón a Rivadavia y tratar de compaginar lo que política y convencionalmente está desintegrado; es decir, considerar la sanidad de Buenos Aires en conjunto con la del Gran Buenos Aires, la ciudad artificial sumada a la ciudad real, la verdadera, la que reúne a todos los porteños y periporteños con sus angustias, trabajos y preocupaciones, apretujamientos y ansiedades emergentes, que no aceptan –como es lógico– limitaciones creadas por mera disposición de los hombres".* Citado en: Juan Carlos Veronelli, Magali Veronelli Correch, *Los orígenes institucionales de la salud publica en la Argentina*, tomo II, pág. 530, Organización Panamericana de la Salud, 2004.

448 Heinrich Popitz, *Phenomena of Power. Authority, Domination, and Violence*, Columbia University Press, 2017.

burocracia, de su papeleo y de sus grandes necesidades de archivación. Las primeras máquinas de oficina, como la máquina de escribir, nacieron entre fines del siglo XIX y principios del siglo XX para ahorrar tiempo y espacio a los gobiernos y las industrias administrativas. Con la Segunda Guerra Mundial y los requerimientos en la posguerra de hacer más versátiles y veloces los cálculos censales, las primeras computadoras harán su gran aparición, mostrándose a la vez como máquinas de guerra y como máquinas gestionadoras de la paz.

Como suele suceder con toda nueva gran invención o ingenio, la computadora, que es un aparato de procesamiento de información, reconfiguró el mundo de formas imprevisibles. Lo que primero había sido creado para decodificar los mensajes encriptados de los nazis se convirtió en un autómata universal, apto para todo uso, a la vez archivero, máquina de escribir y aparato de cálculo. El paradigma de la información se convertirá, en pocos decenios, en el modelo y en el secreto al fin revelado de toda actividad viviente, ya sea animal, humana o maquínica. Incluso, la nueva biología nacida con el hallazgo del ADN en 1952 tomará su modelo de la cibernética, haciendo de la estructura molecular un "código genético" y de las células algo así como autómatas minúsculos que controlan y regulan su propio metabolismo.[449] Solo a partir de ese momento, cuando el paradigma de la comunicación informática se propague velozmente por todos los ámbitos de la vida, desde los hogares informatizados hasta las oficinas y las fábricas automatizadas, la información será codiciada como la mercancía más valiosa.

Desde entonces, la cuestión de la simulación dejará de estar fundamentalmente relacionada con la inspección y el desenmascaramiento de los anormales. La simulación adquirirá un nuevo rango al volverse uno de los objetivos básicos de la computación, capaz de crear micromundos virtuales, enteramente autosuficientes y controlados por usuarios socialmente aislados. En este nuevo horizonte de posibilidades, las computadoras, en una creencia mítica que llega hasta nuestros días y persiste con cada vez más fuerza, serán concebidas como capaces de simular, emular o mimetizarse con la mente humana, una *inteligencia artificial* que no solo sería capaz de pensar por sí misma, sino de tomar decisiones y hacer proyecciones simulando escenarios futuros, reemplazando los saberes humanos por "sistema expertos" automatizados. De este modo, llegarán a confundirse el modelo y la copia: la mente humana, al principio modelo para el diseño de las computadoras, comenzará a ser concebida a la manera de un órgano de procesamiento de información, despojándola así de necesidades

---

449 Theodore Roszak, *El culto de la información*, pág. 56, Editorial Gedisa, 2005.

vitales, de deseos y de una corporalidad viviente marcada por un despojo o desamparo inicial: el de la criatura nacida desvalida y hambrienta de cuidados y de afecto.

Al decir de Pierre de Latil, la máquina informática, aunque no piense, permite registrar pensamientos, y por lo tanto, ahorrar razonamientos a los seres humanos, evitando que el cerebro se fatigue.[450] Sin embargo, cuanto más razonamientos se delegan u objetivan en las máquinas, más aumenta el problema de la caja negra y más poder adquieren los pocos cerebros que comprenden, diseñan y controlan el razonar de las máquinas. Así, las computadoras, diseñadas para resolver problemas, crean a sus creadores y usuarios problemas enteramente nuevos e impredecibles.

En parte, Ramón Carrillo había anticipado todo esto cuando definía a la marcha cibernética como conducente hacia la fabricación del cerebro artificial y al ideal cibernético como un autómata capaz de resolver problemas de gobierno. Pero Carrillo también sostenía que su cibernología era anticibernética, en la medida en que no se proponía producir la maquinización del hombre, sino humanizar, mediante recursos científicos, al Estado y al gobierno. El objetivo de su propio programa, como el de Bentham y Perón, era aumentar la felicidad del hombre manteniéndolo bajo una permanente vigilancia. Aunque su objetivo no era crear ingenios tales como computadoras, proyectaba acopiar "ingenios absurdos" para aprovisionar de materiales al Instituto de la Alegría.

Carrillo se propuso hacer un *"planteo biológico de la sociedad"* y *"fijar una política biológica con el potencial humano, para cuidarlo y mejorarlo"*. Pero no era tanto el problema de la raza lo que lo preocupaba sino, fundamentalmente, el problema del orden social. Esta es la razón por la que la entropía tenía tanto valor para su proyecto. Según la segunda ley de la

---

450 Pierre de Latil, *El pensamiento artificial*, pág. 50. Precisamente, en esto consiste el problema de la "memoria artificial", es decir, la externalización de pensamientos y gestos corporales en soportes artificiales, lo que los griegos llamaban *hypomnemata* y que Platón, en el *Fedro*, distinguía de la *anamnesis* como recuerdo a través la palabra (Derrida, en *La farmacia de Platón*, cuestionó la posibilidad de trazar una frontera férrea entre *hypomnesis* o memoria muerta, y *anamnesis* o memoria viviente, distinción tan difícil de marcar como la de remedio y veneno en el *phármakon*). El problema, que a partir de la revolución industrial adquirió un acuciante relieve, es que las máquinas no solamente ahorran razonamientos y gestos corporales, sino que los expropian a los trabajadores, proletarizándolos. Bernard Stiegler es quien más ha analizado estas cuestiones en relación a la proliferación de memorias artificiales y mnemotecnias digitales, que expropian cada vez más saberes a los trabajadores. Significativamente, en Stiegler también hay una renovada preocupación acerca del aumento de la entropía que traería aparejada la automatización digital del mundo, así como el consumo de combustibles fósiles, a lo que opone estrategias relacionadas con la *neguentropía*. Ver: Bernard Stiegler, *The Neganthropocene*, Open Humanities Press, 2018.

termodinámica, la entropía es definida como "medida del desorden". En un sistema de partículas aislado, todo orden acaba, irreversiblemente y por obra de la flecha del tiempo, en la disipación de las partículas en el medioambiente y, por lo tanto, en la pérdida de energía útil para realizar lo que en física se llama *trabajo*. Pero Carrillo, que extrapolaba este principio al gobierno de la sociedad, no llegó a reconocer la importancia que tuvo la teoría de la información para el tratamiento de la entropía. Como mostró Claude Shannon, la mejor manera de protegerse contra la entropía es traducirla al lenguaje binario y combinatorio de la información. En su teoría matemática de la comunicación, la baja entropía equivale a un alto grado de predictibilidad y la alta entropía a un alto grado de incertidumbre. Si las partículas de un sistema se mueven muy desordenadamente es más difícil predecir su próxima posición, y viceversa. Shannon mostró que una señal eléctrica sólo puede optimizarse si las posiciones sucesivas de los elementos que la componen, por ejemplo una secuencia de bits, son predecibles y no aleatorias. Cuanto más probable sea un mensaje, menos información contendrá, y cuanto más improbable sea, más información será necesario transmitir. La teoría de la información, entonces, busca sobre todo *probabilizar lo improbable*, crear dispositivos contra la contingencia y el azar, asociando el orden con lo probable y el desorden con lo improbable. Todos estos cálculos y métricas para computabilizar y contrarrestar la entropía faltan por completo en la teoría de Carrillo, al igual que el concepto de *feedback*, lo que da una verdadera medida de su distancia con respecto a la cibernética.

Desde aquel desencuentro inicial, la Argentina quedó al margen de los desarrollos cibernéticos que tomaron fuerza en los países centrales a partir de la década del cincuenta. El proteccionismo peronista provocó una situación de estancamiento en muchas áreas científico-tecnológicas, al limitar la importación de bienes y de publicaciones extranjeras. De hecho, durante los años del primer peronismo se registran muy pocas publicaciones sobre electrónica y computación.[451] Por eso, puede pensarse a la cibernología como una respuesta proteccionista a la cibernética, una aparente alternativa nacional al pilotaje científico del Estado, capaz de producir resultados similares a la cibernética sin necesidad de contar con costosos aparatos de cálculo. Carrillo trazaba *espacios del hombre* que tomaban la forma de *espacios circulares*, pero aún no eran *circuitos electrónicos*.

Este retardo fue primero rectificado en la segunda mitad de la década del cincuenta, cuando se produce un "salto computacional" a partir de la reincorporación de muchos científicos no encolumnados con el peronismo

---

451 Nicolás Babini, *La llegada de la computadora a la Argentina*, revista Llull, vol. 20, 1997.

y que habían sido marginados de la vida académica. Al calor del naciente desarrollismo y la recuperación de la autonomía universitaria, se creó el Consejo Nacional de Investigaciones Científicas y Técnicas (CNICT, hoy Conicet), como realizando lo que indicaba Carrillo, en su tratado perdido, sobre la necesidad de dirigir desde el Estado la investigación científica. El matemático Manuel Sadosky asumió como vicedecano de la Facultad de Ciencias Exactas y Naturales de la UBA e impulsó la creación de un Instituto de Cálculo, especializado en "investigación operativa", es decir, la aplicación de las matemáticas a la resolución de problemas reales complejos. Para equipar al Instituto de Cálculo, Sadosky consiguió que el consejo directivo de la facultad aprobara la adquisición de la primera computadora traída a la Argentina, una Mercury II, de la empresa inglesa Ferranti, enteramente financiada por el CNICT, por entonces a cargo de Bernardo Houssay, a cambio de un porcentaje de las horas de cómputo destinado a sus investigadores. La gigantesca máquina valvular, apodada Clementina por traer programada de fábrica la canción *"Oh My Darling, Clementine"*, fue emplazada en una sala especialmente refrigerada de Ciudad Universitaria y llevó meses ponerla en funcionamiento. Incluso se invitó a la programadora inglesa Cicely Popplewell, colaboradora de Alan Turing en el desarrollo de la legendaria computadora Manchester Mark I, para dictar los primeros cursos de programación en Argentina.

Una vez en marcha, Clementina prestó servicios a compañías privadas y a empresas y dependencias del Estado, como la Comisión de la Energía Atómica, YPF, Ferrocarriles del Estado y el INTA. En 1960 fue utilizada para procesar, a una velocidad inédita, los datos provistos por el Censo Nacional. Los científicos que trabajaban en el Instituto de Cálculo la utilizaron para explorar problemas tan diversos como traducción automática de idiomas, calcular la trayectoria del cometa Halley, mejorar los intervalos de encendido de los semáforos de la avenida Santa Fe y mediciones para el aprovechamiento de los ríos en la zona cuyana. Para Manuel Sadosky, la investigación operativa, el tratamiento numérico de la información y la puesta en marcha de un sistema nacional de computación permitirían solucionar muchos de los problemas de las empresas estatales. Oscar Varsavsky, director del grupo de estudios en Economía que trabajaba en el Instituto de Cálculo, había desarrollado un modelo simulado de economía argentina que, según Sadosky, sería *"de gran utilidad para todos aquellos que quieran ensayar diferentes políticas en el campo económico"*.[452]

Más sorprendente aun es el hecho de que, en el Instituto de Cálculo, Varsavsky desarrolló una simulación computarizada de la Utopía de Tomás

---

452 CESSI Argentina, *Historia de la Industria Informática Argentina*, pág. 19, 2014.

Moro, sociedad agrícola ideal divida en grupos de treinta familias, sin propiedad privada y sin decisiones secretas sobre los asuntos públicos.[453] Pero, como observaba el propio Varsavsky en un informe de presentación del proyecto, Utopía es una sociedad estática, anterior a la Revolución Industrial.[454] Le permitía, a él y a su equipo de matemáticos, experimentar con hechos sociales bajo condiciones controladas y planificar sociedades más complejas por medio del cálculo computacional. Asignándole un valor numérico a cada miembro de Utopía, clasificados según su función social, su rango etario y sus rasgos de carácter, el propósito del modelo consistía en *"calcular el antagonismo"* de la isla y los posibles grados de divergencia en las opiniones de sus habitantes.[455] Acaso, se trataba de calcular el antagonismo de Utopía para hallar una solución computarizada a los enfrentamientos facciosos de la Argentina.

En 1963, por impulso de Manuel Sadosky, se creó la carrera de Computador Científico de la UBA. Su cometido era *formar cuadros* que no dependiesen de una empresa que los entrenara para utilizar una sola marca. Por aquel entonces, la única preparación especializada la proporcionaba IBM a su propio personal, en unos cursos llamados EDP (Electronic Data Processing). En 1963, Argentina ya contaba con veinte computadoras similares o superiores a Clementina (por la misma época, Estados Unidos contaba con unas diez mil), adquiridas por empresas y universidades privadas.[456] Los estudiantes de la carrera de Computador Científico tenían la oportunidad de participar de las investigaciones que realizaban sus profesores con Clementina, como el desarrollo de un lenguaje de programación propio llamado COMIC (Compilador del Instituto de Cálculo).

---

453 En un fragmento que recuerda la teoría del hospital de Ramón Carrillo, Tomás Moro escribe que los utopianos, que odian la guerra, tienen en mucho valor el cuidado de la salud. Los hospitales están *"perfectamente concebidos"* y son tan magníficos que *"no hay enfermo, sin embargo, en toda la ciudad, que no prefiera ser internado en el hospital a permanecer en su casa"*. Tomás Moro, *Utopía*, pág. 35, Biblioteca Virtual Universal.

454 *Utopía, Primer Modelo Computable de Sociedad Basado en la Utopía de Tomás Moro*, por Carlos Domingo y Oscar Varsavsky. Colaboradores: José Agustín Silva Michelena y Jorge Ahumada. En la introducción al artículo, el físico y matemático Carlos Domingo comenta que el grupo se debatió entre varios modelos canónicos de sociedades ideales antes de decidirse por Utopía, entre los que estaban la República de Platón, la Ciudad del Sol de Campanella, la Nueva Atlántida de Bacon y hasta el Mundo Feliz de Huxley. Artículo publicado en: Desarrollo Económico, Vol. 7, nro. 26, julio-septiembre, 1967.

455 Este "primer modelo computable de sociedad", como se lo llama en el informe de presentación, no sólo resignificó el diseño de sociedades utópicas al integrarlas en una *mathesis universalis* computarizada. También anticipó videojuegos de enorme popularidad, como SimCity, Populous y Civilization, juegos pertenecientes a un género llamado, significativamente, "god game" o videojuego de simulación de dios.

456 Enriqueta Muñiz, *Clementina*, revista Vea y Lea, diciembre de 1962.

Mientras Sadosky había promovido el uso de la computadora como herramienta de investigación, como tema de estudio y como aparato capaz de conectar a la universidad con el desarrollo productivo, en la Facultad de Ingeniería, el ingeniero Humberto Ciancaglini cumplió un papel similar. Entre 1958 y 1962 desarrolló una computadora experimental compuesta de transistores llamada CEFIBA (Computadora Electrónica de la Facultad de Ingeniería de Buenos Aires). A pesar de tratarse de una computadora rudimentaria y equipada con muchos componentes importados, Ciancaglini logró capacitar a los estudiantes no sólo en programación, como el Instituto de Cálculo, sino en ingeniería electrónica. Un proyecto similar tuvo lugar en la Universidad del Sur, en Bahía Blanca, donde se creó un Laboratorio de Computadores, a cargo del ingeniero Jorge Santos, que diseñó lo que llamaba un computador de bajo costo, pero que no llegó a construir debido al derrocamiento de Frondizi en 1962.

En 1966, con la violenta intervención de las universidades nacionales, Manuel Sadosky renunció a su puesto y fue acompañado por los investiga-dores del Instituto de Cálculo, marchando unos hacia el exilio y otros hacia la actividad privada.[457] En la Facultad de Ingeniería, la intervención dejó trunco el proyecto de Ciancaglini. Desde entonces, el Estado argentino ya no contaría con ningún proyecto computacional de la magnitud del inte-rrumpido y destruido durante la Noche de los Bastones Largos, a pesar de que la "Revolución Argentina" se proponía, en apariencia, acelerar el pasaje desde el país agro-ganadero al país industrial. Si las computadoras fuerzan lo improbable a volverse probable, las fuerzas militares forzaron el final de una cibernética argentina que apenas estaba despuntando. Con la ida de Sadosky, el Instituto de Cálculo perdió relevancia como prestador de servicios y como centro de investigación. Entonces, grandes máquinas se instalaron en los organismos que habían sido usuarios del Instituto y Clementina quedó obsoleta.

En 1968 se estimaba que ya habían 150 computadoras instaladas en el país, la mayoría de ellas provistas por IBM, seguida por las empresas Bull, Burroughs y National.[458] En 1967, la Presidencia de la Nación creó una Asesoría en Sistemas de Computación de Datos que dio origen a las primeras normas informáticas (término que comenzó a ser utilizado desde entonces), destinadas a la administración pública y a las fuerzas arma-das. La acción de esta dependencia se limitaba a regular algunos aspectos

---

457 Pocos años antes y a raíz del derrocamiento de Frondizi, César Milstein también se había exiliado del país rumbo a Inglaterra, donde hizo grandes avances en inmunología y desarrolló la técnica para producir anticuerpos monoclonales.

458 Nicolás Babini, *La llegada de la computadora a la Argentina*, revista Llull, vol. 20, 1997.

técnicos en un mercado dominado por la oferta extranjera y el desconocimiento de los usuarios. Las contadas aplicaciones novedosas durante este período no provinieron de la administración pública, sino de empresas estatales como Aerolíneas y Ferrocarriles, que en 1970 instalaron sistemas de reserva automática de pasajes, así como de la división electrónica de la empresa de neumáticos FATE, que creó Cifra, la primera calculadora electrónica nacional.

En 1974, durante el tercer gobierno de Perón, se creó un plan de estudios para una nueva licenciatura en ciencias de la computación orientada a cubrir con expertos argentinos las necesidades técnicas del mercado. El plan de estudios se basaba en un informe sobre la utilización de la computación en Argentina, donde se afirmaba que:

> "(...) las empresas proveedoras mantienen al país en una dependencia total, situación que perdurará hasta que los recursos sean puestos al servicio de las necesidades del pueblo mediante la fijación de políticas nacionales que tiendan a cortar los lazos de dependencia técnica y cultural con el imperialismo dominante (...)".[459]

Después de la destrucción del Instituto de Cálculo, las empresas extranjeras se habían apoderado de la totalidad del parque informático argentino. En ese entonces, la separación entre software y hardware era aún poco definida y las mismas empresas que vendían los equipos instalaban los sistemas a través de programadores formados por ellas mismas. En 1975, y por la ausencia de una política de Estado orientada a crear empresas informáticas nacionales, se suspendió la licenciatura y se volvió a la carrera de Computador Científico. Las nuevas autoridades aducían que la licenciatura consumía demasiados recursos y que era preferible contratar expertos en el exterior (la licenciatura finalmente se creó en 1982), reforzando así la dependencia hacia las empresas extranjeras, que no dejaban de producir nuevos lenguajes de programación, nuevas aplicaciones y nuevos campos de estudio, como la inteligencia artificial, la robotización industrial, la microelectrónica y la telemática.[460]

---

459 Citado en: Nicolás Babini, *La Argentina y la computadora. Crónica de una frustración*, pág. 88, Editorial Dunken, 2003.

460 Nicolás Babini, *La llegada de la computadora a la Argentina*, Revista Llull, vol. 20, 1997. Entre los varios intentos fallidos de fabricar computadoras en el país, cabe mencionar la computadora Argenta diseñada por Juan Carlos Escudé, un oficial de la Armada que participó de la Revolución Libertadora y que se destacó como ingeniero en telecomunicaciones. En la década del sesenta, Escudé viajó a Estados Unidos, donde trabajó como desarrollador de computadoras digitales para ser enviadas al espacio. Al regresar a la Argentina, en 1973, consiguió un acuerdo con la Armada para desarrollar una computadora de fabricación nacional que sería utilizada como parte de un sistema automatizado de control de armas de buques de guerra. A pesar de que trabajó varios

A principios del gobierno de Alfonsín se creó la Secretaría de Ciencia y Técnica, a cuyo cargo fue nombrado Manuel Sadosky. La Secretaría creó una Comisión Nacional de Informática que parecía hacer revivir, a una escala superior, el Instituto de Cálculo iniciado veinticinco años antes. La Comisión redactó un gran informe donde se planteaba que la promoción de una industria informática nacional sería el único medio para alcanzar la autonomía tecnológica y la independencia soberana en el contexto de la expansión masiva de la computación. Sin embargo, desavenencias con otras secretarías impidieron el avance del plan, a pesar de que Alfonsín, en un discurso pronunciado en la Plaza de Mayo en 1986, había anunciado que:

> "(...) en pocos meses tendremos la informática en todas las ramas de la administración. Iremos trabajando sobre esta base desde La Quiaca hasta Ushuaia, para que cualquier argentino pueda gozar de la terminal de una computadora y saber cómo andan los trámites del Estado".[461]

Esta promesa, que hoy nos parece modesta a la luz del avance tecnológico mundial, representaba por entonces un sueño de progreso nacional, capaz de alejar la sombra de la decadencia que ya asomaba, en un horizonte sin horizontes. Las desinteligencias entre las secretarías y la enorme crisis económica que abatió al gobierno de Alfonsín dejaron trunco ese proyecto. De allí en más, la dependencia tecnológica de Argentina no ha hecho sino acentuarse, así como la incapacidad del Estado nacional para calcular y planificar el curso de las cosas, curso naturalmente tendiente, como explican tanto la cibernética como la cibernología, al deterioro energético y a la muerte entrópica.

---

años en ella, la computadora no pasó el estado de prototipo, ya que fue dada de baja por la Armada en 1980 sin dar mayores explicaciones, excepto que prefería seguir contratando los equipos de la empresa británica Ferranti. Poco tiempo después, estallaría la guerra de Malvinas. Ver: Pablo M. Jacovkis, *Juan Carlos Escudé y la computadora Argenta*. En: Memorias del IV Simposio de Historia de la Informática de América Latina y el Caribe, Valparaíso, Chile, 90-96 (CD), 2016.

461 Citado en: Nicolás Babini, *La Argentina y la computadora. Crónica de una frustración*, pág. 126, Editorial Dunken, 2003.

Tempestades de información

Hemos realizado, a lo largo de este ensayo, un retorno a la historia argentina y a su historia de ensayos y errores. Como en círculos, o mejor, como en bucles, dimos vueltas a través de la circularidad de los ciclos nacionales, explorando los estratos de sus crisis cíclicas. Descubrimos que la navegación del Estado argentino viaja en círculos viciosos, pero no viaja fuera del tiempo. Por obra de la irreversible flecha del tiempo, la cual hace posible tanto el advenimiento de lo nuevo como el desgaste de lo ya advenido, la nave argentina no retorna hacia un punto de partida que permanece intacto. No se trata de una odisea que regresa a buen puerto. La repetición circular de los problemas, que es la forma misma de la adicción, conduce la embarcación hacia un viaje accidentado y encallado a través del mar de las crisis. Una especie de espiral descendente o un torbellino que da mareos.

Este retorno especular de sí hacia sí, esta circularidad de los circuitos, se corresponde también con el problema del automatismo, es decir, aquello que se mueve por sí mismo y encuentra en sí el motor de su actividad. Se trata, toda vez que ronda el prefijo griego *autos*, a la vez del problema de la auto-nomía y de la auto-determinación, pero también de los auto-matismos de repetición y de las máquinas auto-máticas en las que, cada vez más, se delegan los asuntos de gobierno. Simultáneamente, se trata del problema de la auto-conservación y de las peligrosas leyes de la auto-inmunidad, allí donde el mayor peligro, el de la auto-destrucción, nace del exceso de defensa frente al peligro. El *autos*, como se ve, es una figura ambigua. Puede designar tanto la libertad irrestricta de individuos y colectivos autó-nomos, como la sumisión a las leyes auto-máticas de un sistema social.[462]

---

462 Tiqqun, *La hipótesis cibernética*, edición digital, disponible en: <https://tiqqunim.blogspot.com>.

Junto al prefijo *autos* y en las últimas décadas, el prefijo "ciber" se ha multiplicado y extendido por doquier, como si poseyese, él mismo, *el don de la ubicuidad*. Se ha hablado de cibercultura, ciberespacio, cibercrimen, ciberseguridad, cibersexo, ciberguerra, ciberdemocracia, ciberpolítica, ciberpunks, cyborgs, y hasta de cibermundo. Todo, o la totalidad misma, parece capaz de ser descripto a través de la versión auto-correctiva, auto-referente, auto-poiética y homeo-stática del timonel, tal como lo entrevió Norbert Wiener y también Ramón Carrillo.[463] Pero la "cibernética de segundo orden", surgida en los años setenta con Heinz Von Foerster, le dará una nueva vuelta al rizo, al postular una suerte de doble auto-referencialidad que conduce a una puesta en abismo: el observador que describe los sistemas cibernéticos no es independiente de los sistemas observados, ni tampoco de los sistemas que a su vez lo observan y controlan.

En *Nuevo orden interior y control social*, una de las pocas ocasiones donde Foucault arriesgó un pronóstico sobre las transformaciones que vendrían, se afirmaba que el Estado-providencia estaba llegando a su fin.[464] A fines de los años setenta asomaba un nuevo tiempo donde los Estados occidentales ya no podrían ejercer, como en las sociedades disciplinarias, un poder omnipresente, omnivigilante y costoso, sobre todos y cada uno de los individuos. La proliferación de conflictos impediría su gestión del modo inflexible en que antes se lo ejercía. Entonces, el Estado se vería obligado a *economizar* su propio ejercicio del poder, dándose un cambio de estilo y de formas.

En este nuevo "orden interior", que algunos años después Deleuze llamó *sociedades de control*, los Estados relajarían su puntillosidad policíaca. Es más fácil, escribía Foucault, dejar a la sociedad expuesta a un cierto porcentaje de delincuencia y marginalidad, creando *"zonas vulnerables"* y *"márgenes de tolerancia"*. Para poder controlar dichos márgenes, el poder se proveerá de un *"sistema de información general"* que se extenderá por toda la sociedad. Este sistema no tendrá como objetivo la vigilancia de cada individuo, sino la posibilidad de intervenir en cualquier momento, justo allí donde se anuncia un peligro absolutamente intolerable para el poder.

Al final de aquella breve conferencia, a la que hoy volvemos y leemos retroactivamente, Foucault señalaba que la instauración de un "sistema de información general" iba a significar una cierta regulación espontá-

---

463 Uno de los últimos avatares del timonel y de la nave política es la figura de la "Nave Tierra" (*"Spaceship Earth"*), acuñada por el inventor Buckminster Fuller, donde se trataría ya no de pilotear un Estado, sino de pilotear el planeta como a una nave espacial para evitar su colapso ecológico.

464 Michel Foucault, *Nuevo orden interior y control social*, intervención en la Universidad de Vincennes, 1978. En: *Saber y Verdad*, Ediciones de la Piqueta, 1991.

nea del poder, capaz de hacer que el orden social se *"auto-engendre"* y se *"auto-controle"* con la ayuda de los *"medios de comunicación de masas"*. El Estado dejará que los conflictos y las luchas económicas se desplieguen mientras él mismo se repliega, interviniendo de la forma más discreta posible, apareciendo a la vez como *"desentendido y condescendiente"* para que no recaigan sobre él las responsabilidades de los conflictos económicos. Para Foucault, que dictó esta conferencia pocos años después de la crisis del petróleo, estas transformaciones estarían motorizadas por el agravamiento de la escasez de energía, el hecho de que los combustibles fósiles se volverían cada vez más caros. El *"saqueo energético"* realizado por los países occidentales sobre el resto del mundo, gracias al cual Occidente alcanzó su propio bienestar, estaría llegando a su fin. Los Estados occidentales, entonces, por falta de energía, ya no podrían seguir actuando como Estados providenciales.

A pesar de que Foucault erró el pronóstico acerca del encarecimiento y rápido agotamientos de las energías fósiles (aún hoy predominantes frente al lento avance de las "energías limpias"), también mostraba, indirectamente, que la gestión y administración de las energías se volvería un problema central, aunque de un modo diferente al paradigma del motor humano. La puesta en marcha de un vasto sistema de información, que hoy conocemos como Internet o *la red de redes*, será promovido no sólo por los Estados, sino por grandes empresas capitalistas que desbordan las fronteras estatales y cuyo mayor activo son los flujos de saberes científico-tecnológicos, desplazando el énfasis desde la explotación basada en el trabajo físico a una explotación predominantemente basada en el trabajo mental o cognitivo. En estas nuevas condiciones, las técnicas de *acción psicológica* se volverán axiales, pero ya no sólo para hacer la guerra sino, más aun, para el gobierno competitivo de la estresante vida empresarial, así como para el *microtargeting* de consumidores y votantes a través de las redes sociales. Junto al biopoder emerge, con cada vez más fuerza, un *psicopoder* destinado a modular y gestionar las energías mentales, cada vez más amenazadas por la saturación de informaciones y la *fatiga de atención*.[465]

Esta gran transformación del poder, este cambio de piel, está afectando, de modos incalculables, lo que conocemos, vagamente, como democra-

---

465 Como la cibernología, las técnicas behavioristas para el gestión de las energía mentales hoy también tienen una rama teórica y una rama práctica. A su rama práctica se la conoce como "tecnología persuasiva" (*persuasive technology*) y tiene el objetivo de diseñar sistemas donde el usuario se vea llevado a hacer algo, ya sea una compra en línea o permanecer conectado a una red social. A la rama teórica de esta ciencia desarrollada en la Universidad de Stanford se la conoce como "captology", del acrónimo "Computers As Persuasive Technologies", pero que bien puede ser interpretada como una ciencia de la captura o de la captación.

cia, especialmente en su vínculo, íntimo y cercano, con la demografía. La democracia, al menos desde Grecia, siempre ha estado relacionada con la cuestión del cálculo y del número, en el sentido del recuento de los votos, la medición de las voces, la duración de los mandatos, la alternancia en el poder y la deliberación sobre los presupuestos nacionales.[466] La democracia es el régimen del número, incluso del mayor número, de las mayorías, de las particiones o partidos, de las fracciones, pero también de la parte de los sin parte.[467] Hay toda una aritmética y todo un *ars combinatoria* de la democracia que la diferencia de la soberanía auto-crática y onto-teológica, que es siempre una, total e indivisible.

Como señaló Derrida más de una vez, la democracia siempre es un problema de tamaño y de mediciones. Pero en las democracias actuales, el poder ya no se mide solamente con lo demasiado grande, a la manera de la metáfora que hacía del Estado un gran cuerpo político. Se mide, cada vez más, con el poder de lo más pequeño: las nanotecnologías, los micro-procesadores, la microfísica y toda clase de minicomponentes.[468] Lo que Ramón Carrillo llamaba el "Estado robot" adquiere hoy menos la estatura de un Leviatán gigante que la de lo nano, lo micro, lo mini y hasta de lo cuántico. Estas tecnologías de control miniaturizadas hacen que ya no sea sólo el número *lo que cuenta* para el ejercicio del gobierno sino, más aun, la cifra, la contraseña, que habilita o prohíbe el acceso a la información.[469]

Si algo caracteriza a la reconfiguración actual de la figura del timonel es su empequeñecimiento e invisibilización. Gobernar la ciudad, curar, gobernarse a sí mismo, las tres modalidades antiguas del pilotaje, se vuel-ven navegaciones o *surfeos* cada vez más volátiles, veloces y fluctuantes. Las poblaciones, los cuerpos y las identidades personales, traducidas a paquetes de información, se segmentan y fragmentan, haciendo de los indi-viduos, al decir de Gilles Deleuze, materias "dividuales" o divididas, cons-tantemente sondeadas. Y es por obra de la miniaturización y abaratamiento de los dispositivos de control que el poder puede tender a auto-matizarse, auto-producirse y auto-controlarse, en forma ubicua. Así, el modelo para

---

466 Jacques Derrida, *Canallas*, pág. 48, Editorial Trotta, 2005.

467 Cuestión que Carrillo también observaba en su introducción a la cibernología al afirmar que la política *"es una ciencia en la que los factores cuantitativos −masas, números, votos− juegan exclusivamente. Pero en el gobierno, esos factores cuantitativos gravi-tan en forma mucho menos decisiva, porque al gobierno le interesa, principalmente, lo cualitativo. El gobierno −en principio− se hace con los mejores. La democracia, teóricamente, es el gobierno de los mejores, de los más capaces. Y para ello se elige"*.

468 Ibíd., pág. 104.

469 Gilles Deleuze, *Posdata sobre las sociedades de control*. En: *Conversaciones*, Editorial Pre-textos, 1999.

la concepción de la sociedad como una totalidad unida o unitaria ya no será provisto por la figura orgánica del cuerpo político, sino por la figura cibernética y tecnocrática del sistema integrado,[470] figura que sin embargo sigue guardando relación con el modelo corporal, especialmente con la red neuronal y con el *sistema nervioso*. Por eso, el lenguaje de las redes computacionales permanece fuertemente ligado al léxico inmunitario y hasta sanitario, toda vez que se trata de virus informáticos, anti-virus, viralizaciones, gusanos, escudos de red, programas maliciosos y prevención de ataques cibernéticos.

Pero esta ubicuidad del control es a la vez un don y una maldición. En la medida en que el propósito de las técnicas de automatización de los propósitos es salvar a los sistemas sociales de todo peligro, es decir, volverlos indemnes e inmunes, siempre pueden quedar atrapados en los círculos suicidas de la auto-inmunidad, como en los estallidos de las grandes crisis financieras, o ahora, al momento de escribir estas líneas, con la crisis pandémica del coronavirus, que ha vuelto a poner en un primer plano los temas del sanitarismo, de la biopolítica, de la salud pública, de la epidemiología y de los sistemas hospitalarios, especialmente imbricados con la cibernética y la gestión de datos, así como con el rastreo y la vigilancia informática de personas contagiadas.

Las sociedades de control son sociedades autoinmunitarias, cerradas sobre sí, aunque neoliberales o contrarias al proteccionismo económico.[471]

---

470 Jean-François Lyotard, *La condición posmoderna*, Editorial Cátedra, 1987. Uno de los mayores promotores de la imagen del sistema social fue Stafford Beer, el cibernetista inglés que, en el Chile de la Unidad Popular, se encargó de diseñar el proyecto *Cybersyn* (Cyber Synergy): una gran red informática que serviría para la planificación socialista de la economía chilena. Por falta de recursos, *Cybersyn* funcionaría en base a una sola computadora central y a una red de télex distribuidos en todas las fábricas nacionalizadas. El golpe de Estado de Pinochet y la instauración por la fuerza del neoliberalismo interrumpieron la puesta en funcionamiento de *Cybersyn*, que en ciertos aspectos recuerda a la cibernología de Ramón Carrillo. La diferencia fundamental es que, en el *Cybersyn*, los trabajadores, organizados en comités por fábrica, por sector y por rama de la producción, también participarían de la toma de decisiones. En la cibernología de Ramón Carrillo, los que tomarían las decisiones serían solo los científicos, ubicados en el pináculo del Estado.

471 Los gobiernos que en los últimos años se han dado en llamar populistas, por oposición al neoliberalismo, no pueden ser igualados a los populismos de mediados del siglo XX, como el peronismo clásico. Los nuevos populismos progresistas, como el kirchnerismo, deben vérselas con una mayor variedad de luchas y conflictos, en el marco de Estados nacionales mucho más débiles que los del pasado. Constituyen estrategias de gobierno más propias de las sociedades de control que del Estado de bienestar. La teoría del populismo de Ernesto Laclau, con su énfasis puesto en lo discursivo y en el afán de articular multiplicidad de demandas, da cuenta de una dinámica política que debe tomar muy en cuenta lo informacional, las tecnologías comunicacionales y la fluidificación de las identidades políticas.

Giran alrededor del *self*, ya sea la *selfie*, el *self-management*, el *self control*, el *self driving car* o el *quantified self.* Y como han mostrado tanto Derrida como Roberto Esposito, lo que queda afectado o infectado por la auto-inmunidad, allí donde el mayor peligro es evitar todo peligro, no es una cosa, sino precisamente el *self*, el *sí mismo*, el *autos* de la auto-referencia o el *ipse* de la ipseidad, que quedan privados de lo más intenso y vital: la heteronomía, la afectación por lo desemejante, lo común o lo comunitario, el acontecimiento, lo inconmensurable del otro que parte o que viene al encuentro, el don y la responsabilidad auténticas. A diferencia del suicidio simple, donde el *self* decide o tiene la intención de suicidarse, la lógica extraña de las crisis auto-inmunitarias es la de un suicidio que no es del todo un suicidio, ya que excede a la instancia decisora y auto-consciente.

En tales sociedades, la amenaza absoluta ya no proviene principalmente de la forma estatal. Si durante la guerra fría la teoría de juegos podía proveer una solución metaestable a la amenaza de la guerra nuclear, disuadiendo al superestado enemigo de entrar en combate, en las sociedades de control las amenazas también se molecularizan. Quedan menos ligadas a grandes ejércitos enemigos que a amenazas no estatales, ya sea el terrorismo de la auto-inmolación, el terrorismo informático, el siempre latente terrorismo bacteriológico, el ahora acuciante peligro viral, o el pánico financiero. El terror, el pánico, se tornan tan ubicuos como las tecnologías de control que tienen el propósito de prevenirlos, y a las cuales potencian. En un mundo aceleradamente mundializado como economía global, es decir, como *oikos* o casa mundial donde la economía pone a su cargo la vida entera del planeta, dislocando todas las fronteras estatales, la *stásis* adquiere la dimensión de la totalidad del espacio planetario, en una nueva situación que podría denominarse, provisoriamente, "guerra civil mundial", si es que aún se trata de guerras allí donde no se puede identificar con claridad al enemigo o donde el enemigo puede ser cualquiera.

Por obra de la ubicuidad cibernética, el viejo fantasma de la soberanía estatal pierde fuerza. Si Hobbes concebía al Leviatán a la vez como un autómata gigante y como un artificio óptico, hoy el autómata estatal es desafiado por nuevos automatismos transnacionales que toman su puesto. La inteligencia artificial, las televigilancias, los aparatos de captura y minería de datos, las acciones a distancia, relevan a los Estados en muchas de sus funciones tradicionales, dejando expuesto solo el esqueleto del viejo "animal artificial". Lo que adviene tiene la forma de un "Estado robot", pero no como pensaba Carrillo, en el sentido de que el Estado se convertiría en una máquina implacable. La palabra *robot*, creada por el escritor Karel Čapek a partir de la palabra checa *robota*, es decir, "trabajo duro" o "esclavitud", denota un súbdito o un servidor al servicio de un amo. Y los Estados actuales tienden a robotizarse en la medida en que se someten a las órdenes de unos poderes tecno-económicos que los superan en fuerza, en saberes, en velocidad y en alcance.[472]

La fragilización de la forma estatal y la empresarialización de todos los ámbitos de la vida es, al mismo tiempo, lo que marca el pasaje desde la biopolítica vigente desde fines del siglo XVIII hasta aproximadamente mediados del siglo XX, hacia una nueva modalidad de la biopolítica, íntimamente emparentada con la creciente mercantilización de la salud y que también es, predominantemente, una bioeconomía. Fue una vez más Foucault quien, mientras conceptuaba e historizaba la biopolítica decimonónica, anunciaba que era esa misma modalidad de la biopolítica la que ya se estaba dejando atrás:

> "En la actualidad la medicina encuentra la economía por otro conducto. No simplemente porque es capaz de reproducir la fuerza de trabajo sino porque puede producir directamente riqueza en la medida en que la salud constituye un deseo para unos y un lucro para otros. La salud en cuanto se convirtió en objeto de consumo, que puede ser producido por unos laboratorios farmacéuticos, médicos, etc., y consumidos por otros –los enfermos posibles y reales– adquirió importancia económica, y se introdujo en el mercado".[473]

Con la eclosión de lo que Foucault llamó "economía política de la medicina" a los médicos ya no se les exige equipar al Estado con individuos biológicamente fuertes, tal como era, aún, el objetivo de Ramón Carrillo, cuya biopolítica abrevaba a la vez en la biotipología, las políticas eugenésicas, el Plan Beveridge y los teóricos alemanes de la *Staatsbiologie*. Con la creciente diversificación y privatización de los servicios de salud, el Estado también se repliega para dar espacio a un nuevo dejar hacer, desarticulando los sistemas de seguridad social puestos en marcha por los Estados de bienestar. Este repliegue será compensado por el progresivo asentimiento que irá

---

472 El ascenso de China como superpotencia mundial nos obliga a relativizar esta aseveración. Allí, un superestado con régimen de partido único monopoliza las principales empresas tecnológicas y ya está poniendo en marcha un gran aparato de control llamado "crédito social", donde todos los ciudadanos son puntuados de acuerdo a sus comportamientos, para ser premiados o castigados a través de sus perfiles informáticos y sus reputaciones on-line. Simultáneamente, en una potenciación de las ciencias laborales de principios del siglo XX, también se están poniendo a prueba diversas tecnologías, mediante reconocimiento facial y sensores de signos corporales, para analizar las emociones de los trabajadores en las fábricas y la atención de los alumnos en las escuelas. Así, los dispositivos miniaturizados de control, en manos de un gigantesco Estado autoritario, permiten ejercer la vigilancia *sobre todos y cada uno*, con una puntillosidad nunca antes vista.

473 Michel Foucault, *La crisis de la medicina o la crisis de la antimedicina*. En: *La vida de los hombres infames*, Editorial Caronte, 1996.

alcanzando la teoría neoliberal del capital humano, donde cada individuo, asistido por sistemas algorítmicos de monitoreo fisiológico, es conminado a concebir su cuerpo como un espacio en el que realizar inversiones, obtener ganancias y hacerse responsable por sus quebrantos. El lucro de las empresas de la salud se obtendrá gracias a la conminación a hacer de los sujetos optimizadores permanentes y hasta gobernantes empresariales de sus cuerpos, como si se tratase de un capital al que, más que cuidar, se trata de valorizar.

Como muestra Nikolas Rose, creador del concepto de "biopolítica molecular", el énfasis se desplaza desde la disciplina de los cuerpos hacia el control continuo de los procesos somáticos y mentales, como con los psicofármacos, capaces de regular o modular los estados de ánimo y la actividad cerebral sin relación a un funcionamiento normal que deba restablecerse. A su vez, los cuerpos dejan de ser concebidos como tipos o biotipos estables y bien modelados, sino como ensambles de procesos moleculares que pueden ser transformados e intervenidos por medio de fármacos, implantes y *fitness*. También la práctica del diagnóstico médico adquiere nuevos alcances, al contar con tecnologías examinadoras cada vez más sofisticadas, tendientes a detectar predisposiciones genéticas hereditarias pero no por ello fatales o destinales, ya que se exhorta a los sujetos a controlar sus comportamientos y velar por su calidad de vida, en función de ese juicio médico anticipado.[474] Por esta vía, colapsa la distinción binaria entre lo normal y lo anormal. La medicina, trasladada hacia la escala de lo molecular, descubre que cada organismo posee predisposiciones específicas, sin arreglo a un modelo de normalidad absoluta. Allí donde puede escanearse el mapa genético de cada cuerpo, ya nadie es estadísticamente normal. Todos estamos asintomáticamente enfermos. Lo que decanta cuando los males pueden ser detectados antes de que existan es una situación de *patología sin normalidad,* donde *lo normal es raro*. De este modo, cada sujeto queda obligado a cuidar de sí, gestionar sus riesgos y corregir sus predisposiciones, en procura de un ideal de salud que promete libertad, bienestar y autonomía a cambio del auto-monitoreo permanente del *self*.[475]

Simultáneamente, mientras el cuidado de la salud se mercantiliza, personaliza y automatiza, los problemas médicos se politizan de nuevos modos. Emerge un activismo biopolítico de colectivos asociados por una misma condición somática, que reclaman al Estado y a las instituciones científicas, por medio de agrupaciones, fundaciones y comités de expertos, que se

---

474 Nikolas Rose, *Políticas de la vida. Biomedicina, poder y subjetividad en el siglo XXI.* UNIPE: Editorial Universitaria. Reseñado en revista Astrolabio, nro. 8.

475 Nikolas Rose, *Normality and pathology in a biomedical age*, Sociological Review, nro. 57, 2009.

hagan cargo de determinadas problemáticas biomédicas, desde el derecho al aborto, la cobertura de operaciones de cambio de género, la donación de órganos, la fertilización asistida o la investigación con células madre, introduciendo de lleno las luchas por la salud en el juego informatizado de la opinión pública y los climas de opinión. En este nuevo orden de cosas, los médicos son menos capaces de realizar grandes intervenciones médicas autoritarias, en la medida en que son permanentemente interpelados y hasta controlados por los pacientes. Sin embargo, y por la inmensa complejidad que han adquirido los saberes biomédicos, las estrategias de los dueños de medios de producción de cuerpos saludables pueden sustraerse a las regulaciones políticas al detentar un conocimiento especializado, protegido por el secreto comercial.

Junto a la mercantilización de la medicina crecen también las desigualdades globales en el acceso a los servicios de salud, en una suerte de eugenesia negativa de nuevo tipo, donde el dejar morir recae sobre aquellos incapaces de costear la calidad de vida o el *vivir bien* que las empresas de la salud comercializan. Mientras algunas porciones del mundo se reservan el poder de inmunizarse, concentrando a la vez la sanidad pública, la seguridad militar y los medios para la innovación biotecnológica, otras porciones del mundo quedan reducidas a verdaderas "zonas vulnerables" de las que se apodera el capital mafioso y la "necropolítica" del crimen organizado, especialmente el narcotráfico.

Donde la gestión técnica sobre la vida resulta altamente redituable, la genética representa el culmen del biopoder. Los organismos genéticamente modificados, allí donde la vida puede ser patentada, han invadido la producción de alimentos. Los animales ya están siendo clonados. Los seres humanos serán genéticamente intervenidos. Todo conduce a un nuevo afán capitalista por calcular, programar y controlar la vida, desde los gestos más cotidianos hasta el ámbito de trabajo, donde las nuevas tecnologías de monitoreo laboral hacen palidecer a sus precursoras tayloristas. Sin embargo, las consecuencias de esta nueva razón calculadora son imprevisibles, especialmente al poner en crisis la ambivalente soberanía estatal, que es una instancia violenta y expropiadora, pero también, en ciertos contextos, la única defensa poderosa y eficaz frente a los poderes del mercado y de los intereses particulares, siempre disfrazados, ideológicamente, de liberalismo universalista.[476] Por eso, cuando Perón, en 1953 y en un discurso secreto dictado en la Escuela de Guerra, decía que *"el año 2000 nos encontrará unidos o dominados",* lo hacía para indicar la imperiosa necesidad de formar un Estado continental que una a las naciones del Cono Sur para resistir las presiones de los Estados más poderosos del mundo en

---

476 Jacques Derrida, *Canallas*, pág. 188.

su afán por apropiarse de los recursos energéticos de Sudamérica. Acaso este sea uno de los mensajes más claros que hoy, arribado ya el año 2000, podemos recuperar de Perón.[477]

El mundo de la mundialización capitalista también gira en círculos viciosos, al pretender neutralizar de antemano y volver transparente todo advenir, armado de poderosas técnicas y saberes futurológicos. Con el fin de inmunizarse de lo imprevisto, de lo otro, de lo singular, de lo que no se ve venir, el sistema anula la vida que pretende valorizar, tanto en el plano ecológico como en el plano psíquico, dando vueltas sobre sí, como un *input* que no encuentra vía de salida. Pero como ha señalado con agudeza Jacques Derrida, el mal radical no es la auto-inmunidad, sino la inmunidad absoluta. La auto-inmunidad, al menos negativamente, permite aún la exposición y la espera de lo inesperado. La inmunidad absoluta, que todavía no se ha alcanzado y quizá sea inalcanzable, es no obstante a lo que tiende la teleología del control. La inmunidad absoluta, relacionada con el equilibrio mortífero de la entropía, ya no espera nada ni a nadie, completamente cerrada al porvenir y al devenir.[478]

Pero ya no podemos vivir sin calcular, prever y programar, como lo demuestran las ruinosas crisis argentinas. Tampoco es posible restablecer, tal cual eran, las viejas formas de soberanía nacional. La vida biológica y los lazos sociales están ya apresados o infectados por la auto-inmunidad del capitalismo planetario. La genética, la inmunología, las neurociencias, imbricadas por la cibernética, son situaciones de hecho y han abierto campos enteramente nuevos para la acción política, que deberá orientarse no solo hacia la defensa de lo público, contracara de lo privado, sino hacia aquel espacio, aún impensado, de lo común.

Necesitamos con urgencia un nuevo pensamiento biopolítico que se haga cargo de estos saberes complejos y de los enormes problemas a los que arrastran. Un pensamiento necesariamente internacionalista, capaz de calcular y programar a favor de la vida y, por lo tanto, abierto a lo improgramable, lo incalculable y lo imprevisible, todo aquello que ningún automatismo, *por sí mismo*, podrá jamás remediar.

---

477 Ver: Juan Domingo Perón, *Discurso en la Escuela Nacional de Guerra sobre el ABC y la integración suramericana*, 11 de noviembre de 1953. Ver también su *Mensaje ambiental a los pueblos y gobiernos del mundo*, difundido en 1972, y en la línea de una biopolítica ecológica. Allí, se lee: *"El ser humano cegado por el espejismo de la tecnología, ha olvidado las verdades que están en la base de su existencia. Y así, mientras llega a la luna gracias a la cibernética, la nueva metalurgia, combustibles poderosos, la electrónica y una serie de conocimientos teóricos fabulosos, mata el oxígeno que respira, el agua que bebe, y el suelo que le da de comer y eleva la temperatura permanente del medio ambiente sin medir sus consecuencias biológicas"*. En 1973, Perón creó la primera secretaría ambiental nacional: la Secretaría de Recursos Naturales y Ambiente Humano.

478 Jacques Derrida, *Canallas*, pág. 182.

Bibliografía

Agamben, Giorgio, *El Reino y la Gloria*, Adriana Hidalgo editora, Buenos Aires, 2008.

Agamben, Giorgio, *Homo Sacer I*, Adriana Hidalgo editora, Buenos Aires, 2016.

Agamben, Giorgio, *Stásis*, Adriana Hidalgo editora, Buenos Aires, 2018.

Albornoz, Celina Inéz, *Los Mussolini no nacen todos los días. La revista Dinámica social: un caso de neofascismo transatlántico*, en: Colóquio Internacional Pensar as Direitas na América Latina, 21/08/18.

Álvarez, Adriana, *Resignificando los conceptos de la higiene: el surgimiento de una autoridad sanitaria en el Buenos Aires de los años 80*, História, Ciências, Saúde-Manguinhos, vol. 6, nro. 2, Rio de Janeiro, 1999.

Ampère, Andre-Marie, *Essai Sur La Philosophie Des Sciences, Ou Exposition Analytique D'une Classification Naturelle De Toutes Les Connaissances Humaines, Seconde Partie,* Bachelier, París, 1843.

Archetti, Eduardo P., *Hibridación, pertenencia y localidad en la construcción de una cocina nacional,* en Carlos Altamirano (ed.), *La Argentina en el siglo XX*, Ed. Ariel-Universidad de Quilmes, Buenos Aires, 1999.

Asaro, Peter Mario, *Whathever happened to cybernetics?* En: *Geist in der Maschine. Medien, Prozesse und Räume der Kybernetik*, Turia + Kant, Berlín, 2010.

Asiain, Andrés, *Alejandro Bunge (1880-1943). Un conservador defensor de la independencia económica y la soberanía nacional,* Ciclos, vol. 22, nro. 42/43, 2014.

Attali, Jacques, *Ruidos. Ensayo sobre la economía política de la música*, Siglo XXI, México, 2017.

Babini, Nicolás, *La Argentina y la computadora. Crónica de una frustración*, Editorial Dunken, Buenos Aires, 2003.

Babini, Nicolás, *La llegada de la computadora a la Argentina*, Revista Llull, vol. 20, España, 1997.

Barrios, Américo, *Con Perón en el exilio. ¡Lo que nadie sabía!,* Treinta Días, Buenos Aires, 1964.

Belini, Claudio, *Inflación, recesión y desequilibrio externo. La crisis de 1952, el plan de estabilización de Gómez Morales y los dilemas de la economía peronista*, Boletín del Instituto de Historia Argentina y Americana Dr. Emilio Ravignani, nro. 40, Buenos Aires, 2014.

Belmartino, Susana y Bloch, Carlos, *La política sanitaria argentina y las estrategias de desarrollo*, Cuadernos médico sociales, nro. 14, Rosario, agosto de 1980.

Benveniste, Émile, *Vocabulario de las instituciones indoeuropeas*, Editorial Taurus, Madrid, 1983.

Berger, John, *Image of Imperialism*, en: The Moment of Cubism and Other Essays, Weidenfeld & Nicolson, Londres, 1969.

Biernat, Carolina, *Interferencias políticas e interinstitucionales en el proyecto de centralización de la administración sanitaria nacional (1943-1945),* Anuario del Instituto de Historia Argentina, nro. 15, 2015.

Biernat, Carolina, *Médicos, especialistas, políticos y funcionarios en la organización centralizada de la profilaxis de las enfermedades venéreas en la Argentina (1930-1954)*, Anuario de Estudios Americanos, vol. 64, nro. 1, 2007.

Bobbio, Norberto, *Democracia y secreto*, Fondo de Cultura Económica, México, 2013.

Borges, Jorge Luis, *L'illusion comique*, Sur, nro. 237, noviembre/diciembre de 1955.

Boucht, Débora Natalia y Lobo, Ana Laura, *Aproximaciones foucaultianas al proyecto sanitarista del Ministro Ramón Carrillo: ventajas y limitaciones del uso de la categoría de biopoder,* VII Jornadas de Sociología. Facultad de Ciencias Sociales, UBA, Buenos Aires, 2007.

Bufano, Sergio y Teixidó, Lucrecia, *Perón y la Triple A: Las 20 advertencias a Montoneros,* Editorial Sudamericana, Buenos Aires, 2015.

Burucúa, José Emilio, *El señor de las imágenes*, entrevista a publicada en Página/12, 9/11/2003.

Burucúa, José Emilio, *Historia y ambivalencia: ensayos sobre arte*, Biblos, Buenos Aires, 2006.

Bustos, Nora Andrea, *Carlos Astrada: Sociología de la guerra y filosofía de la paz*, Cuadernos de Marte, Año 2, nro 1, Buenos Aires, 2011.

Caillois, Roger, *El hombre y lo sagrado*, Fondo de Cultura Económica, México, 1984.

Caillois, Roger, *Instintos y sociedad*, Seix Barral, Barcelona, 1969.

Caillois, Roger, *La cuesta de la guerra*, Fondo de Cultura Económica, México, 1973.

Caillois, Roger, *Medusa y cía.*, Seix Barral, Barcelona, 1962.

Cammarota, Adrián, *Eugenesia y educación en la Provincia de Buenos Aires (1936-1955),* Segundas Jornadas Nacionales de Historia Social, La Falda, Córdoba, 2009.

Canguilhem, Georges, *Lo normal y lo patológico*, Siglo XXI, Buenos Aires, 2005.

Caponi, Sandra, *Del culto a la laboriosidad a la preocupación por la fatiga*, revista Mundos do Trabalho, vol. 7, nro. 13, Brasil, 2015.

Carrillo, Ramón, *Contribuciones al conocimiento sanitario. Obras completas*, tomo II, Eudeba, Buenos Aires, 1975.

Carrillo, Ramón, *Introducción a la Cibernología y a la Biopolítica (Los espacios del hombre),* Hechos e Ideas, nro. 98-99, Buenos Aires, mayo y junio 1952.

Carrillo, Ramón, *La guerra bacteriológica*, Electroneurobiología 2004; 12 (2), pp. 148-164.

Carrillo, Ramón, *La guerra psicológica*, Electroneurobiología vol. 2, noviembre 1995.

Carrillo, Ramón, *Teoría del hospital, Obras Completas* I, Eudeba, Buenos Aires, 1973.

Castro, Edgardo, *Diccionario Foucault*, Editorial Siglo XXI, Buenos Aires, 2011.

Castro, Edgardo, *Lecturas foucaulteanas*, UNIPE, Buenos Aires, 2011.

Cavalletti, Andrea, *Mitología de la seguridad. La ciudad biopolítica*, Adriana Hidalgo editora, 2010.

Cavalletti, Andrea, *Sugestión. Potencia y límites de la fascinación política*, Adriana Hidalgo editora, 2015.

Celton, Dora Estela, Carbonetti, Adrián, *La formación de la demografía en Argentina (1869,1947)*, Revista Estudios, nro. 19, Primavera 2006, UNC.

CESSI Argentina, *Historia de la industria informática argentina*, Buenos Aires, 2014.

Cockshott, Paul y Nieto, Maxi, *Ciber-comunismo. Planificación económica, computadoras y democracia*, Editorial Trotta, Madrid, 2017.

Colomer, Josep M., *El utilitarismo: una teoría de la elección racional*, Barcelona, Montesinos, 1987.

Cutrera, María Laura, *Subordinarlos, someterlos y sujetarlos al orden: Rosas y los indios amigos de Buenos Aires entre 1829 y 1855*, Teseo, Buenos Aires, 2014.

Cutro, Antonella, *Technique et vie. Biopolitique et pensée du bios dans la pensée de Michel Foucault*, París, L'Harmattan, 2010.

Daniel, Claudia, *La figura del estadístico en la Argentina moderna. Retrato histórico de un grupo experto (1880-1945)*, Departamento de Historia, Facultad de Humanidades y Centro Regional Universitario Bariloche. Universidad Nacional del Comahue, San Carlos de Bariloche, 2009.

De la Flor, Fernando R., *Pasiones frías: secreto y disimulación en el Barroco hispano*, Marcial Pons Historia, Madrid, 2005.

De Latil, Pierre, *El pensamiento artificial. Introducción a la cibernética*, Losada, Buenos Aires, 1958.

De Tena, Torcuato Luca, Calvo, Luis, y Peicovich, Esteban, *Yo, Juan Domingo Perón. Relato Autobiográfico*, Sudamericana/Planeta, Buenos Aires, 1986.

Deleuze, Gilles, *Posdata sobre las sociedades de control.* En: Conversaciones, Editorial Pre-textos, España, 1999.

Derrida, Jacques, *Canallas*, Editorial Trotta, Madrid, 2005.

Derrida, Jacques, *La bestia y el soberano*, volumen I, Ediciones Manantial, Buenos Aires, 2010.

Derrida, Jacques, *Políticas de la amistad*, Editorial Trotta, Madrid, 1998.

Derrida, Jacques: *La universidad sin condición,* disponible en el sitio: Derrida en castellano.

Derrida, Jaques, *Fuerza de ley. El fundamento místico de la autoridad*, Editorial Tecnos, 1997.

Di Liscia, María Silvia, *Saberes, terapias y prácticas médicas en Argentina (1750-1910),* Editorial CSIC, Madrid, 2002.

Di Pasquale, Mariano, *Diego Alcorta y la difusión de saberes médicos en Buenos Aires, 1821-1842*, Revista Dynamis, vol. 34 (1), Granada, 2014.

Di Pasquale, Mariano, *Saberes médicos, prensa y política a través de La Abeja Argentina, 1822-1823*, Estudios de Teoría Literaria. Revista digital: artes, letras y humanidades. Año 5, nro. 9, Facultad de Humanidades/UNMDP, Mar del Plata, 2016.

Díaz, César Luis, *Cuando Perón fue Descartes (1951–1953),* Universidad Nacional de La Plata.

Díaz, Martín E., *Racismo y otredad en el positivismo argentino. Algunas notas sobre Carlos Bunge y José Ingenieros,* Revista de Epistemología y Ciencias Humanas, nro. 4, Rosario, 2008.

Elcovich, Hernán, Rossi, Lucía, *Concepciones y desarrollo de la psicología experimental, la psicotecnia y la psicometría: un estudio histórico (1900-1945),* Anuario de Investigaciones, vol. 23, UBA, 2016.

Ellul, Jacques, *Información y propaganda*, Revista Diógenes, nro. 18, 1957.

Ellul, Jacques, *Propaganda*, Vintage Books, Nueva York, 1973.

Esposito, Roberto, *Bíos*, Amorrortu, Buenos Aires, 2005.

Esposito, Roberto, *Immunitas*, Amorrortu, Buenos Aires, 2015.

Fanlo, Luis García, *Pueblo, populismo y argentinidad. La gubernamentalidad peronista.* En: Carina González, *Peronismo y representación. Escritura, imágenes y políticas del pueblo*, Final Abierto, Buenos Aires, 2015.

Feinmann, José Pablo, *Peronismo. Filosofía política de una obstinación argentina*, Buenos Aires, Planeta, 2010.

Flores, Pablo Ríos, *La "ninfa argentina". La imagen de Eva Perón, de la santificación pagana al gesto iconoclasta de la "parodiología" neobarrosa: una lectura a partir de Warburg, Lévinas y Perlongher.* En: El banquete de los dioses, vol. 3, nro. 4, Buenos Aires, 2015.

Foucault, Michel, *El ojo del poder.* En: Jeremías Bentham: "El Panóptico", Ediciones La Piqueta, Barcelona, 1980.

Foucault, Michel, *Enfermedad mental y personalidad*, Paidós, Buenos Aires, 2008.

Foucault, Michel, *La hermenéutica del sujeto*, Fondo de Cultura Económica, México, 2004.

Foucault, Michel, *La política de la salud en el siglo XVIII.* En: *El poder, una bestia magnífica,* Editorial Siglo XXI, Buenos Aires, 2012.

Foucault, Michel, *La verdad y las formas jurídicas*, Editorial Gedisa, Barcelona, 1996.

Foucault, Michel, *La vida de los hombres infames*, Caronte, Valparaíso, 1996.

Foucault, Michel, *La voluntad de saber* (Historia de la sexualidad I), Editorial Siglo XXI, Buenos Aires, 2007.

Foucault, Michel, *Las redes del poder.* En: Chistian Ferrer (comp.), *El lenguaje libertario. Antología del pensamiento anarquista contemporáneo*, Terramar, Buenos Aires, 2005.

Foucault, Michel, *Nuevo orden interior y control social*, intervención en la Universidad de Vincennes, 1978. En: *Saber y Verdad*, Ediciones de la Piqueta, Madrid, 1991.

Foucault, Michel, *Omnes et singulatim. Hacia una crítica de la razón política.* En: *Tecnologías del yo y otros textos afines*, Paidós, Argentina, 2008.

Foucault, Michel, *Seguridad, territorio, población,* FCE, México, 2006.

Fressoz, Jean-Baptiste, *The vaccine and its simulacra: agnotology, ontology and biopolitics in France, 1800-1865*, Journal For The History Of Public Administration, vol. 1, 2016.

Freud, Sigmund, *Psicología de las masas y análisis del yo.* En: *Obras completas*, vol. 18, Amorrortu, Buenos Aires, 1975.

Galera, Andrés, *Construyendo la fisiología del delito. El modelo biotipológico de Nicola Pende,* Dpto. de Historia de la Ciencia, Instituto de Historia, CSIC.

Galison, Peter, *The Ontology of the Enemy: Norbert Wiener and the Cybernetic Vision,* Critical Inquiry, vol. 21, nro. 1, Chicago, 1994.

Gallo, Klaus, *"A la altura de las luces del siglo": el surgimiento de un clima intelectual en la Buenos Aires posrevolucionaria.* En: Carlos Altamirano, Jorge Myers, *Historia de los intelectuales en América Latina,* vol. 1, Katz Editores, Buenos Aires, 2008.

Gallo, Klaus, *Jeremy Bentham y la "feliz experiencia". Presencia del utilitarismo en Buenos Aires 1821-1824.* Prismas: revista de historia intelectual, nro. 6, Buenos Aires, 2002.

Gálvez, Carlos M., *La Biotipología y sus Aplicaciones,* Revista Médica Hondureña, A13 nro. 6, 1943.

García Basalo, Alejo, *¿Un panóptico en Buenos Aires? La primera penitenciaria proyectada en Sudamérica,* Épocas. Revista de historia, USAL, nro. 8, segundo semestre 2013.

García Novarini, Roberto, *Ramón Carrillo. Una perspectiva sanitaria de la psiquiatría,* Revista Temas de historia de la psiquiatría argentina, nro. 8, Buenos Aires, 1999.

Garzón-Vallejo, Iván, *Carl Schmitt: ¿Estado de naturaleza o pesimismo antropológico?,* Papel Político, Bogotá, vol. 15, nro. 1, enero-junio 2010.

Ginzburg, Carlo, *Indicios, raíces de un paradigma de inferencias indiciales.* En: *Mitos, emblemas, indicios. Morfología e historia.* Editorial Prometeo, 2013.

Girard, René, *Clausewitz en los extremos,* Katz Editores, Buenos Aires, 2010.

Girard, René, *La violencia y lo sagrado,* Anagrama, España, 2006.

Giusti, Roberto F., *El Derecho por Carlos Bunge,* Revista Nosotros, tomo I, nro. 5, diciembre de 1907, Buenos Aires.

Gombrich, Ernst, *Historia del arte,* Phaidon, España, 2011.

Gómez, Daniel Felipe, *Genealogía del concepto de Patronato de Menores. Prácticas institucionales desde el torno a la ley 10.903,* VI Jornadas de Sociología. Facultad de Ciencias Sociales, UBA, 2004.

González, Anahí, *Una lectura deconstructiva del régimen carnofalogocéntrico. Hacia una ética animal de la diferencia,* Daimon. Revista Internacional De Filosofía, nro. 69, 2016.

González, Horacio, *Perón. Reflejos de una vida,* Colihue, Buenos Aires, 2007.

Goñi, Uki, *La auténtica Odessa: la fuga nazi a la Argentina de Perón,* Paidós, Buenos Aires, 2002.

Gramsci, Antonio, *Notas sobre Maquiavelo,* Nueva Visión, 2003.

Grimson, Alejandro, *Racialidad, etnicidad y clase en los orígenes del peronismo, Argentina 1945,* KLA Working Paper Series nro. 15; Kompetenznetz Lateinamerika, 2016.

Grose, Francis, *Principios de la caricatura,* Katz editores, Buenos Aires, 2012.

Haidar, Victoria, *"Todo hombre en su justo lugar": la "solución" biotipológica al conflicto entre productividad y salud (Argentina, 1930-1955),* Salud Colectiva, Buenos Aires, septiembre-diciembre, 2011.

Haidar, Victoria, *La aparición y declinación del ausentismo como problema para el gobierno de la población trabajadora (Argentina, siglo XX),* Revista Trabajo y Sociedad, nro. 20, Santiago del Estero, 2013.

Halperín Donghi, *La larga agonía de la Argentina peronista,* Ariel, Buenos Aires, 2006.

Halperín Donghi, Tulio, *Argentina en el callejón,* Ariel, Buenos Aires, 2006.

Halperín Donghi, *Una nación para el desierto argentino,* Editorial Prometeo, Buenos Aires, 2005.

Hannah Arendt, *Sobre la revolución,* Alianza Editorial, Madrid, 2013.

Heckscher, William S., *Rembrandt's Anatomy of Dr. Nicolaas Tulp,* Washington Square, New York University Press, 1958.

Heidegger, Martin, *Carta sobre el humanismo,* Alianza Editorial, España, 2006.

Heller, Ágnes, *Biopolíticas,* artículo publicado en el diario El País, 12/12/1991.

Ingenieros, José, *El hombre mediocre,* Editorial Losada, Buenos Aires, 2001.

Irby, Georgia L. (edit.), *A Companion to Science, Technology, and Medicine in Ancient Greece and Rome,* Wiley-Blackwell, Nueva Jersey, 2016.

Isava S, Hugo, *La Yodoventriculografía*, Investigación Clínica, nro. 15, sept., 1965.

Jacovkis, Pablo M., *Juan Carlos Escudé y la computadora Argenta*. En: Memorias del IV Simposio de Historia de la Informática de América Latina y el Caribe, Valparaíso, Chile, 90-96 (CD), 2016.

Jankélévitch, Vladimir, *Lo puro y lo impuro*, Las Cuarenta, Buenos Aires, 2011.

Jesi, Furio, *Cultura de Derechas*, Muchnik, Barcelona, 1989.

Jesi, Furio, *Mito*, Editorial Labor, Barcelona, 1976.

Jordan, Borimir, *The Meuning of the Technical Term Hyperesia in Naval contexts of the Fifth and Fourth Centuries B.C.*, California Studies in Classical Antiquity, vol. 2, 1969.

Josín, Fabio Adrián, *Utopías, salud y proyectos sanitarios 1920-1950*, Revista Margen nro. 38, La Plata, 2005.

Kerényi, Karl, *El medico divino*, Editorial Sexto Piso, México, 2009.

Kirsch, Úrsula, *La revista Anales de Biotipología, Eugenesia y Medicina Social*, XI Jornadas de Investigación, Facultad de Psicología, UBA, 2004.

Kittler, Friedrich, *The Truth of the Technological World. Essays on the Genealogy of Presence*, Stanford University Press, California, 2013.

Klibansky, Raymond, Panofsky, Erwin y Saxl, Fritz, *Saturno y la melancolía*, Editorial Alianza, España, 1991.

Koselleck, Reinhart, *Historias de conceptos. Estudios sobre semántica y pragmática del lenguaje político y social*, Trotta, Madrid, 2012.

Levene, Ricardo, *El mundo de las ideas y la revolución hispanoamericana de 1810*, Editorial Jurídica de Chile, 1956.

Lezama Lima, José, *La expresión americana*. En: *Ensayos barrocos*, Colihue, Buenos Aires, 2014.

Loraux, Nicole, *La guerra civil en Atenas*, Ediciones AKAL, Madrid, 2008.

Lyotard, Jean-François, *La condición posmoderna*, Ediciones Cátedra, Madrid, 1987.

Martínez Estrada, Ezequiel, *¿Qué es esto?*, Ediciones Colihue, Buenos Aires, 2005.

Martínez Paz, Enrique, *Carlos Octavio Bunge, filósofo del Derecho*, Nosotros, año XII, nro. 1, julio, 1918.

Marx, Karl, *El capital*, tomo I, Editorial Cartago, Buenos Aires, 1971.

Méndez Elizalde, Enrique, *Viruela. Llegada y partida de la Argentina*, Revista Argentina de Radiología, vol. 75, nro. 3, 2011.

Meyer, Adriana, *Un manual para represores*, diario Página/12, 26/8/2009.

Mezzadri, Juan José y Plaghos, Luis Lemme, *El pionero Manuel Balado*, Revista Argentina de Neurocirugía, 18 (S1): 22, 2004.

Mindell, David, Segal, Jérôme, Gerovitch, Slava, *From communications engineering to communications science: Cybernetics and Information Theory in the United States, France and the Soviet Union*. En: Science and ideology: a comparative history, 66-96, Routledge, Londres, 2003.

Miranda, Marisa A., *Bartolomé Bosio, un heterodoxo en el campo eugénico argentino del período entreguerras*, XII Jornadas Interescuelas/Departamentos de Historia. Universidad Nacional del Comahue, San Carlos de Bariloche, 2009.

Mordini, Emilio, *Biowarfare as a biopolitical icon*, Poiesis & Praxis, 3(4): 242-255, 2005.

Morresi, Sergio, *El liberalismo conservador y la ideología del Proceso de Reorganización Nacional*, Revista Sociohistórica, nro. 27, UNLP, La Plata, 2010.

Muro, Gabriel, *La gloria súbita de Charlie Hebdo*, Revista Espectros, nro. 1, Buenos Aires, 2015.

Navarlaz, Vanesa Eva, *Los Anales de Biotipología, Eugenesia y Medicina Social y un cambio en la nosografía psiquiátrica relacionado con el origen de la psicología en la argentina*, Anuario de Investigaciones, vol. XV, UBA, 2008.

Olaeta, Hernán, *Surgimiento de las estadísticas criminales en Argentina. La influencia de los discursos criminológicos en la producción y análisis de datos de la Ciudad de Buenos Aires (1885-1921)*, Revista Delito y Sociedad, nro. 40, año 24, 2015.

Page, Joseph, *Perón. Una biografía*, Grijalbo Mondadori, Buenos Aires, 1999.

Panofsky, Erwin, *¿Qué es el Barroco?* En: *Sobre el estilo*, Editorial Paidós, Barcelona, 2000.

Pascal, Blaise, *Pensamientos*. Disponible en: Cervantes virtual.

Peicovich, Esteban, *Hola, Perón*, Granica, Buenos Aires, 1973.

Peña, Manuel Moros, *Los médicos de Hitler*, Editorial Nowtilus, Madrid, 2014.

Peña, Milcíades, *El legado del bonapartismo: conservadurismo y quietismo en la clase obrera argentina*, Revista Fichas, nro. 3, Buenos Aires, septiembre de 1964.

Peña, Milcíades, *Historia del pueblo argentino*, Emecé, Buenos Aires, 2012.

Peña, Milcíades, *La clase dirigente argentina frente al imperialismo*, Fichas, Buenos Aires, 1973.

Pérgola, Federico, *Carlos Alberto Alvarado y el paludismo*, Revista Argentina de Salud Pública, nro. 13, 2012.

Périès, Gabriel, *Du conductor et du pueblo dans Conducción política du général Perón (1952)*, Mots. Les langages du politique [En ligne], 85, 2007.

Perlongher, Néstor, *Caribe Transplatino*, en *Prosa Plebeya*, Colihue, Buenos Aires, 1996.

Perón, Juan Domingo, *Conducción política*, Biblioteca del Congreso de la Nación, Buenos Aires, 2011.

Perón, Juan Domingo, *Del poder al exilio, cómo y quiénes me derrocaron*, Instituto Nacional Juan Domingo Perón de Estudios e Investigaciones Históricas, Sociales y Políticas, Buenos Aires, 2010.

Pfeiffer, Ana Teresa y Campins, Mónica, *La producción de medicamentos durante el peronismo y el conflicto con los laboratorios Massone. ¿Problema tecnológico o político?*, Ciclos en la historia, la economía y la sociedad, vol. 14, nro. 27, 2004.

Platón, *Gorgias*, *Obras completas de Platón*, tomo V, Patricio de Azcárate, Madrid, 1871-1872.

Popitz, Heinrich, *Phenomena of Power. Authority, Domination, and Violence*, Columbia University Press, Nueva York, 2017.

Portantiero, Juan Carlos, *Clases dominantes y crisis política en la Argentina actual*, Pasado y Presente, nro. 1 nueva serie, abril-junio, Buenos Aires, 1973.

Puiggrós, Rodolfo, *Libre empresa o nacionalización en la industria de la carne*, Eudeba, Buenos Aires, 2014.

Rabinbach, Anson, *The Human Motor: Energy, Fatigue, and the Origins of Modernity*, University of California Press, 1992.

Raed, José, *Rosas: cartas confidenciales a su embajadora Josefa Gómez: 1853-1875*. En: La Gazeta Federal (lagazeta.com.ar).

Ramacciotti, Karina Inés, *Ideas y prácticas en la política sanitaria del primer peronismo, 1946-1955*, Ciclos, Buenos Aires, vol. XIV, nro. 27, 1er semestre de 2004.

Ramacciotti, Karina Inés, *La política sanitaria del peronismo*, Editorial Biblos, Buenos Aires, 2009.

Ramacciotti, Karina Inés, *Los trazos del recorrido político del primer Ministro de Salud Pública en Argentina*. En: Adriana Álvarez y Adrián Carbonetti (eds.), *Saberes y prácticas médicas en la Argentina: un recorrido por historias de vida*, EUDEM, Mar del Plata, 2008.

Ramos Mejía, José M., *Las neurosis de los hombres célebres en la historia argentina*, Emecé, Buenos Aires, 2012.

Rapoport, Mario y Spiguel, Claudio, *La Argentina y el Plan Marshall: promesas y realidades*, Revista Brasileira de Política Internacional, vol. 52, nro. 1, Brasilia, 2009.

Risler, Julia, *Propaganda y acción psicológica durante la última dictadura cívico militar (1976-1983): Construcción de estrategias discursivas para el consenso hegemónico*, Seminario "Estado, Sujeto e Ideología. Marx, Althusser y Foucault", UBA, 2010.

Roldán, Diego, *Discursos alrededor del cuerpo, la máquina, la energía y la fatiga: hibridaciones culturales en la Argentina fin-de-siècle*, Hist. ciênc. saúde-Manguinhos; 17(3): 643-661, 2010.

Romano, Carolina, *La lección de Anatomía de Carlos Alonso. Un capítulo en el devenir de la fórmula del sufrimiento a fines de los sesenta*. En: Luciano Barandiarán et al., *Ensayos sobre vanguardias, censuras y representaciones artísticas en la Argentina reciente*, UNCPBA, 2011.

Romero, José Luis, *Latinoamérica: las ciudades, las ideas*, Editorial Siglo XXI, Buenos Aires, 2010.

Rose, Nikolas, *El gobierno del alma. La formación del self privado*, Routledge, Londres y Nueva York, 1990.

Rose, Nikolas, *Normality and pathology in a biomedical age*, Sociological Review, nro. 57, Londres, 2009.

Rossi, Lucía, *La década del 20' en Argentina: de la profilaxis social a la higiene mental*, Anuario de Investigaciones, vol. XIII, Universidad de Buenos Aires, 2006.

Roszak, Theodore, *El culto de la información*, Editorial Gedisa, México, 2005.

Roudinesco, Élisabeth, *Presentación a Histoire de la découverte de l'Inconscient, de Henri Ellenberger*, Fayard, París, 2001.

Rovere, Mario, *La salud en la argentina: alianzas y conflictos en la construcción de un sistema injusto*, Revista La Esquina del Sur, mayo 2004.

Rozitchner, León, *Perón: entre la sangre y el tiempo*, Ediciones Biblioteca Nacional, Buenos Aires, 2012.

Sai, Leonardo Fabián, *¿Qué es un campo popular?*, Revista Espectros, nro. 2, Buenos Aires, 2016.

Sai, Leonardo Fabián, *Círculo y línea en el Facundo*, Revista Espectros, nro. 2, Buenos Aires, 2016.

Santoro, Daniel, *Otra vuelta del malón*, publicado en Página/12, 19/12/2010.

Santos, Guillermo Martín, Garrido, Santiago, Thomas, Hernán, *Las viruelas y los procedimientos sanitarios para combatirla: cuarentenas, inoculación y variolización*, I Jornadas Nacionales de Historia Social, 2007, La Falda, Córdoba. Memoria Académica (FaHCE).

Sarmiento, Domingo Faustino, *Facundo*, Biblioteca virtual Miguel de Cervantes.

Scalabrini Ortiz, Raúl, *Yrigoyen y Perón*, Editorial Lancelot, Buenos Aires, 2009.

Schmitt, Carl, *El concepto de lo político*, Alianza Editorial, España, 2009.

Schmitt, Carl, *Teología política*, Editorial Trotta, 2009.

Schniebs, Alicia, *El Estado soy yo: salus rei publicae e identidad en Cicerón*, Revista Minerva, Universidad de Valladolid, nro. 16, 2003.

Senkman, Leonardo, *Etnicidad e inmigración durante el primer peronismo*, Estudios Interdisciplinarios de América Latina y el Caribe, Universidad de Tel Aviv, vol. 3, nro. 2.

Spektorowski, Alberto, *Argentina 1930-1940: nacionalismo integral, justicia social y clase obrera*, Estudios Interdisciplinarios de América Latina y el Caribe. Universidad Hebrea de Jerusalén, 1991.

Stagnaro, Juan Carlos, *Nosologías y nosografías psiquiátricas argentinas*, VERTEX, Revista de Psiquiatría. 2017, vol. XXIX: 191-235.

Stiegler, Bernard, *The Neganthropocene*, Open Humanities Press, Londres, 2018.

Street, John, *Gran Bretaña y la independencia del Rio de la Plata*, Editorial Paidós, Buenos Aires, 1967.

Terán, Oscar, *Positivismo y Nación en la Argentina*, Buenos Aires, Puntosur, Buenos Aires, 1987.

Timpe, Julia, *Hitler's Happy People: Kraft durch Freude's Everyday Production of Joy in the Third Reich*, M.A., Brown University, Providence, 2007.

Tiqqun, *La hipótesis cibernética*, edición digital, disponible en: <https://tiqqunim.blogspot.com>.

Vallejo, Gustavo y Miranda, Marisa, *"Civilizar la libido": estrategias ambientales de la eugenesia en la Argentina*, Iberoamericana, XI, 41, Madrid, 2011.

Vallejo, Gustavo, *El ojo del poder en el espacio del saber: los institutos de biotipología*, Asclepio, vol. LVI-1, España, 2004.

Vasta, Marina Celeste, *De "adorno utilísimo" a "paraíso de los niños": la especie Jardín Zoológico a través de la evolución del ejemplar en Buenos Aires*, Registros. Revista de Investigación Histórica, 13(2), Mar del Plata, 2017.

Veiras, Nora, *Cuando un hallazgo puede ser un boomerang*, diario Página/12, 11/3/2000.

Vercellone, Carlo, *Capitalismo cognitivo*, Editorial Prometeo, 2011.

Veronelli, Juan Carlos y Correch, Magalí Veronelli, *Los orígenes institucionales de la salud pública en la Argentina*, tomos I y II, Organización Panamericana de la Salud, 2004.

Viñas, David, *Indios, ejército y frontera*, Galerna-Santiago Arcos Editor, 2013.

Viñas, David, *Literatura argentina y política. De los jacobinos porteños a la bohemia anarquista*, Editorial Sudamericana, 1995.

Virilio, Paul, *El Cibermundo, la política de lo peor*, Editorial Teorema, Madrid, 1997.

Von Clausewitz, Carl, *De la guerra*, Biblioteca Virtual Universal, 2010.

Wiener, Norbert, *Dios & Golem*, S.A., Siglo XXI Editores, México, 1967.

Wiener, Norbert, *The Human Use of Human Beings*, Free Association Books, Londres, 1989.

Zaffaroni, Eugenio Raúl, *La cuestión criminal*, Editorial Planeta, 2012.